美の国秋田とイザベラ・バード

写真 『ウィキペディア (Wikipedia)』より
イザベラ・バード

秋大2年剣道部

妻/槍ヶ岳登頂後の分岐点

序文

1973年平凡社初版高梨健吉訳英国女性
探検家旅行作家イザベラ・バード著明治11年
「日本奥地紀行」7月秋田二週間は、全編の
白眉と思う。後年出版訳書や解説書を読むと
解釈誤認が幾つか目に付き伊能忠敬日本地図
イザベラ・バード旅の生涯入れ美の国秋田を
私なりに語ってみたい。
18日山形県金山出立
雄勝峠越え秋田県院内一泊 19日横手一泊 20日
21日神宮寺は土日二泊。22日久保田秋田入り
三日二晩過ごし 24日晴天土崎神明社例祭見物
虹川一泊 25日豊岡一泊 26日小繋一泊 27日 28日
大館土日二泊。29日白沢雨足止め二泊目 30日
朝不気味な暗闇「日食」遭遇。31日白沢出立
矢立峠越え青森県碇ヶ関到着四日三晩過ごし
8月3日黒石へ。イザベラ・バードの図書館
資料等を基に松尾芭蕉旅を関連させ述べる。
2017年平成29年6月21日夏至の日に

　　　　　　　　　　　著者

目次

一、美の国あきた　　　　　　　　　　2頁ー45頁
　(1)秋田県民歌（昭和5年制定倉田政嗣詞）
　(2)秋田の行事（昭和12年藤田嗣治大壁画）
　(3)秋田の吹奏楽（山王中花輪高秋田南高）
　(4)秋田の民謡（秋田長持唄ー秋田大黒舞）

二、イザベラ・バードの旅　　　　　46頁ー181頁
　(1)横浜港上陸ー東京ー日光ー新潟ー山形
　(2)山形ー院内ー秋田ー青森ー北海道函館
　(3)森ー平取ー函館ー太平洋横浜港ー東京

三、日本地図の夜明け　　　　　　182頁ー207頁
　(1)イザベラ・バード旅の生涯
　(2)江戸幕府の日本地図国絵図城絵図日本図
　(3)伊能忠敬50歳江戸へ出て高橋至時に入門
　(4)伊能忠敬第一次ー第十次測量と日本全図

四、イザベラ・バードと秋田　　　　208頁ー339頁
　(1)日本奥地紀行イザベラ・バード秋田路
　(2)羽州街道をゆく＋峠歩き（藤原優太郎）
　(3)秋田・羽州街道の一里塚（佐藤晃之輔）
　(4)石井漠舞踊土方巽舞踏白瀬矗南極探検

一、美の国あきた

美の国秋田資料二つと2016年版あきた県民手帳を参考に、秋田を書き記してみる。

昭和5年1930年制定秋田県民歌一番の歌詞は、秀麗無比なる鳥海山よに始まり男鹿半島と神秘の十和田湖、田沢湖が続き、山水皆これ詩の国秋田／作詞倉田政嗣・高野辰之修正・成田為三作曲。成田為三は、かなりや浜辺の歌と、吉丸一昌作詞望郷の歌作曲者として知られている。明治26年1893年秋田県北秋田郡米内沢村（現北秋田市米内沢）に生まれた。秋田県師範学校卒業、音楽の道へと進み、倉田は師範学校の同級生に当たる。

太田町百年誌昭和51年7月30日発行／編集太田町史編纂委員会発行太田町長鈴木孝治本十二秋田県民歌作詞の倉田氏記事抜粋昭和五（一九三〇）年八月秋田県では教育勅語渙発四〇年記念事業として県民歌を制定することになり八月十二日付け秋田魁新報夕刊紙上に

趣意書を発表した。趣意書現下の世相に鑑み県自治の振興を期し、国力の伸張を図らんとせば、必ずや云々県民の奮って応募を望む。募集締切期日九月一〇日。応募総数は小学校教員を主として四一篇に達し九月二七日審査委員会が開かれた。審査結果一等の該当なく二等一、三等二、佳作二が当選と決定した。県ではこれら当選五篇の歌詞を参考資料として東京音楽学校（現・東京芸術大学音楽部）へ送り県民歌の歌詞の修正と作曲を委嘱した。歌詞の修正は当時東京音楽学校教授で「日本歌謡史」「日本演劇史」などの研究者として著名な、高野辰之（一八七六〜一九四七・長野県出身）が担当した。

秋田県民歌（倉田政嗣作詞）

一、
秀麗気高き　鳥海の嶺
狂瀾吼え立つ　男鹿の島山
神秘の十和田は　田沢と共に
世界に名を得し　誇りの湖水
山水皆これ　詩の国　秋田

一、秀麗無比なる　鳥海山よ

秋田県民歌（高野辰之修正）

二、廻らす山脈　霊気罩めて
斧鉞も入らざる　千古の美林
地下なる鉱脈　無限の宝庫
見渡す曠野は　渺茫霞み
黄金と実りて　豊けき　秋田

三、篤胤、信渕　巨人の遺訓
久遠に輝く　北斗と仰ぎ
錦旗を護りし　戊辰の光栄は
矢留城頭　花とぞ薫る
歴史は尊し　誉の　秋田

四、民俗勝りて　質実剛毅
正義と自治との　啓示を躬し
人材遍く　育みなして
至純の郷土を　築かん我等
燦たる理想に　燃え立つ　秋田

狂瀾吼え立つ　男鹿半島よ
神秘の十和田は　田沢と共に
世界に名を得し　誇りの湖水
山水皆これ　詩の国　秋田

二、めぐらす山々　霊気をこめて
斧の音響かぬ　千古の美林
地下なる鉱脈　無限の宝庫
見渡す曠野は　渺茫霞み
黄金と実りて　豊けき　秋田

三、篤胤、信渕　巨人の訓へ
久遠に輝く　北斗と高く
錦旗を護りし　戊辰の光栄は
矢留の城頭　花とぞ薫る
歴史は香し　誉れの　秋田

四、民俗勝れて　質実剛毅
正義と自治との　啓示を体し
人材遍く　育みなして
至純の郷土と　拓かん　秋田
燦たる理想に　燃え起つ我等

太田町は、二〇〇五年三月平成の大合併で大曲市・神岡町・西仙北町・中仙町・協和町・南外村・仙北町・太田町が合併、大仙市になった。東方奥羽山脈が旧南部藩の岩手県と境を成して真木渓谷は薬師岳和賀岳へと通じ真（まき）木渓谷は奥羽山荘に秋田県民歌太田町川口は川口温泉奥羽山荘に秋田県民歌作詞者倉田政嗣を顕彰する歌碑あり県道50号大曲田沢湖線歩き払田柵跡共見たいと願う。

美の国あきた冊子表紙写真「秋田おばこ」1953年撮影／木村伊兵衛モデル大曲市角間川内町（現大仙市）出身柴田洋子さん19歳渡米2010年死去。その後結婚1967年渡米2010年死去。秋田美人の代表写真は秋田市内各所を彩る。

見開き写真は、19名の小学生が一列に並び藤田嗣治の大壁画「秋田の行事」に正対して見入っている様子を、誉田慎一が2010年見事に切り撮った一枚。1937年昭和12年2月から3月にかけ、藤田嗣治が平野政吉（まさきち）の米倉に設置したカンヴァスに向かい、最速で仕上げた大作は、縦365cm横2050cm。

写真集美の国秋田は、平成4年1992年3月発行／秋田県観光連盟。春そして夏の、男鹿半島より遥か鳥海山を望むが、美しい。

2013年（平成25年）8月31日（土）朝日秋田版記事／木村伊兵衛賞受賞の田附さん—「限界集落に生きる」写真50枚はKAMIKOANIプロジェクト「見る人に感想委ねる」内容はトタンでできた三角屋根の小屋の3畳ほどの空間に大小50枚の写真を飾っている。9月1日から上小阿仁村の山奥の限界集落を切り取った写真展が同村八木沢で始まる。開くのは2011年度の木村伊兵衛写真賞を受賞した田附勝さん（39）。「答え合わせはしたくない」と感じ方は見る人に委ねる。「ゆっくり写真をみてから、集落を歩いてほしい」と話している。写真展のタイトルは「みえないところに私をしまう」。どこでも見かける古ぼけた小屋のドアを開けると50枚の写真から、土地に根ざして生きてきた人々の生々しい姿が伝わってくる。10月14日まで（曽田幹東）

その下はDCデスティネーションキャンペーン、県がPR大作戦／吉永さんポスターやラッピング列車—10月1日から12月末まで実施されるJRと県などによる大型観光企画に向け、佐竹敬久知事らが30日記者会見を開き主な行事を説明した。秋田県が単独でDCに取り上げられるのは秋田新幹線「こまち」が開業した1997年以来16年ぶり。DCに先立ち、女優吉永小百合さんが県立美術館で藤田嗣治の大作「秋田の行事」を鑑賞したり、男鹿のなまはげと出会ったりする様子を撮影したポスターを9月から順次、JR東日本の各駅に張り出すほか、全国のJRの駅に17万枚以上のポスターを掲示する。また都心のJR山手線では、秋田をPRするラッピング列車を9月16日から走らせ、機運を盛り上げるという。同28日からは、1日4往復の「スーパーこまち」を7往復に増便し、10月からは特製駅弁の車内販売も始める。知事は「末永く秋田を愛してもらうため、おもてなしの心でお客様を迎えたい」と話した。そういえばこの年、東京でポスター、パンフレットを見ている。なお、吉永小百合ポスターは、今も健在というのか秋田市内駅等で現役を保つ。

あきた県政概況2014秋田県／秋田県の観光の現状—秋田県内を訪れる観光客数は約3175万人（平成24年）、宿泊者数は約351万人（平成25年暫定）となっています。月別の観光客数は、県内各地で夏祭りや花火大会等の行祭事、イベントが開催される8月が約709万人、一方11月から4月までの半年間は冬季間を中心に落ち込む傾向にあります。昨年の10月から3か月間にわたって展開された秋田デスティネーションキャンペーン（秋田DC）では、首都圏を始め全国で秋田の認知度が向上したほか、県を挙げたおもてなし運動の取組みなどにより、地域自らが、観光地づくりについて考える機会となったことは、本県の観光振興にとって大きな収穫となりました。一方で、急速に広がるソーシャ

ル・ネットワーキング・サービス（SNS）の活用等による情報交流のあり方や、情報交流基盤の整備、交通アクセスの改善、隣県や県内地域間における連携強化の必要性といった様々な課題も明らかになっています。また秋田DC期間中において、観光客数の増加が宿泊者数の増加とは必ずしもつながっていない面もあるなど、本県は、東北各県に比べて宿泊客の獲得に苦労していることは事実であり、施設の老朽化や休廃業に加え、お客様に選択される一定レベルを備えた魅力ある宿泊施設が不足しているという課題もあります。

右欄に、トピック2件／I全国産業観光フォーラムin秋田・こさか2014、II行政区域を越えた観光振興の取組鳥海山を核とした広域観光振興プロジェクト。（記事は省略）

表紙、発見×創造―第29回国民文化祭あきた2014を囲む写真17葉は上から左右順に
①男鹿市・潟上市／東湖八坂神社祭の統人行事②鹿角市／毛馬内の盆踊③鹿角市／花輪祭の屋台行事④男鹿市／男鹿のナマハゲ⑤北秋田市／根子番楽⑥鹿角市／大日堂舞楽⑦秋田市／土崎神明社祭の曳山行事⑧仙北市／角館祭りのやま行事⑨秋田市／秋田の竿燈⑩大仙市／刈和野の大綱引き⑪秋田市・仙北市／秋田のイタヤ箕製作技術⑫にかほ市／小滝のチョウクライロ舞⑬由利本荘市／本海獅子舞番楽⑭横手市／保呂羽山の霜月神楽⑮にかほ市／上郷の小正月行事⑯羽後町／西馬音内の盆踊⑰美郷町／六郷のカマクラ行事。裏面には表紙と同じ緑と白の秋田県図下もうひとつの秋田が分かる。説明文―国民文化祭は全国各地で様々な文化活動に取り組んでいる方々が日頃の活動の成果や実力を披露し広く交流を深める「国内最大の文化の祭典」です。昭和61年に東京都で初めて開催され、昨年は山梨県で、29回目となる今年は秋田県での開催となります。本県の国民文化祭では、伝統的な「秋田らしさ」を発揮しつつ、「新しい取組（プラス1）」にも力を入れ、ひと味違う秋

田の文化を発信していくという意味を込め、「発見×創造　もうひとつの秋田」をテーマに掲げました。東日本大震災以降、東北で初めて開催される国民文化祭として、文化の力で地域の元気を創造し、次の世代につなげていきます。右下○印あんべいいな秋田県他。

文化を旅する（プレ）ガイドブック秋田県観光文化スポーツ部国民文化祭推進局／国民文化祭あきた検索、制作・発行年月日無しは09頁※本特集記事は2013年8月〜9月の取材内容に基づき制作されています。から大凡推測出来、秋田県が少し分かる気がする。

この小冊子の巻末に全国最多17件！秋田の国指定重要無形民俗文化財の説明があり成程そうかと合点がいった。秋田に在住の県民は自明の事かもしれないが気が回らなかった。

太田町百年誌に戻り、こうして歌詞を比較してみると、高野博士は五篇の歌詞のなかから倉田政嗣の原作を全面的に採用したことがうかがわれ、大巾な修正を加えた個所はほとんど見られない。作曲は米内沢町（森吉町）出身で新進気鋭の成田為三（一八九三〜一九四五）があたり十月末に至って正式に「秋田県民歌」として制定をみたのであった。近年秋田県で明治百年記念事業として吹奏楽曲の制作を石井歓（舞踊家石井漠の長男）に依頼したが、その作品である「大いなる秋田」のなかに、成田為三作曲の「秋田県民歌」の荘重な旋律が、生命感あふれるばかりに取り入れられている。奇しくも、倉田政嗣と成田為三は秋田師範学校時代に同級生の間柄で、若き青春を共にすごしたという。（以下省略）

あきた県民手帳見開き、左は県章○秋田の「ア」を図案化し秋田県の発展する姿を表しています。○昭和34年11月3日制定。県花ふきのとう県鳥やまどり県木秋田スギ県魚ハタハタ。右は秋田県市町村区画図①市町村数25（13市9町3村）平成27年8月1日②県総面積1万1637・54㎢平成26年10月1日。薄緑図の西は薄青日本海その左下に東西南北

— 7 —

北青森県・東岩手県・南東宮城県・南山形県
四県白表示。次の見開きは秋田県観光マップ
（平成27年8月現在）左秋田の観光キャッチ
コピー橙青2色美人に会える？んだ。んだ。
秋田。緑スギッチ。秋田県民歌1番～4番と
県民の歌（昭和34年制定）は作詞大久保笑子
・作曲菅原良昭・補修県民の歌制定委員会。

一、朝あけ雲の　色はえて
　　仰ぐはるかな　山々よ
　　つらなる町も　みどりの村も
　　平和の光　みちている
　　ああ　あこがれの　わが秋田
　　みんなで　みんなで　歌おうよ

二、流れは大地　うるおして
　　実る稲穂よ　すぎの香よ
　　資源はゆたか　わきでる油田
　　希望の力　たくましく
　　ああ　産業の　わが秋田
　　みんなで　みんなで　伸ばそうよ

三、湖深く　海ひらけ
　　雪にきたえて　すこやかに
　　働く日々も　いこいの夜も
　　文化のめぐみ　語り合う
　　ああ　しあわせの　わが秋田
　　みんなで　みんなで　進もうよ

　県民の歌には思い出がある。昭和34年私は
秋田高校一年、二学期の昼食時、校内放送で
シューマン作曲流浪の民／近藤朔風訳詞歌が
ピアノ伴奏と共に流れ、合唱部の合唱コンク
ール曲（混声合唱）に、教室内は静まった。
数日後、合唱部の新部長と指揮者が各教室を
男性部員募集の為に訪れ、それならと、遅い
入部をしている。県民の歌作曲者は秋高生の
縁から県の指名あり県民の歌を合唱部が歌い
録音のテープは制定日の披露に使用された。
県知事室で銅合金製秋田蕗ペーパーナイフが
部員全員に贈られ、秋田県知事小畑勇二郎の
銘が入った品を、大切に記念保管している。

秋田県明治百年記念事業として吹奏楽曲／合唱とブラスのための楽曲「大いなる秋田」については、秋田市立図書館明徳館CD貸出秋田県民歌と県民の歌の原典版を聞くことが出来た。作曲者石井歓と音楽監督佐藤正人のメッセージ、CD編集制作CAFUA記事を読み、秋田県音楽全国一を改めて認識する。

2002年5月3、4日秋田市文化会館大ホールにて収録の「大いなる秋田」は、指揮佐藤正人で秋田吹奏楽団と合唱は市内合唱団5団体①コール・カペラ②秋田女性合唱団③秋田男性合唱団④秋田少年少女合唱団⑤秋田大学教育文化学部附属小学校。楽曲の構成は第1楽章‥黎明／第2楽章‥追憶／第3楽章‥躍進／第4楽章‥大いなる秋田。石井歓は1921年（大正10年）東京都生まれ。秋田県出身の舞踊家・石井漠の長男。1943年武蔵野音楽学校ピアノ科卒業。49年、第18回音楽コンクールに管弦楽曲「前奏曲」が第1位入選。その後ミュンヘン国立大学で学ぶ。

作品は多岐にわたり、管弦楽曲「山」「シンフォニア・アイヌ」、バレエ音楽「まりも」「ビルマの竪琴」、オペラ「役の行者」、合唱曲「風紋」など多数。愛知県立芸術大学教授、同大学音楽学部長、昭和音楽大学主任教授を歴任。70〜89年全日本合唱連盟第5代理事長。現在同連盟顧問。

「大いなる秋田」によせて〈作曲者の署名入り本文〉／芸術は、今、この世に生をうけている全ての人々の為に創られるべきものだと私は思っています。明治100年を記念して作られたこの作品はただ単に明治に関係ある我々といった限定されたものではなく、広く全ての人々に受け入れられるべき性格をもったものでありたいと思うのです。故郷、秋田を推進母体として、この地方に存在する数々の旋律を取り扱ったこの作品も、その精神に変わりはないと思っています。この作品は四つの部分に分かれております。第一の部分はすなわち第1楽章は秋田の建設的な精神をブ

ラスと合唱により高らかに歌っております。

第2楽章は合唱によるわらべ唄を中心にして秋田県特有の豊かな情緒的な美しさを表現し第3楽章では将来を担う青少年の活発な気概を旧県民歌を配してマーチ風に表わし、独立した行進曲としても演奏出来るようにしました。最終楽章は総力を結集して偉大なる将来に向かう、秋田県人の姿をブラスと大合唱によって表わしており、最後に秋田県民歌を堂々と歌って終結します。秋田をうたったこの合唱とブラスのための楽曲「大いなる秋田」は、秋田を素材として秋田県人の皆さんの為に書かれた作品であります。しかしその精神は、20世紀後半に生きる我々にとって、日本の将来世界の未来をたたえる大シンフォニーたらしめたいと思うのであります。石井歓。

作曲者インタビュー①「大いなる秋田」作曲の経緯をお伺いしたいのですが―秋田県の当時の県知事さん（故小畑勇二郎氏、6期24年間に亙り秋田県知事を勤め、発展に寄与）から電話があって「大いなる秋田」というテーマで曲を作ってくれといってきたのがきっかけです。②作曲時の心境をお聞かせ下さい―初めは秋田のためにつくろうという気持ちでいっぱいでしたが、そのうち東北あるいは日本の為に・・・と広がっていきました。③先生の数多くの作品の中で「大いなる秋田」は先生にとってどの様な意義をお持ちでしょうか―それは一概には言えないけれど私は曲を作るときいつも一つの事だけに囚われずに作っていきます。そして「大いなる秋田」も秋田の県人というよりも日本全体という意味で作曲したというのが本当の意味合いで大きな意味を持った曲です。④「大いなる秋田」を収録するに当たり、原典版を収録したいという、秋田県人である天野正道氏、佐藤正人氏の要望があり、今回実現したのですが、このCD制作について一言お願いします―大変ありがたいことでした。秋田には多くの素晴らしい素材が埋もれていますが、それらを生

— 10 —

かすも殺すも作曲家の腕だと思います。この曲が多くの人に愛されている事は、それが成功した一つの例だと思います。これからも、秋田に埋もれている色々な素材が秋田県民に育てられて大きくなる事を期待しています。と同時に、それらが秋田だけでなく日本全体の一つのものになっていくとありがたいと思います。CD―（CAFUA RECORD SINC・CACG―0036）明徳館。

「大いなる秋田」レコーディングによせて／

今回のレコーディング曲である「大いなる秋田」は私にとって特別な曲であり、一生忘れられない宝物のような存在です。私が吹奏楽に出会ってから何度となく演奏してきたこの曲は時にテューバで、ある時はクラリネットで、そして合唱でも参加した事があります。その頃は「この曲を指揮できたら死んでも良い」と思っていた程、憧れの曲でした。特に中学3年の時故木内博先生の指揮で秋田市の中学選抜バンドが全国の中学の先生たち（だ

ったと記憶しています）の前で研究演奏した時と、木内先生の追悼演奏で歌った時の演奏は忘れられません（丁度先生の遺影の前で歌いました）。その時から「大いなる秋田」を演奏する機会から離れ、20年以上経ってこのお話が来た時の嬉しさは言葉では言い表せない程でした。私達は「大いなる秋田」を何度も演奏してきましたが、このディスクの原典版はとても新鮮で強烈な印象が残りました。特に第4楽章の打楽器の独奏部分は秀逸です。また「いっつもやってるがらだいじょうぶだべせ」という妥協を無くして、ハーモニーや合唱の発音一つずつにもこだわって練習すると、この曲の奥の深さ、日頃のこの曲の演奏の「慣れ」から来る、甘えが浮き彫りになりました。最後は、みんなのこの作品に対する真摯な姿勢と気迫が名演奏を生みました。また素晴らしい秋田の合唱団の皆さんの熱唱に支えられ、秋田の人でなければ出来ない、心のこもった演奏になったと確信し

ています。　特に、私の好きな第3楽章の秋田県民歌では、思い出が次々と駆け巡り、胸を締めつけられるような想いで、リハーサルでは涙が止まりませんでした。そしてメンバー全員、渾身の力を振り絞って必死に演奏し、ようやく収録を終えた時の感動は忘れられません。この素晴らしい作品を取り上げられただけでも、私達は幸せです。最後になりましたが、今回の録音が無事終了できたのも、初めてのレコーディングだった秋田吹奏楽団のメンバーを盛り立てくれた、CAFUAのスタッフの皆さんのおかげです。この場をお借りしてお礼申し上げます。これからも秋吹の奏でる心のこもった演奏が10年後、20年後も続いていく事を願っています。音楽監督佐藤正人。次頁Notesは楽曲の解説文。

―大いなる秋田Words（黎明～終章）。

「黎明」

わがふるさとよ　うるわしの故郷（くに）
実り豊かに　幸みてる故郷（くに）

光り富む森　緑濃き山
とわに変わらず　とわに栄ゆく
ああ　なつかしのふるさと
母なる　故郷（くに）　秋田よ
ああ、ああ、ああ・・・・
ああ　いつの日も　たゆむことなき
ふるさとの人
大いなる故郷（くに）ひらけゆく故郷（くに）
いざやたたえん　とわの栄え
高らかに歌えよ　いざ
大いなる故郷（くに）光りみてる故郷（くに）
いざや歌え　ことほぎの歌
ああ、ああ、ああ、ああ・・・・

「追憶」

ねんねこ　ころころや
ねんねこ　ころろこ
ねんねこ　ころろこや
おれの　めんこなば
なしてなく　なしてなく

ねんねこ　ころろこ
ねんねこ　ころろこや
ねんねこ　ころろこ
ねんねこ　ころろこや

あられやコンコン　豆コンコン
いわしことれたら　かごもてこい
あられやコンコン　豆コンコン
はたはたとれたら　たるもてこい

「躍進」
秀麗無比なる　鳥海山よ
狂瀾吼え立つ　男鹿半島よ
神秘の十和田は　田沢と共に
世界に名を得し　誇りの湖水
山水皆これ　詩の国秋田

廻らす山々　霊気をこめて
斧の音響かぬ　千古の美林
地下なる鉱脈　無限の宝庫

見渡す廣野は　渺茫霞み
黄金と実りて　豊けき秋田

「大いなる秋田」
朝あけ雲の　色はえて
仰ぐはるかな　山々よ
つらなる町も　みどりの村も
平和の光　みちている
ああ　あこがれの　わが秋田
みんなで　みんなで　歌おうよ

湖深く　海ひらけ
雪に鍛えて　健やかに
働く日々も　いこいの夜も
文化の恵み　語り合う
ああ　しあわせの　わが秋田
みんなで　みんなで　進もうよ

国民文化祭・あきた首都圏まつり2014
来て！たんせ　あきた／このパンフレットは
平成26年8月5日〜10日に銀座博品館劇場で

開催されたイベントのものです。国民文化祭に対する秋田県ゆかりの文化人・著名人の方々のメッセージが掲載されていますのでご覧ください。（巻頭挨拶佐竹敬久知事—部分）

この秋に開催されます「国民文化祭・あきた2014」は、首都圏まつりで感じていただいた秋田の文化の一端を、本格的に味わっていただける内容となっており、現代美術から伝統芸能まで110に及ぶ多彩な事業が25の市町村で展開される予定です。とりわけ開会式・オープニングフェスティバルでは、管弦楽、吹奏楽、合唱の新編成600名による「大いなる秋田」の演奏にパフォーマンスを織り込みながら壮大なステージをお届けするほか、最終日のフィナーレイベント・閉会式では、全国最多を誇る17件の国指定重要無形民俗文化財が一堂に会して実演・披露し、本県の文化の力をアピールいたします。故郷を遠く離れ幾年を経ても、私たちを育んだ「文化」は故郷とのきずなであり続けていると思います。秋田には、故郷の文化があります。

（6頁写真男鹿半島入道崎右白黒の灯台）

首都圏まつりプログラム（抜粋）

8月5日（火）夜の部 オープニング
「秋田県民歌」立方：浅利香津代

8月6日（水）夜の部 第1部
チェンバロ演奏 平かおり

8月7日（木）昼の部 第1部
トークショー 山谷初男 俳優
「ハッポンアナザーワールド」
夜の部 第1部
朗読 浅利香津代 女優・舞踊家
「歌こそわが生涯～東海林太郎物語」
原作：宮越郷平「不滅のアリア 東海林太郎」 脚本：畠山健

8月8日（金）昼の部 第1部
トークショー 矢口高雄 漫画家
「『釣りキチ三平』の原点」
夜の部 第1部

西馬音内盆踊り

ＮＡＭＡＨＡＧＥ郷神楽

８月９日（土）昼の部 第１部

西馬音内盆踊り

ＮＡＭＡＨＡＧＥ郷神楽

夜の部 第１部

トークショー 倉田よしみ 漫画家

対談

８月10日（日）夕の部

『「味いちもんめ」と私』

佐竹敬久（対）佐々木愛 女優

フィナーレ

「秋田さ、えぐどぉー」

会場では、「第29回国民文化祭・あきた20
14」秋田本会場の紹介ブースをもうけてお
ります。ぜひお立ち寄りください。

「秋田本会場の会期」

平成26年10月4日（土）～11月3日（月・祝）／

みなさまのご来場を、心よりお待ちしており
ます。（文化は秋田の宝―佐々木愛は後述）

秋田市立山王中学校吹奏楽部・心から心へ
ＣＤ２枚（県立図書館）リーフレット55年の
歩み吹奏楽の履歴を読む。私は昭和34年3月
山王中卒業なので多少は理解出来る。音楽の
授業は木内博先生が担当でピアノ一台置く音
楽室に移動して行われた。ＮＨＫ秋田放送局
番組のど自慢（毎週日曜日）ピアノ伴奏者は
木内博さんで通っていたと記憶する。三年の
三学期先生はピアノを弾きながら椰子の実を
歌い、生徒50人全員静まり返り聴き入った。
「心から心へ」と「心から心へⅡ」ＣＤは、
山王中吹奏楽部の歴史を刻む。木内博指揮の
山王中ＷＩＮＤ・ＯＲＣＨＥＳＴＲＡは全国
大会3年連続金賞を昭和49年～51年に受賞後
52年木内博先生ご逝去／昭和28年山王中設立
29年吹奏楽部設立、30年道川中で初演奏会・
道川療養所演奏会。31年校歌制定・県吹連大
演奏会（山王中体育館）32年県吹連発足（34
年度より木内理事長）。33年コンクール東北
大会開催・Ａクラス40人。34年コンクール秋

田県大会開催・合宿開始、東北大会仙台市2位、35年東北大会同。36年第1回定期演奏会・秋田国体、東北大会青森市3位。37年東北大会秋田市1位ー全国大会室蘭市初出場9位38年東北大会山形市1位全国大会岐阜市9位39年東京オリンピック全国大会高松市。40年東北大会北上市1位ー全国大会長崎市10位。41年1月11日山王中玄関付近出火全焼〜復興記念演奏会、東北大会弘前市1位ー全国大会仙台市5位。42年東北大会仙台市1位ー全国大会東京9位。43年東北大会秋田市1位ー全国大会京都市、明治百年ー大いなる秋田初演。44年東北大会平市2位全国大会名古屋市、秋田県吹奏楽研究協議会発足。45年東北大会山形市1位ー全国大会東京渋谷公会堂自由曲チヤイコ5番銀（金銀銅制の表彰へ）46年東北大会北上市1位ー全国大会大阪自由曲イタリア奇想曲金・初の金賞受賞。47年札幌冬季オリンピック、東北大会仙台市1位ー全国大会東京普門館自由曲幻想交響曲金。48年東北大

会弘前市2位全国大会名古屋、記念誌「20年のひびき」発行・Aクラス45人。49年東北大会秋田市1位ー全国大会神戸市自由曲スペイン奇想曲金、マーチングフェスティバル開催50年東北大会山形市金（金銀銅制の表彰へ）全国大会秋田県民会館自由曲三角帽子金賞。51年東北大会福島市金ー全国大会神奈川県民ホール自由曲スペイン狂詩曲金賞・全国初3年連続金賞・3年連続金賞受賞記念レコード制作。翌年トピックスー木内博先生ご逝去。2014年（平成26年）10月26日（日）朝日秋田版山王中難曲で金全日本吹奏楽39年連続演奏〈2014ー39＝1975は昭和50年）木内博先生全国初3年連続金賞受賞の前年に演奏した三角帽子を子息の木内恒さんが選曲25日全国大会金賞。4年連続33回目の出場。自由曲に選んだファリャ作曲のバレエ音楽「三角帽子」は難曲ながら山王中が39年前にも演奏して金賞を獲得した、思い入れのある曲だ。タクトに合わせ管楽器が突き抜けるよ

うな音色を奏でバレリーナの激しい動きを表すように打楽器が響く。部員全員が一体となった見事な演奏を披露した。3年女子部長は「これまで応援をいただいた多くの方々への感謝の気持ちを込めて演奏しました」指揮をした木内恒教諭（54）は「スコア（総譜）ではなく生徒たちの生き生きとした表情を見ながら指揮をした。素晴しい演奏でした」とたたえた。（小川奈々）吹奏楽の伝説Ⅲ名門中学校

5今津・出雲第一・豊島第十・山王・士気。

（閑話休題1）

藤沢周平の名作「蟬しぐれ」の2005年公開映画—監督：黒土三男作品を、昨日6月24日（土）に町屋の座敷会場で妻と鑑賞した。市立新屋図書館に本を一冊返し「民謡の里」オラが秋田の唄が聞こえる／読売新聞秋田支局編の貸出を受けた際目に留まり予約して訪れたもので以前見たNHKドラマとは違う味わいがあり、2時間余江戸時代の創作物語に

新渡戸稲造「武士道」奈良本辰也訳がダブり

映像の舞台背景山形県鶴岡市から望む月山・鳥海山及び日本海の夕日等が美しく映える。

藤沢周平著／蟬しぐれ初出は山形新聞夕刊昭和61年7月9日（水）～62年4月13日（月）／1988年（昭和63年）5月10日第1刷文藝春秋発行。1～終章21蟬しぐれ—20年余の歳月が流れ若い頃の通称を文四郎と言った郡奉行牧助左衛門は矢尻村から蓑浦の三国屋へ出向きお福さま（少女時代ふく）と逢う。帰路蟬しぐれに包まれ、熱い光の中に走り出た。

吹奏楽の伝説Ⅲ山王中（県立図書館蔵CD1999年BOCD－7125）10曲の内容①～④は木内博指揮、⑤～⑩が羽川誠指揮。①イタリア奇想曲／チャイコフスキー作曲演奏時間9分10秒1971年金②幻想交響曲より終楽章ワルプルギスの夜の夢／ベルリオーズ作曲8分19秒1972年金③スペイン奇想曲より第3・4・5楽章／リムスキー＝コルサコフ作曲7分35秒1974年金。④バレエ音楽三角帽子より粉屋の踊り、終幕の踊り／

ファリャ作曲（木内博編曲）7分45秒1975年金。⑤バレエ音楽バッカスとアリアーヌより／ルーセル作曲6分14秒1977年銀⑥三つの交響的素描海より第3楽章風と海との対話／ドビュッシー作曲6分43秒1978年金⑦ダフニスとクロエ第2組曲より全員の踊り／ラヴェル作曲6分52秒1979年金。⑧バレエ音楽四季より秋／グラズノフ作曲（佐藤正人編曲）6分49秒1980年金⑨交響組曲春より第2楽章／ドビュッシー作曲（同）6分33秒1982年銀。⑩交響的舞曲より第3楽章／ラフマニノフ作曲（同）5分40秒1983年銀。（参考）名門高校5バンド編①野庭高②習志野高③秋田南高④天理高⑤関東第一高BOCD－7109～13。93年・・・2002年「心から心へ」第5代指導者細谷直＆山王中による10年の軌跡がここに！CD（OSBR－19068）①1993（東北大会）バレエ音楽ロメオとジュリエットよりモンタギュー家とキャピュレット家、決闘そしてタイボルトの死／プロコフィエフ作曲（八田泰一編曲）演奏時間7分15秒②1994年（同）バレエ音楽三角帽子より／ファリャ作曲（高野豊昭編曲）5分11秒③1995年（全国大会）課題曲‥スプリングマーチ／大石美香作曲金3分35秒④1996年（全）課題曲‥般若／松浦欣也作曲金6分22秒⑤1997年（全）ダフニスとクロエ第2組曲より夜明け、全員の踊り／ラヴェル作曲（ブートリー編曲）金7分40秒⑥1998（招待演奏）歌劇シチリア島の夕べの祈り序曲／ヴェルディ作曲（木村吉宏編曲）8分57秒⑦1999年（全）3つの交響的素描海より第Ⅲ風と海との対話／ドビュッシー作曲（八田泰一編曲）金7分53秒⑧2000年（全）交響組曲寄港地よりⅡチェニス～ネフタⅢヴァレンシア／イベール作曲（デュポン編曲）銀6分22秒⑨2001年（全）組曲動物の謝肉祭より序曲と獅子王の行進曲、メンドリとオンドリ、水族館、化石、終曲／サン

＝サーンス作曲（後藤洋編曲）金７分４３秒。⑩２００２年（上野の森ＢＰ）交響詩ティル・オイレンシュピーゲルの愉快な悪戯／Ｒ・シュトラウス作曲（齋藤淳編曲）１１分３５秒。細谷直（プロフィール昭和３８年中仙町出生）平成５年に現在の山王中学校に赴任し、２年間の東北大会出場をへて平成７年に山王中学校としては１２年ぶりに全日本吹奏楽コンクールに出場、１５年ぶりに金賞を受賞する。以降現在まで三年連続金賞受賞のための不参加を挟み６期連続全国大会出場を果たしている。

２００３▽２０１０「心から心へⅡ」ＣＤ山王中学校吹奏楽部の新たなる軌跡―「この音だァ～！」若かりし石津谷の心を魅了し、指導者になる夢を抱かせてくれた憧れの山王サウンド。名門山王中の生みの親、木内博先生のサウンドＤＮＡは名顧問羽川誠先生・細谷直先生を介して、御子息で現顧問の木内恒先生に確実に受け継がれている。これを聴かずして日本の吹奏楽を語るなかれ。是非ご一聴を！

習志野高校吹奏楽部顧問石津谷治法。①２００３年全国大会スペイン狂詩曲よりⅡマラゲーニャⅣ祭り／ラヴェル作曲（八田泰一編曲）演奏時間７分５１秒銀②２００４年全交響詩ドン・ファン／Ｒ・シュトラウス作曲（森田一浩編曲）６分３９秒金③２００５年全交響詩ローマの祭りよりⅢ十月祭／Ⅳ主顕祭／レスピーギ作曲（佐藤正人・磯崎敦博編曲）７分１６秒金。④２００６年招待演奏／天野正道作曲７分４３秒エクスピエイション／天野正道作曲（東北）⑤２００７年全国大会ハンガリー民謡くじゃくによる変奏曲／コダーイ作曲（森田一浩編曲）８分２９秒銀⑥２００８年全ディオニソスの祭シュミット作曲７分５６秒金⑦２００９年全幻想交響曲より第５楽章ベルリオーズ作曲（天野正道編曲）７分５４秒銀⑧２０１０年特別演奏会未来へのステップ（山王中学校創立５０周年記念曲）／内藤淳一作曲４分５８秒⑨同組曲惑星より木星／ホルスト作曲（建部知弘編曲）７分５４秒⑩同アメリカン・グラフィテ

イⅡ／岩井直溥編曲7分4秒⑪同ディスコ・キッド／東海林修作曲4分52秒。指揮は細谷直（①～③）バトンタッチ木内恒（④～⑪）

木内博（大正15年4月13日出生～昭和52年7月12日死去）先生は秋田県由利郡道川村の出身、私は同郷になり懐かしい恩師である。

　心から心へⅡは、OSBR-27022／2011年のCD。ごあいさつ秋田市立山王中学校吹奏楽部顧問木内恒―この度は「心から心へⅡ」を発売することができ、本当にうれしく思います。関係の皆様と、それぞれの演奏をつないでくれた山王中吹奏楽部のメンバーに深く感謝申し上げます。このCDには私の前任である細谷直先生指揮によるコンクールの演奏から、昨年のミューザ川崎で行われた特別演奏会での演奏まで収録されています。その年その年に熱く魂を燃やし、心をこめた演奏ばかりだと思います。少しでも多くの皆様に聴いていただければ、たいへんうれしく思います。なお、このCDに収録されている「未来へのステップ」のトリオに山王中校歌と第2校歌である「若人山王」（初代顧問であり私の父親でもある木内博の作曲）がアレンジされています。またこのCDのタイトルである「心から心へ」は同じく木内博が残した言葉で、現在も音楽室に掲げられ私たちの精神的な柱となっています。「心から心へⅡ」によせて前顧問細谷直―CD「心から心へ」は、山王中学校が創立50周年を迎え、吹奏楽部も創部50周年を記念して、記念誌発行、記念演奏会と数々の記念事業を、山王中吹奏楽部を愛するOBの方々のお力添えのおかげで行った頃にでき上がりました。その時入れることができなかった、内藤淳一先生作曲の山王中創立50周年記念曲マーチ「未来へのステップ」が、このたびのCDに収録されることを大変うれしく思っております。現在山王中学校吹奏楽部は、木内恒先生という名指導者のもと、以前にも増して華やかな活動を毎年行っております。伝統の重みを感じな

がらも、1年1年ひたむきにがんばっている生徒達の熱い心を、このCDから感じ取ってもらえたら幸いです。これからも山王中学校吹奏楽部をよろしくお願いします！（3！）

リーフレット表面掲載写真と説明／昭和49〜51年の全日本吹奏楽コンクール三年連続金賞受賞記念碑「生きた音楽だけが心から心へと呼びかける」（コンクールの遠征では部員達がこの碑へ祈りと願いをこめてから出発します）最高の音響設備の整った音楽室。響きすぎず響かなすぎず教室4つ分のスペースがあり2階まで吹き抜けの高さがあります。常に「心から心へ」の言葉に見守られています。

吹奏楽の伝説は高校5バンド集がIになり大学5バンド集の中央大・近畿大・関西学院大・亜細亜大II、中学校はIII。その次に高校の部2順目西から東へ①福工大附属高校②愛工大明電高校③浜松工業高校④銚子商業高校⑤花輪高校の5高がIVに登場する。秋田県立花輪高等学校吹奏楽部（BOCD

—7132／1999年）。あの歴史的名演「鐘」「シンフォニー・ポエム」を奏でた伝説のバンド花輪。往年の名指揮者・佐藤修一の鮮烈な演奏。そして「小林久仁郎コレクション」と称される斬新なレパートリーの数々を、1枚のディスクに網羅した吹奏楽ファンの必聴盤。Legendary IV 花輪高校。

①交響詩「禿山の一夜」／ムソルグスキー作曲—第18回全日本吹奏楽コンクール1970年11月3日東京都・渋谷公会堂7分10秒。②交響組曲「シェエラザード」より第2楽章「カレンダー王子の物語」／リムスキー＝コルサコフ作曲—第21回1973年11月4日愛知県・名古屋市民会館8分13秒。③交響曲第

1番「冬の日の幻想」より第1楽章／チャイコフスキー作曲—第23回1975年10月26日北海道・北海道厚生年金会館7分32秒。④交響曲第1番より第4楽章／ラフマニノフ作曲—第26回1978年10月

15日東京都・普門館6分53秒。⑤交響曲第1

番より第４楽章／ショスタコーヴィチ作曲・（同編曲）｜第27回1979年11月4日東6分12秒。⑥交響曲第2番「鐘」より第1楽章／ハチャトゥリアン作曲（同編曲）｜第28回1980年11月3日東7分11秒。⑦交響曲第3番より第1楽章／プロコフィエフ作曲（同編曲）｜第29回1981年11月1日東6分28秒⑧交響曲第3番「シンフォニー・ポエム」／ハチャトゥリアン作曲（同編曲）｜第32回1984年10月27日東6分30秒⑨交響曲第2番より／ガジベコフ作曲（同編曲）｜第33回1985年10月27日東7分9秒。⑩バレエ音楽「チェックメイト」より4人の騎士の踊り黒の女王の登場終曲／ブリス作曲（同編曲）｜第40回全1992年10月31日東6分53秒。指揮：佐藤修一①〜③、小林久仁郎④〜⑩。吹奏楽の伝説〈BOCD－711〉／1997年ブレーン㈱編集CD｜秋田県立秋田南高等学校吹奏楽部1978年〜1996年。①管弦楽のための協奏曲／三善晃作曲（天野

正道編曲）1978年第26回全国大会（6分56秒）。②交響曲より第4楽章／矢代秋雄作曲（同）1979年第27回（6分13秒）③交響三章より第3楽章／三善晃作曲（同）1980年第28回（7分15秒）④「パロディー的四楽章」より第4楽章深井史郎作曲（同）1982年第30回（6分27秒）⑤変容抒情短詩／三善晃作曲（同）1984年第32回（6分37秒）⑥バッカナール／黛敏郎作曲（同）1985年第33回（6分52秒）。⑦竹取物語／三善晃作曲（同）1994年第42回（4分34秒）。⑧「舞楽」より第2部／黛敏郎作曲｜（同）1995年第43回（7分50秒）⑨バレエ音楽「中国の不思議な役人」より／バルトーク作曲（同）1996年第44回5分33秒。指揮／高橋紘一①〜⑥、小林久仁郎⑦〜⑨。

秋田市は、市民の生活情報誌広報あきたを毎月2回発行、全戸に配布する。2017年平成29年度4月7日号〜6月16日号を開いてみる。新年度気持ち新たにさらなる高みへ！

－ 22 －

16頁先人が残してくれた・・・⑧森川源三郎

弘化2年－大正15年（1845－1926）新屋表町（旧黄金谷）生まれ。秋田藩士の長男として生まれた森川源三郎は、明治維新後農事に打ち込み農作物の栽培法の研究や品種改良を行いその成果を広めると共に「農会」と呼ばれる会の設立貯金の奨励など農家経済の立て直しに尽力し秋田県の農業発展に大きく寄与しました。その功績に敬意を表し石川理紀之助、斎藤宇一郎と共に秋田県の農業三大人と称されています。彼は晩年上北手古野に「余楽庵」と名付けた小さな住まいを建て農業や植林に力を入れる一方質素倹約に努め人々に勤勉を説きながら余生を送りました。市指定有形文化財でもある「余楽庵」は現在新屋日吉町に移築されています。文書法制課ホームページに「秋田市の先人」を掲載しています。右下にシリーズ「秋田市の先人」は今回で一旦お休みします。23頁上情報チャンネルａ▽料金の記載がないものは無料です。

講座民謡講座「秋田草刈り唄」「秋田盆唄」など6曲を学びます。日時▽5月11日（木）から10月26日（木）までの毎月第2・第4木曜に12回14時～15時30分会場▽民俗芸能伝承館。

4月21日号春満開！千秋公園桜まつり4月30日（日）まで開催中会期は4月19日（水）～間秋田市観光案内所、観光振興課－千秋公園桜を次世代へ－問公園課。10頁市役所からのお知らせ⑴春山登山や山菜採り事故・遭難にご注意を／毎年春山では残雪や登山道の荒れにより道に迷いやすくなり遭難や事故が発生しています。不測の事態を避けるため次のことに注意しましょう。▽自分の体力・体調に合った行動を取り、明るいうちに下山する▽携帯電話・予備の食料・防寒着・熊鈴・ラジオ・笛などを持つ▽同行者と離れず、声を掛け合ってお互いの居場所を確認する▽家族などに行き先・入山地点を告げ、登山届を最寄りの警察署・交番・駐在所に提出する・・・県内での登山届は、パソコンやスマートフォ

んなどから電子申請ができます。左記の秋田県警ホームページからどうぞ。(2)有毒植物による食中毒にご注意を!有毒な野草を山菜と間違えて食べると食中毒になり死に至る場合もあります。食用の野草だと確認できない植物は絶対に採らない!食べない!売らない!人にあげない!ようにしましょう。▽山菜に混じって有毒植物が生えているため山菜採りの際は一本一本確認して採り調理前にも再度確認する▽家庭菜園や畑などで、野菜と観賞植物を一緒に栽培しない▽シドケ(食用)とトリカブト(有毒)は間違えやすいので特に注意する。また畑や庭でも、ニラ(食用)とスイセンの葉(有毒)を間違うことが多いので注意問衛生検査課。(3)野外での活動はツツガムシ対策をしっかりと「つつが虫病」は病原体を持つツツガムシ(ダニの一種)に刺されて感染し5〜14日後に発症します。症状は高熱、全身倦怠感、頭痛などで、発症後3・4日目に発疹が出ます。刺し口(1弱の黒

いかさぶた)は内股や下腹部など柔らかい部位に多く見られます。頭痛やだるさが強く、高熱が続いて、発疹が出てきた場合は、つつが虫病の可能性があるため直ぐに医療機関を受診しましょう。□予防のために▽野山や河川敷草むらやぶなどに入るときは長袖・長ズボン帽子手袋を着用するなど肌を出さない服装にする▽帰宅後は早めに着替えて入浴し、身体をよく洗い流す▽着ていた服などは室内に持ち込まずすぐ洗濯する。問健康管理課。18頁観光・イベント情報総合サイト「アキタッチ」が「アキタッチ+プラス」に秋田市の観光情報サイト「アキタッチ」と観光ガイドブック「ゆらら」の多言語版サイトがひとつになって「アキタッチ+」に生まれ変わりました!「アキタッチ+」は、スマートフォンなどに対応した画面表示が可能になったほかイベントなどを紹介するPICKUPや観光関連情報を集約した秋田市まるっとガイドなどの内容を追加しより見やすいホームページ

になりました。ぜひご覧ください。間観光振興課☎（888）5602秋田観光コンベンション協会☎（824）8686秋田市観光案内所が広々新しく！秋田駅ビルのリニューアルに伴い、秋田市観光案内所もゆったりスペースの待合ラウンジ内に移設されました。旅の始まりは観光案内所から！ぜひお立ち寄りください。19頁歓迎！クルーズ客船です。今年度秋田港に寄港予定のクルーズ船右表は秋田市を訪れ、まちのにぎわいに貢献しています。客船別の問い合わせ「ぱしふぃっくびいなす」「飛鳥Ⅱ」「にっぽん丸」は市観光振興課その他は県港湾空港課。4月～10月。ヤッホー！！太平山新緑トレッキング＆太平山前岳登山5月21日。（参考）山の名称呼び方日本の山岳標高一覧平成8年8月建設省国土地理院（1003山）一例鳥海山の呼び方はA秋田ちょうかいさんY山形ちょうかいざん山をさんと読む、ざんと読むかは、山を望む

それぞれの地方の歴史があるので間違いとは言えないけれども明治以後の正式固有名詞は鳥海山ちょうかいざんになる。町の名も町「まち」「ちょう」と村「むら」「そん」があり、外へ行く際は地元呼称を尊重したい。

5月5日号№1888／今号は連休のため通常より早く配布しています。5月28日（日）午前、「雄物川総合水防演習」に伴い洪水情報を緊急速報メールで配信します↓詳しくは8ページ／5月1日（月）スタート雄物川の洪水情報を緊急速報メールで配信―これまで、緊急速報メールの対象は、緊急地震速報や津波警報などでしたが、新たに雄物川が氾濫危険水位を超え、河川氾濫のおそれが生じた場合も配信の対象になります。緊急速報メールは携帯電話会社（三社）が各社の基地局から対象地域のすべての携帯電話・スマートフォンに災害・避難情報を一斉にメール配信するものです。緊急速報メールの問合せ秋田河川国道事務所調査第一課☎864－2288。

5月28日（日）、市内すべてのかたの携帯電話、スマートフォンに訓練用緊急速報メールが配信されます―この日、国土交通省、秋田県、雄物川流域市町村が主催し、雄物川河川敷（茨島地内）で開催する「雄物川総合水防演習」の一環として午前9時30分～10時の間に緊急速報メールが市内すべてのかたの携帯電話スマートフォンに配信されます。訓練ですので慌ててないようにお願いします。なお、メールの受信による情報料・通話料はかかりません。（その下）緊急速報メールはマナーモードでも着信音が鳴る可能性があります。音を出してはいけない場所に出掛ける予定のかたは、電源を切るようにお願いしますと。

10頁市役所からのお知らせ4番はツキノワグマに注意！山菜採りや行楽で野山に入る際は次のことにご注意ください。①鈴やラジオなど音が鳴るものや強い臭いがする携帯の蚊取り線香などを持って複数人で行動しましょう②クマと遭遇した場合、慌てずにクマの動

きを見ながら後ろに下がりその場を離れてください③里山の周辺の森林地などの草刈りを行い見通しを良くすることでクマの出没を軽減できます④クマを目撃した場合、場所・時間・大きさ・逃走方向などをご連絡ください

問合せ農地森林整備課☎888－5741。

5番―野山に入る時は山ビルにご注意を／ヤマビルは、気温の上昇とともに5月頃から発生します。秋田市北部、五城目町など、山沿いの湿気の多い場所に生息し、足元からはい上がって吸血します。血を吸われると出血が止まりにくくなり、かゆみが長時間残る場合がありますので、被害にあったら、慌てずにヤマビルを引き離し絆創膏などで止血し、かゆみが残る場合は、虫刺され軟膏などを塗ってください。またヤマビル被害防止のため予め忌避剤を服や靴に塗ってから野山に入るよう心がけてください。問合せ同。17頁二つ

(1)文化会館自主事業NHK「北国からのコンサート2017夏」出演細川たかし島津亜矢

― 26 ―

公開収録の観覧者を募集！7月1日（土）開演19：10、終演21：00文化会館大ホール。無料。(2)太平山山開き登山6月11日（日）市役所から秋田駅西口経由旭又登山口へバス移動、他。裏表紙これが秋田だ！コレアキッ！2017食と芸能大祭典―5／26（金）17：00～21：00（前夜祭・会場はアゴラ広場のみ）27（土）は10：00～20：00・28（日）は10：00～17：00ユネスコ無形文化遺産の競演！土崎神明社祭の曳山行事・角館祭りのやま行事・花輪祭の屋台行事。会場①アゴラ広場秋田グルメ屋台＆県内伝統芸能演舞。会場②エリアなかいち県内伝統芸能演舞、県内プロスポーツ＆市町村観光・物産PR。会場③広小路伝統芸能パレード歩行者天国。会場④仲小路クラフト市＆ストリートパフォーマンス。広報あきた編集発行秋田市役所広報広聴課〒010―8560秋田市山王一丁目1番1号☎018（888）5471この冊子は単価1部21円余。5月19日号表紙は祝！日本遺産認定北前船

寄港地・船主集落5月1日の祝賀看板除幕式詳しくは6ページ掲載。2頁食と芸能大祭典これが秋田だ！検索写真①綴子（つづれこ）大太鼓②秋田竿燈まつり③なまはげ太鼓④西馬音内盆踊り。会場周辺では交通規制実施。北前船申請11市町は函館市・松前町（北海道）鰺ヶ沢町・深浦町（青森県）秋田市酒田市（山形県）新潟市・長岡市（新潟県）加賀市（石川県）敦賀市・南越前町（福井県）。ストーリーの概要荒波を越えた男たちの夢が紡いだ異空間～北前船寄港地・船主集落～／日本海沿岸には、航海の目印となる山を風景の一部に取り込む港町が点々とみられます。そこには、港に通じる小路が随所に走り、通りには広大な商家や豪壮な船主屋敷が建っています。また、社寺には奉納された船の絵馬や模型が残り京など遠方に起源がある祭礼が行われ節回しの似た民謡が唄われています。これらの港町は、荒波を越え、動く総合商社として巨万の富を生み、各地に繁栄をもたら

した北前船の寄港地・船主集落で、時を重ねて彩られた異空間として今も人々を惹きつけてやみません。庁舎前に祝賀看板を設置ー港のにぎわいを後押し！代表4人が除幕した。

9頁警告ゴミ捨てると、犯罪者！アプリのダウンロードはこちらからも①ごみゼロの日5月30日▽環境の日6月5日全国ごみ不法投棄監視ウィークはこちらからも○不法投棄を発見したら廃棄物対策課へ☎888ー5713⑤5月31日は、世界禁煙デー毎年5月31日は、世界保健機関（WHO）が定める「世界禁煙デー」で、日本では5月31日〜6月6日を「禁煙週間」としています。喫煙は、がんをはじめ循環器疾患や呼吸器疾患、COPD（慢性閉塞性肺疾患）の原因になるだけでなく、妊娠や出産などにも悪影響を及ぼします。さらに、周囲の健康への影響も非常に大きいため健康増進法により受動喫煙の防止が定められています。この機会に改めて「たばこと健康」について考えてみませんか。また、受動喫煙防止にも

ご協力をお願いします。 間合せ保険予防課。18頁蕗刈り撮影会ー6月3日（土）朝7：00〜8：00仁井田字柳林の蕗畑（秋田南大橋たもと）おばこ姿の「あきた観光レディー」が秋田蕗を刈り取る恒例の撮影会です。会場付近に立つ白いのぼりと職員の誘導に従ってお越しください。小雨決行。（写真かすり上着おばこ三名）秋田観光コンベンション協会。22頁催しシニア映画祭「秋田市コインバス資格証明書」（68歳以上が対象）を提示した方は各回500円で、その他の方は800円で鑑賞できます。上映日程は、6月6日（火）幸福の黄色いハンカチ6月13日武士の家計簿6月20日わが母の記6月27日日本のいちばん長い日。上映時間10：30〜会場ルミエール秋田（アルヴェ2階）先着各150人チケット販売5月20日（土）からルミエール秋田、他。6月2日号表紙写真は赤いつつじが満開の千秋公園（5月17日）表題一6月は環境月間環境特集↓12・13ページ今日からごみ減量！

10頁　いつでもいつまでも秋田市の上下水道110周年（1907−2017）1907（明治40）年に藤倉水源地から市内の一部への給水が始まってから、今年で110周年。写真は藤倉水源地建設当時の様子と、現在。

問▽上下水道局総務課☎823−8434。

裏表紙面　第20回ヤートセ秋田祭前祭6月24日（土）大町イベント広場正午〜午後6時・本祭25日（日）①通町午前10時30分〜午後5時30分②大町イベント広場午前同〜午後7時。今年のテーマあっぱれ！まちと人に元気を与えるヤートセ秋田祭は今年で20回目を迎えます。各チーム本番に向け個性あふれる演舞に一段と磨きをかけるべく練習中！更に節目の年を記念した目玉企画「秋田100人よさこいプロジェクト秋田かだれ会」が両日のトリを務めます。今年も見逃せません！ぜひ会場へ！

広報あきた平成29年6月16日号No.1891

表紙はユネスコ無形文化遺産登録3行事そろい踏み！土崎神明社祭の曳山行事・角館祭りのやま行事・花輪祭の屋台行事—「これが秋田だ！食と芸能大祭典2017」で行われた広小路での芸能パレード（写真は5月27日）

表紙右上は開催まで85日第30回ねんりんピック秋田2017会期9月9日（土）〜12日（火）ページを開き2ということは表紙が1になり最終表示は23なので、裏表紙面は24になる。

2頁カメラトピックス秋田の魅力が大結集！心躍った3日間／アゴラ広場・三吉神社梵天祭・秋田竿燈まつり・花輪祭の屋台行事（鹿角市）・なまはげ太鼓（男鹿市）・石川駒踊り（八峰町）・西馬音内盆踊り（羽後町）・綴子大太鼓（北秋田市）・屋敷番楽（由利本荘市）・土崎神明社祭の曳山行事・角館祭りのやま行事（仙北市）・大曲農業高校の郷土芸能まで12枚の写真が約14万5千人集客の賑わいを伝えている。

3頁(1)秋田市を華やかにPR！平成29年度のあきた観光レディー発表会が行われました。今回新たに加わった3人＋2年目となる3人（6人写真左側）一緒に

これから県内外で秋田市を笑顔でPRしていきますのでよろしくお願いします！フェイスブックページも見てね♪(2)はずむ！スポーツチャレンジデー2017in秋田市写真6。

11頁雄物川総合水防演習／水害を想定した大規模訓練を実施（写真大住地区住民による避難訓練）5月28日茨島の雄物川右岸で「雄物川総合水防演習」が開催されました。この演習は5月の水防月間に合わせて行われたもので関係機関や消防団員市民等約1千人が参加しました。会場では東北各県代表の消防団による東北水防技術競技大会のほか大住地区の住民が参加した避難訓練やヘリコプターによる救助訓練等が本番さながらに繰り広げられ参加者は、いざという時に迅速に対応できるよう各自の動きを今一度確認していました。

13頁閉校した小学校の机やいす等を団体へお譲りします／昨年閉校した雄和地域の4小学校で不用となった机やいすキャビネット等を希望する団体へお譲りします。譲渡の条件等

はお問い合わせください。現地見学会6月29日（木）・30日（金）（2校ずつ2日間に分けて開催します）見学会の申し込み6月23日（金）まで教育委員会総務課☎888-5803。

18頁ねんりんピック秋田2017／ねんりんピックは、60歳以上のみなさんを中心とした健康と福祉の祭典です。開催まであと85日！第30回全国健康福祉祭あきた大会。長寿の輪平成29年9月9日（土）～9月12日（火）—ねんりんピック秋田2017の各会場では競技観戦だけでなくより多くのかたに楽しんでもらえるよう「おもてなしコーナー」「健康づくり教室」等を設置します。お気軽にお越しください。みんなで盛り上げよう！問▽ねんりんピック推進室☎888-5678。—秋田市で開催する7種目（テニス・ゴルフ・弓道・水泳・サッカー・太極拳・ダンススポーツ）をシリーズで紹介。キラリ7種目その③サッカー／会場は八橋運動公園内各施設ほか記事／サッカーは

八橋陸上競技場あきぎんスタジアム等のほかにかほ市を会場に各都道府県・政令指定都市から64チーム1280人が参加し、リーグ戦で開催されます。谷藤光樹選手兼監督は「今回、秋田県からは2チームが出場します。秋田県は過去に4度連続でリーグ1位になったこともありますが、今回の目標はまず楽しむこと。最高齢は83歳！先輩たちと同じピッチ（競技場）に立てる喜びを噛みしめながら頑張ります」と意気込みを話してくれました。永遠のサッカー少年にご声援を！写真年齢を感じさせないみなさんの動きに驚き！時には先輩を敬ったヤジもとぶ、練習風景でした。右下は絵図でみる秋田藩／佐竹史料館企画展6月23日（金）▽9月24日（日）9時～16時30分観覧料100円（高校生以下無料）久保田、大館、横手等の秋田藩に関する絵図等を展示します。佐竹史料館☎832-7892他。19頁赤れんが郷土館キャンドルライトとジャズの夕べ7月7日（金）19時～20時15分／明治

45年7月7日に赤れんが館が完成したことを記念して行います。建物の周りを七夕飾りとろうそくの灯りでライトアップするほか駐車場特別ステージでのジャズ演奏をお楽しみください。赤れんが郷土館864-6851。＊雨天時の演奏は館内で実施（旧秋田銀行）20頁みんなの掲示板③□クルーズ客船の出航時に秋田港で花火を打ち上げます。時間は5分程。ご迷惑をお掛けしますがご理解願います。（中島埠頭）日時6月21日（水）21時～8月6日（日）23時～10月7日（土）18時～三回。□秋田清掃登山連絡協議会の登山／会費は各500円。5時に市役所臨時駐車場に集合。①森吉山7月9日（日）②鳥海山（御浜）7月23日（日）□秋田山岳会の月山（山形）縦走登山対象高校生以上のかた日時7月9日5時半～19時集合市役所前（バス移動）参加費6千円先着30人申込7月2日までEメール。23頁（催し）ちゃぷんこ＆新屋図書館映画鑑賞会学生サークルあらやちゃぷちゃぷ大学（秋田

公立美大内）ほくとライブラリー新屋図書館共催。原作・藤沢周平の「蟬しぐれ」（2005年作品）を情緒ある新屋表町の「渡邉幸四郎邸」（写真）で上映します。日時６月24日（土）①10時半～②14時半～③18時半～先着各20人申込は６月17日（土）９時から同図書館。下欄表紙のはなしユネスコ無形文化遺産に登録された３行事によるパレードの迫力たるやこのイベントのクライマックスを見事に盛り上げてくれました。祭り本番も楽しみです！土崎のお祭りは７月20日、花輪は８月19日・20日、角館は９月７日～９日に開催。裏表紙は竿燈情報二つ／（1）町内公開合同練習７月１日（土）▽４日（火）19時～20時エリアなかいち・にぎわい広場。（2）竿燈妙技ふれあいまつり７月８日アルヴェ１階きらめき広場。

秋田民謡の前に―去年2016年７月26日ピアニスト中村紘子（本名福田紘子）さんが大腸がんで死去した。72歳だった。国際的に活躍し後進の育成にも情熱を傾けたピアニストの生涯は30日版全国紙に載り葬儀は28日に近親者で営まれた。後日、お別れの会を開くという。1944年山梨県生まれ。幼少からピアノを始め、井口愛子氏に師事。慶応中等部３年だった59年日本音楽コンクールで１位特賞。米ジュリアード音楽院でロジーナ・レビン氏に師事し、65年にショパン国際ピアノコンクールで４位入賞最年少者賞を受けた。世界各地で公演をしながらチャイコフスキー国際コンクールやショパン国際ピアノコンクールなど数々の権威あるコンクールの審査員も務めた。また、97年から約12年間に亙って浜松国際ピアノコンクールの審査委員長を務めるなど若手ピアニストの発掘や育成にも尽力した。89年国際コンクールの舞台裏を書いた著書「チャイコフスキー・コンクール」で大宅壮一ノンフィクション賞受賞。その後もエッセー集「ピアニストという蛮族がいる」を出版するなど、文筆家としても活躍した。さらにカレーのテレビＣＭに出演するなど、

広く親しまれた。私生活では七四年、芥川賞作家の庄司薫さんと結婚。精力的に活動を続けたが、二〇一四年に大腸がんが見つかり一時休養していた。昨年六月に本格復帰を宣言したが同八月に活動休止を発表。今年の春から活動を再開するなど復帰を繰り返していた。（九月続報記事）お別れの会が十二日、東京都港区のサントリーホールブルーローズで開かれ、関係者やファンら約一二五〇人が別れを惜しんだ。愛猫と愛犬を抱いた遺影が飾られレコードや楽譜などゆかりの品や写真パネルが囲んだ。関係者約八五〇人による大ホール「偲ぶ会」では中村さんと競演機会の多かったチェリストでサントリーホール館長堤剛さんがバッハを献奏。東京交響楽団も演奏を捧げた。日本文学研究者ドナルド・キーンさんが「素晴しいセンスと技巧を持ち私たちを長い間楽しませて下さいましてありがとうございます。中村さんは永遠に私たちの心の中に生き続けます」と追悼の辞を述べた。

音楽CD中村紘子ショパン・アルバム19八九年十一月宮城県中新田バッハホール録音／24のプレリュード（前奏曲）作品28は第1番から24番の演奏が入り、15番は雨だれの曲。

加美町（中新田町）北方に栗原市大崎市在り松尾芭蕉は平泉一関岩手の里岩出山一泊堺田山刀伐峠尾花沢へ出た。陸羽東線沿線岩出山有備館は何と無く郷愁を感じる。加美町中勇酒造店特別純米酒鳴瀬川手造は仙台駅地下酒売場ワンカップ買えるが鳴瀬川一升瓶宿題。

秋田民謡に移り、図書館本とCDを開く。一おらほの唄こ秋田民謡（明徳館所蔵CD）①秋田音頭／浅野孝子佐藤とし子浅野洋子・佐藤さわえ田中アエ子浅野和子②秋田長持唄／浅野千鶴子③港の唄／同④ひでこ節／佐藤けい子⑤本荘追分／佐藤さわえ⑥タント節／同⑦秋田万歳／鳥井森鈴⑧秋田船方節／小野花子⑨仙北お山こ三里／浅野洋子⑩秋田甚句／佐々木常雄⑪どんぱん節／浅野梅若⑫秋田おはら節／村岡一二三⑬秋田節／田中アエ子

⑭秋田飴売唄／浅野和子⑮秋田おばこ／川崎
正子⑯おこさ節／田中アエ子、⑰生保内節／
浅野テル子⑱秋田大黒舞／佐々木常雄⑲秋田
馬方節／村岡一二三⑳長者の山／佐々木実。
（CRCM−40028　1994年）

「秋田長持唄」　（歌詞一部を改め）
蝶よナーヨー　　花よとヨー
（ハーヤレヤレ）
育てた娘
今日はナーヨー　　他人のヨ
オヤー手に渡すナーエー

さあさナーヨー　　お立ちだヨー
（ハーヤレヤレ）
お名残り惜しや
今度ナーヨー　　来る時ァヨ
オヤー孫つれてナーエー

「秋田船方節」
（ハーヤッショヤッショ）

ハアー（ハーヤッショヤッショ）
三十五反の　（ハアーヤッショヤッショ）
帆を巻き上げて
（ハアーヤッショヤッショ）
鳥も通わぬ　沖走る
（ハアーヤッショヤッショ）
その時しけに　遭うたなら
（ハアーヤッショヤッショ）
綱も錨も　手につかぬ
（ハアーヤッショヤッショ）
今度船乗り　止めよかと
（ハアーヤッショヤッショ）
とは云うものの　港入り
（ハアーヤッショヤッショ）
上りてあの娘の　顔みれば
（ハアーヤッショヤッショ）
つらい船乗り　一生末代
（ハアーヤッショヤッショ）
孫子の代まで　止められぬ
（ハアーヤッショヤッショ）

「どんぱん節」
（ドンドンパンパンドンパンパン
ドンドンパンパンパン

ドドパパドパパドンパンパン）

姉山さ行ぐか　行がねがや

今わらびっコ盛りだ

酒屋の本当のよいどごろ

ひとフクべっこ背負っかげて

何にもそんなごど案ずるな

おら家で言い訳げでけらっせ

もし家サ行ってじぐられたら

雨降ってきたよだ泊っていげ

朝まに起ぎれば呑みたがる

戸棚の隅こに手を入れで

あちこちみながら笑い顔

茶碗で　五六ぺもがっぷがぶ

自慢こ言うなら負けないぞ

米こは本場で酒本場

小野小町の出だどごろ

お嫁さんもらうなら皆おいで

「秋田おはら節」

ハアー　サーサダシタガー　アヨイー

ハアー

野越え　山越え　深山越え

あのやま越えれば　紅葉山

紅葉の下には　鹿がおる

鹿がほろほろ　泣いておる

鹿さん鹿さん　なぜ泣くの

ハアー

私の泣くのは　ほかじゃない

はるか向こうの　木の陰に

六尺あまりの　狩人が

五尺二寸の鉄砲かつぎ

前には赤毛の　犬つれて

後に黒毛の犬つれて

ハアー

あれに撃たれて死んだなら

死ぬるこの身はいとわねど

後に残りし　妻や子が
どうして月日を　送るやら
思えば涙が　オハラ先に出る

「秋田おばこ」
おばこナー（ハイハイ）
何ぼになる（ハイハイ）
この年暮らせば　十と七つ
（ハーオイサカサッサ
オバコダオバコダ）

十七ナー　おばこなら
何しに花コなど　咲かねどナ
咲けばナー　実もやなる
咲かねば日陰の　色もみじ

おばコナー　何処さゆく
うしろの小山コさ　ほん菜コ折りに

「生保内節」
吹けや生保内東風（おぼね だし）
七日も八日も（ハイハイ）
吹けば宝風ノオ　稲実る
（ハイキタサッサー　キタサ）

わらで髪結うてノオ　編笠で
なんぼかくしても　生保内衆は知れる

風の吹きよで　別れていても
末にまとまるノオ　糸柳

わしとお前は　田沢の潟よ
深さ知れないノオ　御座の石

「秋田馬方節」
ハアー歩べや　この馬　急げや　唐毛
ハアー西の御山に　アリャ日が暮れる
ハアー一人淋しや　馬喰の夜道
ハアー後に轡（くつわ）の　音ばかり

ニ　ザ・民謡きわめつきシリーズ秋田編（同）
①秋田船方節／佐々木常雄②秋田長持唄／初
代渡辺悦子③秋田おはら節／長谷川久子④ひ
でこ節／加藤悦子・守屋純子／⑤秋田馬子唄／
千葉美子⑥姉こもさ／＊長谷川久子⑦秋田
飴売り唄／千葉美子⑧おこさ節／佐藤サワエ
⑨鳥井森鈴編曲秋田追分（前唄）佐々木常雄
・＊⑩ドンパン節／＊・千葉美子⑪港の唄／
小野花子⑫秋田音頭／小野花子・進藤義声・
田中希代子・斎藤範夫⑬本荘追分／＊―⑭秋田
おばこ／浅野和子⑮生保内節／＊―⑯長者の
山／千葉美子⑰秋田荷方節／守屋純子⑱能代
船方節／佐々木常雄⑲秋田節／初代藤田周次
郎⑳秋田人形甚句／長谷川久子㉑久保田節／
小野花子㉒酒屋唄／二代目藤田周次郎㉓喜代
節／長谷川久子㉔秋田大黒舞／佐々木常雄
〈COCF―13283　1996年〉

「ひでこ節」
（歌詞一部を改め）
十七八ナー　今朝のナー　若草
どこで刈ったナ　コノひでこナー

（アラひでこナーアラひでこナー）
どこで刈ったナー　日干しナー　長根の
その下でナ　コノひでこナー

その下でナー　葛のナー　若萌え
葉広草ナ　コノひでこナー

葉広草ナー　馬にナー　つければ
ゆさゆさとナ　このひでこナー

「おこさ節」
（オコサデ　オコサデ　ホントダネ）
お前来るかと　一升買って待ってたね
（アラオコサノサ）
あまり来ないのでコラヤコラ
飲んで待ってたよ
（オコサデ　オコサデ　ホントダネ）

恋の古傷　医者はないかね

なぜか今頃　痛みだすよ

鳴くなにわとり　まだ夜が明けぬ
明けりゃ　お寺の鐘がなるよ
わしと貴方は　御門のとびらよ
朝に別れて　晩に会うよ

「秋田追分」（前唄）
アーソイ　ソイーソイ
春の花見は　千秋公園花盛り
夏は象潟　男鹿島か
秋は田沢か　十和田の紅葉ネ
冬は大湯か　大滝か

「秋田音頭」
ヤートセ　コラ　秋田音頭です
（ハイ　キタカサッサコイサッサコイナ）
コラ　いずれこれより御免こうむり
音頭の無駄を言う（アー　ソレソレ）

お気にさわりもあろうけれども
さっさと出しかける
（ハイ　キタカサッサコイサッサコイナ）
コラ　秋田名物八森鰰々（はたはた）男鹿で男鹿鰤コ（ぶりこ）
能代春慶　檜山納豆　大館曲げわっぱ

コラ　秋田の女　何してきれいだと
聞くだけ野暮だんす
小野の小町の　生まれ在所
お前はん　知らねのげ

コラ　秋田の国では　雨が降っても
から傘など要らぬ
大きな蕗の葉さらりとさしかけ
さっさと出で行がえ

コラ　何につけても　一杯飲まねば
物事はかどらね
飲めば飲むほど気持コ開けて
踊りこなど　出はる

コラ　秋田よいとこ　名物沢山
東北一番だ
金山木山に　花咲く公園
美人は舞い踊る

「本荘追分」
（キターサーキターサー）
ハー本荘（キタサ）ハー名物（ハイハイ）
ハー焼山の（ハイハイ）ハー蕨よ
焼けば焼くほど（ハイハイ）ハー太くなる
（キターサーキターサー）

ハーお酒ハー飲む人
ハー花ならば　つぼみヨ
今日もさけさけ　ハー明日もさけ

「能代船方節」
（アザホエサーサ　エンヤラホエンヤ
ハアー　エンヤホイサ）
能代橋から（ハアーエンヤホイサ）

沖眺むれば（ハアーエンヤホイサ）
三十五反の帆を巻いて
米代川に入るとき
大ぎな声をば張り上げて
（オラホエサーサ　エンヤラホエンヤ
ハアー　エンヤホイサ）

能代繁盛の基じゃもの
何故にあの娘が手折られぬ
咲いた花なら手折りもしようが
千両万両の花が咲く
能代良いどこ入船出船
思い出しや　船乗り　止められぬ

「秋田節」
おらが秋田は　美人の出どこ
お米にお酒　秋田杉（ソイソイ）
それに名のある　おばこ節
こけし人形に　蕗みやげ
（ハア　イヤヤカ　サッサ）

雄物川をば　流れる筏
桜や石油の　やぐら見て
土崎港に　どんと着きゃ
あの娘のお酌で上り酒

おらも行きたい　男鹿島めぐり
八郎潟をば　右に見て
可愛いおばこと　船に乗り
行けばかもめも　波まくら

おらが秋田の　言葉コ好きだ
雪コでだるまコ　こしゃで見だ
炭コで目玉コ　鼻コつけ
耳コの大きいのに　福が来る

「久保田節」
エー嶽の白雪　朝日でとける
アーとけて流る＼
ヤレサエー　旭川

エー旭川から　流れて末は
アー秋田おばこの
ヤレサエー　化粧の水

エー東太平　西高清水
アーあいの城山
ヤレサエー　久保田城

「酒屋唄」
（ハードッコイドッコイ）
ハアー　さんさ酒屋のヤーエ　始まる時は
ノーヤーエー　ハア　ドッコイ
へらも杓子もヤーエ
アリヤ手につかぬヨー

（ハードッコイドッコイ）
ハアー　酒は良いものヤーエ　気の晴れる
ものノーヤーエー　呑んだ心地はヤーエ
アリヤ富士の山ヨー

（ハードッコイドッコイ）
ハアー　酒屋若い衆ヤーエ
大名の暮しノーヤーエー
五尺六尺ヤーエ　アリャたて↘呑むヨー

「喜代節」
床に掛け物　七福神
庭に松竹　鶴と亀
これの座敷に　舞い遊ぶ
祝いましたや　鶴の声

謡い初めには　浦島太郎
銀の盃　取り出し
黄金銚子で　いづみ酒
命長らえと　飲ませたい

「秋田大黒舞」
明けの方から福大黒舞い込んだナー
さあさ舞い込んだ　舞い込んだナー
何が先に立って舞い込んだナー

コラ御聖天が先に立つ
若大黒が舞い込んだナー
四方の棚を見渡せばナー
鏡の餅も十二重ね　神のお膳も十二膳

代々と飾られたヤーサ
さあ何よりも目出度いとナー
コラだいとしょう

春の初めの　初夢はナー
如月山の楠木で　船を造りし今降ろし
白銀柱を押し立て↘ナー
黄金の千両も　含ませて
綾や錦の　帆を上げて
宝の島に　馳せ込んでナー
積んだる宝を　数々と
この家のお倉に納め置く

サー何よりも　目出度いとナー
コラ目出度い目出度い商売繁盛御家内繁盛
皆様お達者で　金もうけどっさり

秋田に来てから見聞きした事柄は僅かだが
ピアノ演奏会を二つ述べる。会場は秋田県民
会館ピアニストは辻井伸行さん。2015年
4月11日（土）辻井伸行コンサートは後で知り
主催AKT秋田テレビに出向き確認した演奏
曲目ショパン／ノクターン第1番・第2番作
品9の1・2、舟歌。リスト／コンソレーシ
ョン第3変ニ長調、メフィストワルツ第1。
ベートーヴェン／ピアノソナタ悲愴・熱情。
アンコール3曲は（ショパン）ノクターン
第20番「遺作」とマエストロ（辻井伸行曲）
（リスト）ラ・カンパネラ。聞いて考える。
秋田の（多分全国から集まったファン含め）
客は十二分に満足したかもしれないが、程が
あるのではないのかと思う。ハプニング有り
ピアノの弦がどうの或いは閉幕はピアノを閉
じて去った演奏者等は、その場に立ち会って
いない為に分らない。18日フジ子・ヘミング
演奏会同じラ・カンパネラは主題曲。アンコ
ールは一曲と、演奏者は予め断りを入れた。

芸能は様々な分野があり国語辞典は①大衆
的な演劇・音楽・舞踊・歌謡などの総称演芸
②芸についての才能。芸能人はおもに大衆向
けの音楽・演芸・演劇などを職業とする人。これを
広く解釈して演芸を一つ取り上げる。秋田駅
南方約2km金照寺山が在る。羽越本線と奥羽
本線が左右から秋田駅へと合わさる地点標高
56m余山上に佐佐木隆演劇碑が建つ。碑文は
漁夫一生／竿一本／隆と刻まれ、記念碑の裏
面には友人阿木翁助が簡潔な追悼を記した。
佐佐木隆八（一九〇九ー一九六七）秋田ガ
生んだ昭和劇壇ノ鬼才デアル
彼ハ秋田市楢山九郎兵衛殿町ニ生レ
築山小学校秋田商業拓殖大学ヲ卒業演劇ヲ
志シテ井上正夫演劇道場ニ入リ後ニ劇団
文化座ヲ創立シテ三好十郎作品ヲ始メ民衆ノ
心ヲ打ツアマタノ勝レタ演出作品ヲ遺シタ
妻鈴木光枝トノ間ニ一女佐々木愛ガアル
コノ碑建テル者ハ彼ノ死ヲ惜シム全国
劇愛好者有志デアル

昭和五十四年九月二十五日（13回忌の日）

友　阿木翁助

佐佐木隆演劇碑建設委員会

金勝寺山の昨今静かな山頂部に建つ演劇碑は西を向く。円丘の外周は木々が生い茂り西と北面は遮られ日本海と男鹿半島は見えないが南方東屋の上には鳥海山が姿を現し右前方の山頂一画太平山奥岳を望む。道は①ふるさと探訪説明板道②右へ進み左階段歩道③斜面直登の道①は登り数分。昭和55年1月秋田市南部公民館の説明板／市内第一の遊山地でに始まる歴史は慶長七年1602年藩主佐竹家菩提所天徳寺建立。寛永元年1624年焼失翌年泉へ移建。同二十年1643年祈願寺として角館から金照寺を移し建て、金照寺山と呼ばれるようになった。明治35年奥羽本線開通のため東西に分断され今の山容となった。なお奥羽本線東側に明治末頃造成キリスト教墓地があって清浄な風致地区となっている。羽越本線金照閣踏切新潟269K915M。

文化財イラストマップ秋田市泉（五庵山）・手形地区編／あきたのまち再発見ぐるっと文化財マップ見て楽しい、歩いてたのしい。

秋田市教育委員会―このマップは市民がまち歩きをして作成しました！市民のみなさんに地域の文化財・文化施設をもっと身近に感じてもらいたいと文化財イラストマップを作成しました。マップ作成のためのワークショップでは18人の市民のみなさんが実際にまちを歩いて情報を集めました。このマップにはワークショップ参加者が注目したものやコメントなどを盛り込んであります。このマップを持ってまちを歩き地域の文化財・文化施設を楽しんでください。

秋田大学国際資源学部附属鉱業博物館☎018―889―2461。

秋田市観光案内所（秋田駅構内）☎832―7941（財）秋田観光コンベンション協会。

編集・発行／文化振興室☎866―2246　FAX866―2252。協力①市文化財保護審議会②久保田城址歴史案内ボランティア

の会③学生団体ＡＴＭＵ！印刷秋田活版印刷イラスト・小西由紀子発行日平成27年3月。まちあるき注意点個人住宅や敷地には立ち入らないでください。参考文献①～㉒／①秋田の今と昔②新秋田叢書（八）③秋田市の木と森④続・秋田市の木と森⑤秋田市大百科事典⑥図説久保田城下町の歴史⑦秋田市大事典⑧三百藩家臣人名辞典第一巻⑨秋田市の庚申信仰⑩佐竹家譜上⑪秋田市旭川郷土史⑫秋田県神社名鑑⑬秋田市における地名の分類（下）⑭秋田・天徳寺史秋田市のお寺心のふる里⑮秋田市の史跡めぐり⑯秋田市の文化財⑰秋田市史第六巻考古資料編⑱秋田市外旭川郷土史—語りつぐ外旭川のあゆみ—⑲ふるさと秋田市⑳名勝旧秋田藩主佐竹氏別邸（如斯亭）庭園保存管理計画書㉑近代化遺産国有林森林鉄道全データ（東北編）㉒旭川歴史散歩。イラストマップ⑭天徳寺。天徳寺は秋田藩主佐竹氏の菩提寺です。佐竹氏の国替えによって当初楢山金照寺山の麓に建てられましたが寛永元年

（1624）火災にあったため翌2年に現在地に移築されました。延宝4年（1676）再び火災にあい同5・6年にかけて1万石の巨費を投じ再建されました。境内には本堂・書院・総門・山門のほか藩政時代を偲ぶ佐竹家累代の墓所があります。江戸時代の曹洞宗寺院の伽藍配置を窺い知ることができます。金照寺山天徳寺関連記され昔と今が分かる。⑬太平山三吉神社／秋田市のシンボルである太平山の頂上に奥宮（夏季のみ）広面赤沼に里宮が鎮座します。通称みよしさん・さんきちさん。北海道から福島の北日本各地、またブラジルサンパウロに三吉神社の分社があります。今を去る約1300年前（飛鳥時代）天武天皇2年（673）5月、役行者小角の創建と伝えられ桓武天皇延暦20年（801）征夷大将軍坂上田村麻呂東夷征討の際、戦勝を祈願して堂宇を建立、奉納された御鏑は神宝として今に伝えられます。江戸のおもかげあれこれ三吉梵天祭（けんか梵天）毎年1月

17日五穀豊穣や家内安全等を祈念し力の神にあやかろうと勇壮に先陣を争いながら梵天と呼ばれる依代を奉納します。マップの右端に太平山三吉神社力の神・勝負の神をまつる全国三吉神社の総本宮。左上部天徳寺その南側奥羽本線が北西方向に横切り解説文昔の参道まっすぐな松並木が線路で分断。地図左下に表示一区域は秋田大学附属幼稚園・小学校・養護学校・中学校、南端保戸野小学校は私が4年間過ごした学び舎この付近多少分かる。

このマップ裏面に載る縮尺異なる地図3枚

①秋田市全域マップ（当該区画を赤の囲み線図示）②周辺マップ③番号の位置（マップ表面）資料見て秋田空港や秋田駅等交通機関利用と秋田市訪問観光客ガイドに応用したい。

川について国交省が管理する一級河川雄物川合流日本海へと注ぐ秋田市内を流れる旭川太平川岩見川は太平山連嶺が源で、身近な旭川を遡ると藤倉水源地に至る。上下水道施設マップ編集発行秋田市上下水道局／上下水道

のしおり平成28年3月発行を開く。21頁行ってみよう！参加してみよう！上下水道局では水道事業・下水道事業に興味・関心を持っていただくためにその重要性を認識していただくために施設の見学やイベントを開催しています。

水道100年の歴史を感じてみる―近代化遺産藤倉水源地―秋田市の水道は、明治40年に全国で11番目、東北では1番目に通水を開始しました。以来、昭和48年まで70年近くもの間市民の水がめとしての役割をはたしたのが藤倉水源地です。平成5年には国の建造物の重要文化財「近代化遺産」に全国初の指定を受けました。真っ赤なトラス橋と流れ落ちる真っ白な水のコントラストが印象的です。四季折々の美しい風景を堪能しながら、藤倉水源地で水道100年の歴史を感じてみませんか？写真藤倉水源地堰堤とトラス橋、左は放水路。藤倉記念公園史／水道事業が100周年を迎えた平成19年10月に沈でん池跡地を公園化しました。平成29年今年が110周年だね。

二、イザベラ・バードの旅

『日本奥地紀行』著者英国人女性旅行家イザベラ・ルーシー・バードは、1831年10月15日誕生。西南戦争翌年明治11年日本を訪れ当時の秋田県を、あるがまま記録に留めた。1878年第一信横浜オリエンタル・ホテル五月二十一日／荒涼たる海原を航海し続けること十八日間シティ・オブ・トーキョー号は昨日朝早くキング岬（野島崎）到着正午には海岸の間近に沿って江戸湾（東京湾）北進。甲板で富士山はどこかと長い間探してみたがどこにも見えなかった。地上ではなく、ふと天上を見上げると遠く空高く巨大な円錐形の山を見た。横浜港に入港はイザベラ・バード満46歳の時である。第二信横浜。第三信江戸英国公使館。第四信同。第五信同六月九日。六月十日通訳兼召使いの若者と東京を出立。江戸時代元禄二年春弥生三月、松尾芭蕉が曾良同行江戸を旅立った時芭蕉は数え46歳。

天理大学附属天理図書館蔵芭蕉と曾良二人の編み笠草鞋脚絆の旅姿図は四国遍路弘法大師『同行二人』もあり「おくのほそ道」に相応しい。芭蕉の宿泊一宿目草加は文章を生かす為のフィクションで事実はその先の粕壁（現埼玉県春日部市）。間々田鹿沼を経て、日光参拝は卯月四月一日西暦5月19日麓鉢石宿。イザベラ・バードは高梨健吉訳平凡社発行『日本奥地紀行』載る晩年の著者写真太った老婦人然とした容姿を思い浮かべるが、明窓図書館だより第78号発行平成26年3月20日付秋田市立中央図書館明徳館羽州街道をたどる（下）文中のイザベラバード同様構図の写真（若い頃撮影）は凛凛しく理知的強い意志が感じられて成程そうだなと認識を一新する。

第六信粕壁（春日部）六月十日私は月曜日午前十一時公使館を出発し午後五時粕壁に着いた。大きな宿屋二階空っぽ蚤蚊、襖が開けられ眼が隙間から覗いた。私を当惑させた。「原注」私の心配は、女性の一人旅としては

全く当然なことではあったが、実際は少しも正当な理由がなかった。私はそれから奥地や北海道（エゾ）を一二〇〇マイルにわたって旅したが全く安全でしかも心配もなかった。世界中で日本程婦人が危険にも不作法な目にもあわず全く安全に旅行できる国はないと私は信じている。第六信（続き）翌朝七時御飯食べ終り八十銭宿料払った。サヨーナラ人力車（クルマ）に乗り去った。正午利根川着、平底船渡った。六時栃木着一泊。障子で四方囲まれている部屋は蚊帳蚤（かや）の巣、夜間覗き騒音には悩まされた。三日目晴天例幣使街道辿り今市で奥州街道と合流、静かな宿屋一晩ぐっすり休息できた。四日目八マイル続く杉並木鉢石半マイル先の金谷主人出迎え受け逗留する。※第七信日光金谷家（カナヤ）にて六月十五日。第八信同二十一日。パンフレット「本物の出会い栃木」観光キャンペーン推進協議会（栃木県観光交流課内）表紙下その時の出逢いが／人生を根底から／変えることがある／よき出逢いを／みつを。

悠久の歴史、深遠な旅―世界に誇る栃木の遺産―21P近代リゾートの黎明―貴人たちが愛したとちぎ日本のリゾートホテルのルーツ「金谷ホテル歴史館」解説は明治6年日光を訪れる外国人専用の宿泊施設として開業した「金谷カレッジイン」。英国人女性旅行家のイザベラ・バード始め多くの著名な外国人たちが滞在した。2016年首都圏約2時間。第九信日光山湯元屋島屋六月二十二日私は初めて日本の駄馬を見た。※第十信日光入町二十三日（続き）（完結）。※第十一信藤原二十四日／大谷川（ダイヤガワ）鬼怒川五十里（イカリ）二十五日昼頃雨も小降りとなり私は徒歩で藤原を出発した第十二信車峠にて三十日／辛かった六日間の旅行を終え山の静かな場所で安息の日を迎える事が出来るとは何と楽しい事であろうか。（完）山王峠を越え川島泊田島馬を替え大内泊市野峠市川泊。※第十三信車峠高田坂下（ばんげ）各一泊茶屋展望の宿日曜日文は二泊※第十四信津川七月二日（火）宿で生鮭の切身が一つ出た

がこんなにおいしいものは今まで味わったこ
とがないと思う。私は陸路による旅行の最初
の行程を終えた。明朝船で新潟に出発する。
第十五信新潟四日教会伝道本部ファイソン
夫妻の歓迎を受けた。（阿賀野川小阿賀野川
―信濃川―白山堀―東堀～現市役所東辺り）
第十六信七月九日／新潟で一週間以上過して
きたが残念ながら明日出発する。※第十七信
市野野にて七月十二日(1)十日は中条黒川一泊
(2)十一日荒川上流川口―沼一泊(3)十二日行路
大里峠を無事に越え山形県玉川小国へおりて
市野野一泊。※第十八信上ノ山にて私たちは
晴れた朝早く、市野野を出発した。宇津峠を
越えたがこれが交通を塞いでいる一大山系の
数多くの峠の最後のものであった。私はうれ
しい日光を浴びている山頂から米沢の気高い
平野を見下すことができて嬉しかった。私は
小松で日曜日を過ごしたが▽解釈は13日（土）
小松（川西町）一泊、翌日小松赤湯上ノ山。
山形県川西町パンフ羽前小松駅界隈まち歩き

マップ①イザベラ・バードの歩いた道②埋蔵
文化財資料展示館敷地イザベラ・バード像と
アルカディアの塔がある。井上ひさし出身校
小松小と川西町フレンドリープラザ内遅筆堂
文庫見学は後日。米坂線は米沢と新潟県坂町
結ぶ延長90km余の地方線。米沢羽前小松今泉
（長井市）羽前椿（飯豊町）小国（小国町）
越後下関（関川村）坂町（村上市）連絡単線
非電化路線。今泉駅は山形鉄道乗換駅坂町駅
羽越本線特急停車駅、途中下車利用したい。
私が小松を出発するとき（見物者）満員で
あった。日本の駄馬これら動物は私に「汝に
向かって襲いかかってこぬように銜を含ま
せねばならぬ」という言葉を強く思い起こさ
せる。たいそう暑かったが、快い夏の日であ
った。会津の雪の連峰も日光に輝いていると
冷たくは見えなかった。米沢平野は南に繁栄
する米沢の町があり北には湯治客の多い温泉
場の赤湯がありまったくエデンの園である。
赤湯（南陽市）～北東へ上ノ山（上山市）。

第十九信金山にて七月十六日素晴しい道を三日間旅して、六〇マイル近くやってきた。山形は県都―天童休息のつもりが宿屋は全て養蚕の為に塞がっており私を受け入れる事は出来なかった。（山形楯岡間は月山を展望）翌日土生田尾花沢この二つの町から鳥海山の素晴しい姿が眺められた。旅程は14日上ノ山一泊15日楯岡一泊16日新庄一泊。金山ロマンチックな雰囲気の場所である。私は正午にはもう着いたのであるが一日か二日ここに滞在しようと思う。駅亭にある私の部屋は楽しく心地よいし、駅逓係はとても親切であるし、しかも非常に旅行困難な地域が前途に横たわっているからである。それに伊藤が日光を出発してから初めて鶏を一羽手に入れてくれたのである。十八日―（雀蜂虻「馬蟻」（大蟻）蠅に）咬まれたり刺されたりしたために痛みと熱が烈しかったので、昨晩日本の医者を新庄から呼んで診てもらうことができて嬉しかった。野崎医師は旧式の医師の一人である。

私は彼を食事に招待した。―宿の主人と戸長（村長）が、夕刻に私を正式に訪ねてきた。第二十信神宮寺にて七月二十一日／金山の戸長と夜おそくまで話をした後、翌朝とても早く、伊藤が私を起こして言った。「今日は長い旅行ができますよ。昨日鶏を食べたんで及位という村では休止して、一頭の馬を手に入れ、雄物川の上流に沿って院内まで山道を歩いた。その山道の美しさと野生味について道中で驚いたことや景色について小川がたちまち激流になってしまう烈しい大雨についてまたこの日に経験した困難や辛い目にあったことについて、少しでも理解してもらえたらいいのだがと思う。乾し米の練り粉と酸っぱい黄色の木苺の食事の貧弱だったこと、やっと歩いて渡った泥道の深かったこと！私たちは主根と雄勝の二つ峠を越えたが十二時間か

この鶏肉のすばらしい効能のおかげで六時四十五分に出発したが結果は「急がば回れ」という診を実証するだけであった。

けてたった一五マイルであった。私たちのと
っている道を進んで行ったのではこの地方を
通りぬけることはとてもできないだろう、と
どこでも言われた。院内まで杉の並木道をく
だる道と、烈しく流れる雄物川に囲まれた村
そのものが実に美しい。雄勝峠越え秋田県入
り行程は7月17日金山一泊、18日院内一泊。
院内の宿屋は極めて心地よい宿ではあるが
私の部屋は襖と障子だけで仕切ってあるので
しょっちゅう人々がのぞきこむのであった。
この様な田舎の地方で彼らの注意をひくのは
外国人とその奇異な風習だけではない。私の
場合には中でも白い蚊帳をもっていたことで
ある。隣室には六人の技師がいた。彼らは私
が通ってきた峠を測量していてトンネルが掘
れるかどうか調査している。それができたら
人力車で東京から久保田までずうっと行ける
であろう。少し費用を増せば、二輪馬車でも
行けるであろう。―上院内と下院内の二つの
村に、日本人の非常に恐れている脚気という

病気が発生している。そのため、この七ヶ月
で人口約千五百のうち二百人が死亡している。
久保田の医学校から二人の医師が来て、この
地方の医師の応援をしている。広辞苑/脚気
はビタミンB1の欠乏による栄養失調症の一。
末梢神経を犯して下肢を麻痺させ、または脛
に浮腫ができる。米を主食とする東洋特有の
疾患。歩行困難となり甚だしい場合は衝心し
て死に至る。脚気衝心は脚気に伴う急性の心
臓障害。呼吸促迫を起し、多くは苦悶して死
に至る。衝心脚気。（精白米偏食と考える）
イザベラ・バード秋田二日目7月19日（金）
旧暦6月20日に、湯沢と横手が、登場する。
院内から湯沢〜横手〜六郷記述文章の一部を
抜粋してみる。―翌朝、杉の大きな並木の下
の泥道を進み、馬で九マイル行くと湯沢に着
いた。これは人口七千の町で、しゃくにさわ
る遅延がなかったならば、ここに宿泊するは
ずであった。ここへ来てみると数時間前に火
事があって七十戸焼失したという。その中に

は私の泊まるはずの宿屋もあった。財物や人間を運ぶために全部の馬が使用されていたので、馬を求めるのに二時間も待たされた。家屋がもと建っていた地面からは、まったく何もかも消えてしまい、ただ細かい黒い灰があるだけであった。その灰燼の中に黒くなった蔵が立っていた。ある場合には少しひび割れがあったが、すべて無傷であった。もう新しい家屋の骨組みが建てられつつあった。酔っぱらいが一人死んだだけで、だれも生命をおとす者がなかったが、私が泊っていたら、きっとお金以外はすべて失ったことであろう。

第二十信（続き）湯沢は特にいやな感じの町である。私は中庭で昼食をとったが、大豆から作った味のない白い豆腐に練乳を少しかけた貧弱な食事であった。何百人となく群集が門のところに押しかけてきた。駅逓係が彼らに立ち去ってくれと頼んだがこんなことは二度と見られないからと彼らは言った。まことに奇妙な群集で、黙って口だけ大きく開け

何時間もじっと動かずにいる。母の背中や父の腕に抱かれている赤ん坊は眼をさましても少しも泣かない。群集が大声で笑ってくれた方が私に対してであってもほっとした気持ちになるであろう。群集が皆じっと憂鬱げに私を見つめているのは、私を堪らない気持ちにさせる。そこから一〇マイルの道路は火事を見ようとやってくる地方の人々でごった返していた。良い道路で、楽しい地方であった。路傍には多くの社があり慈悲の女神（観音）の像が祭られていた。私の馬はまったく悪性のひどい馬であった。―横手は人口一万の町で木綿の大きな商取引が行われる。この町のもっとも良い宿屋でも、りっぱなものは一つもない。町は見ばえが悪く臭いも悪く、じめじめしたみじめな所である。町の中を歩いて通ると人々は私を見ようと風呂から飛び出てきた。男も女も同じように着物一枚つけていなかった。宿の亭主はたいそう丁寧であったが、竹の梯子を上って、私を暗くて汚い部屋

に案内した。部屋には怒りたくなるほどたくさんの蚤や蚊がいた。横手では毎週木曜日に雄牛を殺すということを途中で聞いたので夕食にはビフテキを食べもう一片は携行しようと心に決めていたのだが、着いてみると全部売切れで卵もなかった。そこで米飯と豆腐という哀れな食事をした。山形で買った練乳は捨てなければならなかったのでいくぶん餓じい思いをした。私は疲労やら、蟻に咬まれた炎症で何やら気分がすぐれなかったが、翌朝早く、いつもの朝のように暑くて霧が出ていたが、神道の社すなわちお宮を見に行った。

一人で出かけたが、群集に会わずにすんだ。横手を出ると、非常に美しい地方を通過して行った。山の景色が見え鳥海山がその雪の円屋根を時々のぞかせた。雄物川は最近の出水で土手を崩し橋を流していたので二隻の危なっかしい渡し舟で横切った。そして六郷という人口五千の町に着いた。ここはりっぱな神社や寺院があるが家屋は特にみすぼらしか

った。群集が猛烈に押し寄せてきたので私はこのとき程窒息しそうになったことはない。そこでは、警官の親切な取り計らいのおかげで相当な金持ちの商人の仏式の葬式に参列することができた。その厳粛さと端正さは大いに私の興味をそそった。伊藤は、眼前に進行する式を、きわめて明確に説明してくれた。

第二十信（続き）人力車に乗って六郷を出てから間もなく路傍の茶屋で休んだが、そこで脚気が流行していたときに院内に滞在していた若い医師に会った。彼は礼儀正しく感じのいい人物で、久保田（秋田）の病院を訪問するように私を招待した。彼はそこの若い医者である。彼は伊藤に、「西洋料理」を食べられる料理店のことを話した。これは楽しい期待で、伊藤はいつも私に忘れないでくれと念を押している。神宮寺に着くと私は疲れてそれ以上進めなかった。低くて暗く悪臭のする部屋しか見つからずそこは汚い障子で仕切ってあるだけで、ここで日曜日を過ごすのか

— 52 —

と思うと憂鬱であった。蚊が飛び、蚤は跳ね卵はなくて、米飯ときゅうりだけであった。日曜日朝〜夕方まで障子は指穴だらけとなり薄黒い眼が見えた。暑さ暗さ悪臭は堪らなかった。九時頃廊下隣障子三枚音もなく取り去っていた！この種の侵入には耐えられない。

第二十一信久保田（秋田）にて７月23日／月曜日朝に雄物川を下ってここに到着した。私はたいそう親切な宿屋で気持ちのよい二階の部屋をあてがわれた。当地における三日間はまったく忙しく、また非常に楽しかった。「西洋料理」―美味しいビフテキと、素晴らしいカレー、きゅうり、外国製の塩と辛子がついていた―は早速手に入れた。それを食べると「眼が生きいきと輝く」ような気持になった。久保田（明治22年秋田市）は秋田県の首都で、人口三万六千、非常に魅力的で純日本風の町である。太平山と呼ばれるりっぱな山がその肥沃な流域の上方に聳え、雄物川はその近くで日本海に注ぐ。多くの人力車があ

るが砂が厚くて道路が悪い為にどの方角でも三マイルしか行けない。商売が活発で、活動的な町である。青と黒の縞や黄色と黒の縞の絹物を産する。これで袴や着物を作る。また横糸を盛りあげた一種の白絹のクレープは縮緬（チリメン）として東京の商店では高値を呼ぶ。また襖や下駄を生産する。外国の影響はほとんど感じられない。この県の役所にも他の仕事にも、外国人は一人もいない。病院訪問院長―外国人は知事に旅券を示し文書による許可をもらわないと視察できないと彼は言った。そこで私はその手続きをすることにした。翌日の午前八時に訪問することに決まった。①病院視察と昼食。②師範学校訪問。第二十二信久保田にて７月23日／③手織り機による絹織工場の見学④大通り買い物―警察署長から伝言が来て二人の警官護衛⑤帰ってみると警察署長の名刺があり、群集が迷惑をかけてすまない、外国人が久保田を訪れることは非常にまれであり、人々は外国婦人を

今まで見たことがないと思う、という伝言を宿の主人に残してあった。その後に私は中央警察署に出かけ、青森へ至る内陸ルートについてたずねた。たいそう親切なもてなしを受けたが、情報は得られなかった。旅行の道筋についてだけは知らない、とはっきり言う。

全体として私は他のいかなる日本の町よりも久保田が好きである。たぶんこの町が純日本的な町であり、また昔は繁栄したが今はさびれているという様子がない為でもあろう。私は、もうヨーロッパ人に会いたくはない。実際に、私は彼らを避ける為に遠く離れたところへ行こうとしている。私はすっかり日本人の生活に慣れてきた。このように一人ぼっちの旅を続けた方が、ずっと多く日本人の生活を知ることができるのではないかと思う。

第二十三信久保田にて7月24日／私はまだ当地に滞在している。町が魅力的である為ばかりではない。雨が止むことなく降り続け、実に「長雨と大水の災害」が来そうな天候だ

からである。次々と旅行者が来て、道路が通れなくなったとか、橋が流されたという話をする。伊藤はよく面白いことを言って私を笑わせる。私が学校と病院を訪れた結果として日本に対する私の認識が改められたに違いないと彼は考えている。私は近頃伊藤についてほとんど何も言っていないが日毎に彼を頼りにしているように思う。情報を得る為ばかりでなく、実際に旅行をやってゆく為である。彼は日記をつけ英語と日本語と両方を書きこむ。それを見ると非常に苦労して物事を観察していることが分かる。彼は宿泊帳と運送帳をもっていて請求書と受取書を全て書きこんである。彼は毎日あらゆる地名を英語の文字に直し、距離や輸送と宿泊に払った金額を書きこむ。彼は各地で警察や駅逓係からその土地の戸数や、その町の特殊の商業をたずねて私の為にノートに記しておく。—私は今までもう七十六頭もの恐ろしい馬にばかり乗ってきた。（以下略）

第二十四信久保田にて7月25日／とうとう天候回復の兆候が見えてきたので、明日は出発しようと思う。―隣人の訪問と神童紹介。宿の主人はたいそう親切な人で私を彼の姪の結婚式に招待してくれた。私はそこから今帰ってきたところである。平民の結婚式―この場合に嫁入り道具と家具は朝早く花婿の家に送られてきたので私はそれを見に行った。〈結婚式は作法に則り極めて厳かに挙行されている。初対面の男女は下を向いて顔を合わせ微笑むことなく盃事は飲めない人はどうするのか心配になるほど大変である〉

第二十五信鶴形にて7月27日／三マイルにわたり立派な道路は、歩いたり人力車に乗ったりした久保田の人達で半分近くも混雑していた。素晴しく上天気で夏の太陽はすべてに光を注いでいる。これらは私が今まで日本で見た中で最も陽気でお祭りらしい光景となっていた。(A)たくさんの男達は、てこを使って重い車輪が泥にはまりこんでいるのを引上げ

ていた。「現資料」①車輪―木製無垢板製で二枚一組の木口4組（8枚製8角車輪）中心に金輪が入り車輪心棒楔で構成され、左右2車輪の4車輪が車台と接合し車台を支える。振り棒と呼ばれる4人1組の人達は音頭取りと5人で振りと呼ぶ事もあり、祭り当日は無事故を祈り振り棒を酒で清めます。②**例祭**（平成13年内容）土崎神明社例祭日7月21日午前11時40分神輿が穀保町の御旅所に到着。この日の朝それぞれの町内を出発穀保町に集まった各町内の曳山は一斉に寄せ太鼓を奏で神輿を迎えます。御旅所祭は正午12時より始まり、修祓・祝詞・浦安の舞の奉納・拝礼が行われます。午後12時15分再び曳山の「湊ばやし」に送られ神輿が相染町に向かい出発します。（トラック・ハイヤー29台が連ね土崎の町を巡ります）午後12時40分、相染町の御旅所に於て穀保町と同じ御旅所祭が行われた後、午後1時20分神輿は土崎神明社に戻りました。御幸曳山と戻り曳山―御旅所祭のため穀保町

土崎神明社奉賛会平成14年3月発行）③平成26年港曳山祭りのしおり1号車相染町〜25号車（4と9は無い）20台の曳山が参加。穀保町（土崎港南1）は土崎の南になり相染町は旧国道を北へ土崎踏切を渡り左側に当たる。

(B)この祭りは三日三晩も続く。二日の聞き間違いだと考える。旧暦6月20日宵宮21日例祭二日間は明治43年西暦7月20日21日に変更されている。（午後三時）私達は温和しい性質の馬に乗って出発した。道路に沿って広々とした水田や多くの村々がある。松並木の下を何百人という人々が馬に乗り或いは歩いて全ての村々から港にぞろぞろ向っていた。誰もが四日も続いた雨の後の素晴らしい日光を浴びながら嬉しそうであった。（北へ虹川宿）以降の旅程内容は当日虹川一泊翌日豊岡一泊翌々日小繋一泊そして27日28日は大館二泊。29日30日と白沢二泊は30日の朝、日食に遭遇している。31日（水）朝早く出発、矢立峠越え危機を脱し碇ヶ関到着。三泊後8月3日朝に

に集結した曳山は御旅所祭が終わり勇壮な湊ばやしにより神輿を見送った後、相染町に向かう「御幸曳山」となります。御幸曳山では各町内の曳山が順番に出発し本町通りに連なり、ホテル大和前秋田信用金庫前等見物客の多く集まる場所では秋田音頭を始めとした様々な踊りが披露されます。夕方、日が傾き始めると曳山には提灯が取り付けられます。相染町に到着し休憩の後の午後8時30分狼煙と共に祭りのクライマックス、戻り曳山となります。相染町から順番に出発しそれぞれの町内に戻るのです。町内役員が提灯で曳山の進行方向を誘導します。祭りの終わりを感じさせる哀調を帯びたあいや節が響き、夜の闇に灯籠の明かりが揺れる中、役員・音頭取り・振り棒・曳子・囃子・曳山に関わる人達全ての思いが一つとなり、曳山は膨大な汗とエネルギーに包まれて深夜12時それぞれの町内に到着し熱く長かった二日間が幕を閉じます。

（土崎神明社祭の曳山行事伝承活用テキスト

四日を迎えた。3日旧暦7月5日黒石の宿に
落着き七夕祭見物。（黒石ねぷた祭りは20
14黒石リーフレット7月30日～8月5日）
結婚式挙式日と土崎港祭り日を特定する。

検証一
石川理紀之助翁日記三　克己以前／
著者川上富三平成四年県立図書館蔵
*
七月廿四日西風　晴天
七月廿三日東風　雨　大雷鳴
七月廿二日東風　雨　雷鳴
博覧会へ出品持参

検証二
森川源三郎史料　秋田市歴史叢書3
編集秋田市総務部文書法制課
発行秋田市平成二十一年　史料（一）
耕作略日記明治十一年～同二十二年
明治十一年勤業係雑誌七月536②
*
二十四日　木うり（きゅうり）四十本
二十五日　木うり（きゅうり）五十本
二十六日　木うり（きゅうり）四十本

検証三
石川森川両先覚は弘化二年1845年出生
遞邁新聞　第六百二十八號
明治十一年七月二十六日
公令第二百二十一番　七月二十四日
雑報○イザベラ・バードの関連記事
○嗚呼幸福なるかな土崎湊町の
祭禮や昨夜まで数十日間降り
続きたる雨は収り晴天を掲載
七月二十三日以前耕作収穫記載無し

検証四
*
土崎港曳山まつり
経て二十六日発行版は二十四日内容
公令日二十四日記事―取材編集印刷
廣告　来ル八月一日秋田博覧會開場
*
資料Ⅰ　秋田魁新報2014平成26年
特集号―土崎港曳山まつり土崎神明社例大祭
7月20日（日）宵宮祭は午後～
7月21日（祝）例祭午前9時～
資料Ⅱ　土崎港曳山まつり（写真集）
平成23年発行新屋図書館蔵書
第Ⅶ章明治時代の祭典施行日

検証五

明治24年7月26日は4日延期

明治43年から新暦に切り替え

西暦年月日七曜が明確な情報として

旅行中でも働き特に日曜日は安息の

日と定めて出来るだけ休んでいる。

秋田県7月21日（日）神宮寺は安息日

28日（日）大館二日目雨の足止め休み

青森県8月4日（日）黒石は安息日。

対して出発日を東京6月10日＆日光

6月24日と月曜日を旅立ち日と予め

組み込み実行は表裏一体と考える。

20世紀暦日本で明治6年太陽暦採用

翌年祝祭日2月11日紀元節西暦七曜

和暦六曜を7月の一週間列記する。

検証六

*

7月19日金曜日―旧暦6月20日先勝

7月20日土曜日―旧暦6月21日友引

7月21日日曜日―旧暦6月22日先負

7月22日月曜日―旧暦6月23日仏滅

7月23日火曜日―旧暦6月24日大安

7月24日水曜日―旧暦6月25日赤口

7月25日木曜日―旧暦6月26日先勝

7月26日同日

(1)第21信7月24日

(2)第22信同日

(3)第23信7月24日

(4)第24信7月25日―「結婚式」

(5)第25信鶴形にて7月27日―「港祭り」

(6)第26信大館にて7月29日及び

(7)第27信白沢にて8月

(8)第28信青森県碇ヶ関にて8月

2日。（1）～（8）を合わせ読み解き宿泊地と月日を推論する。当地における三日間はまったく忙しくまた非常に楽しかった過去形の内容が第21信23日に記され、24日と25日は一体何だとすれば、24日と25日は一体何だろうか。

推論／当地における三日間の忙しく楽しかった事が22日23日両日にあり手紙主体の本書第21信と第22信で全部を収納せずに（追記）第23信24日―「長雨と大水の災害」天候話と第24信25日―天候回復兆候明日出発が混乱を招く。24日朝に晴天出発を決めたと考える。また宿の主人の結婚式招待は7月22日、式は大安吉日を選び、翌日の夕刻から行われた。

論拠／土崎湊の例祭は旧暦６月21日が雨で
4日延期25日新暦7月24日唯一終日晴天日に
施行を裏付ける記述を重ねれば自ずと結論は
導き出される。明治6年改暦以後六曜（平成
27年神社暦六曜載り曹洞宗宝暦六曜迷信）は
明治11年7月秋田の平民が六曜と無縁の生活
だったか知る由はないけれども推測は可能と
私はその様に思う。日本の暦岡田芳朗編09年
新人物往来社は旧暦江戸時代記載無く新しい
迷信とするが、結婚式は家同志の決まり事で
あり六曜の大安を選択は最も無難な事と仮定
する。平成時代仏滅日神主休みがとれ友引日
葬儀社休めて―結婚式は平日より土日祝日を
調べ友人知人職場優先結婚式場を決め様式は
神社や教会一任等、当人達の自由度がある。
特定(a)7月23日結婚式(b)24日土崎港祭り。
久保田三日間は三日二晩の事を言い7月23日
大安日結婚式列席、24日（水）出立―7月24日
旧暦6月25日一日晴天土崎港曳山祭り見物。
（日本奥地紀行高梨健吉訳平凡社14年併用）

私はとても気分がよくなかったので、虻川
というみすぼらしい村で一泊せざるをえなか
った。屋根裏部屋蚤多かった。米飯は汚くて
食べる気がしなかった。（鍛冶屋光景描写）
朝早く同じ憂鬱な顔をした群集が現われた。
（豊岡へ）暗い小雨はものすごい大雨となり
十六時間も続いた。この日の旅行で見たもの
は低い山と広々とした水田の谷間、ひどい道
路と美しい村々、多くの藍草、通行人はほ
とんどいなかった。人々は水田で二番目の草
とりをしていた。盛岡や他のいくつかのこの
地方の村々で気がついたことは、大きくて高
くしっかり造られた家が、土手で囲まれ金持
の家らしく見えるときには、その家は必ず酒
を醸造するところであるということである。
看板を見ると酒を売るばかりでなく酒を造っ
ていることが分かる。（酒林）その日午後の
風と雨は恐ろしい程であった。私は馬に乗る
ことができなかったので数マイル程とぼとぼ
歩いて行った。松並木下を一フィートも深い

水の中を歩いて通った。油紙の雨外套もずぶ濡れとなり、豊岡に着いた時は、身体中が殆ど水に浸り、とても寒かった。清潔な二階に上がり火鉢にあたりながら震えていた。水の滴る衣服を吊しておいたが、翌日はそれが乾かぬ内に着なければならなかった。朝の五時までには豊岡の人は皆集って来て私が朝食をとっている時私は家の外の全ての人々の注目の的となったばかりでなく土間に立って梯子段から上を見上げている約四十人の人々にじろじろ見られていた。宿の主人が立ち去ってくれというと彼らは言った。「こんな素晴らしい見世物を自分一人占めにしているのは公平でもないし隣人らしくもない。私達は二度とまた外国の女を見る機会もなく、一生を終るかもしれないから」。そこで彼らはそのまま居座る事が出来たのである！（鶴形終了）

第25信鶴形にて7月27日を確定する。退邇新聞23日から27日の紙面に目を通してみる。一面官許退邇新聞下に発行通し番号その左に発行年月日二つは毎号行間が揃い印刷と分かるが左横寒暖計正午華氏温度は当日の印字。

23日（火）83度公聞(1)(2)共に本月十五日まで

＊**24度**公聞(1)(2)七月十七日申渡

25日（水）85度公聞(1)七月十一日(2)二十二日

26日（木）83度公聞(1)共に七月廿四日付

27日（土）82度公令(1)(2)共に七月廿四日付

石川理紀之助日記（明治十一年七月から）

18日昼ヨリ雨天19日雨天20日曇21日雨22日雨雷鳴23日雨大雷鳴24日＊晴天25日雨天26日雨天27日雨天28日雨天29日雨天30日雨天

◎確定／土崎港曳山祭り神明社例祭施行日は明治11年1878年7月24日。（四日延期）

第26信(1)米代川―私は反対側の遙か上手にいる大きな屋形船を長い間じっと見ていた。船は激流の為に舵をとられ、流されて、私達の舟から二フィートの所に来た時樹木の幹に当って脇にそれた。その時その船頭達は首のない幹を掴んで大綱をそれにぐるぐる巻き、八人が次々にそれにぶら下った。途端に幹は

ぷっつり切れて七人が後ろに落ち前の一人も流れに落ちて姿は見えなくなった。その晩はどこかに侘しい家庭があった事であろう。——それは胸が痛くなるような出来事であった。

(2)夕闇が迫ると、霧雨も晴れて、絵のように美しい姿をした地方が見えてきた。小津奈木〈小繋〉の近くになると松や杉の林で暗い山々が険しくそば立ち、その間に挟まれた狭い峡谷の中に川が入って行き見えなくしまう。川を渡る為には目指す地点の上流へ一マイルたっぷり行かねばならなかった。そこから大至急で数分かかって向う岸の船着場に着いた。そこは暗い森の中の深くて骨の折れる泥水で私達はそこのひどい道を手さぐりで進みやっと宿屋に来た。深い霧が出てきて雨はまたも大降りとなった。暗い土間は膝〈足首〉まで深いぬかるみであった。台所は天井がなく屋根や垂木は煤で黒かった。囲炉裏の燃えている火を囲んで十五人の男や女子供が暗く灯っている行燈の灯火の傍で何することも

なく横になっていた。ここはたしかに絵のように美しかった。奥の方の暗くぼんやりした所にりっぱな襖が出されると大名の座敷が現れた様で私は充分に満足な気持になった。部屋は濡れている庭園に面し、雨は一晩中しぶきをあげて降っていた。この日の旅行で唯一の収穫は一本のすばらしい百合の花であった。それを宿の主人にあげたら、朝になると神棚の貴重な古薩摩焼の小さな花瓶の中で咲いていた。翌朝早く豪雨の音で眼がさめた。早く出発したが道路は悪く、大雨が止むことなく降った。

綴子早口川岩瀬川山田川大館。イザベラ・バード『日本奥地紀行』第26信大館にて27日28日の土日内容——私はどこでも見られる人々の親切さについて話したい。二人の馬子は特に親切であった。私がこの様な奥地に久しく足止めさせられるのではないかと心配して何とか早く北海道へ渡ろうとしている事を知って彼らは全力を挙げて援助してくれた。馬から下りる時には私を丁寧に持ち

上げてくれたり馬に乗る時には背中を踏み台にしてくれた。或いは両手に一杯野苺を持って来てくれた。それは嫌な薬の臭いがしたが折角なので食べた。私は川口という美しい場所にある古い村に滞在したらどうかと言われたが、ここはあらゆる物が湿っていて黴臭く緑色であり、緑色と黒色の溝から出る悪臭は辺りに満ちて、傍を通る時でさえも堪えられない程であった。そこで大館まで馬で行かねばならなかった。大館は人口八千の町で、半ば崩れかかった人家が見すぼらしくたてこんでいた。木の皮で葺いた屋根は石で押えてあった。宿屋は大雨で足止めされた旅客で満員であった。私は疲れ切った足を引きずって宿を次から次へと探した。苦痛のために身体が崩れそうであった。通りでは大群集に押されしばしば警官が私の後をつけてきて非常に具合の悪い時に私に旅券を見せろという全く不当な要求をするのであった。長い間探して、漸く現在の様な部屋しか見つからなかった。

薄紙を張った襖は土間や台所に近く家の中の騒音の中心となっていた。殆ど男ばかり四十人の旅客がこの家にいて大抵大声で話している。わからない方言を使うので伊藤は苛々している。料理入浴食事、最も酷いのはきいきい音を立てながらしょっちゅう井戸から水を汲み上げている事でこれが朝の四時半から夜の十一時半まで続く。二晩共彼らは酒を飲んで騒ぎ芸者はうるさく楽器を掻き鳴らし騒ぎを大きくしていた。昨日一人の男がやって来て障子の「覗き穴」に全部紙片を貼りつけたので宿屋はとても混雑していたが殆ど邪魔される事が無くなった。雨は依然として烈しく降り続けている。これから北へ向う道筋の道路や橋の災害の噂が、刻々と伝わって来る。

第27信白沢にて7月29日（月）第26信大館と同様日付の白沢は、大館を7月29日発ち同日白沢の宿で書いたと解釈する。―太陽は燦々と輝き山々にかこまれた谷間を照らした。大館はその中にあって、くっきり美しく見える。

狭い川は緑と赤の小石の上に光る水を投げかけ、円錐形の山々の間の暗闇をきらめく明るくしている。松や柏の林で豊かにおおわれた山もあれば、単に雑木林でおおわれた山もある。山々は目まぐるしく入り乱れて現れ絵のようである。日本では、太陽が照ると、森におおわれた山、庭園のような野は天国と化してしまう。六〇〇マイルも旅をしてきたが、日の光をあびて美しくならないような土地はほとんどなかった。―宿泊の設備は蚤と悪臭を除けば驚くべきほど優秀であった。世界中どこへ行っても、同じような田舎では日本の宿屋に比較できるようなものはあるまいと思われる。ここでは今夜も、他の幾千もの村々の場合と同じく、人々は仕事から帰宅し食事をとり煙草を吸い子どもを見て楽しみ背に負って歩きまわったり子どもたちが遊ぶのを見ていたり、藁で蓑を編んだりしている。彼らは一般にどこでもこの様に巧みに環境に適応し金のかからぬ小さな工夫をして晩を過す。

七月三十日―雨は今朝五時から八時まで降った。その中程で真っ黒な夜の帳があらゆるものを包んで不気味な暗闇となった（皆既食だといわれる）。◎日月食宝典渡邊敏夫94年復刻版雄山閣（日食記録対照表323頁）日本明治11年7月30日食甚5時2分5時15分食分0・40／0・41。もう一日で私の旅行の終点に着けるというのに少しでも足どめされるのは腹立たしくなる。これから先に大きな困難が待ち構えていること、三日や四日かかってもそれを切り抜けることは疑わしいと聞いて私は不安な気持になる。私の手紙が単調になって倦きてしまうことのない様に祈る。手紙は単調であっても旅行者が北日本の大部分を通って見た光景をそのまま表している。もし少しでも手紙が興味深いものであるとすれば、それは一外国人が大きいけれどもあまり人の訪れない地方を旅行して、見たり聞いたりしたことをありのままに描いているからであり、その場その場で書きあげたものだか

らである。第28信青森県碇ガ関にて八月二日前途の困難についての予言は適中した。六日五晩の間雨はやまない。イザベラ・バードの旅「日本奥地紀行」は秋田県内を辿り青森県へと矢立峠を越える。7月18日秋田入県神宮寺にて7月21日記事から、第27信白沢にて7月31日出県青森入県の14日間即ち7月29日まで8通信が当時の秋田県を記録する。峠の道を歩くは車社会で峠の下をトンネル道が開通、峠道に昔日の輝きは失われ旧峠の道は閉鎖か自然に還り草木が繁茂、苔が覆い樹木が何時しか道を消し去って久しい。1878年日本奥地紀行は138年が経過、明治11年イザベラ・バードが苦難の道を体験した峠道それを歩いてみたいなと希望するが今は昔の旅行故に自ずと難関の察しは付き「羽州街道をゆく」開き解を求める。藤原優太郎はもうこの世にいない。生前会ったことがないのは、心残りとも言えるが、彼の著書で山に生きた彼の生涯が偲ばれて何故か懐かしい。

雄勝峠（院内峠）は、山形と秋田の県境を昔は結んでいた。奥羽本線は院内トンネルが通り、国道13号線は雄勝トンネルが、両県を結ぶ。私は母方の伯父が車は運転するなどとの言を墨守してとは一部言い訳になるが免許証なし即ち車は持っていないので、専ら徒歩か自転車バス列車を利用している。奥羽本線は青春18きっぷで時折旅をしているから多少のことは知った。山形新幹線つばさ開業20周年JR東日本新聞2012年（平成24年）7月1日（日）記事人々の想いを乗せて走り続ける山形新幹線は、1992年（平成4年）全国初の「ミニ新幹線」方式として開通99年には新庄まで延伸しました。山形新幹線沿線から始まるやまがた10のストーリー／①米沢駅②高畠駅③赤湯駅④かみのやま温泉駅⑤山形駅⑥天童駅⑦さくらんぼ東根駅⑧村山駅⑨大石田駅と⑩新庄駅の10駅を紹介する。4頁「歴史を変えた」足跡を振り返ってみましょう。通常の新幹線は完全立体交差専用軌道を走り

軌間（線路の幅）は１４３５㎜。一方在来線軌間は１０６７㎜。―軌間が違う分車両も新幹線の方が大きくなっています。ミニ新幹線方式は在来線の軌間のみを新幹線並みの１４３５㎜に拡大し専用車両を新幹線と直通運転するものです。１９８７年全国に先駆け山形―福島間への導入が決まりました。97年には盛岡―秋田間の秋田新幹線がミニ新幹線として開業しています。左上山形新幹線の軌跡が載り88年（昭和63年）起工式8月25日山形市92年東北新幹線と山形新幹線レール連結5月7日福島駅。また2008年新型車両E3系2000番台導入。10年に初代車両400系引退。山形駅企画展開催7／1～16。鉄道の熱烈ファン鉄ちゃん鉄子は集合したと思うが定かではない。そういえば、JR北海道函館支社「さようなら江差線」江差線の旅ありがとう、そしてさようなら。江差線。14年4月1日～5月11日さようなら江差線フリーパス2日間乗り放題‼リーフレットは保管した。

奥羽本線について言及すれば、貨物輸送の大動脈路線は、首都圏との直通運転が不可となり、積み替え等の手間暇を考えれば、今はどうなっているのだろう。秋田新幹線盛岡―大曲間はミニ新幹線単線となり必然的に直通運転から外れ、トラック国道輸送に主役の座を譲ったとすればJR貨物駅輸送コンテナ基地の現状は調べれば分かるが、羽越本線の貨物輸送は健在を実感しているので、時間を考慮し優先順序から後へ回し先送りとする。峠に戻り院内峠（雄勝峠）が主題になる。資料は、著者藤原優太郎秋田の峠歩きと羽州街道をゆく、佐藤晃之輔著秋田・羽州街道の一里塚、他に適宜図書館の蔵書を加えながら論を進めてみたい。図説秋田市の歴史は市立新屋図書館本で謹呈秋田市が目に留まる様に張ってある。県都としての秋田市誕生は明治22年4月1日（月）。初代市長には元秋田藩士小泉吉太郎が選ばれ、南秋田郡役所内に市庁舎を置いた。この時秋田市の人口は二万九二

七九八人、世帯数は六五九八戸で、市会議員は三〇人、市長・助役・収入役などを除く職員数は二課二二人に過ぎなかった。セピア色の写真旧秋田市役所（秋田市土手長町中町）は秋田県県庁並び、通りに面して西は旭川が流れ橋を渡れば大町で右方北は通町、左方下流側南は鍛冶町馬口労町。羽州街道徒歩久保田はまず戸島から御所野、城下郊外の牛島を経て城下楢山へ入り、馬口労町大町通町を通って八橋に出て、寺内・土崎湊に至った。

明治13年の庁下市街図で、明治11年7月のイザベラ・バードの動きを、想像してみる。図説秋田市の歴史／第五章近代都市から現代都市へ―秋田市の誕生地図①秋田県庁と左上秋田警察本署②北に監獄署③秋田県師範学校④秋田県博物館⑤秋田旧県庁記載。明治四年（一八七一）七月政府は廃藩置県を断行、中央集権体制を整えた。この時秋田藩を中心に亀田・本荘・矢島藩と仁賀保それに南部藩の鹿角を併せた区域で秋田県が成立、秋田旧城

下は秋田県の県都となった。明治十一年七月郡区町村編成法が施行され秋田の旧城下町は南秋田郡に所属した。郡役所は土手長町におかれ、その下に各町村毎に戸長役場が設けられた。やがて明治十三年郡役所の北側に新秋田県庁が建てられた。「庁下市街図」には当時の秋田町の様子が示されている。行政の近代化は更に進み明治二十一年四月市制・町村制が公布された。―翌年四月秋田市が誕生。千秋公園の歩みの「明治元年秋田城郭図」を見ると、旧久保田城郭の大凡が理解出来る。この図は方角が左方を北に取り地図を反時計回りに90度回転させた形となっている。本丸二の丸三の丸、それを取り巻く内壕外壕武家屋敷などが記されており、当時を偲ぶことができる。明治十三年七月十九日、原因不明の火事で本丸の建物の多くは焼失した。市制施行後の明治二十三年、城跡は旧城主佐竹家に縁故払い下げになり、秋田市はこれを借りて公園とした。そのあと公園整備の声が高まり

— 66 —

二十九年には有名な造園家長岡安平を東京から招き本格的な公園づくりを進めた。また計画的に桜を植えつけ桜の名所としても広く知られ、名称も「千秋公園」と呼ばれる様になった。大正十三年秋田市地図に見られる様に大正期には神社や銅像が増えた。大正七年に建てられた県記念館は、そのルネッサンス式美観により市民の目を奪った。こうして千秋公園は市民の憩いの場として親しまれたのである。千秋公園入口バス停は平成28年の話。

秋田市は平成大合併05年1月秋田市河辺町雄和町合併秋田市。広報あきた平成28年8月5日号は秋田市の人口7月1日現在31万5228人男14万8226人女16万7002人＊1年前の人口31万7052人。世帯13万6220世帯。あきた市議会だよりの表紙写真を見ると秋田市の移り変わりが分かる。平成28年5月6日表紙祝開校式秋田市立雄和小学校／川添・種平・戸米川・大正寺の4小学校が統合した雄和小学校の開校式が4月6日に行われました。旧雄和町は、私が自転車或いは徒歩で訪れ、4小学校に馴染みがあったけれど今は無人の空き校舎が淋しく佇み小学生の声はもう聞こえない。8月19日 No.163表紙下旧議場上新議場39議員写真。No.1864広報あきた平成28年（2016）5月6日号同日全面開庁新庁舎での業務スタート！2日（月）から業務開始3階〜6階。6日（金）から1階2階と地下（計量検査所・公用車車庫）同。表紙は竿燈市民サービスの新たな拠点誕生！

秋田県の大合併前後は9市50町10村が13市9町3村と、大きく変化した。明治11年秋田県庁は13年新県庁の地図では秋田旧県庁となっている。久保田城郭に対し南面する主要道路の東西に官の公舎が置かれ東端の県庁が、西端に移動して新県庁。その間に秋田県師範学校が記され師範学校の後方南側少し離れて弘前裁判所秋田支庁と秋田県女学校が隣り合わせになり、秋田県病院はその南に見える。秋田県道路地図2014年版は1秋田駅区画

中央部右方の範囲に該当して上長町・中長町・土手長町・西根小屋町・東根小屋町・中谷地町・土手谷地町・長野町と、往時の地名は懐かしい気がする。今は中通1～中通7と何の変哲もない平凡な町名に変り、昔の地名の由来は不分明となり、一部旧町名は標柱等が散見されるけれども忘れられる時代の変遷を感じる。主意は旭川東西に武士平民を隔てた内町外町の住み分け面積は狭く現在の車移動とは違う徒歩か人力車往来の明治11年イザベラ・バードでも短時間の往復が容易だった。

では、院内峠（雄勝峠）を7月18日越えたイザベラ・バード、さぞや難儀な旅だったと思うが、秋田の山男藤原優太郎はどうしたかと、1992年10月10日第2刷「秋田の峠歩き」に行程一つなぞる。モノノケに憑かれた峠捜し雄物川の源―秋田県と山形県の境である院内峠は羽州街道の中の最大の難所であったがここは佐竹氏が秋田へ入部してから開削整備されたものである。これより以前山形から

秋田へ入る道としては金山町有屋から有屋峠を越え雄勝町役内に至るものであった。古代からいうところの平戈越えである。（注記／一部省略）

雄勝町湯沢市合併湯沢市雄勝町―自動車交通の時代になってもなお難所であった旧国道の道は今は封鎖されて通ることができない。長さ一・四キロの雄勝トンネルを抜けて山形県に入るとすぐに朴ノ木沢、及位の集落が現れる。院内側において道を探すことができなかった僕は及位駅のある旧道へ下りて山を眺めた。地勢地形を見るためである。

はたして自分が昔の人々の立場になってこの山を越えるとしたら道をどこに求めたら楽だろう。そんな思いで山を観察したのである。

緑の障壁のような山が立ちふさがっている。その中に、一か所だけ窓のように切れ込んだ低い鞍部が望まれる。この下は旧国道一三号線のトンネルのはずである。地図を見てここしかないと思った。朴ノ木沢の集落から旧国道一三号線を登った。道はコンクリートで塞

がれたトンネルに突き当る。車から降りてみると、トンネルの上部にかすかだが踏跡が見える。ヤブにかき消されそうなその不確かな道を登ってみることにした。明治天皇も通ったほどの峠だから、険しさを避けた道は絶対あるはずだ。山菜採りでも通るのだろうか、直線的で急な踏跡が林の中を登っている。登る途中、明らかに道路らしい形跡を発見。行く手を拒むササを払いのけながら更に登ると峠に出た。十五分ほどの短い登りであった。

院内峠は別名スギ峠とも呼ばれた様にスギが屹立していたらしいが今はそれもない。院内側を見下すと旧トンネル出口のシェルターの青いドームが見える。この峠には長い間の強い思い入れがあっただけに淡い感動が胸をよぎる。

院内銀山が栄えた藩政期、久保田（秋田）の城下よりにぎわったという院内地区。全国津々浦々から鉱山めざしてやってきた人々の多くは、この峠を越えたにちがいない。

山また山の辺境の地に何かを求めた人々の行動の軌跡がここにある。車へ戻ると、近くで山菜採りをしている人を見かけた。—案の定峠の道のことはよく知っていた。僕の見込みは当っていた。峠までは急な斜面なので大きく曲りをくり返して登る比較的広い道であったらしい。院内側は急峻な山腹を巻く様に道があったが今はもう歩けないだろうという。

佐竹氏の時代から近世に至るまで秋田の峠として君臨してきたこの栄誉ある地が草場の陰に眠ってしまっているのはなんとも惜しい。

静かな散歩道、重厚な歴史の案内板の一つもあれば散策者も悠久の時代の一こまに触れることができるだろう。このようなことこそ、歩くことを忘れてしまった現代人に贈る最高のプレゼントとなるものではないだろうか。

雄勝町小野の国道から、遠く怪峰のようにと んがった山が見える。モノノケにでも憑かれそうな前森山の山容である。そのモノノケにすっかり取り憑かれて院内峠に執心した峠探しでもあった。

（羽州街道をゆく院内峠略）

— 69 —

私が秋田市から自転車をこぎ院内に行った
のは、二〇一一年平成23年7月2日（土）のこ
とだった。秋田を6時に発ち、羽州浜街道を
といってもそれは国道7号線旧羽州浜街道に
沿ってが、誤解を招かずに済むと思う。7時
道の駅岩城／7時15分ー本荘労基8時20分ー
矢島駅／ー県道70号ー国道108号・Yショ
ップ／12時ーコンビニSATO／13時20分ー
道の駅鳥海郷／13時40分ー松ノ木トンネルー
15時20分ドライブイン菊池旅館（泊）。夏の
暑さに消耗して、鳥海山の麓、日本百名瀑の
法体の滝に寄る予定は早くに諦め国道へ出て
途中休みを取り、笹子名水喉を潤しトンネル
通り院内銀山跡は寄らず、予約の旅館に入り
生ビール中ジョッキ二杯飲み人心ついた。
翌3日（日）は、院内8時出発ー国道13号ー
湯沢駅前9時ー横手駅西10時ー大曲ー道の駅
かみおかー刈和野ーウエルマート協和ー協和
14時ー河辺ドライブインー16時15分秋田着。
この夏は、前後に田沢湖と十和田湖が入る。

羽州街道至桑折の南方雄勝峠から秋田県に
入って、北方は矢立峠至油川までの間に残る
一里塚は六箇所に過ぎない。秋田県内現存の
一里塚学習雄勝峠ー横手は愛宕町一、横手ー
秋田は六郷＋かみおか二、秋田ー大館は鴨巣
＋綴子＋長坂の三、大館ー矢立峠は〇。道の
両脇に現存する一里塚は、三箇所。大仙市か
みおか一里塚・能代市鴨巣一里塚・北秋田市
綴子一里塚。羽州街道沿い秋田県内一里塚64
から現存する一里塚6を引き算した数は58。
即ち不明を含め58箇所の一里塚は旧街道の不
確かさを意味して国道と県道市道造成に伴う
一里塚消滅や土地利用等の一里塚消失もあり
道路は人が歩かなくなれば埋もれてしまう。
1杳掛一里塚を読み返しつつその全文を収
録する。桑折宿から分かれた羽州街道は、新
庄領及位村（山形県真室川町及位）から杉峠
（雄勝峠）を越えて秋田領内に入った。杳掛
一里塚は領内最初の塚でありながら昭和13年
秋田藩林野制度附一里塚と槐樹（こうじゅ）

では不明となっており、その後の調査も進んでいない状況である。（堋樹は一里塚に植えた樹木のこと）『天和元年領中大小道程』では杉峠から26丁48間（約3・167㎞）と記されているので、雄勝トンネルから国道13号をやや北上した場所と推測されるが、トンネルの上は廃道となって久しいため、正確な計測が難しい。領内2番目の上院内一里塚跡と3番目の横堀一里塚跡が分かれば、杮掛塚跡の解明も進むと思っていたところ、平成23年から24年にかけて、両者の跡地が判明した。（15頁図と秋田領内1番目江戸から113里所在現況精度記録）上院内塚跡と横堀塚跡を車で計測すると約4・1㎞である。上院内塚と杮掛塚間も同距離とみてもよいのではないだろうか。これに明治初期に設置された一里標を参考材料に取り入れてみたい。一里標は明治6（1873）年、新政府から各街道の里程調査を命ずる達しが出され、設置されたものであった。秋田県では秋田町を基点（秋

田市大町三丁目の赤レンガ郷土館前）に国道の一里ごとに南部が30か所、北部が35か所に木柱が立てられた。秋田県公文書館の資料によると、秋田町から28里目の標柱が院内村字下院内番場（馬場）29里目が同字上院内字中央、30里目が同字上院内強盗沢（ガンドウ沢）に設置されている。上院内字八丁新町に一里塚（標）の家と呼ばれている家がある。当主の木村和夫さん（昭和10年生）は「秋田市から29里を示す標柱が家の前にあり北側の28里柱が馬場集落の誓願寺前、南側の30里柱がガンドウ沢の入り口にあったと、親から聞いている」と教えてくれた。ガンドウ沢の入り口には現在国交省の「上院内雨量観測所」の施設が建っている。この里程柱跡と一里塚跡との間隔を測ってみると、誓願寺～横堀塚跡、木村家～上院内塚跡はいずれも約800mである。この距離はガンドウ沢口と杮掛塚跡にも当てはまるのではなかろうか。以上のことから、①雄勝峠から3㎞前後北寄り②上

院内塚跡から約4・1㎞南寄り③ガンドウ沢口から約800m北寄り—この三つが合致する所が沓掛一里塚跡の跡地と言える。私（著者）の計測ではJR奥羽本線の一つ目（院内トンネル側）の鉄橋下付近が、この場所に適合するようである。（関係資料(1)〜(3)省略）

金山—院内の主寝坂と雄勝トンネル時間はどの位かかるか私は車を使わず分明でないが山形県新庄駅から在来線奥羽本線に乗車下り車線の院内トンネル通過時間は1分である。

ここでイザベラ・バードの日数の数え方を反復する。第二十九信黒石にて八月五日書出し文を例に取上げる。結局のところ、川は思ったほど減水しなかったので、沓掛関で四日目を過ごさなければならなかった。私たちは土曜日の朝早く出発した。その日は休息せずに一五マイルを旅せねばならないからである。

碇ガ関で四日目を過ごしたと受け取られる表現は小松や久保田に見受けられるけれども字句通りに解釈は脱線するので注意したい。

碇ガ関滞在は7月31日から8月3日（土）朝の三泊四日（四日三晩）であり感覚的なずれがあると考える。四日目を過ごしたとは到着日から出発日の日数を言うが、日付が変わって朝を迎えればその日を過ごしたとする簡略な表現は、日本では多分一般的でないが英国人イザベラ・バードは普通なのか詳細は不明。

雄勝峠を越え秋田県内、院内最初の一里塚沓掛一里塚を通り、院内関趾その先に上院内一里塚がある。道なり進み奥羽本線院内駅院内銀山異人館この周辺でイザベラ・バードは一泊している。秋田県道路地図は、雄勝トンネルを抜け羽州街道・国道108号線、国道13号線院内に入り西方は矢島街道国道108号線、北方へ雄勝湯沢線県道278号線が延びて県道は一部冬期間通行止めの×印有り。国道108号線に懐かしい気はするが自転車こぎはもうない。

秋田を知る資料／美の国あきた県勢ガイドブック秋田の魅力、伝えます。（作成は39頁

秋田の魅力を全国へ東京アンテナショップ※

名称未定平成20年5月オープン予定から20年初めらしい）。アキタノ旅マップ秋田県観光ガイドマップ（平成27年7月発行）美の国あきたネット検索付。人生を楽しむ寄り道あれこれ楽園2号／2010・12・1萌芽舎と、NAVICSナビックスあきた／2011に2016これらを再見しながら話を進める。イザベラ・バード旅の羽州街道に沿う院内から神宮寺までは、東成瀬村・湯沢市・羽後町・横手市・美郷町・大仙市を取り上げる。国道13号線道の駅表記は車利用トイレ休憩立ち寄りを予定する。湯沢市は05年湯沢市・稲川町・雄勝町・皆瀬村合併湯沢市で秋田県南東部を占める。東隣東成瀬村西隣羽後町が在り北は横手市、西方由利本荘市にかほ市。湯沢雄勝村の地元情報誌まっちゅ14年7月号夏色の東成瀬村巻頭3頁深山に咲く高貴な花「キヌガサソウ」日本200名山神室山の急登を克服した者だけが逢える秋田県が絶滅危惧種に指定した貴重な植物。「神室山のキヌ

ガサソウ群生は日本一」そんな話もちらほら（神室山撮影酒樹正喜）清楚白い八弁の花。4頁は心和む風景が広がる村／豊かな自然が育む「美しい村」と「美しい心」。栗駒山の麓に広がる自然豊かな東成瀬村は、成瀬川沿いに水田と民家が並ぶまるで民話の世界をそのまま再現したようなどこか懐かしい心和む風景が広がる。「日本で最も美しい村連合」に指定されるほど自然環境が大切に守られ、人々の営みが静かに紡がれている。東成瀬村は学力日本一に輝いた地域。毎年全国からの視察団が引きも切らない。そんな子ども達はとても明るく誰にでも爽やかな挨拶を返してくれる。「美しい村」は、「美しい心」をも育みより一層村を輝かせているようだ。てくてくMAP見る。（まっちゅ掲示板11月号は新庄金山情報に新庄市金山町が載る）続いて資料は広報ひがしなるせ2015年2月号・みちのく撫古道よみがえる仙北道・東成瀬村とっておきの旅ガイド他。観光ガイドブック

四季彩の郷へ第6刷2015・4／表紙写真上部は左黒い三角屋根右へ木々の夜空星座の光跡（須川湖畔の星空）下部は錦秋の山向こう円頂が見え左稜線奥白い雲と遠景が広がる（栗駒国定公園・栗駒山）見開き右に秋田県東成瀬村は「日本で最も美しい村」の一つに認定されました。日本で最も美しい村連合◇失ったら二度と取り戻せない日本の農山村の景観・文化を守るために、またその農山村が将来にわたって美しい地域であり続ける為に広報・活動をしているNPO法人。右上栗駒国定公園・栗駒山山頂より落陽を望む（中央遠く鳥海山）日本で最も美しい村で、みんないい顔になる―。「ひがしなるせ」はこんなところ。秋田県東成瀬村は、村の面積の93％を山林原野が占める、栗駒国定公園の山々に抱かれた村です。栗駒山系の恵みは村に美しい水、緑、大気をもたらし、成瀬川には清流のシンボル・イワナやヤマメが棲み、ホタルが飛び交います。平成11年には環境省認定の

「星空日本一」に輝きました。「美しい日本の原風景」それが東成瀬村です。そんな別天地を求めて村の玄関口、岩手・宮城の県境から大勢の方々が訪れます。下方東北六県地図中央に東成瀬村が分かる。①栗駒山②焼石岳③ジュネス栗駒スキー場④歴史散歩古を語るものたち⑤仙北街道⑥天然プラネタリウム⑦水と緑の旅⑧東成瀬周遊MAP。小冊子裏面大自然に浸るキャンプ場2・なるせ流おもてなしの宿8。お問い合せ先東成瀬村役場企画商工課秋田県雄勝郡東成瀬村田子内字仙人下☎0182－47－3202。2016年版あきた県民手帳東成瀬村現状を2011年と比較してみる。世帯数851／858人口総数2703／2905男1307／1381女1396／1524人口密度（人／㎢）13・3／14・3小学校1／1児童数125／164中学校1／1生徒数67／61病院診療所数3／3交通事故発生件数2／3死傷件数2／4火災出火件数1／3損害額0／8

62千円。広報ひがしなるせ2015年2月号1月の東成瀬村慶弔◇お誕生日おめでとう男1名女1名。◇ごめいふくをお祈りします男2名女4名。◇村の人口と世帯◯人口男1294人（ー3）女1404人（ー8）計2698人◯世帯数873戸（ー2）◯転入0人◯転出4人◯（）内は前月比。◯観光ガイドブック歴史散歩古を語るものたち（写真）八坂神社の力士像。川に添って集落が道に添って歴史の足跡がある。村人の祈り悲哀願い・・・。そこには様々な想いが込められている。右に紫の村地図に白く国道図示は西北西342が村に入り、三叉路は397が分岐して南東に342は南へ向かい黒丸に白の数字①～⑨が見開き写真説明で分かる。⑨古代のロマン世界最大級特大の磨製石斧(せきふ)秋田県立博物館所蔵9頁仙北街道10頁Watching心に沁みる風景夜の東成瀬村天然プラネタリウム（星の光跡）ジュネス栗駒パークゴルフ場からの星空（下に蛍舞う写真）清涼な空気と水の村

は「星空日本一」と「ホタルの里」Data／ホタルの観察については、「ぽよよんの森オートキャンプ場」へお問い合わせ下さい。巻末地図は秋田岩手宮城山形が接する区域中央に薄緑の東成瀬村を置き、右方東に焼石岳1548m下方南に栗駒山1627m二山を赤色で示している。1頁に戻り栗駒山写真は秋の名残ヶ原ー気軽に散策を楽しむなら栗駒山の裾野から楽園はそこかしこにトレッキングから本格派まで気軽に楽しめる。ゆっくり歩いていこうか。Data山頂からの眺望は真西に鳥海山北に焼石連峰東に早池峰山南に蔵王・朝日連峰と360度のパノラマ。3頁もう一つの楽園焼石焼石岳へ写真は八合目焼石沼付近と九合目焼石神社付近（花6種が代表で載っている）。天空の花園を訪ねて「花の百名山」として登山者の人気を集めています。私はかつて山登りをしていたので焼石岳と栗駒山神室山三山の山頂に立った。11年以降登山から遠ざかっているが、秋田県側登山口

利用の際は車に同乗、東成瀬村は通過した。

たったそれだけ2回の記憶しかないが何時か機会をつくり、訪れたいと思う。東成瀬村の広報と観光ガイドブックを見て話はあちこちするが、村の冬は雪に覆われることを忘れてはならない。岩手県の沢内村は豪雪地帯19
60年昭和35年12月深澤晟雄村長が、高齢者の医療費無料化を実施した歴史あり後に雪の利用も可能になった。東成瀬村どうだろうか調べてみる。積雪の状況2月18日現在〇内は昨年と同日—田子内176cm（224cm）・岩井川203cm（250cm）・椿川227cm
（267cm）・大柳234cm（287cm）。
参考‥昨年度最大積雪深（H26・3・12）—田子内245cm岩井川268cm椿川295cm大柳317cm。村内ジュネス栗駒スキー場は美しいロケーションとパウダースノーが自慢です。コースはバラエティー、サービス・特典盛り沢山。スキー場写真説明快晴時には東北第二の高山（2236m）である鳥海山を

望むことができます。広報12頁みんなの広場
東北中学校スキー大会大回転競技で優勝1月
岩手県安比高原スキー場女子生徒栄光写真。
山形県金山町案内例新庄・最上広域情報小
新聞最上のヒト・モノ・コトに出会う（16年夏発行）旅行家・イザベラ・バードの愛した街「金山町」／1878年（明治11）7月、通訳の伴を連れた一人の英国人女性が、初めての奥羽・北海道の旅の途上、ここ金山町に二晩の宿をとる。旅行家イザベラ・ルーシー・バード。その時、彼女が「ロマンチック」と感じ、「美しく静かで健康的な場所」と称えた金山の街並みは今も変わることなく訪れる人々をもてなし癒してくれる。左に「楯山からの眺望」杉木立のなか神社を巡る道すがらこの展望台は金山の街並みと月山や葉山を望む休憩スポットとして町民に親しまれています。四季奏でる町金山にいこう金山町役場産業課／観光協会0233－52－2111
（注記‥イザベラ・バードは金山町に二晩の

宿をとる。解釈は二晩ではなく一晩になる）
山形県秋田県は、新庄7月16日一泊金山17日
一泊その後に記された旅は18日湯沢へ向かい
雄勝峠を越え院内に出て一泊19日は横手一泊
20日21日神宮寺二泊22日（月）久保田と結ぶ。
イザベラ・バード「日本奥地紀行」は日光
観光後ルート奥州街道取らず、山王峠を越え
福島県、車峠経由新潟県、大里峠越え山形県
入り上ノ山羽州街道山形新庄金山雄勝峠通り
秋田県、そして矢立峠を越え青森県へ出た。
松尾芭蕉の旅とは尾花沢の辺りで交差して
山形～新庄間が重なり、二人が見た鳥海山が
共通項になるかもしれない。元禄二年（16
89）の旅と、明治11年1878年の旅とを
並列して比較する意図は特にないが、現代の
旅行と格段の差が道中横たわり旅の困難さは
如何ばかりだったかに、思いは行く。また、
秋田県が「日本奥地紀行」の中で特別異彩を
放っているのは、長雨7月六郷葬儀と久保田
結婚式、土崎晴天祭典と白沢日食等の事柄が

久保田見学を織り交ぜながら綴られた密度の
濃さが際だつのである。（秋田旅を続ける）
雄勝町は2004年（平成16年）6月12日
神室山登山の際通った。新・分県登山ガイド
4秋田県の山54番神室山を繙く。著者佐々木
民秀昭和11年出生07年初版山と渓谷社MAP
（株）千秋社。見開き目次1は太平山16七座山
17男鹿三山28八幡平31森吉山35秋田駒ヶ岳37
薬師岳38和賀岳40真昼岳46焼石岳48東鳥海山
50栗駒山57鳥海山。次の見開き頁秋田県の山
全図が県地図に1から57まで赤色表示番号は
目次緑色〇内白色番号と合さる。本文—栗駒
国定公園の西部に位置する神室連峰の主峰は
山形の両県に連なる神室連峰の主峰である。
湯沢市郊外から横堀地区経て国道108号を
南下すると正面に高く見えるのが前神室山で
本峰はその左奥に鎮座している。山頂近くに
鏑山大神が祀られ古来から山岳信仰の霊場と
して多くの人々に登拝されてきた。今日では
健脚者向きフィールドとして人気のある県内

屈指の名山である。登山道は秋田・山形の両県側から整備されており、特に秋田県側は沢や滝、やせ尾根、湿原など変化に富んだコースと豊富な高山植物が魅力である。神室山へは国道108号秋ノ宮地区にある中山小学校前から、役内集落を経て大役内林道に入る。林道を行くと案内板と鳥居の建つ登山道入口があり、西ノ又沢に沿って進むと駐車場と案内板の立つ登山口だ。右の道は近年地元山岳会が整備した前神室山経由パノラマコース。直進すると変化に富んだ西ノ又コース修験の道である。前神室山二等三角点1365mコースは西ノ又神室山三等三角点1342mと分岐合流する。私が登った、前神室山コース急登の連続は強く印象に残っている。神室山表題幽玄の渓谷とお花畑神々の神殿を訪ねる西ノ又コース、登山ガイド同行実施したい。登山適期6月—10月コースの難易度体力度3危険度2（本書最高ランク）日帰り歩行時間7時間歩行距離12km累積標高差＋1220m

一1220m山岳の特徴、付近の観光などが示され、チェックポイント写真3枚が載る。奥羽本線上り車内、湯沢～院内左手車窓に神室山の山容を望めば左鋭い稜線と右大きな弛みは前神室山、本峰の神室山は奥に隠れることを登山案内書を見て理解した。私は晴天秋田—和田は太平山を見て、刈和野から出羽富士鳥海山が右に現れ、湯沢まで眺めつつ、大曲飯詰間は左奥遠く駒ヶ岳を探し、左には真昼岳が在り、右鳥海山の三山を観賞する。村守る、命かけても聖農高橋正作・伝著者簗瀬均平成19年発行編集秋田魁新報社帯紙は緑地に白文字飢饉を乗り切り農業改善に心血注ぐ理紀之助翁が師と仰いだ!!決意も新たに飢饉との闘い経験を生かす想いは連綿と正作支えた息子夫婦／陰から献身的に協力舅夫婦農業の心得託し詠む和歌。年譜享和三年1803年九月七日雄勝郡松岡村坊中松岡村肝煎千葉治兵衛はる夫婦の三男出生。幼名新蔵。11歳父から土地を借り耕作しながら農業研究

21歳雄勝郡桑崎村（現湯沢市小野地区）肝煎高橋理右衛門の養子になり長女ナミと結婚。23歳桑崎村肝煎を命じられる。30歳天保四年巳年の大飢饉―私有の田んぼや山林を質入れして金子二千五百両と米と雑穀四百五十俵を用意し困窮した農民を救済。一方炭焼き奨励（院内銀山供給、木炭不足廃山寸前院内銀山が救われる。（一説秋田藩約40万人内約10万人餓死）桑崎村は餓死者が一人も出なかった。

正作の温情続き、共鳴する魂農業随録読む。

①総論、稲作、畑作、植林、開墾、養蚕、凶年対策七項目からなる。本県のさまざまな農書の中にあって、最も体系的な農業指導書といわれている。正作自らの「序文」には、石川理紀之助の再三にわたる熱心な勧めによって執筆した経緯が述べられている。「私は幼い頃から農業を志し各地の老農に師事して学んだ。なかでも米沢の植木四郎兵衛からは四木（茶・桑・漆・楮）＆三草（麻・藍・紅花）、果物栽培、植林等まで事細かに指導を

受けた。それを長年に互り試行錯誤しながら実践してきた。その後県勧業課の仕事をしていた際、石川理紀之助君が私にこれまでの農業体験を世に公表してほしいと言った。私は専ら田畑に従事している貧農で学問する暇がなく、執筆はできないと断った。すると石川君が、たとえ執筆に疎くとも、一書を残さなければ功績を空しくし後世に広く役立つことができないと繰り返し私を説得した。それで思い直し考えた。―」総論「農業の初心者は地域の老農から習って耕作するとよい。だが教えを受けても納得できない時は何度でも聞き直し実際に試してみることだ。試した結果うまく土に適したなら、よい収穫が得られるだろう」教えを受ける側への助言。指導者への警告「耕作の仕方を人に教え、失敗させることがある。これは農書を鵜呑みにして十分試さず、人に教えるからだ。耕作方法はその地域の土地によって大きく異なるから、まず実践して成果を出してから伝授すべきだ」。

農話連が独自に開催交換会の危機明治20年11月18日から24日まで7日間。終了日には、追善会があった。そこで佐藤信淵栗田定之丞渡辺斧松など十五人をまつったが、一人だけ秋田県人でない老農がいた。正作の師である米沢の植木四郎兵衛だ。教え貢献を物語る。湯沢市雄勝町という表現になるが山形県と境界する町は南方の県境雄勝峠（現在峠道の通行は至難）下に国道13号線雄勝トンネルと奥羽本線院内トンネルの上下線二本が通る。院内駅院内レンガ造り二階建て湯沢市院内銀山異人館（院内銀山・岩井堂洞くつ資料館）のリーフレットお問い合せ先院内銀山異人館と湯沢市教育委員会雄勝生涯学習センター併記ご利用のごあんない／開館時間午前9時～午後4時30分休館日毎週月曜日ただし月曜日が祝日の場合は火曜日休館年末年始（12月29日～1月3日）。入館料大人個人320円団体20人以上200円、中学生以下個人210円団体150円。下欄に湯沢市の主な観光行事

①小町まつり6月第二日曜日②七夕絵どうろうまつり8月5・6・7日③雄勝大花火大会8月8日④仮装盆おどり8月21日⑤大名行列8月第4日曜日⑥院内銀山まつり9月21日＆⑦犬っこまつり2月第2土曜日とその翌日。

院内銀山の概要が記され写真は明治時代の銀山町。裏面に院内銀山史年表が載りこれで初期の繁栄／最初の衰退／古河鉱業経営と繁栄／銀山明治初期の衰退／再繁栄期／幕末・閉鎖が公式記録として分かる。写真は、院内銀山坑内作業模型・銀山まつり・鉱石。左に院内銀山のみどころ①三番共葬墓地―院内銀山で生涯を終えた人々の墓が500基以上あります②金山神社（近代化産業遺産）―文政13年に建造されており「近代化産業遺産」に認定されています③御幸坑（五番坑）―明治14年9月21日、明治天皇が東北地方御巡幸の際に視察されました④御膳水―明治天皇へお茶を献上するのに使用された湧水です。他に国指定文化財岩井堂洞くつ記事が載り、説明

文と写真4枚 △埋める以前の岩井堂洞くつ △現在の岩井堂洞くつ △底土器。△押型文土器。周辺案内図／院内銀山異人館絵画（JR院内駅）を長方形内に収めて奥羽本線は院内駅横堀駅の二駅間国道13号線108号線及び南側一般道は灰色線。赤丸表示6―①JR院内駅②ほっと館南西③岩井堂洞くつ。西へ院内銀山跡赤破線内は④墓地⑤神社。横堀駅南東⑥道の駅おがちから院内銀山異人館まで車で約10分。（注記図中央の鉄道線路は路線名記載無し）

神秘のとばりに包まれた伝説の美女よみがえる平安絵巻今に至るまで語り継がれるほどの美貌と、和歌の才能に恵まれた平安の女流歌人・小野小町は秋田県湯沢市小野字桐木田当時出羽の国福富荘桐の木田に生まれ、京に上がるまでこの地で過ごしました。小町は十三歳のころ都へ上りその後、二十年ほど宮中に仕え、時の帝から寵愛を受けました。いつしか故郷恋しさがつのり三十六歳の頃、宮中

を退き生地小野に帰り、庵をむすんで閑居し歌に明け暮らしたといいます。その後深草少将との逸話を残し晩年は世を避け一人岩屋堂にこもり香を焚きながら自像を彫り続け九十二歳で没したと伝えられています。イメージ小野小町は黒澤明監督映画「羅生門」演ずる京マチ子の市女笠と白いヴェール姿にあるが遠い昔に観た映画での記憶定かでなく日本映画名作全史（戦後）編猪俣勝人著昭和49年発行社会思想社を参照。昭和25年大映・映画芸術協会提携作品翌26年ヴェネツィア国際映画祭サン・マルコ金獅子賞（グラン・プリ）受賞原作芥川龍之介「藪の中」よりが物語を構成している。脚本／橋本忍黒沢明監督／黒沢明撮影／宮川一夫音楽／早坂文雄主なる出演者京マチ子三船敏郎森雅之志村喬加東大介千秋実本間文子。映画で流れるボレロのリズムが海外で観賞する人々には快く響いたらしい。

道の駅おがちリーフ秋田県湯沢市小町の郷―「小町の郷」は、当地が平安の女流歌人、

小野小町生誕の地であることから名付けられました。建物も小町の旅姿である「市女笠」をモチーフにデザインされ、小町を愛する当地のシンボルになっております。また、豊かな自然と調和した日本初の道の駅「森の中の道の駅」をテーマにしています。下に小町の郷周辺の主な行事□2月上旬雪まつり□6月1日～□8月8日花火大会□8月20日芍薬まつり。□6月第2日曜日小町まつり。□9月21日院内銀山まつり。21日仮装盆踊り。

こまちろーどまっぷ／小町まつり6月第2日曜日とその前夜小町の愛した芍薬の花香る6月小町小町をしのんで行われます。七人の小町娘が和歌を朗読し小町堂に奉納する平安情緒あふれる優雅なまつりです。A3判二つ折りリーフレット開いて注意は、マップ地図北方向は左向きで通常と異なることだがマイカー運転は別に気にならないかもしれない。奥羽本線は右に院内駅がきて、横堀駅は左になり、役内川高松川上から下へ流れ雄物川と

合流する。国道13号線が図の中央を横断して国道108号線一部合さり右下由利本荘方面上は宮城方面と記され13は右山形方面左秋田方面が分かる。主役は道の駅おがち＝道路。

（白黒表示鉄道奥羽線は右左どこ行くのか）秋田種苗交換会はA4判ポスター。実る大地先人に学び農業の未来をひらく第139回豊かな食農こまちの里―目を引く写真小町娘若い女性は小町美人七湯ななとうA3リーフと同一のモデルだろうか？会場秋田県湯沢市平成28年10月29日（土）▽11月4日（金）7日間開催主催・・秋田県農業協同組合中央会と協賛・・秋田県種苗交換会湯沢市協賛会。右下方に写真5枚①湯沢の銘酒（一升瓶7本並ぶが現在4蔵）②りんご（丸笊に3個）③さくらんぼ（2④三関セリ⑤黒毛和牛。（裏面左は行事日程右に催事日程期間会場下部案内マップ）種苗交換会は秋田市会場で見学しているが何年だったのか覚えてない。県と農業先覚者石川理紀之助や森川源三郎等が協議を重ね、

第1回種子交換会を開いた苦労は並大抵では
なかったと推察する。石川翁の生涯概略年譜
1878年明治11年年齢34（数え年）二項目
腐米改良事業に取り組む。種苗交換会をはじ
める。イザベラ・バードの秋田と一致する。
イザベラ・バード「日本奥地紀行」秋田は
明治11年（西暦1878年）7月18日（木）〜
31日（水）の二週間だが、石川理紀之助はどう
過ごしていたか。それは日記を調べれば大凡
把握出来るけれども天気に目が向き交換会は
記憶の外にある。（秋田県立秋田図書館蔵）
「克己以前」私註川上富三著書を再読する。
はじめに○石川理紀之助翁の日記として、
前著「克己」の外に、とびとびではあるが、
慶応三年から明治十二年までの十冊が残って
いる。今回、これをまとめて「克己以前」と
して印刷した。○今回「克己以前」としてま
とめた十冊の日記は、すべて、石川家の文庫
の中にあるが、その大半は、私が遺著遺稿整
理の時にみつけたものである。収録の十冊を

表にしてみると次のようになる。番号8農業
要記（三ノ下）記録されている年明治十一年
七月から十一年十二月迄年令34その下備考欄
二項・腐米改良・交換会。明治十一年七月か
ら明治十一年十二月「業要日記」（三ノ下）
一表紙について省略。二内容について(1)省略
◎(2)七月三日は辞表提出、六日に「依頼職務
差免」となり、七日から二十五日まで在宅。
その間、支会を開き、県博覧会に出品するも
のについて協議、支会として総力をあげて、
参加することにする。(3)七月廿六日に、また
「第二課備、（日給二十五銭）」申付けられ
八月八日まで巡回調査。九月十六日博覧会審
査掛を命ぜられる。御用のある時に傭われる
というのだが何事にも中心になって仕事をし
ていかなければならない状態になっていく。
だが家のことも心配である。暇があると家に
帰る。朝一時出発八時庁着という内容の記事
がところどころに出てくる。(4)九月廿四日、
この日も午前一時出発八時出庁。二課の試験

事業（腐米改良）予算について協議。廿六日「勧業掛」被命。これから十一月廿一日まで県南三郡を中心に稲の刈取乾燥の指導―腐米改良の眼目になる仕事に、泊り込んでとりかかる。(5)十一月の末。同僚南克太郎と二人で八橋植物園内の建物を片付け、第一回の交換会を開き、十二月中旬に帰宅。直ちに辞表と思っているうちに「任秋田県八等属」の辞令この年は暮れる。(6)老農の話を聞き土地の状況をつぶさにみて記録。歌をよみ会を開く。

秋田県種苗交換会は第1回開催が明治11年11月29日（金）。以来継続開催は第139回を湯沢市で迎え、イザベラ・バード「日本奥地紀行」旅から2016年138年目と重なり明治11年が持つ事実一つ秋田県史に加わる。

百年以上も前の秋田県の動きは後世の人にとって分かり難い。その時代に立って物事を考えると言うは容易いが、それを可能にするのは確実な資料故人の日記等が出版され公立図書館の公開で、史実は間違いなく伝わる。

詩の国秋田美の国秋田を羽州街道沿い南から北へまた羽州浜街道と連絡する道を旅しながらイザベラ・バード旅を検証してみたい。

明治14年9月明治天皇巡幸があり、秋田県内矢立峠の明治新道、きみまち阪、院内銀山の御幸坑が羽州街道に関連は何となく分かる。

昭和天皇は名も無き山―我が青春の小畑学校―小畑伸一著平成14年6月発行週間秋田社に載っている。序―名も無き山（前半部分）

昭和四十四年八月二十五日から二十九日まで天皇皇后両陛下が秋田農業大博覧会にご臨席賜り県内をご視察されることになりました。小畑知事は、天皇陛下を隣県山形までお出迎えに出て、そこからはお召列車に陪席を許され、秋田駅までご案内を申し上げました。その途中、陛下は車窓の向こうに連なる山のひとつを指差して「知事。あの山は、何という山ですか」とお尋ねになったそうです。生憎小畑知事は、その山の名は知りません。しかし一瞬の戸惑いも見せず、小畑知事は恭しく

お答えしました。「陛下。あの山は名も無き山でございます」。陛下は山容に目をあずけたままで「あ、そう」とうなずかれました。

「天皇陛下は訪問された先の思い出を歌に詠まれるのを楽しみにしておられまた皇后陛下はその風景などを絵にお描きになる、ということを後で聞きました。あの時のお尋ねは、あるいはそのためだったのかもしれません。

まことに申し訳ないことをしてしまいましたが何しろ咄嗟のことで本当に参りました」―

後年、小畑知事が、親しい人達に打ち明けた昭和天皇とのエピソードです。―（後日談の

山名について、私は真昼岳と推測している。

奥羽本線各駅停車普通列車の旅は三関駅に下車したつもり湯沢市三関を語る。一里塚は

1沓掛一里塚2上院内一里塚3横堀一里塚を経て※4中泊一里塚秋田領内4番目江戸から116里所在湯沢市桑崎は高橋正作桑崎村を

想うが地図は雄勝峠上院内下院内横堀と進み小野その右に桑崎並び高松川が北西流れ東に

霊山東鳥海山を望む。一里塚記事要約中泊は旧小野村の中心地で国道の両側に家並みが続き中ほどに小野小学校がある。現況泉沢ロバス停付近に当たり、左右とも田んぼである。

精度Ａ。関係資料から(5)明治年間の「羽後国雄勝郡桑崎村字都町地引切画図」と「同桑崎村字街道西地引絵図」（―湯沢市役所雄勝支所蔵）の「都町95番」と「街道西80番」がそれぞれ「一里塚」と「一里塚」と記されている。（前者を「都町地引切絵図」と略し下に写真掲載）

5上関一里塚／所在右湯沢市下関字上川端左同現況上関バス停付近に当たり左が駐車場右は住宅地である。精度Ｅ。三関地区マップ見ると、湯沢横手道路（国道13号線）赤色と国道13号線黄色が併走地区を縦断している。

（例の如く鉄路存在は希薄で三関駅上湯沢駅表示あるが路線名行き先不明どうしたことか県内自明省略としても他人事は心配になる）

広報ゆざわ平成28年9月1日号（毎月1日・15日発行）14頁九月市長の便り（前略）高速

道路の整備、新幹線の延伸等、社会資本整備
に向けた運動も積極的に取り組んでまいりま
したが長期戦であり道半ばです。東京一極集
中の時代ですが、都会の暮らしも田舎の暮ら
しも一長一短です。もちろん、田舎の良い面
もたくさんあります。まずは自然の豊かさ、
四季折々の変化、食べ物の新鮮さ・おいしさ
住宅の広さ、職住近接等々、雪国のハンディ
はありますが良さもあります。（中略）近年
各地区の伝統行事を守り、支える苦労が増し
ております。地域の祭りや伝統行事は、それ
こそ参加と協働の地域づくりです。それぞれ
の地域力が問われてまいります。身近な暮ら
しや普段の生活を大切にし、支え合う気持ち
が欠かせません。地域の皆さんの「共助」の
精神を切に期待しております。上欄市長日誌
交際費報告載り7月5日山形新幹線大曲延伸
推進会議理事会総会、その他道路関連集会。
8月23日新聞旧雄勝町役場解体方針変えず
跡地は「住民からの要望」で駐車場にする。

16年五能線全線開通80周年と田沢湖線全線
開通50周年記念行事ポスターが秋田県内JR
各駅注目集めた。新聞全面広告北海道新幹線
―54年かけてひとつのことをやる。そうだ、
僕らは不屈だ。16年3月26日・本日開業青函
物語。フル規格の奥羽新幹線・羽越新幹線の
実現に向けて平成28年8月秋田県／新幹線は
地方創生の実現のためになくてはならない大
事なインフラです。ルートイメージ図にミニ
盛岡大曲記載なく新幹線県内二本は難しい。

三関は東に奥羽山脈西は郡境の山々が並び
南北に広く開けた地形になっている。地図の
左側は雄物川が南から北へ流れ地味は豊かで
野菜果樹栽培に適した土地柄と知る。動物は
カモシカ2リス2ウサギ1タヌキ1が描かれ
果物はリンゴ2サクランボ3の樹木で示す。
東鳥海山777mが東に在る。小学校二校
須川＋三関と南中学校が見える。郵便局二局
上関簡易＋三関は三関駅上湯沢駅正面に近く
地元住民の利便というか生活に密着を思う。

旧国道フルーツラインが図の中央を南北に通り三関地区の暮らしを結んできたと推測は歩いてみないと実際は分からない。図の裏面三関ふるさと自慢は三関大運動会—各地区のプラカード持つ人走る人応援する人の写真と三関大綱引き大会冬の行事に一汗かく地元人三関特産品は、さくらんぼ・りんご・せり。三関の文化財四①市指定有形文化財（彫刻）弥勒大仏像②同（考古資料）阿弥陀堂境内の板碑③関口ささら舞④天然記念物三関風穴。奥羽本線下り湯沢駅下車、湯沢市見どころMAP、A3判二つ折り資料見る。※図中の番号と裏面は対応しています。同国道と県道マーク表示説明。湯沢市内全域が大体分かり表面に湯沢市役所、湯沢市稲川庁舎、同皆瀬庁舎、同雄勝庁舎は平成合併を印象づける。（奥羽本線は線路名無く行先は国道と併記か南至山形県新庄市北至秋田市横手大曲方面）JR駅は南から院内・横堀・三関・上湯沢・湯沢・下湯沢・十文字7駅が載る。道の駅2

おがち・十文字国道13号線沿い営業。108号線は南方左右通る。国道398号線左には羽後町役場があり盆踊り会館は南西に表示。湯沢市果物赤色駒形りんご三関さくらんぼ雄物川左岸に沿う辺りさくらんぼ生産地かな裏面観光ガイド発行‥湯沢市観光・ジオパーク推進課☎0183−55−8180下欄※2016年5月に確認した情報をもとに掲載しております。観光は院内銀山跡・院内銀山異人館・小町堂・川連漆器伝統工芸館・小安峡大噴湯・河原毛地獄・世界ダリア園など。温泉は沢山ある。酒蔵は四①両関酒造②秋田銘醸（爛漫）③木村酒造（福小町）④秋田県醗酵工業（一滴千両）。酒資料(1)秋田県酒造協同組合2015年6月発行—県内38蔵元。(2)美酒王国秋田ガイドブック発行監修秋田県銘柄の過去12年の全国新酒鑑評会受賞記録は・秋田県酒造協同組合最新号巻末秋田県清酒鑑評会開催年（平成）16年～27年が載り16年金賞10蔵は高清水・北鹿・雪の茅舎・天寿・

春霞・刈穂・秀よし・まんさくの花・両関・爛漫。入賞7蔵銀鱗・福禄寿・飛良泉・八千代・阿櫻・天の戸・一滴千両。21年は湯沢の4蔵が☆金賞を受賞している。27年☆金賞12蔵◯入賞10蔵。資料は酒類総合研究所HP。ゆざわなびNaviいで湯の里/匠の里/小町の里/湯沢市観光ガイドブック―湯沢市産業振興部観光・ジオパーク推進課☎73―211（代）ホチキス止め29頁パンフレット20頁ゆざわ歳時記伝統のまつり①小町まつりいく度、いい旅が湯沢にはあります。18頁～小町が残した歌の世界に想いをはせる平安の歌人「小野小町」をしのび、市内から選ばれた七人の小町娘が小町の作った和歌を朗詠し奉納します。問湯沢市雄勝観光協会☎52―2200②前森公園さくらまつり自然の癒し憩いの空間。③七夕絵どうろうまつり夏の風物詩―秋田藩佐竹南家に京都からお輿入れになられたお嬢様の為に、五色の短冊に郷愁を託し、青竹に飾りつけたのが始まりといわれ

ています。浮世絵や美人画が描かれた大小数百の絵どうろうが夕やみの夜空をあでやかに彩ります。問湯沢市観光物産協会☎73―0415。文机に右顔を預ける江戸期美人画と絵に魅入る少女二人を右下黒切絵様に配した写真CGコンピューター・グラフィック処理横手写真館ポスター女性顔写真前後に納得④愛宕神社祭典大名行列⑤夏の夜空を彩る雄勝大花火大会役内川河川敷で花火が打ち上がり自然豊かな山あいの夜空を美しく染め観客を魅了します。豪雪地帯である湯沢市は雪を活用した祭りも行われます。日中は白銀のまぶしさの中、子どもたちの遊ぶ声が響きます。また夜はしんしんと降る雪の中ろうそくに明かりがともると幻想的な世界が広がります。どちらの時間も私たちをノスタルジックな気持ちにしてくれます。雪見露天風呂とともに心も温かくなる湯沢の雪祭りにぜひおいでください。⑥メルヘンの世界へと誘う―犬っこまつり（2月第2土曜日とその翌日）犬っこ

まつりは元和の昔より約400年もの長い間続いているといわれる湯沢地域の民俗行事。会場内に雪で作ったお堂と犬っこが立ち並び夜になりお堂のろうそくに灯がともると幻想的な雰囲気に包まれます。下に犬っこ神社。

ゆざわなびA3六折りはゆざわのゆっこ／ざいさん／わざ、ゆざわを観る／遊ぶ／食べるを、上下六区画に写真説明文で紹介する。ゆざわのわざ①川連漆器②曲木家具③ゆざわの酒6（右2は今ない）④湯沢凧⑤秋田仏壇⑥川連こけし。遊ぶは①酒蔵見学②川連漆器③沈金・蒔絵体験③稲庭うどん手づくり体験④そば打ち体験。食べる①稲庭うどん②三関さくらんぼ③がっこ（漬物）④三関せり⑤三梨牛・みなせ牛。（小安の地熱でおいしいもの）温泉①秋の宮温泉郷②泥湯温泉③小安峡温泉④奥小安・大湯温泉⑤湯ノ沢温泉⑥横堀温泉⑦ゆざわ温泉など。秋田湯沢雄勝湯めぐりガイドA3判二つ折り四面28浴場日帰り入浴料金300円～700円。（平成27年9月）

秋田・羽州街道の一里塚※6愛宕町一里塚秋田領内6番目江戸から118里。所在右湯沢市愛宕町1丁目1番左は同2丁目1番現況―ケヤキの巨木が、県道の左側に現存する。湯沢まちなか歴史資源マップ右下愛宕町の一里塚カラー写真が載り説明は羽州街道沿いの樹齢約400年の大ケヤキ。※7杉沢一里塚秋田領内7番目。所在右湯沢市杉沢字戸石崎左同杉沢字森道下現況杉沢十字路のやや北方に位置し、左右とも住宅地である。精度A。

湯沢まちなか探訪はガイド同行ゆっくり観光をお勧めする。湯沢駅周辺は駅舎の新生により連絡橋が東西を結び東商業地と西住宅地往来の自由度が増し鳥海山が良く見える。山々に降り積もる雪と雨は深い森の恵みとなり山麓の住民の生活を支えている。水が豊富な湯沢市は清水が湧き大堰に水が流れ四季を彩る行事に豊かさを実感する。（羽後町へ）

羽後町資料6。Iパンフ浪漫の郷羽後町＋リーフ西馬音内盆踊り＋西馬音内盆踊り会館

Ⅱ西馬音内盆踊り秋田県・羽後町発行／秋田県羽後町文化遺産活性化実行委員会平成24年お問い合わせ／羽後町企画商工課☎0183｜62｜2111。Ⅲ西馬音内まち歩き案内○制作・お問い合わせ＊羽後町観光物産協会2016年3月版。（＊☎55｜8635）Ⅳ盆踊りフェスティバル2016年10月9日会場羽後町総合体育館＋伝統芸能の祭典新・秋田の行事inおおだて2016年10／29 30会場大館樹海ドーム同時開催肉×博主催新・秋田の行事実行委員会、秋田県、大館市。Ⅴ風の盆と西馬音内盆踊り著者榎本いさお2010年8月初版イズミヤ出版横手市十文字町Ⅵまっちゅ羽後・西馬音内さんぽ14年8月。羽後町は秋田県13市9町3村の南部中央に在り、東に湯沢市横手市、西に由利本荘市。Ⅰ羽後町パンフレット一と改訂版二案内図Ⅱ西馬音内盆踊り地図Ⅲ西馬音内まち歩き案内リーフレットA3四折地図で、羽後町を少し展望する。Ⅲ羽後緑と踊りと雪の町に羽後町

全域が描かれている。Ⅱ踊り継いで七百年余二つの踊りが融合か／起源と沿革(1)正応年間（1288～93）蔵王権現（現在西馬音内御嶽神社）の境内で豊作祈願の踊り始まる。(2)関ヶ原合戦前後（1593～1601年）西馬音内城主・小野寺茂道一族は悲運が重なり滅亡。遺臣たちが供養の盆踊り始める。(3)天明年間（1781～88）盆踊りの場所が寶泉寺境内から本町通りに移る。送り盆の日から晴天5日間踊った。(4)昭和10年1935東京で開かれた「第9回全国郷土舞踊民謡大会」（日本青年館主催）に県の推薦で出場。(5)昭和20年終戦の混乱のため中止に。(6)昭和22年「西馬音内盆踊り保存会」結成。(7)昭和30年雄勝郡西部一町六カ村合併羽後町誕生。Ⅲ地図右JR湯沢駅今は国道398号線が湯沢市と羽後町を結ぶ。赤破線旧雄勝線軌道｜雄勝線は昭和3年から昭和48年まで羽後～湯沢間の輸送・交通機関として親しまれていました。当時活躍した木造電動客車デハ3が

復元され、保存されています。旧西馬音内駅破線〇は国道を湯沢から来て道なり信号右折右ローソン見て次の信号（セブンイレブン）手前T字路左入り間もなく右に在った。信号北は道の駅うご「端縫いの郷」が2016年7月OPEN。西馬音内中心街は同信号左角セブンイレブン左折西馬音内川二万石橋渡り十字路を左へ、西馬音内盆踊り会場の道路が郵便局まで続く本町に入って行く。西馬音内盆踊り会館・かがり火広場・朝市・郵便局は北側右に北都銀行秋田銀行が南側左にある。国道右側は羽後町役場羽後町活性化センター羽後町体育館道の駅うご端縫いの郷が並ぶ。

右上は佐藤信淵幕末経世学者（1769〜1850年）羽後町が生んだ先覚者〇鳥海山羽後町から見える鳥海山は自慢のできる風景です。天候に左右されますが、羽後の四季に欠かすことができない山です。〇茅葺き民家羽後町は茅葺き屋根古民家が秋田県内で最も多く残されている町として知られています。

その数は約70軒。鈴木家住宅のように重要文化財の指定を受けているものも含め、現在も生活の場となっているものがほとんどです。羽後町の茅葺き民家は、前方に突出したL字型となる「中門造り」が特徴で、この造りの茅葺き民家は東北から新潟にかけての日本海側や会津地方に広く分布しています。〇母屋寄棟造中門は切妻造とされています。〇鈴木家住宅鈴木家住宅は秋田県内で現存するものとして最も古い民家で1600年代後半の建築と推定され300年以上も経たものです。母屋柱蛤刃手斧仕上げ東北の民家として一、二を争う古さとされています。（見学有料）

〇ゆきとぴあ七曲―昭和61年から開催される雪国ならではのイベント馬そりにゆられ峠を越える花嫁道中がメインろうそくともしびに照らされた雪の回廊を行く情景は何ともいえず幻想的です。なんも大学発行秋田県／制作のんびり（合同）第1回開催1986年。平成29年32回目開催となる。道の駅うご七曲り峠

長谷山邸（1月最終土曜日）。○旧長谷山邸
田代地区（旧田代村）の地主であった長谷山
家の邸宅を平成10年に改修し総合的な交流の
場としての利用公開保存を行っています。旧
長谷山邸は地主屋敷の風格を保ち地域のシン
ボルとして親しまれている本格的な木造の歴
史的建造物で棟札から母屋明治15年土蔵は明
治35年建造されたことがわかっています。○
太平山○五輪坂アルカディア公園○あぐりこ
神社○三輪神社○仙道番楽○野中人形芝居。
━Ⅱ西馬音内盆踊り8月16日〜18日A４判３
枚リーフ表紙左優美夢幻の世界へ。本文祖霊
たちを送る盆の八月十六日。出羽の山並みに
日が沈むころ、羽後町西馬音内に寄せ太鼓の
囃子が鳴り響きます。やがて着飾った子ども
たちが篝火のたかれた本町通りで音頭の踊り
を披露し、三日間にわたる盆踊りが幕を開け
ます。およそ七百年前に始まったとされる西
馬音内盆踊り。昭和十年（一九三五）東京で
の初めての公演をきっかけにして形式が整え

られ、五十六年には高い芸術性を有する民俗
芸能として国の重要無形民俗文化財に指定さ
れました。伝統の技はしっかりと受け継がれ
磨き上げられ、新たな歴史を刻んでいます。
櫓の上で奏でられる勇壮な囃子と野趣に満ち
た歌声が佳境に入るにつれ踊りの輪も広がっ
ていきます。編み笠や彦三頭巾で顔を隠した
踊り上手たちが加わり、あでやかな端縫いや
藍染め衣装が篝火に浮かび上がります。明治
四十年（一九〇七）の滞在中、偶然目にした
俳人・河東碧梧桐は「初めて絵になる盆踊り
を見た」と記しています。しなやかな手振り
と足運びが織り成す魅惑の曲線美。豊かな実
りを願い、祖霊たちと一体となり、一心不乱
に踊り続けます。囃子方、踊り手、篝火が繰
り広げる夢幻の世界に観客は酔いしれます。
　見開き地図癒やしの里・羽後町／西馬音内
盆踊りを通して、県内、県外との交流の輪が
広がっています。特に富山県八尾町の「おわ
ら風の盆」との競演は、新たな観光客を呼び

込み西馬音内盆踊りの魅力を改めてアピールしています。また、首都圏などに嫁いだ人たちが講習会を開いて、踊りの輪を大きくしています。盆踊り期間に限らず羽後町の豊かな自然は訪れた人々の心を癒やしてくれます。雪の七曲峠を舞台に馬そりの嫁入り道中を再現する「ゆきとぴあ七曲」地元産牛肉が食べられる「うご牛まつり」などイベントのほか山あいの集落に足を延ばせばかやぶき民家が点在し郷愁を呼び覚ます光景が静かな佇いをみせています。写真かやぶき民家ゆきとぴあ七曲・西馬音内御嶽神社寶泉寺西蔵寺山門。3日間羽後町ぶらり旅（8月16日17日18日）観光客誘致へ魅力アップ踊りや衣装に独特の風情があり、幻想的な世界に浸ることができるとして西馬音内盆踊りは全国的に知られるようになりました。ここ十年は観光客の数もうなぎ上りで、三日間で羽後町の人口の八倍近い十五万人が訪れます。町では、一過性のイベントに終わらせないようにと、いつでも

盆踊りに触れられる場として、平成十七年に「西馬音内盆踊り会館」を建設するなど魅力アップを図っています。感動のシーンをもう一度西馬音内盆踊り会館。虫干しを兼ね衣装ずらり藍と端縫いまつり。本町周辺図盆踊り会場（全長約400m）交通規制18時～24時（盆踊り会場は14時～）雨天は、羽後町総合体育館と羽後町活性化センターで行います。篝火に映える踊り衣装篝火に映えるあでやかな衣装が踊りに彩りを添えます。編み笠や彦三頭巾で顔を隠しているからこそ身にまとう一つ一つに心を配り個性をどう出すか工夫を凝らすのです。〇彦三頭巾―黒い布をすっぽり被り前と後ろに垂らします。「目穴」を目の位置に合わせ頭巾を止める為に豆絞りの手拭いなどで鉢巻きをします。この頭巾を被った一団が踊りに加わると「亡者踊り」の雰囲気が漂います。〇編み笠―よく乾燥させたイグサで作る半月形の笠。前後に大きな反りが入っているのが特徴で前と後ろを赤いひも

で結びます。笠の左右にくくり縫いされた赤いあごひもと白い肌のコントラストが際立ちます。〇藍染め浴衣—多くは手絞りの藍染めです。かつて町家の女性たちが自分なり柄を考え作りました。最も古いのは百数十年たつといわれています。腰からさげた赤い「しごき」が踊りの動きにつれて揺れ乱舞します。〇端縫い衣装かつて「接(は)ぎ衣装」と言われ大小の絹布の端切れを配色や配置に工夫しながら接ぎ合わせ作られました。一定のルールがあり袖口や裾などには同じ柄の布を使い布の配置は左右対称とします。百年を経たものもあり、女性たちの美への変わることのない情熱が感じられます。〇履物白足袋に紅白の緒のついた草履を履きます。わら草履だった時代は鼻緒が切れたり擦り切れたりしてがあったので予備のものを腰にはさみこんでいました。現在は裏にゴムを張ったものがあるので二年は踊り続けても大丈夫だそうです。〇踊り手と息がピッタリ囃子方の陣容盆踊り

会館二階の露台にせり出して作られる櫓の上で演奏します。楽器は笛大太鼓小太鼓三味線鼓、鉦を使います。この奏者のほかに地口や甚句の歌い手が加わります。演奏は寄せ太鼓に始まり、寄せ太鼓で終わります。囃子方と踊り手の息がピッタリ合うと、盆踊りの雰囲気が一層盛り上がりを見せます。/盆踊り夜余話・・①彦三頭巾の楽しみ—黒い布をかぶっているから息苦しいだろうとよく言われるけれど鉢巻が汗止めの役目を果たしてくれるから、はたから見るほどではないですよ。目穴から観客の様子を観察する楽しみがあります。余話・・②草履が物語る踊りの癖—会場の道路に砂がまかれます。雪の坂道の砂は滑り止め用ですが、こちらは回転するときの足の滑りをスムーズにする為のもの。草履の裏は踊り手の癖を物語っています。力が入っている方ほど薄くなるのです。余話・・③大人の時間の地口は意味深—夜の10時を過ぎるころになると囃子方の地口も調子が乗っ

てきて伏せ字にしなければ書けないものもあります。秋田弁丸出しで意味が分かるかな？

Ⅲこのリーフは折り畳んだ表が盆踊り舞い踊る女性の後ろ姿と裏は彦三頭巾姿の踊り手写真を上半分に載せて表の下半分は黒い地で裏面は渋い赤色の地が西馬音内盆踊りの町を表現する様に思われる。A3判用紙29・7㎝×42㎝四つ折り縦長を上下に分け表写真右下白文字西馬音内その下黒地小さく白まち歩き赤○挟み案内―左縁は裏の赤同色英字大きくNISIMONAI。裏面は右縁に白の英字で大きくAKITA UGO。赤地間小さく白秋田美人の里。左は白の小さな文字制作・お問い合せ羽後町観光物産協会編集・デザイン支援／(合)高橋デザイン事務所2016年3月版左隅明記。

○西馬音内盆踊り（国重要無形民俗文化財）西馬音内盆踊りの起源・沿革については記録されたものが全くないためすべて言い伝えによるものです。―天明年間現在の本町通りに移り、現在まで継承されてきたものと伝えられています。○西馬音内盆踊り会館「西馬音内盆踊り」の活動拠点・観光交流拠点として完成。館内には盆踊りの様子を人形で再現したものや、古い踊り衣装・キルト・藍染めの大型壁掛け押絵などを展示、交流ホールでは200インチ大型スクリーンで盆踊り映像が鑑賞できます。西馬音内盆踊り定期公演毎月第2土曜日午後2時～(有料)休館日：毎週月曜日（祝日の場合翌日）年末年始入館料無料。

○藍と端縫いまつり西馬音内盆踊りと踊り衣装にちなんだ歴史と文化そして藍と端縫いの魅力を発見してもらうためのイベントです。踊り衣装を持つ家々が藍染めや端縫い衣装を展示し町が一つの美術館のようになります。開催日毎年8月第1日曜日。○西馬音内朝市約300年の伝統を持ち、地域の台所としてまた交流の場として親しまれています。毎月二・五・八のつく日に開かれ、新鮮な野菜、果物、海鮮物をはじめ、衣料・日用品などを商う数多くの出店で賑わいます。開催日毎月

2・5・8のつく日。○定住体験住宅羽後町への定住を検討している方を対象に、お試し暮らし体験をしていただくための施設です。○羽後町、西馬音内とは、現在の西馬音内中心部は江戸時代には西馬音内前郷村と呼ばれていた場所で、西馬音内川に沿った上流に西馬音内堀廻村がありました。堀廻村にはこの一帯を江戸時代直前まで支配していた小野寺氏の居城である西馬音内城がありました。西馬音内の由来はアイヌ語であるらしいですが多くの説があり定説はありません。アイヌ語のニシ〔断崖〕の下のモ〔小さな〕ナイ〔流れ〕に由来すると言われ渓谷が開ける地形扇状地の様な地形をさす言葉でありそうです。

I 西馬音内盆踊りA4三つ折り表面母から子へまたその子へと受け継がれてきたという昔を物語る端縫の衣装をまとい鳴り響くお囃子の音色を聞きながら女たちはどのような思いを胸に夏の夜を舞うのだろう。裏面踊り継ぐ七百年の歴史。豊年祈願や盆供養のために始められたという伝統行事。亡者を思わせる彦三頭巾。編み笠を深くかぶり美しい端縫い衣装を身にまとい、女たちが優雅に夏の夜を舞う・・・それと対照的に賑やかに鳴り響く囃子の音が幻想的な世界を映しだしている。○囃子について○○ひこさ頭巾○端縫い衣装○踊りについて&○踊りの起源○伝統を守る。

I 西馬音内盆踊り会館（町立図書館併設）月は更けゆく/踊りは冴える/雲井はるかに/雁の声。交通の案内□バス湯沢駅から25分/お車・湯沢ICから約15分・横手同約30分・大曲同約40分・秋田空港から約1時間。会館概要―会館は「西馬音内盆踊り」の活動拠点町の観光交流拠点として平成17年8月完成。盆踊りは毎年8月16日〜18日3日間、夕暮れから深夜にかけ一晩1000人超す踊り手が繰り出し優雅美しい盆踊りが展開されます。端縫はぬいリーフレットA4判2枚横5折表端縫はぬい裏藍あい羽後町観光物産協会。○藍と端縫まつりに展示された作品を中心に

配置しました。端縫い衣装は全国各地で用いられたが、この地方の端縫いは綿を入れたものが多く見られ、防寒の中着に使用されたと思われる。布を接ぎ合わせる事から接ぎ衣装とも呼ばれており、百年を越す絹布を使用した衣装も少なくないことから、絹布に対する大切な気持ちが小さな端布に表れている。これを盆踊りの衣装として着目し最初に用いた西馬音内の踊り手に感謝したい。端縫い、ゆかた共ほんの一部の紹介しかできませんが、本番の踊りと同様衣装の素晴しさもお楽しみ下さい。（写真・提供まちなみ推進協議会）

○藍江戸後期平鹿浅舞地方で発達した上絞りの技と藍染めの術。中でも絵羽（えば）に柄付け構成された浴衣は盛んであった西馬音内盆踊りの為に特別注文されたと考えられる。江戸末期製作された数点も配置しその絞りの技術と洗練されたデザインが踊りを更に美しく映している。又型染めの踊り浴衣も意匠が面白い。（表紙は西馬音内在住、縄野三女氏の作品）

ⅣA盆踊りフェスティバル主催羽後町B新
・秋田の行事主催実行委員会
A 10月9日（日）羽後町総合体育館第一部10時～第二部13時30分～共通(1)西馬音内盆踊り(2)阿波踊り徳島市(3)郡上おどり郡上市(4)おわら風の盆富山市。B 10月29日（土）30日（日）会場大館樹海ドーム出演初日8団体二日目11団体西馬音内の盆踊（羽後町）初日1回8番目。
Ⅴ風の盆と西馬音内盆踊
米倉兌。榎本いさお34年生まれ。くまたか忌藤原審爾文学碑事務局長。著書旅籠屋の宿帳雲湧く街など。目次○端縫い衣装と彦三頭巾盆踊りの原風景―1907（明治40）年8月8日盛夏雷鳴の夕立の中で西馬音内に入った河東碧梧桐は34歳。西馬音内盆踊りの最初の記録者は碧梧桐でその紀行文三千里による対川荘（注記2016年カフェ櫻山（オウザン）13泊。―さて端縫いで96年前の旧盆のことになる。永年に互って不明だったがかつての町長柴田政蔵夫人サト（18最初に踊った人である。

94─1959）であったことが分かった。

サトは1935昭和10年4月越中おわら風の盆も参加した全国郷土舞踊民謡大会で西馬音内盆踊りを演出してその名を知らしめた功労者である。日本一の折り紙がつき、サトは端縫いを持ち出し誇らしく演技していたのかもしれない。ことし85歳で逝った子息柴田二郎氏は晩年、語った。「母が突然ああいうものを踊りだしたので、若いころの私は恥ずかしかった」。いまは端切れ衣装が多く文楽の人形遣いさながらに顔を隠してしまう彦三頭巾と藍染め衣装が少ない。晩闇に包まれた朧気な絵に似て彦三頭巾が逆に引き立つ様になった。盆が近づいた。サトさんは「それは困った」と嘆いているかもしれない。○風の盆と西馬音内盆踊り羽後町で競演─今年町制施行50周年を迎えた。記念行事の一つとして「よ市」に「越中おわら風の盆」が来る。─

西馬音内盆踊り保存会が石川県白峰村の遊月山荘を拠点にしている白山麓僻村塾（財法）に

招かれ行ったことがあった。九年前。理事長で「風の盆恋歌」の直木賞作家・高橋治氏は開演に先立ち「おわらは西馬音内を意識し、西馬音内はおわらを気にする」と挨拶した。三味線と越中おわらの唄異国情緒と不思議な懐かしさが混じり合った胡弓の音色。十五年前から現地八尾町の本番「風の盆」町流しに四度通った私に言わしめれば「風の盆を観ずして西馬音内盆踊りを語らず」となる。今月26日「よ市」に選り抜かれた「一座の芸」をもちこんで「風の盆」胡弓三味線「西馬音内盆踊り」は八尾町現地本番さながら西馬音内メーンストリートで「町流し」を披露する。「風の盆」大太鼓笛が、闇を切り裂いて秀麗鳥海山に、届けとばかり冴え響く日は近い。

五輪坂自然公園文学碑「草も木も鳥も魚も／人もけものも虫けらも／もとは一つなり／みな地球の子」命名熊鷹・青空の美しき狩人建立除幕式86年10月5日武田宇市郎「最後の鷹匠」と左に藤原審爾娘女優藤真利子さん。

─ 98 ─

まっちゅ羽後西馬音内さんぽ／でかけよう湯沢雄勝の夏祭り／踊りが誘う真夏の町歩き日本三大盆踊りの町が見せる魅力に触れる／白いうなじに光る汗。だらりの帯が揺れ砂をかむ草履の音。着物の裾をさばく白足袋と、袂から伸びるしなやかな指が、踊りに格調と艶を添える。静かな町に赤々と燃える篝火が真夏の宵を艶やかに彩る季節がやってきた。

横手市へ行き一里塚の探索は、本を読んで一部は簡略とする。

※8十文字一里塚―江戸から120里。所在横手市十文字町現況国道342号との交差点付近で左右共商工業地である。精度Ｃ。

※9大橋一里塚―所在横手市平鹿町醍醐。現況は大橋十字路付近に当たり左右とも住宅地である。精度Ｂ。

※10美砂古一里塚―所在は横手市大屋新町現況は美砂古十字路付近に当たり左右とも住宅地である。精度Ｂ。略図を見ると一里塚跡8は十文字駅付近で9は醍醐駅の付近と一里塚跡10は柳田駅の付近になる。

※11鍛冶町一里塚跡は略図横手駅東方江戸から123里。所在は横手市鍛冶町現況鍛冶町通りに位置し、左が住宅地右は金比羅神社である。精度Ａ。

※12野中入口一里塚―所在横手市杉沢現況「一里塚」の碑が国道の右側に立っている。

13金沢中野一里塚所在横手市金沢中野現況一里塚石碑近く横手高。地区の中程に位置し左右共住宅地。精度Ａ。ここは国道13号線沿いに後三年の役金沢資料館が右手（東）に道の駅雁の里せんなんが左手（西）は、院内秋田間自転車で通り知っている。一里塚跡は資料館手前三叉路を右に入り金沢公園から金沢柵跡へ行く道を右に見送りその先になる。一里塚跡標柱は金沢地区の「歴史文化の里づくりをすすめる会」が設置している。

横手市を少し調べて合併履歴を閲覧する。（14野荒町一里塚後述）

2005年10月1日横手市・増田町・平鹿町・雄物川町・大森町・十文字町・山内村・大雄村1市5町2村合併横手市誕生。隣接する市町村は南方に東成瀬村湯沢市羽後町、西は

由利本荘市北方に美郷町大仙市。県民手帳は
通常版2016あきた県民手帳平成28年秋田
県の主要データがすぐわかる観光情報・秋田
の日本一・防災・県民相談窓口・ふるさとの
行事を掲載／秋田県企画振興部調査統計課編
定価500円（税込）秋田県市町村区画図と
秋田県観光マップを見て資料編主要統計｜横
手市①世帯数3万1972世帯。②人口9万
3111人。③人口密度134．4人／km²
④小学校19児童数4214人。⑤中学校8生
徒数2393人。⑥病院診療所数87。⑦交通
事故発生件数199件・死傷者数250人。
⑧火災出火件数37件・損害額1億3327万
5千円。　（①②③平25年10月1日・④⑤平27
年5月1日・⑥平25年10月1日・⑦平26年・
⑧平25年）。　横手市は秋田市に次ぐ秋田県第
2の人口を擁して面積は9番目人口密度は4
番目。横手は奥羽本線で北は秋田青森と南は
新庄福島と通じ大曲乗換秋田新幹線利用東京
に出ることが出来るし北上線（旧横黒線）が

東北本線北上を結ぶ。車の人は各人に選択肢
があると思うが私は免許証なし分からない。
鉄道については多少知見があり奥羽本線は
秋田大曲間の鉄路に関連し一つ記してみる。
秋田駅始発奥羽本線上り普通列車新庄駅行き
乗車大曲・横手・湯沢・院内を経て山形県に
入り真室川新庄へ向かう。天気は問わないが
強風大雨などによるJR東日本運転見合わせ
中止は避けたい。秋田新幹線の開業に伴って
鉄路は「ミニ新幹線方式」軌間1435mmと
在来線軌間1067mmの線路が、秋田大曲間
上りで言えば左は秋田新幹線右は奥羽本線が
並び、走行している。途中一区間秋田駅から
五つ目峰吉川駅を出て直ぐ新幹線は右へ分岐
奥羽本線と重なりその外側に一方のレールを
置き軌間を保持する。区間は刈和野駅を通り
過ぎて神宮寺駅を通り少し先で左へ分岐元に
戻るまで約13km新幹線は上下線通行併用可能
となる。臨時停車出来る二駅のホームに立ち
確認はしないけれども、新幹線運行を支える

配慮は当然のことで或る日鉄路に何とはなく目を遣り気が付いた。そういうことあり各駅停車普通列車旅は鉄路を時々観察している。

藤原優太郎◇羽州街道の一里塚をゆく、佐藤晃之輔□秋田・羽州街道の一里塚を再読する。（◇藤原□佐藤）◇佐竹南家の湯沢―南家は所預（城代）として雄勝地方を支配した。□杉沢一里塚跡から国道13号を北進。岩崎地区から分岐して旧国道を進むと皆瀬川に架かる岩崎橋がある。雄勝郡（現湯沢市）と平鹿郡（現横手市）の境界であり、川を越えると十文字地区になる。藩政期は橋の200m程下流に岩崎の渡し場があり、古内集落へと進んだ。◇岩崎は皆瀬川の渡船場となり湯沢と横手の双方から御船奉行と給人が配置される程交通の要所となっていた。◇仙北平野と六郷―藩政期の杉沢村と金沢中野村は現在どちらも横手市に属するが、藩政期は平鹿と仙北の郡境で、三貫堰の近くにある二ツ石がその目印となっていた。金沢中野の西側一帯は、源義家

が立馬郊で西沼から雁が飛び立つのを見て伏兵を知ったという有名な逸話のある後三年の役の古戦場である。根小屋まで進み厨川を渡った一里塚跡から金沢本町に入る。（参考）道路地図と照らし合わせて見て行くと、湯沢横手六郷間は、西を流れる雄物川に注ぐ支流皆瀬川と北に横手川厨川がある。イザベラ・バード（横手～六郷）雄物川は最近の出水で土手を崩し橋を流していたので、二隻の危っかしい渡し舟で横切った。雄物川を渡るは―本流雄物川ではなく合流する羽州街道沿いの横手川と厨川を渡し舟で横切ったと推測され後半の切石～小繋米代川とは趣を異にする。

奥羽本線上りは大曲・飯詰・後三年・横手・柳田・醍醐・十文字・下湯沢・湯沢停車。藤原清衡とはＡ４パンフレット下部に横手市美郷町が左右並ぶ。後三年合戦・雁行の乱れがあったとされる平安の風わたる公園雁行の乱れ後三年合戦ではいろいろな武勇伝が語り継がれています。有名な逸話として「雁の乱

れ」（飛雁に伏兵を知る）の話があります。源義家の大軍は金沢柵を目の前にして前年の敗北を喫した無念を晴らそうと攻撃の命令を待っていました。空には雁が正しく列をなして飛び交っていました。そのとき雁は何かに驚いたのか突然に列を乱し四方に飛び散ったのです。遠くからこの雁の動きを見ていた義家はすぐさま家来を呼び集め周辺の草むらを捜索させたところ、案の定敵兵三十騎余りの兵が隠れているのを見つけ出し、射止めたのです。秀衡街道（かつて平泉へ黄金を運んだ古道）秀衡街道のコースは秀衡街道研究会編ガイドブックで分かる。秀衡街道は美郷町と境を接した横手市の北部金沢柵と平泉を結ぶラインで北上線和賀仙人東方から直角に左折南下し西へ向かう。途中に、湯の平温泉・相野々温泉・巣郷温泉・湯川温泉・水神温泉・金ヶ崎温泉・水岡温泉・国見平温泉と温泉あり研究会確かめ中尊寺ハス筏の大杉見学温泉巡りは無理だろうか。紙面表—清衡・真衡・

家衡の兄弟３人が過酷な戦いを繰り広げた後三年合戦—後三年合戦に勝ち残った清衡は自らの姓を藤原に戻し奥州藤原氏の黄金時代の基礎を築いた。平泉文化の基となった後三年合戦（説明は略）現在横手から平泉に行く時車利用の人は秋田自動車道利用北上Ｊｃｔ東北自動車道の平泉前沢インター降り平泉ではないか、以前秋田仙台高速バスは錦秋湖ＳＡトイレ休憩を記憶している。私はＪＲ北上線乗車温和しく北上乗換東北本線各駅列車平泉になる。その差は如何とも為し難いが、已む無いと考え青春18きっぷ1回分利用で行く。奥羽本線下りの各駅は湯沢を出て下湯沢・十文字・醍醐・柳田・横手。十文字が最初に来るので十文字町の資料に目を通してみると何が見えるだろうか。同様に、増田町へ行く。十文字ラーメンそう思い出した或る日妻と十文字駅に降りラーメンを食べた。駅のトイレは温水ウォシュレット知り感心している。学習する。今、直売がアツイ！まめでらが～

（道の駅十文字を記す前文は）まめでらが！

元気な西和賀どっとこむ2016年春—西和賀の春を貴方に伝えたいと思ったときどうしても「雪」を説明しないといけない。西和賀で雪は文字通り、しんしんと積もる。勿論吹雪の時はゴーゴーと音を立てるけど、そうでないときはそれは、本当に「しんしん」と積もる。そして、雪は「音」を消してしまう。音として認識するための振動を雪の結晶が吸収してしまうんだって。西和賀の冬は音もなく一面に白い雪。とても美しい光景だった。

西和賀は「冬から始まっている」という所以はここから来ている気がする。その雪がだんだん減って、だんだんまた遠くが見えるようになってきて、あんなに冬が大変だったことを少しずつ忘れていく。そしてね少しずつ動き出していく。空気も光も音も。目に見えるものも。私たちの生活も。顔に当たる暖かい日差しと風、玄関の雪かきをしなくても外に出れる日、家の雪囲いを外す作業、時期が遅

いタイヤ交換、洗濯物が外でなびく様子モノクロの世界から少しずつ色づいていく風景、雪の間から見えてくる土の色その土から顔を出す緑の芽吹き、連休になってようやく咲き出す桜、その桜の下で行われる運動会・・・

みんな其々に寒い時期から動く準備をじわじわ始めていて、うずうずしていて、そして、見計らったように顔を出し合う。あの人が出たぞ、私も出てみよう〜と自然も物も人も、息を合わせたように次々と動き出す。だっておかしくない？「春になる」っていうのは、暖かくなるだけの気象現象のはず。でもそれを合図に、みんな動きだし、久し振りの再会を楽しんでるようにも見える。私もここで春を楽しんでるよ。まめでらが？貴方はどう？

まめでらが？発行—西和賀ネットワーク。製作エビラキポスト。発行日2016年3月31日。さ、これからどうする？次はどこ行く？

岩手県合併履歴2005年11月1日湯田町・沢内村合併西和賀町誕生。（では十文字町ふ

— 103 —

れあい直売十文字）平成19年9月、十文字地域の中心部、国道13号線沿いにオープンした道の駅十文字。この駅内にある、「ふれあい直売十文字」が昨年売り上げ4億4千万円を達成。休日の駐車場は大型バスやマイカーで満杯になるほど、今や県内外から多くのお客様が訪れ、横手の「食と農」を満喫できる人気スポットとなっている。道の駅十文字を運営する、㈱十文字リーディングカンパニーの担当係長の談話／会員の努力のおかげ—道の駅十文字がグランドオープンしたのが、平成19年9月でした。でもその前の5月3日に直売所だけ先行オープンしたんです。開店前で大変だったですが最初の頃はお客様が全然こなくて。それから2ヶ月後、ようやくテナントの準備も整い振興施設として仮オープンしました。道の駅十文字全体の取り組みに対して注目を浴び、徐々に人が集まるようになり、直販所の売り上げ増加につながっていきました。正直ほっとしました。うちは

基本的に宣伝はほとんど出していません。社長の方針として、口コミを重視しています。良い品を取りそろえ上手な取り組みをしていけばメディアにも取り上げていただけるし、それがさらに口コミを生み出してくれます。そしてオープンから3年目地道な取り組みが実り、ついに売り上げ3億円を突破することができました。大台突破の要因をうかがうと「会員さんたちの努力ですね」と一言。今では野菜や果物、惣菜、漬け物などを卸している会員も設立当初の2倍に増えた。最初の冬期間は、本当に売るものがありませんでした。農家さんに「何とかならねすべが？」と聞いて回りました。やはり、商品がないとお客様は来てくれません。足りない部分は新規会員を増やし既存の会員にも努力いただいて徐々に売るものが増えていった感じです。道の駅十文字は国道13号線沿いにあり、好立地にあることも売り上げが伸びてきた要因の一つです。国道沿いで交通量が

今回は横手北上（岩手県）間を走る北上線へ山深い山内の地に、ひっそり佇む相野々駅。かつての駅舎に想いを馳せて・・・。紙面の左上に北上線北上横手間17駅が横一線並ぶ。《相野々駅》秋田県横手市山内土渕字中島。開業日：19

《北上線》路線総延長61.1km
20年（大正9年）10月10日。図1989年（平成元年）当時の相野々駅舎高校生4名。その左に、北上線経由で仙台～秋田間を走っていた特急「あおば」と北上線を走っていたディーゼルカー。（現在同様に非電化路線）

奥羽の山並みを越え横手と岩手県北上を結ぶ北上線は、雪深い山間を走る自然厳しい路線である。湯田ダムの人造湖「錦秋湖」を通り春は新緑、秋は紅葉など自然が織りなす絶景を楽しめることでも知られている。大正9年に横手から、その翌年に黒沢尻（現・北上）から、それぞれ延伸し、大正13年に全通。当時は横黒線として親しまれていた。（昭和41年に北上線と改称）。かつては急行『きたか

多いというのもありますが、それだけがこの場所の良さではありません。この辺りの農家さん、いろんなものを作っている方が多くいらっしゃるんです。野菜果物花の栽培などが盛んで、その真ん中にうちがあります。丹精込めた鮮度、品質抜群の産品が集まってくれるというのが、好立地といえる最たる所以です。こうして旬と発見の宝庫ともいえる売場が訪れる人を魅了し続けています。左の写真は約260名の会員を束ねる会長さん。後光さすイラスト入りの女性会長の言葉―会員さんの頑張りで朝から夕方まで商品を切らさず販売しています。野菜や果物など新しい品種にもチャレンジし、さらに充実した品ぞろえと新鮮さに磨きをかけていきたいと思います。よこてfun通信横手をもっと身近にもっと楽しむ交流情報紙2016年3月3巻6頁は駅ものがたり～北上線編～駅にまつわるあの日、あの場所、あの時間。そこには一人ひとり違う『ものがたり』が存在します。

み』や特急『あおば』といった列車が秋田・仙台間を結ぶ重要な路線であった。現在では普通列車のみがワンマン運行されており地域住民の足として活躍している。（鉄道歴史）

横手を発車した列車は横手市大沢地区のぶどう畑を横目に見ながら進み、横手から数えて2駅目の相野々駅に到着する。現駅舎は平成8年にカラオケや食事が楽しめるコミュニティー施設「ポッポあいのの」を併設した駅舎に改築された。遮断機の無い構内踏み切りを渡って行くと、ホームには昔日の面影が色濃く残る木造の待合所が今も立つ。その昔、この待合所でどんな人が列車の到着を待ったのだろうか？通勤通学、出稼ぎに行く人。春には、期待と不安を胸に抱き上京する若者もいただろう。（昭和30年代少しは覚えている）秋田新幹線、秋田道の開通で利用客はめっきり少なくなったが、今でも地元の貴重な足には違いない。ベンチに腰かけ、列車を待つおばあちゃんが二人。「おめ、どごさえぐどご

だ？」「医者さえぐどごだ」。静かな山あいに響く、ディーゼルエンジンの音。ギャリギャリギャリ、グルルォーン。そして列車が去った後、再び訪れる静寂。一方で、にぎやかな笑い声が弾け、憩いの場として地域の方々の暮らしに寄り添っている。カラオケルームで演歌を熱唱し、喫茶で時間を忘れて井戸端会議。時代が移り駅舎の姿は変わっても、ここは笑顔が生まれる場所として地域のよりどころとなっている。―なんじが来てけれぇ！

平成28年3月▽5月首都圏で開催される横手関連イベントの情報①秋田県南地域春の芽吹き市②がんばろう東北は東北物産展松坂屋の上野店③上野発！がんばろう東北！は東北応援キャンペーン横手やきそば食べに来てぇ。

羽州街道をゆく藤原優太郎2002年発行

平鹿の羽州街道「右ハます田、左ハあさ舞」歴史の十字路―羽州街道と増田道浅舞道が東西から交錯する文字通りの十文字に達する。今は繁華な市街地である十文字町の中心であ

るが菅江真澄が訪れた時は「もとは十五野という広野の中の十字街道で人はもっぱら増田十文字という」と『雪の出羽路』に書いている。人家もない広野は吹雪で迷ったり狐にだまされる人もいたので文化8年（1811）増田通覚寺の天瑞和尚が十字路に道標の猩々碑を建てたという。その碑には「左ハ湯沢／右よこて／うしろハます田／まへハあさ舞」の道標が刻まれていた。このころ増田は小安街道から花山越えを通じて仙台藩との物資の交流が盛んで問屋が発達していた。50頁写真二枚①ヤナギやトチノキの巨樹が茂る石川原（十文字町）の旧道②十文字町の幸福会館に展示保存されている猩々碑しょうじひ。

十文字町増田町間の往来が良くのみこめず2014年3月発行秋田県の道路地図を見て多少は分かったので次へ進む。街道の交差点菅江真澄の頃は寂しげな狐が出る十字路かは天瑞和尚が猩々碑建立と時を同じくする史実で分かるかもしれない。―真澄略年譜（20

07年菊池勇夫）／1811年文化八年真澄数え58歳。0五月一二日小泉村奈良某の家で茂木、那珂通博、広瀬有利らと会合0七月初め寺内鎌田正家の家に滞在。この頃久保田に出て藩主佐竹義和より仙北筋の巡遊を許される。翌年記録0七月一六日那珂通博に太平山の月見に誘われ正家および土崎の岩谷貞雅とともに寺内を出立0一九月二七日荒屋敷村を出発しその後太平山など景勝地を写生して歩く。真澄1829年76歳死去。（羽後町出身佐藤信淵数え82歳世を去り晩年は不遇だったとも伝えられる）真澄1801年享和元年から29年間秋田で生活して、秋田の自然&暮らしを文と絵図表現。第六章五肖像画と死―角館に近き梅沢村にありてやみつきて、角館の神明宮の神官某の宅に終るとも云ひ、又梅沢村に終るともいふと、死亡地に二説あったことが記されている。「身まかりて駕籠にて同じ村の犬戻正宅（正家）が方に送来しかば、

— 107 —

しといふ辺りなる正宅が家の墓どころに葬りて、今も鎌田の家にて盂蘭盆に幣帛酬るよし也」とある様に真澄を埋葬したのは寺内村古四王神社摂社田村社祠官鎌田正家であった。

菅江真澄の墓地は国史跡秋田城跡（出羽柵）近くの高台（秋田市寺内大小路）寺内村共同墓地にあり、昭和37年1962年に秋田市の指定史跡に指定された。私は春の桜が咲く頃に、また夏の暑さの中に、秋の紅葉の折に、冬は長靴を履き徒歩訪れ何とはなし暫く佇み真澄と真澄を敬い墓参した若き石川（奈良）理紀之助を想っていた。真澄と佐竹義和とは面識があり、義和の公認が正式に得られれば久保田城下は公人として切り捨ての恐怖は遠のきある程度の自由な往来は可能だったが、義和公の死去で適わなかったという。真澄は仙北で亡くなり駕籠で寺内に搬送され寺内の墓地に友人達が埋葬した。独り寂しく死んだのでは無くその場面は連想になるが、岩手県盛岡市石川啄木臨終シーン妻節子と友人若山

牧水が看取ったのを後日知り、救いがあると思う。十文字十字路に戻り奥羽本線の踏切を見て右は湯沢・左は横手・後ろは浅舞・前方増田になる。猩々碑の複製が十文字十字路にあるか確かめてはいないが206年前の文化8年にタイムスリップするのは自由である。そのまま増田へ徒歩は無理なので作戦タイムを取り、またの機会にして、増田訪問の方がいいかもしれない。平鹿町浅舞は県道117号線野崎十文字線を北北西に取り、浅舞北へ野崎・角間川・大曲に通じている。（増田に行く）増田の道は各所と連絡して蔵の町は健在のようにみえる。未だ訪問なく町の雰囲気はさておき観光地飲食店値段が高いかどうか関心は持っている。角館の体験、比内地鶏の親子丼1575円はないだろうね。注文して運ばれてきたのを見てキャンセルは難しい。角館増田の観光地化が進む地域の話とは別に農業の未来オーストリアの村で思った（2016年8月野添憲治）語る、ヨーロッパ民宿

－ 108 －

一つ紹介する。「いくらもうけるか」を第一に考える日本の農家民宿と違い、楽しんで働くのが第一だった。同時に、「利」は一番後に付いていくのだということを、この村に滞在して知った。できるようでなかなかできないことだがと結ぶ。民宿の仕組み内容はどうなっているか不明だが、対応方は全てに共通すると考えている。お客様が第一と異口同音に唱えるけれども、果たしてそうなのかと、余裕あるなしは後のこと心が一に違いない。

増田の街並み案内所「ほたる」。ここで、ほたるは何か思い出した。蛍町と呼ばれし町ユニークなリーフレットは横長10折り表紙に4穴、蛍・町・呼・町の4漢字に空く小さな穴は、折り畳んだ次の見開き右こぼれた橙色顔料○対応、蛍の光を灯しているのだった。横手駅1階の観光案内所パンフレット類見て持ち帰った中に、一つ気になるリーフあり、そのままにしていたが、今日灯りが点った。蛍町（橙色）と呼ばれた町・秋田県横手市

増田。（紙面大きさは横83cm×縦19cmを10折した縦19cm×横8．3cm。表面左端説明文）「明治中期の頃まで、世人増田を呼んで蛍町（橙色）といえり。これ増田は資産内容すこぶる富裕にして資産を人に誇るよりも、むしろこれを隠秘に付する傾向ありて、家の建築などでも、店、表向きをなるべく質素にし、ひそかに裏向きの方を美しく飾るの風ありしより起れる名なり。・・・（以下略）」増田の安倍五郎兵衛の口述を記録し昭和初期に編さんされた「郷土物語」には右記のように記録されています。「蛍町」（橙色）と称されていた明治中期は増田町にとって一大転換期となりました。このころは増田銀行（現在の北都銀行の前身）の創立と前後して製造業が多くおこり産業都市として発展していきます。

一方内蔵は、この頃から建築数が飛躍的に増加し、倉庫としての蔵ではなく、内部に居住空間を設けた座敷蔵が流行し、内外部の意匠にも趣向を凝らし高度な技術を用いるつくり

— 109 —

に変化していきます。（総二階銀行イラスト瓦屋根玄関の窓二枚橙色木造一部煉瓦造り）表紙の下部イラストは酒蔵まんさくの花、店構え1階向かって右の窓内側に橙色暖簾。頁を開くと、あちこちに蛍の色が使用されているのが目に入る。表紙を開き左へ味めぐり①まんさくの花―日本酒／日の丸醸造②りんごの唄―りんごジュース／増田町物産流通センター③豆腐かすてら―豆腐／柴田豆腐店、昆布―昆布／佐藤こんぶ店。（下図は山吉）まんが美術館（横手市増田まんが美術館の写真釣りキチ三平）郷土が誇るマンガ文化／郷土が誇る増田出身の漫画家、矢口高雄氏の代表作である「釣りキチ三平」。増田には、マンガ文化の歴史や国内外の著名な漫画家の原画を展示したギャラリーなどを備えた全国ではじめての「マンガ」をテーマとした本格的な美術館「まんが美術館」がある。（下図マタロクカメラ）横手市出身漫画家矢口高雄さん（76）の代表作「釣りキチ三平」の大型陶

板レリーフが9月、秋田空港旅客ターミナルビルに飾られる。陶板レリーフ「釣りキチ三平・山魚女群泳」（縦3・5m×横6・7m背景に鳥海山）2016年5月11日秋田版。朝市（朝市写真）江戸時代から続く朝市―毎月二、五、九のつく日の九斎市として買い物客の賑わう増田の朝市。地元周辺農家の人々が丹精込めて育てた野菜や果物が所狭しと並ぶ。古くから交流・交易の場であった増田の町が江戸時代から守り続けてきた朝の風景である。場所：朝市通り（裏面MAP参照）営業時間：7時～正午頃まで。増田まち巡り散策MAP探すと中央の通り中七日町商店街やや上部左小路朝市通りがある。商店街の右手に日の丸醸造と佐藤こんぶ店が見える。国道342号から入って、増田まち巡り地図上は至十文字、左は至湯沢右が至真人公園。内蔵（朝市左見開き2頁写真記事が載る）栄華を極めた蔵のある町／県南の経済活動の要衝として発展した増田町で、商人たちは明

治から昭和初期にかけ、成功の証として蔵を建てた。それは、作る職人たちにとっては、最先端の技の見せ所であった。増田の蔵は、雪害から守るために全体を鞘(さや)で覆われた内蔵で、優れた家財や財産を保管する文庫蔵や床の間を備えた座敷蔵がある。外からは見えない内蔵は、写真集の発刊や平成20年の悉皆調査が行われるまで、その実態や特徴はベールに包まれていた。〈蔵の写真5図1〉

たらいこぎ・真人の桜―日本さくら名所百選は真人山北西部に大正時代に整備された真人公園。日本さくら名所百選にも選ばれたその桜は見事であり「たらいこぎ」の光景と共に春の訪れを色濃くする。〈桜が続く風景〉

りんごの里―リンゴの唄の発祥地―映画の「そよかぜ」ロケ地であり、「リンゴの唄」の舞台にもなった増田のリンゴ園。その芳しい香りと美しい光景は、増田町の風物詩の一つで、国内有数のリンゴの里として知られている。〈写真リンゴ園木の下に農園主笑顔〉

(1)味めぐり (2)まんが美術館 (3)朝市 (4)内蔵と (5)たらいこぎ (6)真人の桜 (7)りんごの里七つが表面10折になり、裏面の構成はどうなるのか調べてみる。表と裏は表面の蛍四が、裏面の四穴と対応する構成となっていて左から右へ読み進んで行く。(1)秋田県横手市増田解説。(2)増田の人びとに出逢いました。(3)増田まち巡り散策MAP。(4)伝統的な建物を公開しています。(5)は(2)の続き(6)増田へのアクセス。この内の(4)と(6)は一頁使い他は二頁分使用。

秋田県横手市増田へのアクセス○東京方面より○花巻空港より○秋田空港より○十文字駅より。下に地図と製作・お問い合わせ他。アクセス上部は秋田県と岩手県を橙色(蛍色)で表し、青森県と岩手県は薄い灰色、宮城県山形県の北部は紙面と同じ白色で示されている。JR①羽越本線は日本海側南方の山形県から北へ本荘と秋田2駅記載②奥羽本線は山形県から入り湯沢横手大曲3駅表示③北上線横手1駅④奥羽本線北部秋田能代大館青森4駅⑤東北

本線八戸・青森2駅（黒と白の鉄路）⑥東北新幹線は宮城県南から北上して盛岡八戸2駅⑦秋田新幹線盛岡角館大曲秋田4駅（緑白の鉄路）。道路赤色東北自動車道灰色国道3。

秋田県横手市羽後國増田（全文）増田町は横手盆地の東南部に位置し、雄物川支流の成瀬川と皆瀬川の合流点に開けています。南北朝時代に小笠原氏が増田に城を築き、江戸時代以降は寛永20年（1643）から始まった増田の朝市に代表されるように両流域の物資の集配地として大いに賑わいを見せました。特にこの地域が葉タバコや繭の秋田県内最大の産地であったことから増田にはこれらを主力商品とした多くの商人が現れます。明治期に入ると商業活動がさらに発展し、増田水力発電や増田銀行（現在の北都銀行の前身）の成功ともあいまって、増田は県南地方の産業経済の要としての地位を築きます。さらに、大正4年（1915）に大鉱床が発見された吉乃鉱山は、増田地域の経済に大きな活況を

もたらしました。現在の中七日町通りは昔も今も増田の商業活動の拠点となっています。往時、商店主は主屋の奥に鞘で囲った土蔵を建てましたが、これが当地域では「内蔵」と呼ばれており、雪国独特の特性を有していました。また、主屋は間口が狭く奥行きが長い短冊形を呈しており、短冊形の主屋が軒を連ねる景観はこの地域特有のものです。（左へ）

伝統的建造物の見学ができます。詳細は、増田町観光物産センター「蔵の駅」にお問い合わせください。蔵の駅（旧石平金物店施設のご案内主屋構造…木造2階建桁行22間他主要材質…杉。内蔵（座敷蔵）主要材質…ヒバ。

恋する秋田新聞／発刊第18号（2014年12月・2015年1月号）蔵と秋田。一面はゆったりとした三角屋根中央に濃い緑の酒林その右に看板は日の丸醸造所白壁に格子模様木組み、その下は1階大きな間取りの店構え白い暖簾は横書き日の丸その右に縦日の丸、正面左は金地に漆黒で大吟醸まんさくの花。

— 112 —

季節は冬の雪が真っ直ぐ降っていて暖簾下に赤い和傘を右に持つ舞妓が一人佇んでいる。増田町まち歩きマップお問合せ先増田観光物産センター「蔵の駅」及び正調端正な地図。

増田町の繁栄ー横手盆地の東南部に位置する増田町は旧羽州街道上の十文字から宮城県と岩手県の旧仙台藩領を結んだ「手倉街道」「小安街道」という2つの旧街道が合流する地点に位置します。その立地特性を活かしながら、寛永20年（1643）から始まったとされる朝市に代表されるように、人と物資が往来する流通拠点として発展しました。明治期には生糸や繭、葉タバコ、酒造などが産業を支え、増田銀行（現北都銀行）の設立を契機に増田水力電気会社をはじめとする多くの会社組織が成立しました。また、大正期の吉乃鉱山の好況もあいまって、最盛期を迎えました。マップ表紙は店舗四に観光客五人図。歴史と伝統を今に伝えるまちなみー町の中心部には現在も当時の繁栄を伝える伝統的な

町並みや内蔵が多く残っています。平成25年12月27日には文化的な価値が非常に高いとの評価を受け、国の重要伝統的建造物群保存地区に選定されました。また、建物ばかりでなく旧街道に面し商業建築が軒を連ねる「表通り」、建物の奥行きを見渡せる「側面通り」といった敷地背面の門や塀が並ぶ「裏通り」、路線や、地区を横断する水路など近世来の地割形状も残っているのが特徴です。増田へのアクセス5増田町の行事7裏面載り、見開き地図囲み注記6・名所のご案内8・お食事と休憩処17・まちなみ見学のご案内19・県道2 74南へ狙半内地区は上畑温泉さわらび温泉ゆうらく内食堂かたご手打ちそば三平載る。中七日町通り○蔵の駅増田観光物産センターー横手市増田町増田字中町103番地01 82ー45ー5311。（旧石平金物店見学無料）○増田の町並み案内所「ほたる」平成28年4月新たな町並み案内所開設／増田字上町53☎23ー6331。営業時間9時～17時

休日年末年始。総合観光案内・増田の特産土産販売・観光ガイド受付窓口。（時間共通）伝統的建造物群保存地区横手市増田リーフレットA4を3枚分横綴り両面リーフは表紙裏中央図黒塗り（平成28年3月現在）伝統的建造物を示し、裏面は3枚分を全部使い保存地区の特徴と増田の伝統的建造物説明文写真図を配置する。豪雪地帯の商家町に残る切妻造妻入の長大な町屋空間～横手市増田伝統的建造物群保存地区～左上に名称・範囲・面積・制定年月日・選定基準。下欄は表通り右に主屋鞘付土蔵（内蔵）土蔵（外蔵）裏通り。イザベラ・バードは秋田県羽州街道沿いの雄物川を、院内と久保田間で記録した。その雄物川沿いの奥羽本線は、開通100周年を2005年に迎えている。その後10年を経て2015年は110周年となり記念の行事が催されJR東日本秋田支社はSL臨時運行を企画実施して、秋田市内の遠く近く蒸気機関車の汽笛が鳴り響き鉄道ファンを喜ばせた。

昨年9月4日（日）青春18きっぷ5回（人）を使い秋田真室川間往復した。予定は8日（木）大館まで行って花輪線新屋新町往復を考えていたが、変更して奥羽本線上り乗車その後は現地判断でと思い小旅する。横手途中下車は案外混んだ車内乗客の多くが下車は何事かと訝ったら知らないのは私一人みたいで当日の横手は秋田ふるさと村行事―横手駅から臨時バス有り。また、みんなが集まる横手駅西口9／3・4よこてウェルカム物産展＆ミュージックイベント9時～21時―入場無料賑わい模様で案内紙は右アクセスMAP横手西口の赤いのぼりが目印です（日曜朝市）そうかと合点した。第10回横手やきそば四天王決定戦同日会場は横手市秋田ふるさと村お祭り広場4日一日第22回太鼓フェスティバル―ドーム劇場―響け、魂の叫び！（参加12チーム）。ということがあって、真室川と湯沢に途中下車して用事を済ませ、夕方早め秋田に帰る。（用件は神室山車中確認と山形の酒でした）

歴史薫るまち横手―文学歴史散歩―右横に
ハンコは1日100円で4館すべて入場OK
（円内1DAY¥100）平成27年12月28日
9月改訂版―横手の文化施設ガイド□後三年
合戦金沢資料館□石坂洋次郎文学記念館□横
手公園展望台□横手市ふれあいセンターかま
くら館―秋田県横手市。リーフレットを手に
持ち車の人は楽に一日百円コイン一枚で4館
見学可能だが、そうでない人は優先順序考え
一日三つを巡り金沢は後回しになると思う。
なおリーフにはないが旧日新館は寄り道見学
したい。明治35年1902年小坂旅館が外国
人向きホテルとして、同年横手中に来たチャ
ールズ・C・チャプリン設計、大工の棟梁は
藤村初五郎と伝えられる。大正3年10月来秋
横手中（現・横手高）第六代目英語嘱託教師
米国人マルチン・モッサ・スマイザー住居。
（①秋田県横手湯沢雄勝まるごとガイド観光
マップ②秋田人名大事典）横手は数回訪れた
けれどかまくら館体験以外多くは知らない。

記念館石坂文学の薫りは山と川のある町と
若い人程度6月4日（土）むのたけじ氏講演会
チラシ等で形を整える。石坂洋次郎大正15年
から昭和初期の13年間横手で教壇に立った。
（横手高女と横手中）むのは横手中東京外語
卒業後新聞記者をしたが戦争責任を感じ退社
1948年横手市「週間たいまつ」創刊30年
間発行する。発行の際教え子のむのたけじに
相談を受けた石坂は「やめれ、やめれ。あっ
たに文化の育たねどさ行って新聞こ出したっ
て半年も続かねぇ。といってもおめえ止めね
べえなあ。お祝いの文章を書いてける」と述
べた。創刊号には石坂の「東北の人々へ」と
題する文章が寄せられている。日本映画名作
全史戦後編―猪俣勝人著昭和49年初版第三部
（昭和21年～48年）石坂洋次郎映画が載る。
日本映画（あとがき）小論最終的には石坂洋
次郎の小説が一番多いのではないかと思う。
横手の酒を述べる。秋田県酒造組合秋田の
蔵元目次とMAP（2004年7月）蔵元を

― 115 ―

見ると、46蔵が載り、県南部湯沢地区は6蔵横手地区7蔵になる。それが2011年6月発行美酒王国あきたの蔵元は39蔵で、湯沢の小野之里・金時と横手日の丸・館の井が姿を消した。2015年6月秋田美酒王国あきたの蔵元38蔵は湯沢の銀嶺白山が消えている。横手で言えば、館の井（沼館酒造）と日の丸（日の丸醸造）二つが無くなり①阿櫻（阿櫻酒造）②まんさくの花（日の丸醸造）③朝乃舞（舞鶴酒造）④天の戸美稲（浅舞酒造）と⑤大納川（備前酒造本店）の5社が残った。秋田県の抜粋は鹿角市千歳盛大館市北鹿2社秋田市5社由利地区5社大仙市美郷町12社。まんさくの花NHK朝ドラマどうとか天の戸＋秋田市新政＋八峰町白瀑＝3社は純米酒に特化と聞くが自信を持って云々は出来難い。風土が育む一滴、ワインはその土地の風土が現れる飲み物。産地や造り手の違いでそれぞれに、個性豊かで魅力的なワインが生まれます。県内にも風土を生かしたおいしいワイ

ンがいっぱい。写真は葡萄畑、テーブル上に竹籠たわわな葡萄一盛り洒落たワイングラスのワインを置き撮影した一枚、人はいない。マリ・マリ2015年10月30日330号は、毎週金曜日発行秋田魁新報社企画マリ・マリ編集部。発行部数19万7千部。最新号はどうなっているのか調べると2016年9月16日秋田の酒うまいよ！ではなく秋田の魚うまいよ！ー紙面の上には、すべての女性を応援します！知らなかった、そうか道理でおかしいなと思っていた。374号の企画編集・発行部数等確認、記事を読み、少し納得分かる。contents（内容）②マリ・マリクローズアップ―秋田ワイン巡り県内の3ワイナリーとブドウを契約栽培する地区を紹介。⑤花言葉シリーズは「アキノチョウジ」、⑥⑦ワインを最後の1滴までおいしく楽しむ。横手市大森地区大森リースリングはじめにブドウありき大森の風土を生かし農家とワイナリーが一つになって作り上げるワイン―ワイ

ン用ブドウ品種「リースリング」を栽培する横手市大森地区。冷涼な気候と、盆地で水はけの良い土壌がリースリングの栽培に適しており、1982年から国内ワイン大手のメルシャンとワイン用ブドウの栽培契約を開始、今年で33年目を迎える。（左欄ワイン）栽培農家とメルシャンがタッグを組みブドウの品質向上に努めたことで、近年では糖度が高く香りや酸味の良い上質のブドウが収穫できるようになった。今年も大森地区では9月上旬からブドウの収穫作業が行われた。「夏の雨による被害も少なく品質は上々。ワインの出来も期待したい」とメルシャン北日本支社長の森口さん。来年5月には一部が「大森ワイン」として発売の予定だ（秋田県内限定）。

また大森産リースリングの中でも条件の良い畑で収穫され更に一粒一粒選果したブドウで造られる高級ワイン「シャトー・メルシャン大森リースリング」は華やかで芳醇な香りが特徴。甘さと酸味のバランスも良く、フルー

ティーな味はワイン初心者にもおすすめ。国内ワインコンクールで連続で賞に輝くなど、業界での評価も高い。「醸造過程でブドウ以外使わないため、ワインの味は収穫されたブドウで決まるといっていい。今後も大森地区で育つブドウの個性を追求していきたい」と森口さん。（写真省略）

(1)ワイナリーこのはな鶏（ときと）2010年創業鹿角市花輪商店街にある小さなワイナリー小坂町鶏冠地区のブドウを使う(2)横手市大森地区生産ブドウ使用大森ワイン(3)天鷲ワイン（完熟プラム）(4)十和田ワインその97十月二十二日の花アキノチョウジ秘めやかな思い。花言葉その97十月二十二日の花アキノチョウジ秘めやかな思い。ワイナリー1ワイン。花言葉その97十月二十二日の花アキノチョウジ秘めやかな思い。

3ワイナリー1ワイン。花言葉その97十月二十二日の花アキノチョウジ秘めやかな思い。花言葉の由来―山の中の林の中で、うす紫色のかわいらしい花を付けます。細い茎にぶら下がって、はかなげに付いています。密やかに咲いていて、見過ごしそうにもなります。「秘めやかな思い」という花言葉にぴったり

― 117 ―

です。花丁字。参照…「誕生日の花」発行グラスウインド。ワインを最後の1滴までおいしく楽しむ。ワインのボトルを開けるときに「その日の内に飲んでしまわなきゃ!」というプレッシャーを感じたことありませんか。しっかり栓をして冷蔵庫に保管しておけば、約1週間はおいしくいただけます。今回は、最後の一滴までワインを楽しむためのワンポイントをご紹介します。〔下に方法左は料理二例〕なるべく空気にワインを触れさせないのグラスにワインを注いで、グラスを軽くまわすと、香りや風味が「ふわっ」と広がります。空気に触れると味わいがまろやかになるといわれるワインですが、残してしまったワインに関しては、まったく逆。栓を開けた瞬間からひとたび空気（酸素）と触れ合うことで酸化が始まっています。酸化に伴って少しずつワインの風味が変わっていくのでワインを長持ちさせるにはできるだけワインと空気を触れさせないことがポイントになります。

そのためにはとにかくボトルの栓をしっかり閉めること。コルクならそのままねじ込みスクリューならキャップを締めてから冷蔵庫に入れておけば約1週間はおいしく飲めます。ボトルの中の空気を抜く道具なども市販されていますので活用してみるのもいいですね。①ワイン塩②牛肉の赤ワイン煮込み③お酢に混ぜてワインビネガー風（これなら直ぐ出来そうに思われる）。材料○ワイン200cc○酢50cc「作り方」ワインと酢を消毒済みの容器（ガラスの容器がおすすめ）に入れ、冷蔵庫で冷やします。オリーブオイルを加えてドレッシング、ピクルス液などに。下に裏技!時間が無いという時は、製氷皿で冷凍しましよう。赤ワインを煮詰めたものを製氷皿などで小分けしておくと、ビーフシチューの味つけやパスタのソースに、またゼリーなどお菓子づくりの風味付けに便利です。そこここに配置された写真の数々を眺めていると確かに美味しそう、それじゃ一つ作ってみようかと

やる人はいると思う。（公知の料理法応用）
味に磨き大森ワイン30周年農家の労ねぎらう
2016年5月25日横手市大森町の温泉宿泊
施設「さくら荘」で記念式典とパーティーが
あった。式典後に開かれたパーティーには約
200人が出席。（乾杯写真27日付秋田版）
ここで、秋田県種苗交換会史昭和編（三）
・平成編秋田県農業協同組合中央会平成14年
3月発行（非売品）新屋図書館蔵書を繙く。
巻頭秋田県種苗交換会先覚者三大人(1)石川理
紀之助翁(2)森川源三郎翁(3)斎藤宇一郎翁写真
座右の銘と事績紹介。3頁種苗交換会の歩み
第1回明治11年県主催の秋田県種子交換会は
開催場（秋田市）寺町浄願寺と八橋植物園／
出品点数189観覧者交換希望者（564）
1994年第117回能代市市ポスター先人に
学び農業の未来をひらく―種苗交換会創始者
石川翁（明治30年頃の旅装）平成13年大館市
までが載る。平成28年は第139回湯沢会場
その間一度も途絶える事なく継続した歴史を

思う。平成元年秋田市順に本荘市・湯沢市・
鷹巣町・大曲市・能代市・横手市・
男鹿市・湯沢市・本荘市・鹿角市・
秋田市次が大館市
第124回となり15年後2016年湯沢市は
イザベラ・バードが記録した秋田県の旅18
78年から数えて138年の歳月が流れる。
秋田・羽州街道の一里塚は美郷町へと進み
14野荒町一里塚―秋田領内14番目―江戸から
126里。所在美郷町野荒町。現況「野荒町
一里塚跡」の標柱が国道右側に立っている。
標柱は昭和61年に仙南村教育委員会が設置し
たもので、木柱である。（左頁に写真あり）
15六郷一里塚―所在美郷町六郷。現況ケヤキ
の大木が、国道の右側に現存する。図は国道
13号六郷交差点先右に一里塚のケヤキと
記し、昭和52年六郷町指定天然記念物となり
「史跡一里塚」の標柱が立つ。説明板「県内
で今残っている一里塚では最も美しいもので
貴重な史跡である」―秋田県内の羽州街道で
塊樹（一里塚に植えた樹木）が現存している

のは、ここと、愛宕町一里塚の2か所だけ。

16川目一里塚｜所在大仙市川目字月山。現況追分バス停付近で、左が住宅地、右は福祉施設である。精度Ａ。（県道13号信号右国道）

17大曲一里塚｜所在大仙市大曲栄町。現況は「大曲一里塚跡」標柱が町内住宅地に立っている。羽州街道を辿る場合は（注記を入れ）旧羽州街道として地図を読まなければ一里塚探訪の旅は困難を伴う。大曲一里塚は栄町交差点北方進み大曲高を右見て間もなく標柱。大曲駅を起点に取る場合は、花火通商店街を南下して右大仙市役所左大曲高手前になる。

18玉川川原一里塚｜秋田領内18番目。所在は大仙市花館（玉川河川敷）現況一帯は玉川の河川敷になっている。精度Ｅ。著者は現地を調べ推論を重ねて「玉川小渡し渡船場跡」の標柱とその付近を特定し写真撮影記録した。

19神宮寺一里塚秋田領内19番目江戸から13里。所在大仙市神宮寺字大坪。現況「小豆沢一里塚跡」の標柱が、旧国道脇の廃道に立

っている。本文前半｜玉川橋を渡り終え直ちに左に分岐して旧国道（羽州街道）を北進。神宮寺を通り過ぎ北楢岡へ向かう途中の廃道に「小豆沢一里塚跡」の標柱が立っている。

標柱は平成4年に神岡町（現大仙市）教育委員会が設置したもので、次のように記されている。《慶長九年（一六〇四）幕府は諸国に一里塚を築かせた。この一里塚は日本橋から百三十二番目で秋田領南境杉峠（雄勝町）から十九番目、久保田城下（秋田）まで十一里（四十四km）次は三本杉一里塚（長丁場）である》。次頁下「小豆沢一里塚跡」の標柱写真を見て略図戻り、秋田県の道路地図を開き22神宮寺3万分の1図を調べてみる。この辺りは自転車をこぎ通過しているので多少は道解できる。国道13号線院内秋田間と秋田～神岡の駅かみおか往復一回は経験した。しかし、羽州街道沿い神宮寺周辺と奥羽本線神宮寺駅界隈は不詳のまま想像出来難い。神宮寺町内通り嶽の湯への道入って直ぐ右に廃道を辿り

一里塚は、旧羽州街道現代の様子を物語る。

イザベラ・バードの旅、神宮寺久保田間は

雄物川を舟で下っている。神宮寺岳が眼前に

聳える神宮寺の町で羽州街道をゆく携え雄物

川畔に佇み、悠々と流れる川面に目をやりな

がら、休日の一時を過ごしてみたいと願う。

秋田県エリア別観光ガイドブックじもトラ

田沢湖・角館・大仙・阿仁森吉エリアの中で

阿仁森吉エリアは能代の後に回し語りたい。

(1)田沢湖・乳頭・西木―永遠の美を願った乙

女が眠る神秘的な田沢湖日本を代表する山間

の秘湯。このゾーンは心和み癒されるスポッ

トが目白押し。四季折々彩り鮮やかな桃源郷

が広がります。〈温泉郷説明略〉みる①田沢

湖②田沢湖のカヌー＆カヤック③かたくり群

生の郷④秋田駒ヶ岳高山植物帯⑤刺巻湿原ミ

ズバショウ群生地⑥抱返り渓谷⑦思い出の潟

分校金峰神社草彌家住宅。くつろぐ乳頭温泉

郷①妙乃湯②鶴の湯温泉同別館山の湯③黒湯

温泉④蟹場温泉⑤孫六温泉⑥大釜温泉⑦休暇

村乳頭温泉郷＋田沢湖高原温泉郷水沢温泉郷

玉川温泉新玉川温泉ぶなの森玉川温泉湯治館

そよ風アルパこまくさ＋夏瀬温泉都わすれ。

たべるかう①仙岩峠の茶屋②西明寺栗西木温

泉ふれあいプラザクリオン③湖畔の杜ビール

田沢湖ビール。まつりイベント①たざわ湖ス

キー場たざわ湖龍神まつり田沢湖マラソン田

沢湖高原雪まつり②上桧木内の紙風船上げ。

(2)角館―風格ある武家屋敷の佇まいは往時そ

のまま。歴史と伝統は、工芸品や郷土料理に

息づいています。〈角館の武家屋敷略〉①角

館のシダレザクラ②桧木内川堤ソメイヨシノ

〈国指定名勝〉③角館の武家屋敷通り④新潮

社記念文学館⑤角館町平福記念美術館⑥樺細

工角館樺細工伝承館樺細工作り体験たてつ家

人力車⑦田町武家屋敷ホテル⑧角館温泉花葉

館⑨安藤醸造⑩白岩焼⑪イタヤ細工イタヤ馬

作り体験⑫角館のお祭り⑬火振りかまくら。

(3)大仙市・美郷町―大曲の花火で知られる大

仙市は、各時代を思い出させる名所が市内に

広がっています。名水の郷として名高い美郷町では清水やお寺を巡って、至福のひと時が満喫できます。六郷湧水群─古来「百清水」とも呼ばれてきた清水の里・六郷。こんこんと湧き出す清水、緑あふれる樹々、木漏れ日が水面をキラキラ照らす・・・まさしく自然からの贈り物です。六郷の町並みを散策しながら湧水群を存分に味わってみてはいかが。六郷湧水群（美郷町）六郷湧水群マップを手に持ち散策はニテコ清水藤清水キャベコ清水馬洗い清水等。美郷町役場の近くにある松・杉並木は新日本街路樹百景に数えられる地域のシンボル。明治時代の政治家・漢詩家として知られる坂本東嶽がこの地で進めた田園都市計画が偲ばれる美観。明治30年代に造られた並木道の幅員は、当時としては驚くほどの広さで坂本翁の熱い想いが伝わってきます。問い合せ美郷町学友館。その下の地図方角は上が真北を指して首を傾けず見るため安心に思う。奥羽本線が図中央に路線名が記され、

北西から西方至秋田市と南東至横手市は道路行先表示。大曲・飯詰・後三年三駅が直線の鉄路で結ばれている。大曲駅の東方は美郷町役場在り周辺に①星山清水のねずこ②松・杉並木③坂本東嶽邸④一丈木ダム記載。星山清水のねずこ─根回り474cm、樹齢は推定約400年の古木。文政11年（1828）当地を訪れた菅江真澄が『月の出羽路仙北郡』で泉と巨木のスケッチを残しています。一里塚の欅─佐竹藩が慶長8年（1603）より整備した出羽街道の一里塚。道をはさんで南側のサイカチと一対になっていましたが現在はこの欅だけが残されています。31頁の下には百有余年の時を経て辿る偉人の足跡坂本東嶽邸─この地に理想郷をつくることを目指し、衆議院議員を辞してまで故郷の発展に尽くした明治の先覚者坂本東嶽（理一郎）の邸宅。犬養毅など要人からの書簡類は東嶽の交友関係を知る上でも貴重な資料となっています。母屋・庭園・収蔵品を公開しています。美郷

町指定文化財。時間／9時～17時・休／月曜日（休日の場合火曜日）料金一般210円。大仙市旧池田氏庭園。旧池田氏庭園は一度見学している。公開初日のことで大曲駅から徒歩往復したが雨の心配はなかったと思う。奥羽の山並みを見たか覚えていないのは多分関心が無いというより山の展望が良く分からない頃で、当時は山に視線が向かなかった。展望の山旅山から見る山・町から見る山藤本一美田代博編著1987年初版が懐かしい。じもトラ32頁期間限定で公開される国指定名勝旧池田氏庭園（大仙市）池泉回遊式日本庭園。約4万2000㎡の敷地と、高さと笠の径がそれぞれ約4mという日本最大級の雪見灯籠、秋田県初の鉄筋コンクリート造2階建て洋館などに、豪農池田家の栄華を偲ぶことができます。平成16年（2004）に国の名勝に指定され、庭園としては秋田県内初となります。（写真①雪見灯籠②鉄筋コンクリート造の洋館③紅葉の庭園）注目ポイント・

その1東北を代表する大地主の面影が漂う。その2近代造園のパイオニアが手がけた傑作広大な平野にうかぶ浮島のように庭園をデザインしたのは近代造園の先駆者・長岡安平。観賞だけでなく学術的にも高く評価されています。下欄は払田柵内にある紅葉の名所払田分家庭園（大仙市）説明本家庭園から約3km離れた国指定史跡「払田柵跡」の指定地内に広がる分家庭園は、隠れた紅葉スポットとして親しまれています。晩秋の閑静な庭園で、季節の移ろいがたっぷり満喫できます。また11月上旬には、イルミネーションライトアップも催されます。①料金／無料（常時公開）②住所／大仙市払田③問／（平日）大仙市教育委員会文化財保護課（土・日曜日）大仙市観光情報センター。（紅葉写真一葉と地図）旧池田氏庭園リーフレットA4二つ折りは発行池田家顕彰会・問い合わせ先大仙市教育委員会文化財保護課。表紙豪壮な構え表門の写真が重厚な雰囲気を漂わせ樹木の緑が良く

映える。池田氏家紋（亀甲桔梗）模様が並ぶ国指定名勝旧池田氏庭園と「払田分家庭園」内容は、見開きと裏面に載り、黒地に白橙緑の配色が庭園亀甲地形図と写真に調和する。裏面下欄に—ご挨拶池田家十六代当主と池田家の精神を伝える池田家顕彰会会長お二人の文章が記されている。文化財の保存と活用を大仙市寄贈で後事を託す当主と特別公開開催公開時解説ボランティア活動は池田家顕彰会大仙市支援共々協力継続は尊い行為と思う。

国指定史跡払田柵跡〜平安の城柵遺跡と仙北平野一望の丘〜秋田県大仙市A4三つ折りリーフ表紙左払田柵への道案内秋田県地図と大仙市仙北地域図に払田柵跡名勝池田氏庭園JRアクセス案内3とドライブ案内4。下に払田柵総合案内所＋大仙市教委文化財保護課＋大仙市仙北支所＋秋田県埋蔵文化財センター・払田柵調査事務所＋史跡の里交流プラザ柵の湯。その左よみがえる払田柵跡「歴史の広場」①発掘調査の成果に基づき昭和57年か

ら史跡整備を継続して行っています。平成6年遺跡の正面玄関とも言える外柵南門が復元されました。②平安時代律令制を支えた人々の歴史。その歴史を体感できる秋田県内では数少ない野外博物館（フィールド・ミュージアム）として歴史学習等の場で活かされています。③様々なイベント等地域間交流の場として、また憩いの場行楽の場としても活かされています。④小さなお子さまも安心の広々芝生でピクニック気分をお楽しみください。

33頁①美郷町ラベンダー庭園②払田柵③唐松神社④餅の館。34頁①強首温泉「樅峰苑」②岩倉温泉岩倉ホテル③川口温泉「奥羽山荘」④千畑温泉「サン・アール」⑤六郷温泉「あったか山」。各々に説明と写真地図が付く。35頁36頁酒12蔵は①奥清水②春霞③八千代④秋田富士⑤金紋秋田⑥八重壽⑦刈穂⑧福乃友⑨秀よし⑩千代緑⑪出羽鶴⑫やまとしずく。38頁楢岡焼39頁花火師達が腕を競う日本一の競技大会全国花火競技大会「大曲の花火」—

毎月花火が打ち上がる街大仙市。日本の伝統とその技術の高さを誇る「大曲の花火」は、全国から選抜された一流の花火師達が競う日本で最も権威ある競技大会です。観覧会場は手前に川、背景に山があり花火鑑賞には絶好のロケーション。真夏の夜空を舞台に、大迫力の音と光が充分に堪能できます。競技者それぞれの花火に加え、光と音の共演である大会提供花火はまさしく圧巻。大曲の花火までの一週間に、様々なおもてなしのイベントが催される「大曲の花火ウィーク」も楽しみの一つです。①開催日／8月最終土曜日②場所／雄物川河川敷特設会場（大曲花火大橋・姫神橋間）③交通／JR秋田新幹線「大曲駅」から徒歩約25分④問／大曲商工会議所。下に花火好きにはたまらない劇場型花火ショーは大曲の花火秋の章―地元若手花火作家の創造花火の競演や日本屈指の尺玉づくり名人による割物花火の競演など分かりやすい解説付きで催されます。秋の夜空を彩る花火ショーを

心ゆくまでお楽しみ下さい。①開催日／10月上旬②会場／大曲花火大橋上流河川敷③交通／JR秋田新幹線大曲駅から車で10分④問／大曲商工会議所。写真と図。40頁新作花火コレクション―斬新な花火若手花火師の花火が登場「花火の街大仙」の地域活性化を目的に行われる新作花火の競技大会です。地元では「冬花火」と呼ばれ一年で最も空気が澄むこの時期花火本来の色と迫力を堪能できます。①開催日／3月下旬②場所／大曲ファミリースキー場③問／NPO法人大曲花火倶楽部。花火写真と図。神岡南外花火大会―嶽山に響きわたる迫力満点の花火。8月の「全国花火競技大会」で毎年上位入賞している地元の花火師による共演。約6500発を超える花火が夜空を彩ります。嶽山（神宮寺嶽）に花火の音がこだまし迫力ある花火が楽しめます。①開催日／9月14日②場所／中川原コミュニティ公園（大仙市神宮寺字屋敷南地内）③問／神岡南外花火大会実行委員会事務局（大仙

市商工会神岡南外支所内）花火の写真と図。

刈和野の大綱引きは室町時代から500年以上続くビッグイベント上町（二日町）下町（五日町）と町を二分し綱を引き合う伝統行事。引き合いに使われる大綱は太さ2・2m長さが雄綱64m雌綱約50mあり各々10㌧と国内最大級。上町が勝つと米の値段が上がり下町が勝つと豊作になると伝えられています。

①開催日／2月10日②場所／刈和野大町通り③交通／JR奥羽本線「刈和野駅」から徒歩約5分④問／大仙市西仙北支所市民サービス課。写真綱合せ・引き合いと地図。

—六郷のカマクラ・竹うち700年続く伝統の小正月行事—国指定重要無形民俗文化財「六郷のカマクラ」は鎌倉幕府政所の「吉書初め」の遺風を今に残す行事で、ハイライトは2月15日に行われる竹うち。5～6mの青竹を持った男達が南北に分かれ、米の豊作を祈願し激しい打ち合いを繰り広げます。①期間／2月11～15日②場所／カマクラ畑（秋田諏訪宮前）

③交通／JR秋田新幹線大曲駅から車で約20分④問／美郷町学友館。

—川を渡るぼんでん—梵天奉納数あれど川を渡るのはここだけ—雪山を背景に、川舟で雄物川を渡り、標高207mの伊豆山神社に奉納される十数本のぼんでん。一面の銀世界と川面に映るぼんでんの色彩によって、幻想的な世界に誘います。

①開催日／2月11日②場所／雄物川河畔③交通／JR秋田新幹線大曲駅から車で約10分④問／大仙市商工観光課。写真は雄物川を渡るぼんでん3と地図。41頁と42頁の見開き地図

大仙市・美郷町周辺全図は、秋田新幹線・田沢湖線＋秋田新幹線・奥羽本線＋奥羽本線を載せて、併走する国道105号線と13号線に至仙北市・至秋田市・至横手市を表示した。地図範囲JR東日本駅15駅と道の駅4個所—

秋田～大曲は羽後境・大曲・大曲～田沢湖は北大曲・羽後四ツ屋寺4駅。大曲～刈和野・神宮・鑓見内・羽後長野・鶯野・角館・生田・神代8駅。大曲～横手間は飯詰・後三年2駅。

— 126 —

道の駅協和・かみおか・なかせん・雁の里せんなん。温泉8入浴好きの人は一汗流せる。田沢湖に戻り思い出の潟分校（仙北市）を少し語る。じもトラ記事を再読は、田沢湖・乳頭・西木エリア―3頁の写真は乳頭温泉郷ブナ林に囲まれた乳頭山麓に、個性あふれる7つの湯宿が点在しています。日本全国から大勢の温泉ファンを引き寄せる魅力も多彩。都会の喧噪を離れ、時の経つのも忘れ、ほっこりしたひと時が過ごせます。次頁田沢湖～抱返り渓谷の六項目が載り、5頁今にも子ども達の声が聞こえてきそう思い出の潟分校。昭和49年（1974）に廃校になった小学校を修復して、平成16年（2004）に一般公開。教室から校庭まで、ほぼ当時のまま。懐かしい教科書や文房具などが豊富に展示され、ノスタルジーをかき立ててくれます。①時間／（4月～11月）8時～17時②休／水曜日（※冬期閉校）③住所／仙北市田沢湖潟。右に写真3枚を配置して―郷愁誘う教室・緑

に包まれた木造校舎・教材等も往時のまま。秋田こまち路ドライブマップ大仙市・仙北市・美郷町2016春・夏（3月～8月）A3二つ折りリーフレットの裏面に潟分校を表示（田沢湖南東部の周遊道路沿い案内板入る）2011年（平成23年）自転車走行記録は6／25（土）田沢湖に行っている。秋田朝7時出発―雄和安養寺と中央公園を経て国道13号8時30分入線。協和まほろばの里と大盛館は寄り道の角館昼食14時出る。国道105号～県道60号辿り田沢湖西岸に至った。15時20分右回りコース選び湖右見て自転車を40分こぎ16時田沢湖東岸白浜着ユース入館。26日（日）夜明けを待ち4時宿を出て右回りに湖畔の道を自転車こぎ潟分校外から見学5時たつ子像再会5時40分ユース戻り朝食。この後のメモは8時40分ユース出立―田沢湖駅―角館／10時15分―花葉館弁当食べ11時30分―大盛館―河辺ドライブイン―16時15分秋田。思い出の潟分校ふるさとの学校へ行ってみ

ませんか。A４二つ折りリーフは、思い出が一杯詰まり懐かしい故郷が静止画像で蘇る。

田沢湖畔にここ三十年近く／ひっそりと時を忘れていた／分校がある。／そのまま歴史を道連れに、朽ち果てていくのが／時代の流れのような風景が／そこにあった。／それがふたたび時を刻む。／田沢湖町立生保内小学校潟分校／ただ、そこに佇むだけでいい。／みんな風が教えてくれる／雲が、花がささやくのを／聞きにきませんか。「先生、おはようございます」／日本の何処にでも普通に点在した小さな学校、分校。／いまでも、元気な子供達の声が響いてきそうだ。／あの子供たちは何処へ行ったのだろう。／日本の原風景とともに／いまでも玄関前の桜の木が分校の見張り番のように春を告げて咲く。（了）

長円の中に分校の教室は窓際オルガン前に陽光を浴び左一列机椅子四組ひっそり並ぶ。その下は長方形に区切られた画面内体育館の床と大きく取った窓が、上部の木組みと共に明るい空間、それは生徒達の声はもう聞くことができないという現実を、静かに物語る。

思い出の潟分校・あゆみ―明治十五年五月十五日、陸の孤島と言われた田子の木、大沢の集落に初めて教育の灯がともされ住民に喜ばれた。（生保内小学校百周年記念誌）①創立は明治十五年六月一日、駒陽学校潟分校巡回授業所として設置。二十年一月に分教場に改称。歴代学務委員は明治二六年に千葉源蔵、さらに三浦政吉、千葉藤雄が任命された。②大正十二年、新築計画が持ち上がり、面白い事に両集落の端から計って中央に当る現在地に決まったという経緯があった。③昭和に入り児童数が増え二学級になり昭和二六年には三学級の複式授業が行なわれた。二七年五月三〇日、本校の校舎を移築し現在の一、二階の校舎の増築竣工をみた。この時の全集落の物心両面による奉仕協力は多大であった。こうした分校の歴史にも時代の変化は確実に押し寄せ、児童数の減少により維持

存続がむずかしくなった。④昭和四九年三月三一日生保内小学校潟分校は廃校となった。昭和四九年以降は地元の集会施設として利用されたが老朽化が進み一時解体も検討されたが「地域の歴史や文化を見続けた木造校舎、そして美しい日本の原風景を残したい」という地元の有志のご厚意で二年がかりで修復。⑤平成一六年、「思い出の潟分校」として蘇り、一般公開された。昭和の風情を想起させる校舎の見学や、写真展、コンサート等各種イベントなどに解放、提供している。裏面の田沢湖は約90度左回転駒ヶ岳を上に置いた。田沢湖右上にJR田沢湖駅と秋田新幹線が描かれバランス保つ略図は案外分かり易い。湖の一周道路は国道105・341と結ばれ略図上方に高山植物の駒ヶ岳・乳頭山二山と温泉が在り左上に玉川温泉至八幡平。右手は刺巻湿原水芭蕉群生地その横を国道46号線が右下へ至角館北へ至盛岡。105号線は至角館左は北秋田市となる。田沢湖の下は

たつ子像、上は遊覧船発着所、左に御座の石神社と辰子の鏡石。思い出の潟分校は、右。仙北市は角館町・田沢湖町・西木村の2町1村が2005年9月20日（火）合併仙北市になり合併後の仙北市を見れば重心は田沢湖と分かる。北方に鎧畑ダム・秋扇湖と玉川ダム・宝仙湖がある。国道341号線北上は鹿角市内282号線に連結JR花輪線八幡平駅西通り更に鹿角花輪駅十和田南駅東を通り国道103号線と合流する。北東へ103号線は十和田湖に通じ282号線は小坂町と結ぶ。今は国道が田沢湖と鹿角市小坂町十和田湖を連絡する時代になって、また、国道が秋田県岩手県青森県三県を結んでいる。岩手県と秋田県に跨がる八幡平は春から秋にかけバスが走り観光と登山の人は路線バスか観光バスを利用（マイカー多いが一応）訪れる。八幡平から田沢湖角館方面に直接バスで行く路線は千葉県に長年暮らし秋田音痴の私は思い浮かばなかった。ある時に妻と八幡平登り秋田に

向かう八幡平頂上バス停田沢湖行きを初めて知り隔世の感がしたのは当然かもしれない。

昔々、八郎太郎は田沢湖に住む辰子の許に通ったという伝説が南祖坊と絡み、秋田では広く知られている。十和田湖と米代川、また阿仁と森吉山、八郎潟と雄物川が、田沢湖を結ぶが、十和田湖は八幡平と玉川沿い国道を経由して田沢湖と結ばれている。辰子伝説は九州霧島連山の韓国岳近く大浪池伝説阿浪と良く似ているは田沢湖・駒・八幡平ふるさと博物誌―千葉治平著昭和63年8月発行の新屋図書館蔵書で知り、感慨深いものがあった。

仙北市の現実は一例として、秋田県の人口世帯数を見ればその一端が分かるかなと思い調べてみる。平成27年国勢調査速報集計結果（なお、人口・世帯数の確定値は平成28年10月に公表予定です。発行年月日記載はない）人口2万7530人世帯数9585。人口は前回5年前と比べ2038人減少、世帯数は274世帯減。他方東北地方で人口が増えている町村は、宮城県富谷町が10月単独市制に移行、2014年岩手県滝沢村同例がある。

それでどうしたは無いが、秋田に有るもの秋田が明治以降営々と継続して来た事柄を、今日考える時に一体何が出来るのか最善とは何か、それは農林漁業と商工業が観光と組み総体的に英知を集め前を向き歩くこと、私はそう望み論を進める。秋田の湖水十和田湖と田沢湖男鹿半島は日本海と鳥海山奥羽山脈に代表される海と山があって、自然の美しさがより一層際立ち其処で生活してきた県民の歴史が、秋田を故郷に持つ人々を支えている。

秋田内陸貫鉄道は田沢湖線秋田新幹線と共に、仙北市田沢湖西木エリアの地図に載り北秋田市鷹巣町と結んでいる。新聞記事は、「おらほの鉄道」出発進行秋田内陸線が開業沿線住民ら門出祝う地域の足に熱い期待―秋田さきがけ―明治7年（1874年）創刊―昭和61年（1986年）11月1日土曜日付秋田魁新報夕刊―秋田魁新報社秋田市大町一

丁目2番6号（郵便番号010）電話大代表
62−1231（一面記事）秋田内陸縦貫鉄道
株式会社・秋田内陸線が一日開業した。未開
通区間の比立内―松葉間の工事を進めながら
六十四年四月の全線開通を前提とした先行開
業で全線開業までは秋田内陸北線（旧国鉄阿
仁合線）、同南線（同角館線）と呼ばれる。
鉄路存続の願いが実った沿線町村では、早朝
から多くの住民が参加して祝賀セレモニーが
行われ待ちに待った日を沿線全体で祝った。
30年前「おらほの鉄道」は2年5ヶ月後に
比立内―松葉間が繋がり現在があると推測は
当時県外千葉県在住の私は、この間の事情に
疎いことからきている。昭和61年11月1日は
何をしていただろうか調べてみる。土日祝日
三連休した。何だと思われるかもしれないが
前後は主に宮城県内の現場にいた。A4一枚
昭和51年から61年まで11年間の11月勤怠表を
纏めた一覧表を見れば分かる。この年東北の
宮城県は8・5豪雨災害があって、その復旧

工事を8月～10月行い、続きに入る間の一時
休日だったなと何とはなく懐かしく感じる。
昭和51年4月から平成18年5月まで30年間は
公共用ポンププラント工事現場代理人業務を
勤め平成4年再開の登山を通じて全国に歩を
記した。秋田大学三年次東京オリンピック年
学内試験落第第二回は四年春太平山と結び
実社会二回転職を経験して今があると思う。
図説秋田市の歴史（新屋図書館蔵書）第五
章三文化と教育の開花新聞の発刊／秋田県で
最初に発刊された新聞は「遐邇新聞」で明治
七年（一八七四）二月のことである。これは
二代目県令杉孫七郎の指導によるもので東京
から吉岡重次郎、柴村藤次郎が招かれ、茶町
菊ノ丁に印刷所、聚珍社を創設して発行した
ものである。「遐邇」とは遠近の意で、広く
情報を集め庶民に提供、新時代を導きたいと
の願いがこめられ、狩野徳蔵が編集に当たっ
た。紙型は冊子型で週刊（のち日刊）県庁の
告諭布達が多くそれに内外ニュースも添えら

れた。明治十一年九月四日紙名を「秋田遐邇新聞」と改め冊子から新聞となった。記事も社説、投書、広告が加えられ多彩となった。（紙名秋田日報犬養毅主筆・休刊）明治憲法成立後明治二十二年「秋田魁新報」と名を改めて再刊今日に続いている。大正・昭和期をつづけて指導的立場に立ったのは安藤和風でジャーナリストの代表として多くの人に知られている。写真冊子型遐邇新聞二冊と、左の写真は聚珍社（茶町）明治初年の印刷所で、新聞、雑誌の発刊にあたった。――現代の高速印刷機の遙か昔冊子印刷所を考える。元へ。

仙北市田沢湖西木ドライブマップは田沢湖を真ん中に置き編集している。方角は上が北で学校の地理図と変わらないから理解し易い。情報ゲット仙北市田沢湖観光情報センターのフォレイクが田沢湖駅にあり営業時間／8時30分〜17時30分でトイレ・車椅子・宿情報・食情報対応をしてくれる。田沢湖東岸中心地白浜北側田沢湖オートキャンプ場「縄文の森

たざわこ」と南側田沢湖キャンプ場4月25日OPEN。白浜おまつり広場たざわ湖・龍神まつり7月第4土曜日スケール豊かに辰子の恋物語を再現は「フォレイク」確認したい。秋田駒ヶ岳と乳頭山が田沢湖北東に図示は田沢湖駅「フォレイク」。温泉同様は何でも問い合せ「フォレイク」。☎0187−43−2111問い合せ分かる。思い出の潟分校は田沢湖南岸東寄り分校の略図では上田子の木バス停か大沢バス停下車分校至る道がある。たっこ像は白浜の対岸に立ち、潟尻・むらっこ物産館潟前山展望台国道105線を表示。

花の日本百名山が幾つかあり、どれがどれやら分からないが、秋田は百名瀑3滝を数え花は森吉山と秋田駒ヶ岳が知られているのは美の国に秋田に相応しい。それ程まで意識に無かった昭和41年登山初年時は駒ヶ岳を学友二人と一緒に登り乳頭山縦走蟹場温泉一泊を経験した。平成の世になって秋田は少ないながら、駒ヶ岳は二度足を運び、少し分かる。

秋田駒ヶ岳に登山される皆さんへ。パンフレット二枚が手元にあり、表面と裏面を比較する。2015と2016は何が違うのか、そんなことどうでもいいんじゃないのという声が聞こえる。それはそうだが、まあいいとして、内容はほぼ同じで、写真と巻頭文言が違う。後者は60の次に十和田八幡平国立公園八幡平地域指定60周年。公園は、十和田と、八幡平に別れて、八幡平に乳頭・駒が入る。アキタの旅マップを良く見ると、成る程なと納得した。そうか秋田駒ヶ岳は乳頭山と共に国立公園八幡平側にあるのだと再認識する。知ってはいたが、如何にも意識が低かった。八幡平と秋田駒ヶ岳つまり八幡平と田沢湖は近いということを、今更分かるのは遅きに失した感を免れないが知るは知らぬに勝る。表紙写真2015は山の斜面コマクサ咲き小さな写真重ね花は2種①ニッコウキスゲ②ミヤマリンドウが彩りを添える。2016は趣を変え、山上の池と横を通る一組の夫婦が

山の斜面に包まれた高山の雰囲気を伝える。下欄規制方法と裏面マイカー規制等は同様。アキタノ旅マップ秋田県観光ガイドマップ（平成27年7月発行）B5八枚分重ね秋田県地図広げるとB4四枚分になる。観光情報が秋田県なり盛り込まれ読み応えがある。みちのくの小京都を散策―田沢湖・角館・大仙エリア①田沢湖②角館武家屋敷③乳頭温泉郷④玉川温泉⑤桧木内川堤の桜⑥抱返り渓谷⑦安藤醸造元本店⑧旧池田氏庭園⑨六郷湧水群⑩全国花火競技大会（8月第4土曜日）⑪角館のお祭り。（平成28年より8月最終土曜日）仙北市観光ガイドマップ同11万分の1、アキタノ旅マップ縮尺28万分の1。こちらは、A3二枚分を12折りした大きさ、即ちA4を三つ折り大のリーフレットで、田沢湖・角館・西木が載っている。仙北市＝田沢湖町＋角館町＋西木村を表現は市の重心田沢湖を先ずミヤマリンドウ取り上げたかなと表紙を見てそう理解する。発荷峠から望む十和田湖、金色たつこ像と青

い湖面遠く秋田駒ヶ岳は、男鹿半島遙か南方海上浮かぶ鳥海山と共に詩の国秋田になる。仙北市表紙写真は田沢湖、順に、角館武家屋敷辺り満開の枝垂れ桜と観光客、西明寺栗林の下に花開く一面のカタクリ群は美しい。裏面の地図がまた仙北市の全容を過不足無く表している様に思う。田沢湖が中央やや下になり存在感は他に抜きん出ている。左下角館右上は十和田八幡平国立公園の八幡平が在り左上は秋田内陸縦貫鉄道十二段トンネル経て北秋田市阿仁町が境界する。中央下は抱返り渓谷、その右東方は岩手県和賀郡西和賀町。秋田内陸線の魅力がぎゅっとつまった観光エリアです。秋田内陸線各駅からアクセス各駅情報・沿線観光ルート案内平成26年秋田内陸地域公共交通連携協議会は仙北市観光ガイドマップと同じ大きさのリーフレットを開く。地図の左、秋田県中央西部の八郎潟（今は大潟村周囲は残存湖）に重ね、あきた（桜桃色ハート印一つ置いて）美人ライン秋田内陸

縦貫鉄道ホームページ3①秋田内陸線―検索②トコトコ鉄道日記―検索③じゃんご鉄道―検索を表示。また、交通機関①～⑲を紹介。森吉山周遊タクシー資料の下に内陸線沿線の市日開催日一覧6が載り開催時間は全て午前8時～正午までです。①西鷹巣駅7のつく日以下同様に②合川駅9③米内沢駅2④阿仁前田駅3⑤阿仁合駅4⑥比立内駅5の距離（徒歩）と場所が記されている。路線バスを利用する（田沢湖畔発着）は定期路線バス「田沢湖一周」・同「乳頭線」・同「駒ヶ岳線」・同「（急行）八幡平線」が分かり、心強い。秋田内陸線はJR角館駅と鷹ノ巣駅が連絡乗換駅になり、注記①角館駅（内陸線）秋田内陸線角館駅からJR角館駅の新幹線乗り場までは徒歩1分！降りてすぐ目の前です。②他方北部の鷹巣駅（内陸線）は北秋田市観光案内所＝鷹ノ巣駅（JR線）前観光案内所。仙北市観光ガイドマップと内陸線駅からアクセス地図を見て内陸線の注目点一つ十二段

トンネルに言及しておいた方がいいなとする

理由はその長さ直線平坦さ工事難度にある。

秋田内陸線の全線開通に至る現場のご苦労は

大変だったろうと考える所以はトンネル工事

には山間や海岸等の枠を超えた広がりがあり

映画は石原裕次郎三船敏郎主演黒部の太陽と

高倉健主演青函トンネル工事にあると思う。

秋田内陸線仕様(1)総延長94・2km(2)営業形

態第三セクター(3)歴史昭和59年10月31日設立

昭和61年11月営業開始―秋田内陸北線(鷹巣

～比立内)同南線(角館～松葉)―平成元年

4月秋田内陸線として全線開業。(4)営業区間

鷹巣駅(北秋田市)～角館駅(仙北市)駅数

29駅(うち無人駅23)。(5)キャッチフレーズ

秋田名物内陸線!(6)秋田内陸線愛称名あきた

美人ライン(7)イメージキャラクター森吉のじ

ゆうべえ+応援キャラクターないりっくん。

秋田県内最長5697m十二段トンネル通る

ディーゼルカー1両編成の内陸線列車車内は

トンネルに入ると後部窓から暫く入りロトン

ネル形が見えていて、やがては暗闇となり、

今度は前方の車窓に出口トンネル形が小さく

現れそれが次第に大きくなり出口へと抜けて

行く間が好ましく思われる。十二段は地名か

ら名付けた様に聞いている。出入り口南側駅

戸沢駅北側駅は阿仁マタギ駅。阿仁マタギ駅

記憶一つ秋の一日徒歩往復森吉山は安の滝。

ガッタンゴットン秋田内陸線を行くパンフ

レット表紙若い女性右手親指と人差し指持ち

2016年6月22日印字の切符秋田内陸縦貫

鉄道・角館↓阿仁合行き背景桜色演出の文言

ふんわりとココロを包む、やさしい出会いが

待っています。秋田内陸線を行く気がつけば

笑顔になっている自分がいる。「ただいま」

と言ってみる。すると風が、光が、「おかえ

り」と迎えてくれる。それだけでもう気持ち

が溶けてワクワクと騒ぎ出す。ここはココロ

のふるさと。懐かしくて暖かい出会いが待っ

ている場所。さぁ、どこに行きましょうか?

パンフレットもくじ29駅角館鷹巣間を六つに

分け鉄路に赤い車体一両描く旅は下欄写真と説明でその土地の農産物温泉食堂花和紙等を知ることが出来る。さぁ、どこに行こうか。1角館2羽後太田―秋田駒ヶ岳眺望の駅。3西明寺―栗と栗焼酎。4八津―かたくり群生の里入口の駅。5羽後長戸呂。6松葉―田沢湖に一番近い駅。7羽後中里―カンデッコ上げの駅。8左通。9上桧木内―紙風船上げの駅。10戸沢―県内一てっぺんの駅（標高315m）。11阿仁マタギ―熊牧場・安の滝最寄りの駅打当温泉マタギの湯山深い温泉でマタギ文化にまるごとひたれます（写真5枚）12奥阿仁―演歌「無人駅」の駅～比立内間特記二つ①森吉山の絶景スポット&②比立内橋梁阿仁川渓谷を渡る橋の上からの眺めが最高！観光シーズンには、橋上で列車が徐行運転。大自然のど真ん中で、いよいよ内陸線の旅がクライマックスを迎えます。13比立内―マタギの宿松橋旅館・道の駅あに・チェンソーアート・またたび館。14岩野目。15笑内（おか

しない）―根子番楽入り口の駅トンネルを抜けるとそこは日本の原風景目に入るのはのどかな風景だけ二又荘・年季の入った駅舎駅名に思わずほっこりホームから見えるのは田んぼと山だけ根子番楽とチーズ饅頭「笑内」。16萱草―大又川橋梁最寄りの駅。17荒瀬。18阿仁合―阿仁ゴンドラ麓の駅。阿仁異人館・伝承館ルネッサンス風の洋館が産銅日本一のシンボルに鉱山関係者の迎賓館だった名残りは今も健在明治12年（1879）に来山したドイツ人技師の官舎として建てられた異人館は異国情緒満点伝承館では様々な展示品を通して阿仁の鉱山文化に触れられます。内陸線資料館レストランこぐま亭・馬肉シチュー旅館千草スノーキャンドルストリートinあに森吉山のゴンドラ「花の百名山」に数えられる森吉山は四季折々、登山・森林浴・トレッキング・渓流釣りなどが楽しめます。果てしなく広がる白銀のうねりモロビの樹氷はひときわ幻想的です。

じもトラ阿仁森吉エリア森吉山―山麓はブナ林、標高約1000mから山頂（1454m）まではアオモリトドマツの原生林が広がります。初夏から秋にかけて約300種類の高山植物が咲き誇り「花の百名山」に数えられるほど。冬にはスキー、樹氷鑑賞を楽しむことができます。ガイド団体も充実しており奥森吉・奥阿仁の秘境・名瀑を案内してくれます。10頁秋田内陸線のりものまつり消防車やパトカー・白バイ・セグウェイ・ミニSL等めったに乗れない乗り物に体験乗車できるとあって大人から子どもまで大盛り上がり。開催日5月第3土日曜（予定）間（秋田内陸線のりものまつり実行委員会）阿仁合駅前。阿仁合ぶらぶら散策ガイドかつて阿仁合で栄え人・物・文化が交流した阿仁合の街を地元ガイドがご案内。由緒ある神社仏閣のパワースポットを訪ねたり鉱山の史跡や阿仁文人足跡を巡る等して、内陸線の旅が一層深まります。11頁＊笑う岩偶白坂遺跡から出土した

高さ7cmの土偶。ユーモラスな表情から笑う岩偶と呼ばれ縄文人の高い精神性がうかがえます。出土品は平日北秋田市森吉庁舎1階ホールで展示公開されています。（貸出中の場合あり要事前確認）レプリカは阿仁合駅観光案内窓口でもお求めいただけます。クインス森吉・杣温泉旅館・もちもち三角バター餅。田んぼアート角館～羽後太田間北へ阿仁合～小淵間と前田南～阿仁前田間で毎年開催7月～9月。阿仁前田―森吉山眺望の駅。桂瀬＊出土最寄り駅。米内沢・上杉・合川・大野台・小ヶ田・西鷹巣・鷹巣は能代～大館記述。松葉駅～田沢湖周遊タクシー／秋田内陸縦貫鉄道松葉駅と田沢湖を結ぶ乗り合いタクシーです。どうぞご利用ください。A4パンフ表面写真構図は、左に静止金色たつ子像全身アップに田沢湖を入れ中央向こう霞む駒ヶ岳たつ子像が一際美しい。発行平成26年5月。たつ子像の右に案内図看板を配した簡にして要を得たデザインは優れている。田沢湖水深

日本一４２３・４ｍ文言と青濃淡の湖は地図使用画像処理法で田沢湖が一層引立つ。多色案内図はＪＲ秋田新幹線・田沢湖線角館駅と田沢湖駅を田沢湖下方左右に配して左方秋田内陸縦貫鉄道は上下鷹巣駅角館駅その中間に松葉駅がある。松葉駅から右方に御座の石コース（橙）たつ子像コース（赤）２コースが田沢湖で上下に別れ①御座の石は北回り西岸御座の石を通り②たつ子像は南回り西岸子像を通り両コースは東岸田沢湖畔合流①は温泉郷へ②は田沢湖駅へ。右上秋田県仙北市地図と上部に予約先は生保内観光ハイヤー。

平成の田沢湖を語る時に瑠璃色ロマン神秘第18回田沢湖ツーデーマーチがある。何それと言ってはいけない。リーフＡ３二つ折りに目を通すとやがて分かる。2016年1日目10月1日（土）2日目2日（日）□1日目／40km・22km・12km・5kmの4コース。□2日目／32km・21km・12km・5kmの4コース。―距離は現時点での予定コースで計算しております。

右に会場県立自然公園「田沢湖」1日目…田沢湖レストハウス2日目…アルパこまくさ。角館を一つ、新潮社記念文学館佐藤義亮と新潮社。Ａ４三つ折り要旨①角館の紹介と文学作品②新潮社と文人③義亮と秋田、角館。角館駅②新潮社と文人③義亮と秋田、角館。角館駅を出て桧木内川へ向かい間もなく左に入ると文学館が左手にあり、館員の働く姿は思うに、新潮社が社員を研修の形を取り派遣かと推測するが実際は不詳である。佐藤義亮1878年（明治11年）2月角館町出生。後年上京出版事業を志し1904年新潮社創立1951年（昭和26年）8月死去、満73歳。

英国の女性旅行家イザベラ・バードが「日本奥地紀行」の中で秋田を旅した年に角館の佐藤義亮は生まれている。明治37年独立するまで彼の意識に英国の一旅行家は無かっただろう。それは、当り前で、昭和48年高梨健吉訳書「日本奥地紀行」平凡社発行が世に出て東北は山形秋田青森の人々は明治11年当時の故郷を知ることが出来た。振り返って明治初

― 138 ―

期の庶民は隣県や国内また世界の一部情報は不明のままに推移しておそらく分からない。

2016年交通事情は、五能線全線開通80周年と田沢湖線全線開通50周年の年に当る。（図説秋田市の歴史平成17年3月印刷発行）国内の鉄道は、明治22年（1889年）7月東海道線全通と同24年9月東北本線開通成り奥羽本線は明治38年9月14日全通している。羽越本線の工事は新潟山形秋田の三区に分けて行われ、秋田県では大正5年工事に取りかかり同13年（1924年）4月秋田新潟間が全通して7月31日秋田市で全通祝賀会が行われた。羽越本線開通は日本海岸三県の経済文化の交流を深め、その後の発展に役立った。

羽越本線と連絡する鉄路が、由利高原鉄道鳥海山ろく線おばこ号になる。羽後本荘駅と矢島駅間を結ぶ第三セクター路線で秋田内陸縦貫鉄道秋田内陸線あきた美人ラインと共に秋田県の農村部を走るローカル線気動列車は昨今の車優先と人口減少社会経営は厳しいが

存続して欲しい昭和遺産の一つ。日本海から鳥海山の山麓に至る、田園風景の中を走る。

秋田ドライブマップは秋田県内を巡る菅江真澄の足跡を訪ねて江戸時代の紀行家が記した旅の足跡を辿る、当時の人々の生活に触れる旅。（発行）東日本高速道路東北支社秋田管理事務所（監修）秋田県観光連盟A3二つ折りリーフレット表紙は小町娘七人中六人が平安朝の市女笠旅姿薄絹ヴェールを開きつつ野道を行く。裏面左は菅江真澄座像図その上秋田を旅し秋田を記した紀行家。右に解説と絵図写真。菅江真澄とは・真澄の記録記事。リーフを開くとA3縦用紙全面に秋田県の地図を収め菅江真澄の足跡を訪ねて菅江真澄秋田県旅の足跡おすすめスポットは①標柱33②説明板5③歌碑・記念碑10記され写真9枚秋田県地図に載り、番号は連番1～48。秋田県立博物館写真説明は菅江真澄資料センター展示室が常設されている。真澄という人物そのものや生涯、残された旅の記録や著作など

豊富な資料を展示している。（田沢湖・八幡平・内陸線・由利高原線本荘周辺足跡無し）

秋田を旅した菅江真澄は、後年秋田の人に愛され、県立博物館は真澄資料センター展示室常設公開をしているが、イザベラ・バードはどうか。いや、元へ。本論は雄物川になる。

「日本奥地紀行」の旅は、神宮寺から水路雄物川を舟で下り、久保田（秋田）に上陸した。

雄物川の水運（158頁）上流では角間川の船場がとくに栄えた。下流にあたる石田坂村（秋田市豊岩）には川船番所（宝暦十六年豊巻村から移る）があり上り・下りの船荷に課税をし、新屋村には船頭や問屋が集まり一時運上役所もおかれた。明治三十八年奥羽本線開通により雄物川水運は大打撃をうけ、船の積み荷は鉄道運送にかわり帆船は姿を消し船場の火も消えた。わずかに鉄道から離れた由利郡大正寺村・河辺郡種平村・戸米川村では昭和三十年ごろまで雄物川舟運が名残を留め新屋大橋の近くに船付き場ができ貨物や旅客

の世話をしていた。写真①帆船②曳舟の図③角間川港④茨島の船着き場（昭和25年頃）。

イザベラ・バードの秋田を知る為に当時の公的な秋田資料を出来るだけ集め並べてみる過程で何か見えてくるものがある。その様に明確に考え行動している訳ではないが、取り敢えずというのか先ず動いてみる。図説秋田市の歴史を繙き第四章城下町久保田の成立と近在の村々一佐竹氏の秋田入部。二城下町久保田の形成。三賑わう湊と街道─日本海運と湊のコラムは◎川崎船の進出─地方色豊かな船。(2)雄物川舟運と湊を開く。（抜粋）

土崎湊は全国的には秋田湊とも称呼されていたが、ここから北前型弁財船に積まれる物資の半数以上は、倉内（湯沢）を起点とする雄物川舟運を通じて搬送されて来る雄勝・平鹿・仙北三郡からの物資であり、上り舟では逆に秋田藩に移入された日常生活に関わる消費物資が同地域に運ばれて販売され藩南部の人々の日常生活を支えた。次頁雄物川舟運図

1〜70−1河口土崎湊2久保田3川口船着場4新屋港〜69倉内港は湯沢市横堀駅辺り地名倉内は湯沢駅の北西に有り、70角間船着場は支流皆瀬川―成瀬川の増田町内に該当する。現在私が知る川港の地名は55沼館港48大森港41角間川港27大曲港21玉川渡し20神宮寺港。14刈和野港・船調役所11新波港（亀田領）・新波運上役所10上淀川船着場7戸島の渡し5石田坂番所4新屋港・新屋船調役所船着場見上役所3川口関所・川尻銭座川口御薪方役所船着場2久保田・5丁目蔵・馬口労町船着場鍛冶町船着場1藩御蔵・御納屋方役所・土崎湊・出入役所大浜番所沖出入調役所海岸見廻役所。

米の川路雄物川（全文）雄物川と米代川は同じ秋田藩の物資輸送の二大動脈でありながらも際立った違いを見せる。すなわち、北の米代川は銅と木材の川路、南の雄物川は米の川路であった。雄物川は全長凡そ130kmに及ぶ秋田藩第一の河川で、支流である役内川・皆瀬川・横手川・丸子川・玉川・岩見川などが注ぎ込み、久保田近郊では更に太平川・仁別川と合流して土崎湊に流れ出る。これらの支流を利用した舟運は、最終的には河港で本流の雄物川舟運に連結され、上筋三郡の物資が土崎湊に川下げされた。雄物川は、村方絵図ではただ大川と記されているものが多いが、正保四年の「出羽一国絵図」には御物川と明記され、藩では御物すなわち年貢米を搬送する川として認識していた。これらの舟は川下げの帰途には北前船から陸揚げされた移入物資である繰綿・古着・紙・畳表などの日常生活品を積み込み、藩南部に流通させた。

米の川路雄物川図と、秋田ドライブマップ菅江真澄の足跡を訪ねて図を並べ、更に由利本荘市・にかほ市周辺全図（じもトラの秋田中央・男鹿・鳥海エリア47頁48頁）を見る。羽越本線由利高原鉄道と子吉川が地図として機能することによって秋田県の全体が浮かび上がり、また、菅江真澄の旅が少し分かる。・イザベラ・バードは、神宮寺と久保田間を

漸く確保した舟で下り、羽州街道はその間が空白になっているので資料を読み込み補う。

秋田・羽州街道の一里塚※20かみおか一里塚

秋田領内20番目江戸から132里。場所大仙市北楢岡。現況―両側の塚が国道13号に出て北進すると「道の駅かみおか」がある。国道の両側に塚が現存し、一里塚の道の駅として県内に知れ渡っている。両側に塚が実在するのは羽州街道では鴨巣一里塚、綴子一里塚とここだけである。昭和34年秋田県指定文化財史跡に認定され旧神岡町教育委員会（現在は大仙市に書き換え）が設置した説明板等は省略この時（昭和42年）のサイカチの大きさは、左側が胴回り4・68m右側が胴回り4・90mとなっているので、かなりの大木であったようだ。残念なことに、平成10年の台風19号で倒木し、現在生えているのは二代木である。一里塚名を「道の駅かみおか」にちなみ「かみおか」とした。（自転車こぎ神岡で見た）

21刈和野一里塚―所在右は大仙市刈和野字一里塚東左は同（雄物川）現況一帯は雄物川とその河川敷になっている。精度C。かみおか一里塚から国道13号を北上、一つ目の信号機から左に分岐して旧国道（羽州街道）を進むと刈和野地区に至る。後掲のように具体的な資料が多いので、机上では一里塚の場所がはっきりしているが、一帯は古くから洪水の常襲地帯で、雄物川の流域が刈和野地区寄りに変化したため、現在は河川敷になってしまった。（地図刈和野駅西方刈和野橋上流右岸）

22峰吉川一里塚―所在右は大仙市協和峰吉川字宇登ノ上左は同。現況一帯は山林で、左右とも木が茂っている。精度B。刈和野地区を抜け、国道13号に出て北進。峰吉川地区に至り右に分岐して集落内に入る。羽州街道は、集落の中ほどから右折して白糸の滝方向に向かい山越えして上淀川に至るコースである。秋田歴史研究者研究団体協議会理事進藤孝一さん（昭和9年生、大仙市峰吉川）が「塚跡

がわずかに残っているから注意しながら見て歩くと分かるはずだ」と略図を書いて教えてくれた。白滝明神の石灯籠（嘉永元年建立）近くの空き地に車を置いて徒歩で向かった。道右方が白糸の滝、左方が羽州街道である。道路は狭く未舗装であるが、四駆の軽トラックなら通行可能である。曲がりくねった坂道を400m近く上ると、急に勾配が緩くなり1000m程のなだらかな状態となり、また坂道となり山の上まで続いている。平坦に近い100m程の部分が資料の「並木敷一里塚」に当たると思われる。現在は杉と雑木林になっているが藩政時代は並木道だったのだろうか。一里塚はこの範囲にあると思い確かめながら歩いていたら中程の右側にそれらしき場所が見つかった。関係資料(4)明治年間の「仙北郡峰吉川字宇登ノ上図面（大仙市協和庁舎蔵）23上淀川字一里塚—所在右左大仙市協和上淀川字上淀川。現況地区の入り口に当たり左が住宅地、右はコンビニが建っている。精度Ａ。

羽州街道は峰吉川一里塚跡から山を越えて上淀川橋の手前で国道13号に合流する。乗用車の通行は無理なので、国道に引き返して北進する。上淀川橋を渡った直後の信号機から左折して右折上淀川地区に入ると、左側二軒の間が一里塚跡のようである。（略図と写真）24一の渡一里塚—所在右左大仙市協和船岡字上一の渡。現況集落の中程に当たり左右とも住宅地である。精度Ａ。上淀川一里塚跡から境地区へ延びる羽州街道は定期バス路線になっているが、ここでは国道13号に戻って北進する。合貝あわせがい交差点の信号機を越えて間もなく右方の県道28号線（秋田岩見船岡線）に折れて進むと、最初の集落が一の渡である。精度Ａ。略図と写真この辺は分かる。25船沢一里塚—所在は大仙市協和船沢。現況中船沢バス停近くに位置し、左が国道の法面右は山林である。精度Ｂ。一の渡一里塚跡から船沢地区に抜けた山越えの羽州街道は廃道になっているので、国道13号に戻って北進。

船沢は戸数25戸の小集落である。集落外れの中船沢バス停から国道を100m余り秋田市寄りに進むと右側の山の斜面にサイカチの木がある。大木という程ではないが他の雑木と比べて一際大きいので目に付く。拙著『秋田・消えた分校の記録』（2005）で当地区にあった船沢分校についてはお世話になった田沢善雄さんに一里塚についてもお願いしたところ「集落を回って色々調べたところサイカチの木の付近が一里塚のようである」と。

大仙市協和町から秋田市河辺町へと向かう前に、羽州街道をゆく藤原優太郎を読み返すことは必要だと本を開く。秋田の歴史があり往時が平易に述べられ、心に響く感がする。

秋田・羽州街道の一里塚佐藤晃之輔と合わせ見る時に、二人の思いが何という訳ではないけれども伝わってくる。連想は各人各様訪れるものだが一時流れに身を任せ、佐藤義亮に戻ってみる。秋田の先覚4近代秋田をつちかった人びととエース1番打者（没年順）は佐藤

義亮の経歴一つ抜き書きする。佐藤義亮新潮社の創立者(1)図書館庭の胸像(2)本を読む少年―幼名は儀助しかし、商人じみた名が嫌いでのちに自分で義亮と改めた。ペンネームは主として橘香をもちいた。義亮は、角館の町でささやかな荒物屋を営む為吉、とく夫婦の末子（四男）である。父の為吉は商人にはめずらしい読書好きな人で、店の品物に『論語』の言葉をとって符牒に使ったという語り草があるぐらいである。店先にいるよりは、書斎か僧坊で生涯を送るに相応しい人ともいわれ特に熱心な仏教（真宗大谷派）信者だった。

秋田県内最も全国的に知名度が高い角館は田沢湖への出入り口でもあるが、秋田市から田沢湖秋田駒ヶ岳登山バスは協和の大盛館横通り国道46号線・角館バイパス田沢湖コースを辿った。（大盛館）羽州街道をゆく秋田県刈和野から境―峰ノ山越え73頁荒川を渡った旧上淀川村は荒川鉱山や角館方面に向かう繋街道（現国道46号）との分岐点である。この

― 144 ―

脇街道もまた佐竹氏の本拠である久保田城と角館北家を結ぶ連絡路として藩政期にはよく利用された道である。元禄13年（1700）に銅山として開坑された繋街道沿いの荒川鉱山は秋田藩が直接経営する直山として栄えたが、最盛期は明治末から大正初期であった。

秋田ドライブマップでは、国道46号道の駅協和から角館までが、㉗角館神明社の写真と記事に隠されている。内容―佐竹北家によって明暦2年に遷座されたと伝えられ、真澄が亡くなった場所として境内に「終焉の地」の石碑が建つ。毎年9月7～9日に開催される角館のお祭りの舞台。角館北東へ田沢湖線を行けば44絶筆の碑と26金峰神社が並び、その先には、菅江真澄おすすめスポットは無い。ふるさと博物誌千葉治平著、梅沢村のいわれ268頁がこの間の経緯を書き記している。

また江戸時代の大旅行家、菅江眞澄が、秋田領内の地誌調査のため、最後に宿泊していたのが梅沢村清右衛門宅であった。眞澄の病いはここであらたまり、駕に乗せられて、角館神明社の神官宅に運ばれ、そこで息を引きとったと言われている。梅沢村は眞澄最後の旅行地であった。（以下省略）卒田村の西隣梅沢村を秋田県道路地図で確かめ菅江真澄の足跡おすすめスポットを理解した。地図上に記載無しは、標柱33説明板5歌碑・記念碑10の中に入っていないだけのこと真澄の足跡は秋田県内遍くあるに違いない。田沢湖卒田・田沢湖梅沢・田沢湖刺巻・田沢湖潟・田沢湖生保内・田沢湖田沢・田沢湖玉川の土地名が鹿角市八幡平や北秋田市森吉等と隣接する。

秋田県は院内・湯沢・横手・六郷・大曲・神宮寺・刈和野・峰吉川を経て協和に至り、秋田へと旅は続く。思えば、湯沢横手大曲は駅前で秋田の酒純米酒を購入の覚えはあるが多くを知ることは無かった。元へ。歩一歩の歩みを継続して、羽州街道をゆく河辺の道。街道は一旦国道へ出て、「蕨の根花餅」が名物の立場茶屋があった船沢の集落に入る。

一里塚もあったようだが、今ではその場所は分からない。沿道には馬頭観音や庚申塔明治天皇御休所跡などが残っているだけである。河辺町に入ると神内、宮崎を過ぎ坂本で岩見川に出合う。淀川盛品（もりただ）の秋田風土記に「坂本の舟わたし有、一の渡と云、街道三渡の水上なり」とあって、これから岩見川を3度渡ることになる。藩政期、式田宮崎村に含まれた和田は、次の豊島と交代で本陣を務めたところである。和田から豊島に向かう道は部分的にズレはあるが、おおむね旧街道（現県道）に沿っている。川原田の二ノ渡を渡り豊成で三ノ渡を越え御所野坂を上る羽州街道は松並木の風情が残る御所野の丘に出る。河辺町は藤原優太郎の生まれ育った故郷だが74頁75頁下欄の見開き地図とカラー写真3枚次の76頁白黒写真左右―古い山門がある満蔵寺は中世以来の古刹左―御所野の松並木も残り少なくなってしまった御所野にバトンを渡している。地図東西南北同じ横長右太平山碑左へ破線道

国道出て庚申塔群・船沢一里塚と岩見川近く坂本城跡・坂本の渡し場74頁。75頁同様地図並び羽州街道は国道13号線信号左方西に進み和田宿通り奥羽本線跨線橋越え河原田二ノ渡一里塚跡直ぐ戸島大橋を渡る。河辺町戸島は豊島本陣跡と満蔵寺は左見送り三ノ渡豊成橋渡り秋田新幹線・奥羽本線の踏切は左右確認通過して御所野坂至る。豊島館跡が岩見川の右岸秋田新幹線鉄路北方高みに在る。地図は左上へ松並木と庚申塔まで記載。76頁御所野仁井田記事―77頁地図は横山坂・仁井田堰・仁井田神明社・お茶屋橋・牛島橋―牛島へ。26石川一里塚―所在秋田市河辺田諸井字大部。現況石川T字路付近に当たり左右とも住宅地である。精度A。船沢一里塚跡から国道13号を一路北進。和田大橋（岩見川）を越えてやや進むと和田坂本の信号機があり、そこから100m程進んだ次の信号機付近が当該地に当たる。（和田坂本交差点の北は岩見三内）27川原田一里塚―所在秋田市河辺松渕。現況

左側の塚が民家の隣地に現存する。精度A。

（国道13号線―県道61号線は戸島大橋手前）

28 御所野一里塚―所在秋田市上北手御所野。現況御所野バス停付近に当たり左右とも商工業地である。精度B。豊成から県道61号線を北進、あきたびライン下を通り右に抜けて、その先で合流直ぐ左の高清水酒造（秋田酒類製造㈱精米工場）前（盛土）一里塚跡付近。

29 仁井田一里塚―所在右秋田市仁井田本町2丁目左同目長田2丁目。現況左が資材倉庫、右は住宅地である。精度A。御所野一里塚跡から旧国道を進み横山集落の坂を下りた後、田んぼの中の仁井田堰沿いの道路が羽州街道である。（仁井田堰土地改良区資料・調査）（仁井田堰の道路は一里塚跡のすぐ手前をJR奥羽本線（秋田新幹線）が開通し遮断されて通り抜けが出来なくなっている。したがって一里塚跡には国道13号を進み、目長田跨線橋を過ぎた直後の信号機から入る。

30 牛島一里塚―秋田領内30番目江戸から14

2里。所在右秋田市牛島東5丁目2番左1番。現況牛島の市街地内で左右共住宅地である。精度B。（著者推測に感謝）秋田県道路地図赤色国道13号6仁井田を見ると大凡分かる。右左青色羽州街道秋田街道添書き有るも惑わされてはならない。二ツ屋の信号を右へ入りバス路線の羽州街道を右にマルダイ牛島店見てその先が一里塚跡になる。バスは羽越本線渡り楢山町内を経て久保田城下に入る。羽越本線は踏切右が秋田駅。進み太平川太平橋渡り猿田川お茶屋橋を右左は国道下を南西に牛島駅、南へ至酒田駅。

31 八橋一里塚は山王十字路西へ県庁市役所信号右けやき通り北へ、八橋一里塚信号手前に一里塚跡標柱がある。左折して旧国道面影橋渡り帝石事業所右見て寺内の坂上り秋田城跡越え下って行く。※32 土崎一里塚は旧国道と旧穀保町からの道路が交差する三差路付近に盛土あり一里塚と言われていたという。現在秋田市教育委員会が設置した「旧御蔵町」の

― 147 ―

標柱付近に当たる。（土崎神明社祭と関連）
秋田県エリア別観光ガイドブックじもトラ
秋田中央・男鹿・鳥海エリアを開いてみる。
(1)秋田中央エリアは秋田市、
潟上市・男鹿市・大潟村・八郎潟町・井川町
・五城目町(3)鳥海エリアは由利本荘市・にか
ほ市となる。その中で潟上市男鹿市大潟村は
傍らに置き、八郎潟町井川町五城目町三町は
独立独歩我が道を行く町なのかも知れない。
（注記パンフレット類の発行年月日明記と頁
数明示は編集時に考慮したい。統計に移る）
2016年県民手帳記載の全国一は何か。
学力日本一は広く知られる。平成27年度実績
小学6年4種目（国語ABC算数AB）4種目
一位。中学3年4種目（国語AB数学AB）
国語が一位（追記：数学A二位数学B二位）
11頁秋田県の日本一項目最初に深度田沢湖の
数値423.4m時期平成25年が載る。備考
2位支笏湖3位十和田湖（326.8m）。
身長日本一は22番男子身長16歳171.1
cm

23番女子身長13歳155.7cm（26年度）。
参考までに12頁同（番外編）下欄構築物は①
大館樹海ドーム②康楽館③大潟村④大湯環状
列石⑤伊勢堂岱遺跡⑥秋田大学付属鉱業博物
館⑦北鹿ハリストス正教会聖堂（7構築物）
2016年9月29日文部科学省の全国学力
・学習状況調査結果公表（30日新聞報道）を
見ると学力一位は3教科、小6国語Bと中3
国語A・B。「教科Aは基礎知識を問い教科
Bは応用力をみる」小6と中3の得意は国語
Bの応用力をみるである。小6国語Aは3位
算数A3位同B2位・中3数学A2位同Bは
4位となっている。（教育関連は一応終了）
秋田県平成合併履歴2005年は1月11日
秋田市・河辺町・雄和町合併秋田市に始まり
3月22日(1)昭和町飯田川町天王町合併潟上市
(2)男鹿市若美町合併男鹿市(3)本荘市・矢島町
・岩城町・由利町・西目町・鳥海町・東由利
町・大内町の1市7町合併で県内一の面積を
持つ由利本荘市が誕生。10月1日仁賀保町・

— 148 —

この金浦町・象潟町の3町が合併にかほ市で年を越えた。2006年3月県北部の日本海沿い三地域の合併が続いて、20日三種町、21日能代市、27日八峰町が成立。秋田県は13市（＋4）と9町（－41）3村（－7）になった。

イザベラ・バード「日本奥地紀行」秋田の旅は羽州街道沿いに南から北へ縦断する形で二週間の出来事や感じたことを率直に記している。羽州街道で言えば久保田の街には通常牛島一里塚を経由して入るが、そうはせずに神宮寺港から舟を出し水上雄物川下り旭川を遡って上陸した。馬口労町鍛冶町上流大町の宿に逗留は「当地における三日間はまったく忙しく、また非常に楽しかった」と久保田は二泊三日24日晴天土崎経て鶴形へ向かった。

旧馬口労町は旭南小学校前の通りに面した閑かな町だが毎年8月3日～6日四日間開催「秋田竿燈まつり」には、馬口労町の竿燈が市内を運行する。江戸時代から大正初期まで馬市が立ち、馬のせり場として賑わいを見せ

また旧羽州浜街道の久保田発着地であった。秋田を補完する形取り日本海沿い羽州浜街道旧街道は、松尾芭蕉「おくのほそ道」象潟町起点北へ金浦町仁賀保町西目町本荘市大内町岩城町経由、秋田市馬口労町の旅をしたい。

羽州浜街道に入り山形県と秋田県は芭蕉の縁がある。松尾芭蕉は旧暦六月十五日酒田発北方に向かい吹浦を通り当日象潟到着予定は雨天吹浦一泊の翌日十六日に象潟の地を訪問している。観光パンフレット北前船寄港地を旅する「酒田市・秋田市」共通は両市結ぶ。

松尾芭蕉と曾良同行二人「おくのほそ道」追体験の場合、四国遍路の主流一番札所から右回りする順打ちと八十八番から左回りする逆打ちを当てはめて、さあどちらにしようと考えるのは、余り現実的ではない。右か左の何れにせよ全路を徒歩一度に回るのは困難と止め、東京から平泉間は北上して、平泉から鶴岡間は南下する方が分かり易く、庄内は南北に鶴岡・酒田・遊佐と歩き、象潟へと向か

ってみる。「おくのほそ道」平泉から最上の道は、義経北国落ち故事の道を逆にたどったのではとの推測が一部にある。最上総合支庁発行リーフ解説文／義経一代記「義経記」によると、源義経が兄頼朝の追っ手から逃れるべく、北陸から奥州平泉に向かう途中に最上地域を通ったのは文治3年（1187年）のこと。清川から最上川をさかのぼってきた一行は本合海から陸路をたどりますが、舟形の関所（一ノ関）を回避するため亀割山を越えて瀬見に向かったとされています。そして、46歳（数え）の松尾芭蕉が門人曾良を伴ってみちのくの旅に出たのはその約500年後の元禄2年（1689年）3月27日（陽暦5月16日）―奥州平泉で藤原三代の栄華と義経の最後を偲んだ芭蕉は悲運の武将を追慕するようにそのゆかりの地を逆にたどっています。

芭蕉にもふと会えそうな「おくのほそ道」出羽路の旅リーフはA3判四つ折り縦長表紙米倉兌画「鈴木清風」を載せ、発行‥山形県

・尾花沢市歴史散歩の会監修‥梅津保一2011年3月練達の内容は情報満載配分程よく墨彩画旅立ち。4月1日は日光20日白河の関5月9日仙台藩松島。一関二泊、平泉落涙。岩出山鳴子尿前（しとまえ）の関漸越す。出羽路は新庄藩最上町堺田15日（7月1日）～庄内藩鶴岡市鼠ヶ関越えた6月27日（8月12日）43日間。

「おくのほそ道」行程図矢口高雄漫画日本の古典25奥の細道95年中央公論社刊参考堺田2泊尾花沢10泊立石寺1泊大石田3泊新庄2泊羽黒山3泊月山1泊羽黒山3泊鶴岡3泊酒田2泊吹浦1泊塩越2泊酒田7泊大山1泊温海1泊＝42泊43日芭蕉は出羽路に身を置いた。

おくのほそ道尾花沢芭蕉清風歴史資料館のA4三折リーフを開けば、清風の人となりを少しは知ることが出来る。利用案内交通略図JR大石田駅から◇バス10分中町バス停徒歩3分資料館◇タクシーで10分。（問）☎FAX0237-22-0104写真柿本人麿像。雪国のくらしと民具（蔵2階展示）尾花沢は

飛騨の高山越後の高田出羽の尾花沢と日本三雪の地といわれてきました。雪景の美しさをたたえるとともに非常に雪が多い地域です。近年雪国のくらしに関する生活の民具は急速に失われようとしております。それを保存・維持することにより雪と人びとのかかわりを研究します。

尾花沢市芭蕉、清風歴史資料館文化財としての建物。鈴木清風略年譜は慶安4年1651年出生享保6年1721年死去71年載り辞世—本来の磁石を知るや春の鷹。

大石田パンフまちが、悠久の歴史を語りはじめる・・・ゆるやかに、時は流れる。文学最上川の水面に映る昔びとのこころ。おくのほそ道ふれあい紀行。本文大石田は最上川の表情豊かな起伏に富んだ町です。小高い河岸段丘の連なりと、なだらかな山なみの間を、最上川は今もたゆまずうねり流れています。その水面は、ひたむきな人々の生活を、風雅を求める旅人の心をありのままに映し続けてきました。かつて大石田が最上川の中心河港

として栄え、人々の往来で華やいでいた頃、漂泊の俳人芭蕉が門人曾良を伴って訪れ、旅装を解きました。それは、元禄二年五月二十八日（陽暦七月十四日）のこと。翌二十九・三十の両日にわたり最上川べりの高野一栄亭で芭蕉は曾良と土地の俳人一栄・高桑川水とともに四吟歌仙を巻きました。最上川と初めて対面した芭蕉は「五月雨を集めて涼し最上川」と発句し、迎えた一栄は「岸にほたるをつなぐ舟杭」と脇句しました。一栄らにとって芭蕉との出会いは新しい風流の道を照らす蛍との邂逅だったのです。そして「おくのほそ道」文中のこのたびの風流ここに至れりの一行からは、みちのくの旅の風雅の極まりともいえる芭蕉の感動が伝わってくるのです。

堺田尾花沢山寺大石田—芭蕉は大石田に三泊しました。曾良旅日記によると五月二十九日歌仙の一巡を終えた後一栄・川水に伴われて舟で対岸の黒瀧山向川寺に参詣しています。解説黒瀧山向川寺大徹禅師開山の600年の

法灯を伝える曹洞宗の名刹。芭蕉を始めどれ程多くの偉大なる文人たちが、この参道を踏みしめたことか。大樹の風鳴りの中であなたにも幽寂な境地に浸って欲しいところです。

☆JR大石田駅から車で10分。□芭蕉句碑は（西光寺境内裏庭）芭蕉が来訪してから凡そ80年後（明和年間）に土地の俳人土屋只狂が建てたもの。旧碑は歌仙の発句を川石に複写拡大して刻したものでガラス張りのさや堂に安置されています。元の位置には同句形の副碑、側に一栄の脇句「岸にほたるを・・・」の碑も建ててあります。（写真旧碑の拓本）

☆JR大石田駅から徒歩10分。見開き写真は緩やかに流れる雪の最上川と絵図芭蕉たちが「さみだれ歌仙」を巻いた一栄亭跡は大橋より最上川右岸をやや下流へ行ったところで、「奥の細道」標柱解説板が建ててあります。奥の細道――出羽路編――山形県奥の細道観光資源保存会と（社）山形県観光物産協会編集発行A3判二つ折りリーフレットを開いてみる。

表紙は山刀切峠越える道案内人究竟の若者と芭蕉・曾良三人の絵図写真を載せ、黄色系の和紙上に俳句十数句散りばめられ、出羽路は12句を挙げているが、象潟での句は秋田路に配慮か記されてない。堺田～温海間16個所は①堺田②山刀切峠③尾花沢④翁塚⑤立石寺⑥大石田⑦新庄⑧古口⑨清川⑩羽黒山⑪月山⑫湯殿山⑬鶴岡⑭酒田⑮三崎山⑯温海と続き、清川ここに「五月雨を集めて早し最上川」を別途掲載することで大石田の句と対比した。

関係施設案内26施設①（最上）封人の家（旧有路家）②芭蕉・清風歴史資料館③山寺芭蕉記念館④山寺後藤美術館⑤山寺秘宝館⑥山形県郷土館・文翔館⑦最上義光歴史館⑧山形県立博物館⑨（財）山形美術館⑩（天童）天童市立東村山郡役所資料館⑪天童市将棋資料館⑫広重美術館⑬（大石田）大石田町立歴史民俗資料館。⑭（新庄）新庄ふるさと歴史センター。⑮（庄内）清河八郎記念館⑯庄内町立歴史民俗資料館⑰（鶴岡）出羽三山歴史博物館⑱いでは

文化記念館⑲致道博物館⑳月山あさひ博物館㉑（酒田）本間美術館㉒本間家旧本邸㉓土門拳記念館㉔旧鐙屋㉕庄内米歴史資料館㉖（遊佐）旧青山本邸下欄山形県観光情報総合サイト。

大石田町南の村山市碁点／「碁点」の名は川床に碁石を並べた様な岩の突起がある事に由来します。最上川三難所碁点・三ヶ瀬・隼この3ヶ所が最上川は大きく蛇行し、流れも急になるところで、松尾芭蕉も「おくのほそ道」に「碁点、隼、三ヶ瀬というおそろしき難所あり」と記しています。この難所を最上義光が開削し舟運が発展するきっかけとなりました。中流部には舟運の基地となった新庄盆地の清水山形盆地の大石田と船町の三河岸があります。慶長年間に大掛かりな整備が行われ江戸時代を通じて経済の発展に貢献した土地なのです。最上川舟運歴史とロマンの町大江町、ＪＲ左沢線終着左沢駅は朝日岳登山二度往復あてらざわは記憶した。また訪問を希望する。最上川の源流は、山形県の最南部

米沢市ここに湧水源がある。地図上吾妻連峰西吾妻山の北面に当たり信濃川利根川同様の源水地標が建っているかはよく分からない。山形県の母なる川最上川は、河川の長さで日本のベスト10に入る。信濃川利根川の次は北海道石狩川天塩川で東北は北上川阿武隈川最上川そして木曽川天竜川阿賀野川と続く。

長さ229km・流域面積第9位7040km²の最上川河川水質は支流鮭川（国土交通省平成14年度全国一級河川水質調査より）が載る。

ここで立ち止まり、来し方を振り返りつつ暫し間を取り考えてみる。「自省」広辞苑は「自分の態度や行為を反省すること」。耕風加賀美勝彦著『在省』は「在ることを省みる」善光寺上人のお話。駅中で見かけたポスター「秋の乗り放題パス三日間」、思い立ち普通列車乗車券を購入、一泊二日十日帰りの旅を行う。初日は羽越本線秋田―坂町、米坂線に乗換え羽前小松―米沢、奥羽本線乗り山形。二日目仙山線山形仙台、帰路羽前千歳乗換え

奥羽本線天童―新庄―秋田。三日目奥羽本線下り秋田―弘前―青森、帰路は大館時間待ち秋田。旅は基本的に単独行は已むを得ない。車中どう過ごすか等に関しては、あまり拘らないけれど、周囲他人視線多少意識見苦しい行為は出来るだけ避けたい。ぼんやり車窓の移り変わる景色を眺めるなり時にうとうとと居眠りもある。本を読むか新聞に目を通すか真面目は眼が疲れない程に収め、昼になれば持参のパン一枚即席スープ果物で済ませる。

酒田村上と乗換え坂町は駅前に出ると右手D51車輪展示の近くに標柱板あり読む。内容メモは携帯メールを使い保存しておいたので帰宅後開いて見る。忘れてはならない「羽越水害」―昭和42年8月28日に424mmという記録的な豪雨が山形・新潟両県を襲い、下越地方を中心とした各河川は相次いで決壊氾濫し各地に多くの被害を与えました。世に言われる「羽越水害」です。荒川の堤防も各地で大きな被害を壊れ、沿川町村は氾濫した水で大きな被害を

受けました。その被害の状況は下欄の表に記され、洪水の高さを伝える波線は1m程だろうか洪水の猛威が理解出来る。右横「羽越水害」から30年―語り継げ!「羽越水害」子に孫に羽越水害30年荒川水系事業実行委員会。

米坂線開通80周年、歴史は①昭和15年小国玉川口間の荒川橋梁が雪崩の為崩壊、直後通過下り列車が25m下の荒川に転落②三八豪雪による不通を刻む。イザベラ・バードの新潟山形間十三峠越え小国町入りが少し分かる。

米坂線羽前小松駅途中下車は、イザベラ・バード宿泊地の関連資料がフレンドリープラザ内の図書館にあるかなと考え訪れてみた。時岡敬子全訳「日本奥地紀行」を確認は成らなかったが「イザベラ・バードの日本紀行」上・下2008年4月発行講談社学術文庫内容小松町吉田の養蚕見学読み小松二泊三日説を検討する。日曜日の養蚕見学は日曜日一日描写と土日夜の複数記述があれば土日は小松滞在になるが、全体行程はゆっくり赤湯へ。

米坂線の歴史は、①大正15年（昭和元年）米沢今泉間が米坂線の新規開業。②昭和6年今泉手ノ子間延伸開業米坂東線に線名改称＋坂町越後下関間を米坂西線として新規開業。③昭和8年手ノ子羽前沼尻を延伸開業。④昭和10年羽前沼尻小国を延伸開業。⑤昭和11年小国越後金丸を延伸開業で米坂線と線名改称、米沢坂町（90・7km）が全通し下関越後金丸が延伸開業。⑥昭和33年花立駅を新設。⑦昭和47年国鉄無煙化ー動力車近代化計画で蒸気機関車牽引列車が姿を消すことになる。⑧昭和62年国鉄分割民営化により東日本旅客鉄道が路線を継承、米沢花立の両駅を廃止。⑨平成7年玉川口坂町間の貨物営業を廃止。⑩平成21年国鉄時代から走ってきた気動車が引退、新型車でワンマン運転開始。［参考］明治22年東海道線全通。同24年東北本線全通。大正13年羽越本線開通。同38年奥羽本線全通。五能線80周年と田沢湖線50周年が2016年行事。

また10月14日は「鉄道の日」記念日ー2016年は「鉄道の日」制定23年になる。日本鉄道は明治5年（1872年）10月14日新橋横浜間（現、桜木町）に開通、その歴史の第一歩を踏み出しました。この事を記念して、平成6年（1994年）10月14日鉄道の日制定は酒田駅掲示ポスターから携帯保存メモ。なお、羽越本線は線路の一部が上りと下り線複式となり、奥羽本線福島新庄在来線新幹線供用前は不明だが、貨物輸送等便利がある。秋田駅始発坂町駅に向かう上り列車で見ると秋田下浜間単線・下浜道川間上下線の複線・道川折渡間単線（岩城みなと亀田間一部海側・に列車交換待合せ用線路＊あり）折渡西目間複線・西目にかほ間単線（一部海側＊あり）にかほ金浦間複線・金浦吹浦間単線吹浦遊佐間複線の後は、主要部分複線と他は単線（藤島鶴岡間は南側＊あり）としているのは、秋田県近代総合年表昭和41年2月1日羽越・奥羽両本線複線化工事開始関連する。

「資料」図説秋田市の歴史―「奥越線開通」東北日本の鉄道図（明治末年）官有鉄道は奥羽線だけであった。線路図には秋田始点羽越本線（予定）入れ日本鉄道の左へ岩越鉄道奥羽線（官有）東武鉄道上武鉄道龍ヶ崎鉄道水戸鉄道佐野鉄道の8鉄道が並ぶ。奥羽線の駅名を表示は(1)福島米沢間が①庭坂②板谷③峠④関根。(2)米沢山形間①糠ノ目②赤湯③中川④上ノ山。(3)山形新庄間は①漆山②天童③神町④楯岡⑤大石田⑥舟形。(4)新庄湯澤間は①新町②釜淵③及位④院内⑤横堀。(5)湯澤秋田間は①十文字②横手③飯詰④大曲⑤神宮寺⑥刈和野⑦境⑧和田。(6)秋田能代間は①土崎②追分③大久保④五城目⑤鹿渡⑥森岳。(7)能代弘前間は①二ツ井②鷹巣③早口④大館⑤白沢⑥陣場⑦碇ヶ関⑧大鰐。(8)弘前青森間①川部②浪岡③大釈迦④新城の全54駅。羽越本線―米坂線―奥羽本線と普通列車を乗継ぎ秋田山形青森と小旅して分かることの中に明治の世と平成のそれとの彼我感があり

時間の概念が大きく違う今更を考えてみる。初日行程／羽越本線始発駅秋田6時51分電車乗り坂町―羽前小松―米沢は少し歩き山形着19時25分市内ホテル（当時兼ユース）一泊。翌日行程／仙山線は山形7時15分発車仙台着8時29分。用事を済ませ往復は羽前千歳下車券売機一つ駅舎無しに出てトイレと昼食は座席なし10分ホーム戻り奥羽本線新庄行き11時36分乗車。新庄乗換え6分トイレと観光案内所パンフ探し秋田行き12時58分乗車。読書合間の車窓風景は後三年―大曲間左鳥海山右真昼岳と和田駅右太平山の秋田着15時32分。3日行程／奥羽本線下り秋田発車7時30分―弘前乗換時間49分外出青森行き乗車車内昼食11時41分青森着。トイレと八甲田丸右舷近く青森湾遠望11時55分上り大館行き乗車。浪江林檎写真眺め川部南方浅瀬石川の標識を見て矢立トンネル通過2分確認。大館花輪線一駅東大館駅下車徒歩大館駅戻り秋田16時03分着小旅行車中過ごし一時車外の空気に触れる。

10月10日（月）体育の日祝日米沢駅は賑わい旅行客が溢れていた。秋の三連休山形新幹線利用か観光団体バス客なのか、名札警察人間ウォッチングならぬ旅では不明だが混み合う駅舎は関東首都圏の駅中を思い出す。駅前はホテル入り沖正宗純米酒一升瓶あるか調べるも酒店入りおとわ（旧音羽屋旅館）を見て近くの本醸造酒と大吟醸酒と知りまた来ますと店を出た。東光純米酒は、夏の青春18きっぷ旅で真室川駅前の酒屋買い求め軽く飲んでいる。川西町には樽平酒造が在り、時間を遣り繰り蔵元を訪れてみたいけれども祝日は酒蔵休み思うに任せない。川西探訪パンフレット載る福牡丹酒造「福牡丹純米酒」は千葉県近場の酒店ほこり被る休眠酒購入濃醇酒を飲んだがあの酒だろうか、宿題がまた溜まって来た。

新聞ラジオによれば、秋の休日山岳遭難は三千m級の山では無い模様だが、秋田の山は森吉山7人連絡取れずと山形の新聞が伝える内容／9日午後7時10分ごろ秋田県北秋田市

の森吉山（標高1454m）を登山していた男女7人が到着しないと宿泊予定だった山荘から110番があった。県警や消防が10日朝から捜索する。北秋田署によると、連絡が取れない7人が入山した地点に土浦とつくばのナンバーを付けた車2台が止められたままになっていた。茨城県から来たグループとみて確認を急いでいる。北秋田署によると7人は9日朝、宿泊していた別の山荘を出発、9日夕までに山荘に到着する予定だった。11日は新聞休刊日、12日秋田の新聞記事は森吉山で一時不明茨城の登山客7人、無事下山。山中一夜を明かした登山客7人が10日自力で下山した。一行は、茨城県在住でけがなどはなかった。同じハイキングクラブに所属する男女7人。1人が48歳、残り6人は60代。同署によると7人は9日午前8時45分頃入山したが、予想以上に時間がかかり暗くなったことから、山中で野宿した。「メンバーの中の初心者に疲れが出てしまい、ペースが上がらなかった」

などと話していたという。テレビ報道では、リーダー以外は全員下を向いていたらしい。秋季10月10日前後の山行ノートメモ書きを調べると、終頁最後の記載山行がそれに該当する。1999（H11）10／13（水）、14（木）槍ヶ岳（北鎌尾根）ー上高地。同頁と左頁の時間メモを読む。9月下旬と10月上旬の2回槍ヶ岳を登り、大天井ヒュッテ小屋閉め14日朝6時10分出立。貧乏沢を下り天井沢合流点北鎌沢を登り返して北鎌沢のコル5分小休止独標（独立標高点）5分休み、北鎌平を経て槍ヶ岳12時20分山頂に立った。5分後下山を開始10分槍岳山荘は15分休憩その間に大天井ヒュッテ電話、無事登頂と下山を報告した。上高地到着17時55分終バスはセーフだが電話確かめ上高地温泉ホテル一泊は覚えている。

上高地は、北アルプス登山下山口としてバスに乗り何度も訪れた。西糸屋山荘と温泉ホテルは宿泊を経験して、有り難いなと感じたのは相部屋ベッド室低料金の登山客に対し

ても夕食は同じ料理が提供され分け隔てしない経営指針にある。近場の中の湯温泉旅館や徳澤園も同じ扱いだが、今はどうなのか暫く行ってないので当時はと断り書きを入れる。帝国ホテル・清水屋ホテル・ホテル白樺荘・アルペンホテル等は体験無く、分からない。

米坂線は越後坂町と米沢を結ぶ越後街道に沿う路線で、新潟県側起点の坂町駅は新潟県北部下越地方岩船郡荒川町に所属していた。平成大合併後に村上市と周辺4町村（山北町朝日村神林村荒川町）合併村上市誕生により村上市荒川町となり坂町駅近く町名標柱は昔の荒川町を保存記憶する。今回は普通列車村上行き府屋停車時間が羽越本線きらきらえつ快速全席指定臨時便待合せ5分有り駅頭立ち駅前の様子見て駅員とも会話が出来た。

米坂線停車駅は越後大島越後下関越後片貝越後金丸と越後4駅の後に県境を越え小国に入るが、越後下関は関川村の中心地、新潟県道路地図11小国を開いてみる。村上市関川村

小国町横並び南に胎内市と新発田市が県境を形成している。新潟県中条町は、二〇〇五年9月1日黒川村と合併、胎内市となり、明治11年7月イザベラ・バード旅の胎内市関川村小国町と辿る道が地図一枚に集約されて分かり易い。7月10日朝新潟を出発、中条を通り黒川と沼に各一泊して、大里峠を越え小国は多分こうかなと道をなぞることは出来るが、今は想像し難い行程になる。関川村はどんなところだろう。資料は少ないが村上岩船×おきたまA3リーフ村上岩船エリアと置賜エリアの関川村を見る。えちごせきかわ温泉郷・国指定重要文化財渡邉邸・かじかとりまつり清流荒川で夏の川遊びを漫喫・わかぶな高原スキー場・えちごせきかわたいしたもん蛇まつり・鷹の巣吊り橋の紅葉、輪郭が浮かぶ。

山形県置賜地方東西の分水嶺、宇津峠は、かつてイザベラ・バードが越え、米沢盆地を見渡した歴史の峠になる。現在宇津峠の道はどうなっているだろうか、米坂線の車内から

川の流れを眺めていると宇津トンネル前後で流れの方向が西から東へと変化するので峠の位置がそれと分かる。道路地図28南陽はその辺を10万分の1図で表していて、北に天狗山杉立峰・宇津トンネル・宇津峠・出ヶ峰と稜線が連なる。新宇津トンネル・国道113号新宇津トンネル道の前後、東西には旧道が合流し、今は閉鎖か廃れる運命にあると予想はするが、例えば、イザベラ・バードが通った十三峠道発掘を祭り事にしたNPO（特定非営利活動）法人小国町グループは、萱野峠や大里峠、また黒沢峠石畳道等の交流を楽しみ保存に努めているという記事を読めば、案外宇津峠はハイキング気分で旧国道沿いに徒歩越えることが出来る可能性はある様に思う。

米坂線旅は東へ向かい羽前椿次に萩生今泉と進み、今泉は山形鉄道（赤湯―荒砥）接続駅、駅員常駐、写真撮る人撮られる人の団体観光旅行客駅としても機能する。停車時間を予め考え駅に歩を記すことはしなかったが機会を

作り訪れたいと思う。奥羽本線秋田青森間の小旅は下り先頭車両に乗車して単線区間と、上下線の複線区間が持つ意味を確認した後に上りは、本を読み車窓岩木山八甲田山森吉山男鹿三山寒風山太平山を何となく探したりして秋田。松尾芭蕉の旅は松島と平泉を辿り、山形は尾花沢立石寺大石田舟形新庄本合海最上川と羽黒山月山湯殿山鶴岡。舟で内川赤川下り陸路を北上して酒田、そして吹浦象潟になる。(a)芭蕉の山形出羽路鶴岡版一部内容は芭蕉の足跡を探してみよう！城下町鶴岡—出羽三山巡拝を終えた松尾芭蕉一行は、羽黒町・手向の俳人呂丸の案内で、元禄2年（1689年）6月10日（陽暦7月26日）鶴岡城下の庄内藩士長山重行邸に着き、その夜に歌仙を巻きました。芭蕉は名物の「民田茄子」のおいしさに感激し一句詠みました。①芭蕉滞留の地長山重行邸跡句碑めづらしや山をいで羽の初なすび。芭蕉一行は長山邸に3泊した後に、すぐ近くの内川の大泉橋のたもとから

舟に乗り酒田へ向かいました。当時は内川より赤川を経て最上川河口の酒田まで7里（約28km）あり、ほぼ半日を要しました。(b)酒田遊佐観光ルートマップは①山居倉庫と港町文化芭蕉坂芭蕉が酒田に上陸した桟橋から酒田市内に入ったであろうとされる道筋の坂道。(c)酒田市奥の細道松尾芭蕉見て歩きMAP。(d)酒田と江戸の俳諧資料(e)遊佐象潟版おくのほそ道歩くマップ(f)おくのほそ道象潟MAP。(g)おくのほそ道象潟は平成元年三月編集発行象潟町。鶴岡版と酒田版に遊佐・象潟版及び象潟版松尾芭蕉おくのほそ道資料はそれぞれ工夫を凝らして味わいがある。(f)おくのほそ道北限の旅は日本海きらきら羽越観光圏推進協議会にかほ市観光協会—粟島観光協会表紙左上のロゴマークは日本海の夕陽モチーフ。(1)は「清川〜羽黒（出羽三山）〜鶴岡」を辿る旅(2)「酒田〜象潟」を辿る旅(3)＊「鶴岡〜村上」を辿る旅。見開きは最上川から羽黒山＋蚶満寺から浄念寺へ芭蕉の足跡をそのまま

追体験できる松尾芭蕉の「おくのほそ道」を
たどる旅①蚶満寺総門にかほ市②右に羽黒山
（鶴岡市）山伏一行ホラ貝吹き鳴らし石段を
下る③浄念寺（村上市）村上歴代藩主の菩提
寺で当地では珍しい白壁土蔵造④最上川（戸
沢村付近）⑤日和山灯台（酒田市）船頭が日
和見をした高台にある木造六角灯台その下に
「おくのほそ道」旅程図深川～大垣。＊南部
エリア編芭蕉の面影を辿って――「おくのほそ
道」を行く。山と海が平行線を描く謎とロマ
ンの街道を経ていざ出羽から越後の旅へ芭蕉
村上二泊考。鼠ヶ関東へ出羽街道出羽と越後
を結ぶ山間18㎞の道と村上浄念寺を入れる。
作成年は、表紙の写真青田と5頁つや姫20
10年本格デビュー＝推定2010年春。
遊佐・象潟版歩くマップは鶴岡版平成23年
3月発行表紙薄小豆色鶴岡3泊大山1泊温海
1泊拡大に対して、24年3月発行表紙薄い青
色吹浦1泊と象潟2泊が明瞭に表示され行程
図「出羽路編」橙色芭蕉が歩いた行程42泊は

同様だが、俳句は象潟を入れるか否かで13句
と14句に分かれ、遊佐・象潟版を採りたい。
にかほ市象潟郷土資料館学芸員齋藤一樹解説
松尾芭蕉が奥羽・北陸を旅した紀行文学「お
くのほそ道」。芭蕉は6月3日（新暦7月19
日）に最上川を下り、清川に上陸。羽黒山の
南谷に逗留した芭蕉は白装束で身を清め、出
羽三山を拝し、それぞれに句を残しました。
その後、城下町鶴岡に滞留、赤川を下り、湊
町酒田で伊東不玉の歓待を受け町の空気や情
景を名句に詠み込んでいます。6月16日（新
暦8月1日）、象潟を訪れた芭蕉はこう書い
ています。「江山水陸の風光数を尽して、今
象潟に方寸を責む。（中略）江の縦横一里ば
かり、俤松島にかよひて、又異なり。松島は
笑ふがごとく、象潟はうらむがごとし。寂し
さに悲しみを加へて、地勢魂を悩ますに似た
り」。当時、象潟は大小百数十の島が浮かぶ
入り江の景勝地でした。「芭蕉が象潟に着い
た日は雨。その風景は愁いを帯び、そぼ降る

雨にねむの花が濡れている。そのものの哀しげな風情に中国の悲劇の美女西施を重ねたのが「象潟や雨に西施が／ねぶの花の句です」。芭蕉はこの後、日本海を南下し、越後路へと入りました。「おくのほそ道」のクライマックスといえるこのエリアで、俳枕の旅を楽しんでみませんか。芭蕉最北の地が奥州平泉とにかほ市象潟なら両所と松島を旅するラインは108号線大崎市―一関市―平泉東―国道7号線由利本荘市―国道松島。

日本海沿い芭蕉旅程図は象潟から南へ酒田鶴岡―村上―新潟―弥彦―出雲崎―高田―高岡―金沢―小松―那谷寺―福井―今庄―敦賀―色浜を経て大垣むすびの地が載っている。

①城下町大垣観光マップ②奥の細道むすびの地記念館岐阜県大垣市2014年2月③水都旅5巻2014春・夏号④同6巻秋・冬号で結びとする。ミニ奥の細道周遊マップ東海道本線大垣駅東水門川沿い南―西―南①日光～⑳色の浜。始は矢立初の句碑・千住〔東京都

足立区荒川区〕行春や鳥啼魚の目ハ泪。終が蛤塚・大垣一句蛤のふたみに別／行秋そ。③須賀川⑤平泉⑥封人の家⑦尾花沢⑧立石寺⑨本合海⑩出羽三山⑪酒田⑫越後⑬市振⑮金沢⑯小松⑰那谷寺⑲敦賀。奥の細道むすびの地

大垣解説全文—大垣は、岐阜県の西部、西美濃の中心に位置し、古来東西交通の要所として、また東西文化の接点として様々な歴史や文化の舞台となりました。大垣城は関ヶ原合戦では西軍・石田三成の本拠となり江戸時代には戸田藩十万石の居城となっています。俳人・松尾芭蕉の「奥の細道」むすびの地でもあり、むすびの地となった船町港跡では、住吉燈台と川舟が当時をしのばせるほか芭蕉や門人の句碑が多くあります。大垣城の外堀でもあった水門川沿いに整備されたミニ奥の細道とともに、水と緑、四季の花を堪能しながら芭蕉の旅を体感することができます。また東海道と中山道をむすぶ街道であった美濃路沿いや駅通り一帯には

和菓子の老舗などの個性的なお店が多く街歩きをしながらいろいろな出会いや発見を楽しめます。そしてぜひともお試しいただきたいのが大垣の自噴水。汲み上げなくても地下深くから自然に湧き出る清冽でおいしい水こそが、「水の都大垣」の一番の宝物です。おいしい和菓子や豆腐をつくり、大垣の人々の生活に根付いた「おいしい水」を、街中で誰でも身近に触れることができます。水都旅2014春・夏パンフはJR大垣駅出て隣接する西美濃観光案内所求め、秋・冬パンフはJR一ノ関駅前一関市観光案内所。二都が奥の細道を結び芭蕉生誕370年祭大垣市観光協会。一関市芭蕉二夜庵跡が磐井川磐井橋畔に在り（説明）俳聖・松尾芭蕉とその弟子・曽良が平泉への旅の途中で一関に二泊した宿の場所が磐井橋付近とされ建立された碑があります。H28・3発行パンフの問合せ一関観光協会と一関市商工労働部商業観光課。特集は2016希望郷いわて国体を伝える。

北庄内の、自然浴を、楽しむ旅。牛渡川／水源は鳥海山の湧き水―透き通る水の美しさに思わず息をのむ。光揺らめく水面には、バイカモ（梅花藻）の大群生が、かわいらしい白い花を咲かせてゆったりと静かに波うっています。透明な水のなかで、きれいな川にしか生育できないといわれるイワナ、カジカなどの川魚が元気に泳いでいるのが見えます。秋になると遊佐町箕輪にある鮭の孵化を行う鮭採捕場には、例年一万匹から二万匹の鮭が産卵するために牛渡川を遡ってきます。鳥海山のブナの原生林がもたらす伏流水の流れる清流、牛渡川は、自然の原点がそのままの形で残っています。観る、学ぶ、遊ぶ北庄内。佐藤政養碑／遊佐町升川生まれ。勝海舟のもとで学び横浜開港を勝海舟に進言しました。明治5年には横浜～東京間の鉄道開通にあたって初代鉄道助として指揮し鉄道の父と言われています。（吹浦駅前に佐藤政養像あり）上に旧青山本邸映画「おしん」ロケ地。右に

鳥海山大物忌神社左あぽん西浜は鳥海山の麓クロマツ林の海浜に湧き出た温泉。ゆざ湧水散歩Ａ４三つ折りリーフ遊佐町—裏面案内図月光川右岸映画「おくりびと」ロケ地載る。

山形県遊佐町鳥海山２０１０年１０月リーフレット四つ折り表紙写真は、山頂と鳥海湖。御浜小屋手前上空右鳥海湖登山路向こう御室小屋と新山七高山が見える。遠く右手に神室連峰栗駒山、左に東鳥海山焼石岳は私がそう観たということであり、東鳥海山を述べる。

秋田の山歩き91年版ハイキングコース竹内稲三郎35年生湯沢山岳会。東鳥海山—湯沢市南に位置し、ＪＲ湯沢駅プラットホームから小高い独立峰として見える。昭和30年冬第４回全国高校スキー大会。その後、山麓一帯は果樹園として増反されサクランボ、リンゴの産地として有名になった。また、山麓を北から南へ抜ける道路にはフルーツラインという愛称がつけられている。最近、東鳥海山神社宮司がブルドーザを使って整備した登山道を

紹介しよう。神社の南下20mブナ林に水場がある。冷たく豊富な湧き水だ。この水を利用して、頂上で夏はキャンプ秋はいも煮会ができる。うまい水である。この山には春は山菜秋はキノコ山グリ山ブドウアケビ等山の幸がどっさりある。これら採取を計画に組込んだハイキングもまた楽しいだろう。（問）湯沢市立須川公民館☎0183—79—2111。

秋田県の山東鳥海山７７７・５ｍ２万５千図稲庭湯沢二等三角点伝説に包まれ神秘性に富んだ古里の霊山県南部に位置する鳥海山と神室山とで三姉妹とよばれ、最も小柄なこの山が長姉だとの伝えがある。写真は相川地区方面から長姉の風格をもつ東鳥海山を望む。山裾に里宮がある。緑の稲田前景東鳥海山のなだらかな三角の山容が美しく映える。山名南側相川地区方面から眺める山姿が鳥海山に似ているとか山頂に「鳥ノ海」とよぶ窪地があること等に由来するという。山頂には鳥海

権現を祀る東鳥海山神社奥宮が鎮座しており

地元では相川の権現山とよんで信仰を集めている。近くにある山―白山―秋田の里山には山頂に神社が祀られ、古来より信仰の対象となっている山が多い。東鳥海山北西10km白山288・7mもそんな山の一つ。湯沢市街の西方松岡地区にあり山頂に白山姫神社が祀られている。登山口鳥居先薬師神社子安観音等いくつもの小社が続くのも、この里山の特徴だろう。山頂からは眼下に登山口坊中集落や東鳥海山を望む事ができる。往復2時間弱。

白山パンフ白雪青空白文字―祈り、伝え、一三〇〇年。白山神社―白山開山一三〇〇年大祭（本文）霊峰白山は雪を頂いた神々しい姿から神々の住まう神聖な場所として崇敬を集め「白き神々の座」と称されております。富士山、立山と並び「日本三名山」に数えられる白山。古くから霊山として畏敬されており長きにわたり人が足を踏み入れることは許されておりませんでした。今からおよそ二一〇〇年前、神様の鎮まる神体山として崇敬を

集め、おまいりされたのが白山比咩神社（白山神社）のはじまりです。霊峰白山に初めて登拝したのは養老元年七一七―（△霊亀3年）六月十八日に越前の僧泰澄が登頂し白山は開山されました。これが白山修験・白山神社の起りとされております。平成二十九年に開山一三〇〇年を迎えます。白山山頂の神様は白山比咩大神大山祇神大己貴神。霊峰白山とは常に雪の冠を戴く「白き神々の座」白山。白山を源流とする川は加賀の手取川を始め越前の九頭竜川美濃の長良川などがあげられます。この三国は白山信仰が早くに広まった地域であり白山信仰が山からもたらされる水によって育まれたことを示唆しています。一方白山は日本海の船乗りから航海の目印として心の支えとされ海の神とも信仰されています。御前峰別山大汝峰3つの峰を総称して「白山」と呼びます。御前峰が一番高く標高2702mです。石川福井岐阜富山の四県に跨がる霊峰です。（白山終了）

― 165 ―

休憩を取り*1レコード「日本のうた／この道」75年五十嵐喜芳*2CD「想い出の歌」とレコード「おぼろ月夜」85年鮫島有美子CD「日本のうたベスト」を記録する。(1)野ばら三木露風詩山田耕筰曲野ばら野ばら蝦夷地の野ばら人こそ知らねあふれ咲くいろもうるわし野のうばら蝦夷地の野ばら。野ばら野ばらかしこき野ばら神のみ旨をあやまたぬ曠野（あらの）の花に知る教えかしこき野ばら。(2)アマリリス長崎透詩中田喜直曲アマリリス悩みつづけよまっかな心にそしてもだしもだえよ／明るい日ざしかげるほどに。アマリリスただ愛すとならば明るく咲くにそれに苦悩が伴うから／アマリリス／悩みの花と咲くのだ。92年CD五十嵐喜芳歌(3)初恋石川啄木詞越谷達之助（こしがやたつのすけ）曲砂山の砂に砂にはらばい初恋のいたみを遠くおもいいずる日／初恋のいたみを遠く遠くおもいいずる日（繰返し）砂山の砂ああ・・・おもいいずる日に砂にはらばい初恋のいたみを遠くおもいいずる日。(4)平城山（ならやま）北見志保子詞平井康三郎曲

♪人恋うは悲しきものと平城山（やま）に／もとおり来つつ堪（た）えがたかりき。いにしえも夫（つま）に恋いつつ越えしとう／平城山の道に涙おとしぬ。(5)朧月夜高野辰之詞岡野貞一曲菜の花畠に入日薄れ／見わたす山の端／霞ふかし／春風そよ吹く空を見れば夕月かかりて匂い淡し。里わの火影も森の色も／田中の小径をたどる人も／蛙の鳴くねも鐘の音もさながら霞める朧月夜。(6)青葉の笛大和田建樹（たけき）詞田村虎蔵曲一の谷の軍破れ／討たれし平家の公達あわれ暁寒き須磨の嵐に聞えしはこれか青葉の笛。更くる夜半に門を敲き／わが師に託せし言の葉あわれ／今わの際まで持ちし箙に残れるは「花や今宵」の歌。(7)鮫島有美子歌CD89年録音編砂山北原白秋詞中山晋平曲♪海は荒海向こうは佐渡よ／すずめ鳴けもう日は暮れた／みんな呼べ呼べお星さま出たぞ。暮れりや砂山汐鳴りばかり／すずめちりぢりもう荒れるみんなちりぢりもう誰も見えぬ。かえろかえろよぐみ原わけてすずめさよなら

ならあした／海よさよならさよならあした。

(8) 92年録音ねむの木の子守歌皇后陛下・詞
山本正美・曲（皇后陛下高校時代のお作詞）
♪ねんねのねむの木眠りの木そっとゆすった
その枝に／遠い昔の夜の調べ／ねんねのねむ
の木子守歌。薄紅の花の咲く／ねむの木蔭で
ふと聞いた／小さなささやきねむの声／ねん
ねんねと歌ってた。故里の夜のねむの木は
／今日も歌っているでしょうか／あの日の夜の
ささやきを／ねむの木ねんねの木／子守歌。

*2 ①荒城の月②浜辺の歌③出船④ゴンドラ
の唄⑤鉾をおさめて⑥からたちの花⑦この道
⑧待ちぼうけ⑨赤とんぼ⑩遠くへ行きたい⑪
誰もいない海⑫夏の思い出⑬雪の降る街を⑭
宵待草⑮初恋⑯田植唄⑰平城山⑱出船の港⑲
知床旅情。*1 Ａ①この道②宵待草③からたち
の花④波浮の港⑤花⑥砂山⑦浜千鳥⑧かやの
木山⑨待ちぼうけ Ｂ①ペチカ②お菓子と娘③
浜辺の歌④夏の思い出⑤野ばら⑥アマリリス
⑦むこうむこう⑧ゆりかご⑨雪の降る街を。

ラジオ深夜便08年11月12日（水）2時台水野
アンカー姫神特集①「神々の詩」姫神山由来
昭和55年姫神せんせいしょん59年改め姫神。
②「青天」星吉昭4年前の10月1日死去長男
吉紀後継③「見上げれば花びら」④「海道を
行くPart I」⑤「雪光る」⑥「つめ草の
明かりあのイーハトーヴォのすき通った風」
⑦「空と雲と友と」⑧「風の彼方」の8曲。

ラジオ深夜便11年3月8日（火）2時台遠藤
アンカー姫神特集①「神々の詩」平成10年②
「奥の細道」昭和56年③「海道を行くパート
I」昭和60年④「青らむ雪のうつろの中へ」
雪譜昭和62年⑤「空と雲と友と」風土記平成
元年⑥「遠くへ行きたい」平成6年モンゴル
女性歌手と姫神⑦「琥珀伝説」マヨヒガ平成
7年中国二胡と姫神の演奏⑧「雨の簪」姫神
ヴォイスと姫神平成15年宮城県さんさ時雨⑨
「未来の瞳」千年回廊平成12年姫神20周年。

「神々の詩縄文語…崎山理Ａ「ｂａ，ｎａａ
ーｎｇａ ＭＡＰＯ 私は名前がマポです。

Ａ(アニ)ni, nönötö, aya tö,
i(ネ)ne, tö, y(イェ)e tö,
u(ム)lmu 兄（姉）と弟（妹）が居ます。Ａ
lba'naalnga MAPO Alb
a'naalnga MAPO♪森羅万象。

見上げれば、花びら｜作詞作曲編曲星吉昭
一、十三（とさ）の砂山風を抱いて遊び泣いて笑って
時のたつまで／十三の砂山風に咲く花を誰も
が忘れて天まで飛んだ／今生の風に吹かれて
吹かれてはるか楽しいことや悲しみも見上げ
れば花びら。二、十三の砂山風に咲く恋は赤
い命よ絆の糸よ／今生の風に吹かれて吹かれ
てはるか楽しいことや悲しみも見上げれば花
びら。三、十三の砂山風に鳴くかもめ咲いた
咲いた浪の花も／今生の風に吹かれて吹かれ
てはるか楽しいことや悲しみも見上げれば花
びら楽しいことや悲しみも見上げれば花びら
♪風の縄文 1 風の大地 2 見上げれば、花びら
3 草原伝説 4 風祭り 5 花かんざし 6 祭り神。

イザベラ・バード明治11年山形旅程に小松
天童と養蚕が出てくる。シルクロードと関連
するけれども、公立図書館蔵シルクのはなし
小林勝利鳥山國士編著93年技報堂執筆者16名
繙く。カラー写真八丈島の天蚕糸100％で
織りあげた黄八丈。次頁上シルクを生みだす
蚕は桑の葉を食べて大きくなる。中段十分に
桑を食べて蚕は熟蚕となり繭糸（まいと）を吐く。下段
蚕は1400〜1500ｍの糸を吐いて繭を
つくる三枚並び養蚕の有り様が多少分かる。
1ファッショナブルなシルク―美しくやさ
しい極細糸。2シルクのルーツは中国の黎明
期に神話や遺跡は語る3日本への伝来はいつ
絹文化の定着と広がり。4お姫さまのお供を
した蚕―西域への伝来とシルクロード序文は
シルクをつくり出す養蚕技術は中国に生まれ
多くの人びとの手と時の流れを経て、ヨーロ
ッパをはじめ世界に広まりました。西域には
古くからアジアとヨーロッパや北アフリカを
結んでいた東西交易路を経て伝わりました。

このため東西文化を交流させたこの交易路はシルクロードとよばれるようになりました。

中国古代から春秋、戦国時代の養蚕本文は殷代（紀元前一五〇〇～一一〇〇年）の甲骨文字の中には既に「蚕」「桑」「絲」「巾」「帛」などの文字がみられ平織りの絹や綺が織られるなど織物の技術も相当すすんでいました。「牛三頭を供えて蚕の神を祭る」といった内容の甲骨文もみられます。浙江省呉興県の新石器時代の遺跡からは絹布絹帯絹糸などが発見されています。出土品や甲骨文字の記載から三〇〇〇～四〇〇〇年前頃には養蚕によって絹織物がつくられていたことは明らかです。周代になると具体的な養蚕の記録がみられます。当時の養蚕の状況をうたっている七月の詩の一節『詩経』によって著わされています。
『詩経』
『中略・・・春はうららかうぐいす鳴けば娘はかごもって小径を行って桑の葉つむよ・・・桑摘みの月となれば桑の枝をはらうべく、あの斧手斧を手に取ってむこうの枝や

のびあがった枝をきりはらう（そうして桑の葉をつむ）。若い桑ならば枝から葉をしごくだけ。また七月にはもずが鳴き八月には麻をつむぐ。（こうしてできた絹糸麻糸を）黒に染め黄に染める。私の朱のいろのできばえは染め黄に染める。私の朱のいろのできばえはことにあざやか、若とのさまの袴にしよう。このように農村地帯では桑摘みや桑の世話に忙しくしている娘たちの姿が、鮮やかに描写されています。中国の中でも山東省東北部は養蚕の主要地帯ではありましたが、絹織物は貴族や金持ちなど一部の階級のものであって一般大衆にはほとんど縁のないものでした。

漢代の養蚕漢代は比較的平和な時代がつづいたので人口が増加し産業が著しく進歩しました。繭を煮て糸を織る方法や高度な機織り技術があってこそ良質な絹織物が作られたのです。「錦」「綺」「紗」「羅」「平絹」といったものは漢代に生まれた特筆すべき絹織物です。これらは東アジア各地はもとより遠く西アジア、ローマなどに輸出されました。

5 地名にみられる養蚕とシルク―故郷との
つながり。6 童謡にうたわれた桑―日本の野
山に自生。7 好食一代蚕はグルメ人工飼料の
開発 8 リンゴも食べる好き嫌いをいわない蚕
9 催眠薬で休眠―卵休眠とホルモンの正体。
10 おとなへの誘導ホルモン分泌とその仕組み
11 ジャンボ繭とチビッコ繭―ホルモンの利用
いろいろ 12 雄を誘う雌成虫―性フェロモンで
ラブコール 13 母の卵子で子供の性が決まる―
性染色体は ZW 型。14 表札で雌雄を見分ける
染色体工学を用いた独創技術 15 よいシルクを
得るために世界最初の雑種強勢利用。16 蚕は
用途の広い生物資源―遺伝資源は十人十色。
17 蚕をバイテク工場に生物工学の最先端技術
18 蚕の病源から生まれた無公害農薬―新しい
害虫制御技術 19 蚕体を支えるハニカム・サン
ドイッチ構造 20 タンパク質としてのシルク―
医療分野にもおよぶ活躍 21 シルクのささやき
絹鳴り衣ずれの妙なる音色。22 シルクの魅力
その感性を着る。23 コブコブのタイシルク―

まっすぐな日本シルク。24 水でシルクを織る
絹織りの伝統と革命児 25 野生の蚕が生むシル
ク魅惑の輝き天蚕絹 26 シルクを守る五原則―
シルクと繊維害虫 27 夢の繊維の誕生欠点をお
ぎなうハイブリッドシルク。（絹の話終り）
イザベラ・バード旅に日本海製塩はないが
塩伝説生命を育む自然塩知念隆一＋ライター
山下信子 96 年ゆうエージェンシー・新時代社
（秋田図書館）を開く。プロローグ「賢者は
歴史に学ぶ」（ビスマルク）という諺があり
ます。人間は愚かな者で「大切なモノは失っ
て気づく」ような気がします。昨日を振り返
って今日を認識する、その反省があってはじ
めて人類は苦難を乗り越え前進できるのでは
ないでしょうか。戦後 50 年欧米の文明の虜に
なった日本国。国民総生産はアメリカにつぐ
世界第 2 位になりましたが、国民に豊かさの
実感はありません。美しい山河や青松白砂の
健康的海岸を失った今、一億二千万の国民は
半健康の状態にあると、指摘されています。

日本人は自らのアイデンティティの確立と価値観が今のままではいけないのだという事をバブル経済崩壊後、静かに考える様になりました。日本の国土の美しさ、文化の素晴らしさ、真の美や健康についても真摯に取り組む姿勢が生まれ始めたのです。1971年に起った「自然塩を取り返そう」という運動も今またこの流れを受けて静かながらブームになっています。私達は歴史的に見れば次世代を担う21世紀の子供達の為に、何をスクラップし何を継承していくべきか、それが問われていると思います。人間の目的は健康ではありません。しかし「生命力」を失うとき人はすべてを失うのです。私の生誕地は与那城町の宮城島です。現在は沖縄本島と海中道路で結ばれていますが、私が住んでいた頃（小学校4年生のころ）は離れ小島で、エンジン付きの小船が唯一の航通路という僻地でした。今考えると文明から取り残された僻地ゆえに島の海は大自然の宝庫そのものでした。珊瑚

礁に囲まれた翠の海は干潮になれば車エビ、モズク、タコ、イカ、ナマコ、ウナギ等魚介類の豊穣の海そのものに姿を変え幼い私を驚かせました。海岸も家から僅か百mと近く海をプール代わりに毎日の様に泳ぎ魚釣りをし塩田を運動場がわりにして遊んだ事が昨日の出来事の様に脳裏に蘇ります。やがて「自然塩運動」に大きく関わる様になったのも大自然の中で「海の子」の様に自然人として幼少を過ごした事が潜在的に私の心に刻み込まれていたからかも知れません。物心ついた頃から自然の探求する道を何時しか歩む様に命約されていたのかも知れません。健康運動や文化運動に関わって30年やっと見えてきた「いのち」の世界・・・。人が信じようと信じまいとに関わらず私達を包みこむ大宇宙の天の摂理、太陽、月、この水びたしの星＝私達の棲む惑星―そこに存在する生命は神秘と奇跡に満ち溢れています。この書のテーマの

「生命の起源」としての「海」（塩）―その伝説。人類だけではなく生命体共有の「すみか」として宇宙船地球号が喜ぶ様な価値開発もこういう視点で考察する必要があると私は思います。同時に沖縄を美と健康と自然塩、平和の為にも・・・。いのちにとって大切な海（水と塩）、「いのちは一番、金は二の次（竹熊宣孝医師のことば）」です。健康こそ生命の宝だという価値観わが国特有の食文化を通じて日本人の自尊心・主体性を考える上で今いのちの源である自然塩の価値を伝える本書が少なからず役立てば幸甚の至りです。

自然塩をとりもどすために！県民への訴え「青い海と自然塩を守る会」に結集しよう！百万県民が希求しつづけてきた復帰運動があっという間に一年余が過ぎてしまいました。復帰によってもたらされた悪影響は沢山ありますが食の面での「塩問題」は

まさしく「生命の基礎物質」であるだけに、私たちはその本質を素通りするわけにはいけません。政府は昭和四十六年十二月累積する塩業のぼう大な赤字を解消する目的で「塩業近代化臨時措置法」を立法これまでの流下式塩田法による自然塩の製造を全面的ストップ塩が人体にどういう影響をもたらすかという科学的裏付けのないまま、経済的理由のみで世界初のイオン交換樹脂膜法による科学塩の製造に乗り出し専売公社「食塩」等がそれにあたります。ところが金魚貝類他動物実験でこの科学塩は自然塩にくらべて、その生体の健康に思わしくない影響をおよぼす事実が、心ある学者や、その道の専門家によって指摘されるにつれ、塩問題は大きな社会問題に発展してきました。このことはNHKの報道や朝日・毎日・読売をはじめとする各マスコミによって大きくとりあげられてきたことからもことの大きさを物語っています。例えば、「海

わが国の分析学の最高の権威者であられ「海

水学会」でも影響力の強い武者宗一郎理博は「イオン塩は、ミネラルのバランスを大きくくずしたことは事実で、空気、水について欠かせぬ塩の変化で、人体に害が出ない保障はない」と明言され、専売公社の「食塩」に警告を発しています。これに対して、日本専売公社は「ミネラルは塩からは十分にとれないので、他の食物からとればよろしい。従ってイオン交換塩でも人体に悪影響はありません—」と反論しています。この専売公社の言い分を果して私たちは全面的に信用して安心できるでしょうか!?（19頁）幸、本土の良心的な研究家たちが自然塩を守ろうということで、食用塩調査会・自然塩普及協会などをつくりこの運動を全国的規模で組織化し自然塩がより多くの人々に自由に手に入るよう根本的な法の改正にまでもっていきたい考えで、その体勢づくりをいそいでおります。その結果、本土では愛媛県の「伯方塩業」と、兵庫県の「赤穂化成」に、メキシコの天日塩に中国の

苦汁分を加えた「あら塩」（自然塩）が特殊用塩という形で（公社の歩みよりで）認可され現在「赤穂の天塩」という名称で発売される様になりました。（沖縄の海に話は続く）
　ちなみに海を守るということが即塩を守ることになるということを、塩問題にとりくむ中で、私達は強く認識致しました。それをふまえて、会の名称も「青い海と自然塩を守る会」ということにして、その結成の準備に取り組んでまいりました。海—せんじつめれば「塩」になる世界をつなぐ青い世界を生命のモトとして私達の力でかけがえのないものとして大切に守り育てようではありませんか。
　「青い海と自然塩を守る会」昭和48年8月。
　日本で塩はどのように作られてきたか塩がなくては生きていけない／塩は食べ物に味をつける調味料として必要なだけではなく水や空気のように人が生きていくのに欠かせない基礎的な物質です。塩が不足すると身体全体の倦怠・疲労などがおこり長く欠乏が続くと

— 173 —

命にかかわります。飢饉が常に隣り合わせにあった時代野山の草や木の根で飢えを凌ぐことはできても塩の不足が生死を分けました。

「塩のないかまどはへられぬ」という言葉は人間は塩なしには生きられないという意味だそうです。また「塩は凶作年第一の毒消し」という言い伝えもあり飢饉でも塩さえあれば木の根っこを食べても中毒を起こさずに命をつなぐことができるといわれました。この意味は飢饉で穀物を食べられず山野草ばかりを口にしているとカリウム過多で中毒を起こしてしまいます。しかし塩のナトリウムをいっしょにとることで毒を中和できることを先人たちは経験的に知っていたということです。深い山中で修行する山伏たちも、必ず塩を携行していたといわれます。こうした言い伝えからもわかるように、昔の人は塩が命の支えであることを尊び「塩を粗末にすると罰が当たる」と言い合って大事に扱ってきました。交通の不便な時代、特に山間部に住む人々が

塩の不足を恐れ、塩の入手に心を砕き、塩をどんなに貴重に思っていたかは、いまも各地に残る塩にまつわる伝承からも明らかです。

人類の祖先と塩／生きるための塩を求めて

人類の祖先は初め海水を直接飲んだり、地上に露出している岩塩や地下水に含まれる塩分（塩井）、塩湖（鹹湖）の水を利用したり、塩を含んだ鉱物質の土などをとっていたものと思われます。海水そのものを長年にわたって飲み続けるのは、体液に含まれるマグネシウムよりも高濃度のマグネシウムを取り込むことになるので、生理的に難しい問題をかかえています。しかし、原初の人々の食生活は陸海の動物の狩猟、木の実や根の採集、魚や貝類の漁労によって支えられていたのである程度の塩分は鳥獣の肉や魚介から自然にとれており、実際にそれほど塩は必要ではなかったでしょう。肉食が主だと動物の血や臓器に含まれる塩分があるため、最低限生きるのに必要な塩分は補給できているからです。53頁へ

— 174 —

再生塩の原料となるメキシコ・オーストラリアからの輸入塩／現在国内の自然塩メーカーが作っている塩（再生塩）の原材料はメキシコと西オーストラリアから輸入された天日海塩を使っています。1年中ほとんど雨の降らない非常に乾燥した土地なので、海水を太陽と風だけで蒸発させて塩を作っています。

きれいな海岸に広大な蒸発池と結晶池（メキシコのゲレロ・ネグロ塩田の場合は池の広さが約570平方キロで東京23区とほぼ同じ大きさ）を作り海水を入れてせき止めておきます。2年がかりで蒸発池で水分の80％が蒸発するまで待って飽和鹹水を作り、結晶池に送ります。結晶池で塩を析出させると、塩の厚い層ができるので、これをハーベスターで採塩して輸出するわけです。輸入塩は天日海塩だから、そのままでも食用として質のよい塩だと思われるかもしれませんが、日本では輸入塩は基本的に、塩素等のソーダ工業用の原料塩として使われています。そして、食用の

塩は国産のイオン交換膜で作った専売塩と決めているのです。工業用としては、微量ミネラルを除去した純粋の塩化ナトリウムに近い塩が適しているために生産地ではわざわざ上澄みのニガリ分を流したり最後に飽和鹹水で洗うなどして、天然ミネラルを極力抜いてから日本に持ってくるのです。私たちの「青い海」では、ソーダ工業用とほぼ同じのニガリ無し天日海塩を、復帰前と同じように臨海の湧き水で溶かし、薪で煮つめ加工再生して、失われた自然海水のミネラルバランスに近い塩を作りだしています。（塩の道へと続く）

塩の道／日本では内陸に塩資源がないため塩はもっぱら海岸から内陸に運ばれる交易品として最も重要なものでした。古代からの塩の運搬と交易が、海岸の製塩地と山間・内陸地方との間に少しずつ道を開いたとさえいえるでしょう。そのため、こうした道は「塩の道」と呼ばれました。農耕が定着してから近代に至るまでの長い間、内陸の農家はほとん

ど自給自足の生活でしたので、「買うものは塩ばかり」といった時代が続いていました。貨幣経済の時代になっても、現金収入のない農家では買うといっても米や雑穀との交換が普通でした。近世にいたって塩の生産量が飛躍的に増して商品としての塩が大量に流通するようになり、一方農業技術の発達もあって内陸部に住む農民の人口が増えると主な塩の道の往来はますます頻繁になりました。それまで毛細血管のようにはりめぐらされた塩の道に大動脈が加わったようなものです。中部地方の代表的な塩の道の一つに越後の海岸と山国信州を結ぶ全長120キロの千国街道があります。塩の道は塩だけではなく信州に日本海の海産物糸魚川産のヒスイなどを運びました。山国からは代金がわりの米や雑穀木の実等の山の幸が沿岸部にもたらされました。

宮城県北部の陸前平野には川が蛇行して流れる低湿地帯があります。ここは陸前米の産地として有名でした。交通手段としては迫川や江合川の水路が利用されていましたが船は塩を500俵も積んで海岸から逆上ってきました。そして沿岸のいたるところで塩と米の交換取引が行われ、遠方からは馬が川岸まで荷をとりに来ていました。関東の塩の道でも川船が利用されていました。千葉県の塩の行徳は明治以前は塩の産地として有名でしたがこの行徳塩も江戸川や利根川等の河川を利用して内陸栃木埼玉方面へ運搬したといわれます。

このように、海岸から内陸へという塩の道は古くから組織されていて、運び手も、岩手県南部地方へは野田ベコという牛を使った業者が運搬を独占したように、富山県から長野県へは歩荷とよぶ徒歩の運搬業者がおり、また愛知県三河地方から長野県には中馬という制度により運ばれました。特別な運搬業者のいないところでは塩売りとよばれる個々の小売り商人が山奥の村々まできめ細かく塩を行商して歩きました。どんな山奥でも人の住むかぎり塩売りの姿が見られたということです。

海上の塩の道／中世までの製塩地は若狭、伊勢、瀬戸内などが中心でしたが、江戸時代には瀬戸内の塩が全国の流通量の90％を占めるまでになりました。また、海上交通網も整って、塩廻船が全国に瀬戸内産の塩を運びました。港に降ろされた塩は、今度は、川舟や牛馬人の背などで内陸・山間部に運搬されました。こうして塩の道は細々とした陸路の時代から、海や川の水路を利用することでダイナミックに範囲が広まり供給量も増えていきました。江戸時代に、海上のルートを使った塩の道がどんなふうに塩を運んでいったのか具体的に塩の道をたどってみることにしましょう。たとえば東北地方へ向けては北前船という帆船が塩と雑貨を運んでいました。北前船は日本海を北上して東北の港々に寄っていきます。港の町には塩問屋が来ていて、荷を店に持ち帰ると、塩と交換する物を持って集った近在の人々に店売りをします。店にはさらに奥地に行商に行く塩売りも大勢買いにく

るので卸売りもします。こうした店に集まる客相手に、港では塩屋や塩宿が栄えました。いまでも「塩屋」という屋号をもつ家が各地にみられるのは、塩を商った当時に由来しています。一方、塩問屋で塩を分けてもらった行商の塩売りは、川舟や牛馬を使うか、あるいは険しい山越えの道を何日もかかって背にかついで荷を運びました。彼らのために塩の道沿いに宿（牛方馬方宿しょいこ宿ぼっか宿等と称された）ができてにぎわい、塩の道の要所では塩市も開かれたりして人が集まると塩以外の商いも行われるようになりました。日本では塩の道が衰えはじめるのは明治になって鉄道が発達しはじめてからです。その後も細々と続いた塩の道ですが1913年に専売法ができて塩が政府の専売になると塩が簡単に手に入るようになり備蓄の必要もなくなり塩問屋や塩市、塩売りも消えたのです。環境を大事にした手作りの自然塩／廃材で焚く塩「青い海」の工場は現在沖縄南部の町

糸満市にあります。青く明るく澄みきったサンゴ礁の海を背に建つ工場で四基の釜から薪の赤い炎がさかんに出ている様子は海辺のあちこちで塩焚きの白い煙があがっていた昔をほうふつとさせます。工場のまわりは壊した家の柱や廃材等で山のようになっています。まるでリサイクルの拠点のようなんですが実は塩を焚くのに「青い海」では沖縄県内で出た建築廃材を再利用しています。1年で約2万トンの薪を使いますがこれらはすべて廃材でまかなっています。この事は国にも認められて表彰（1991年資源エネルギー賞受賞）を受けました。濃い塩水（飽和鹹水）を煮詰めるのに手間も場所も人手も少なくてすむガスや重油を使わず、なぜ薪（廃材）を燃やすという手間をかけるのかという理由をまずお話ししましょう。機械的で一定なガスや重油の炎にくらべて薪の炎は力強いのびがあり、また多量の遠赤外線波動エネルギーを出します。そのため、塩はミネラルの吸着が

よい粗い結晶になります。遠赤外線は、塩を活性化させる働きもあるため、自然塩のもつまろやかでコクのある旨みが引き出されるんです。塩を煮詰める平釜は非常に大きなものですが、その釜の底を薪の火は8メートルも12メートルも炎が伸びていきます。重油だとせいぜい1～1・5メートル位でしょうか。実験的に同じ条件でガスでもやってみたのですが炎の伸び方が全然違いました。ガスは機械的規則的に燃えているという感じでした。24時間ずうっと平釜に入れた鹹水が冷えないように薪を焚き続けるんですが火の調整が難しくて誰でもできるという仕事ではないんですね。廃材ですから木の種類がしょっちゅう変わりますし燃やすと炎の色が千差万別で塩焚きはこの変化に対応しながら次の薪を足すというふうにしていかなくてはならない。だから熟練の職員が担当しています。塩焚きは難しいけれど炎の色をずっと見ていると、自分たちの手で塩を作りだしているのだとい

— 178 —

う手ごたえを感じるし愛情がわいてくるんで
す。塩焚きに使う薪を「塩木」といいます。
塩作りの工程／さて、「青い空」の塩ので
きるまでを、順を追って説明しましょう。①
原材料を溶かす―原材料はメキシコやオース
トラリアの天日海塩です。この二つの国では
海水を広大なプールに貯め1年がかりで太陽
熱と風だけで自然に水分を蒸発させて塩の結
晶を取り出しています。これは雨が降らず、
砂漠のように乾燥した土地だからこそできる
ことです。天日塩は広大な塩田で約2年間の
歳月をかけて結晶させるので砂漠から発生す
る砂塵が塩田に混入するため日本に輸出する
ときに塩水で洗います。そのためせっかく海
塩がもっていたニガリ分〈微量ミネラル〉な
ども流れ出ています。それを補うため「青い
海」の工場に運ばれた原料塩は、まず最初に
臨海・地下海水〈サンゴ礁の海辺の井戸水で
カルシウムやほかの海洋性ミネラルが豊富〉
で溶かして、ミネラルなど微量元素を自然の

状態に戻します。②タンクの中で濾過する―
原材料に混じった土ぼこりなどの細かな混入
物を取り除くため砂やフィルターで何段階も
濾過を繰り返します。きれいな飽和鹹水にな
ったら貯蔵タンクに送って静置し上澄みをと
ります。③せんごう〈平釜で塩を煮詰める〉
特殊なステンレスの平釜〈縦20メートル、横
4メートル〉に鹹水を入れ廃材の薪で9時間
以上かけてゆっくりと煮詰め粗い結晶の塩を
作ります。薪でゆっくり焚いていくと、まず
平釜の水面にフレーク状の塩の結晶体がキラ
キラと浮び上がってきます。さらに焚くと、
鍋底に粗塩が重なりあいながらできていきま
す。薪の遠赤外線効果で活性化されニガリを
たっぷりふくんだ自然塩の誕生です。④釜揚げ
〈ニガリ調整〉ニガリ液をたっぷりふくんだ
粗塩を杉材の板子箱〈約1トン入る杉木箱〉
に移し乾燥室に3日3晩置いてニガリをほど
よく残します。「青い海」の塩は約10%のミ
ネラル溶液を残すように調整しているので、

マグネシウムを主体にした余分なニガリは調整されます。副産物として出てくるニガリは豆腐屋さんに分けています。⑤計量・袋詰め　板子箱で固まった塩をほぐし、ふるいにかけ計量して袋に詰めます。せっかく薪を焚くのから手を使っているのですから袋詰めも働いている人の愛情をこめて「手塩にかけて」送り出すようにしています。⑥品質検査―包装　された製品は重量をチェックし、異物混入がないよう金属探知機にかけその後もう一度目視によるチェックをしてから出荷されます。

　理想の自然塩とは/まず自然という言葉を使ってはいても、天然自然に存在する塩イコール自然塩ではないということです。岩塩は海から隆起した陸地で閉じ込められた海水が自然に長い時間をかけて蒸発・結晶化し、化石のように岩や土の中にたまったものです。が、岩塩には海水に含まれているはずの微量ミネラルも少なく、たとえばカルシウムや鉄分もほとんどありません。「塩をとることは海を体内にとりこむこと」という私の定義からすれば岩塩も自然塩ではないのです。それなら海水の水分を97％蒸発させて取り出した3％の塩こそが理想の自然塩に違いないと思うでしょう。でも事実は海水から機械的に水分を抜いた塩程不味い塩はないのです。身体に良く美味しい自然塩は海水を単純に煮詰めればできるものではないからこそ、そこに製塩という匠の技が必要になってくるのです。塩作りの今後塩を作ることは海を守ること。

巻末参考文献一覧 29資料から8資料を転記
①知念隆一「いのちは海からの贈り物」日本館書房②勝浦令子「製鉄・製塩とその貢納」角川書店③瀬川清子「食生活の歴史」講談社④江戸遺跡研究会編「江戸の食文化」吉川弘文館⑤高橋英一「生命にとって塩とは何か」農文協。⑥安心編集部編「やせた！治った！塩療法」マキノ出版⑦松永永光「塩屋さんが書いた塩の本」三水社。⑧北見俊夫「市と行商の民俗」岩崎美術社、民俗民芸双書まで。

松尾芭蕉は1684年野ざらし紀行の旅に
出た（天和4年2月21日改元貞享元年）同年
10月29日渋川春海が完成した日本初大和暦は
採用が決定貞享暦と命名される。春海は16
39年寛永16年閏11月3日、京都の碁方安井
算哲初代の子として生れ、14歳父の後を継ぎ
算哲二代目襲名、毎年秋冬は江戸幕府碁所に
勤め春夏京都在住の傍ら数学に秀で天文暦術
等を研究する。中国元の授時暦は日食予報が
外れ信用を失うが失敗原因を追求観測を重ね
中国都基準を里差を考え京都基点に計算して
本朝72候暦註雑節の編纂を行った。日本は中
国暦法をそのまま採用実施したが経度気候も
異なる日本での使用は無理がある。春海は江
戸幕府初代天文方に着任（保井のちに渋川）
1689年元禄2年本所に天文台開設。16年
駿河台に遷して一七一五年正徳五年十月六日
死去。初めて日本独自の暦法を導入した渋川
春海は圭表儀を使って冬至がいつかを調べて
いた。天文方高橋至時伊能忠敬地図に結ぶ。

旧暦読本現代に生きる「こよみ」の知恵／
岡田芳朗著発行創元社06年第一章旧暦と新暦
暦の基本単位が年・月・日である理由一自然
暦から太陰暦へ二旧暦を読み解く―閏月の置
き方三続同―月の朔望四は千三百年間も使用
された旧暦から現行の新暦へ。第二章編暦と
改暦三は最後の太陰太陽暦「天保暦」十二年
1841年幕府は天文方の渋川景佑に「新巧
暦書」を基に新しい暦法を作成することを命
じました。「新巧暦書」は景佑が足立信頭の
協力を得てフランスの天文学者フランシス・
ド・ランデ（フランス語ランド）「天文
書」オランダ語訳本翻訳当時最新の西洋天文
・暦学書。暦は翌年に完成一年猶予後十五年
（改元12月2日弘化元年）実施。《日本の暦
岡田編者表紙は浮世絵天保十五甲辰暦飾る》
「天保暦」はわが国太陰太陽暦最後の暦法と
なり、明治五年を以て廃止されたがその後の
私的な旧暦の原型となりました。（広辞苑…
渋川景佑暦学者。高橋至時次子渋川家養子）

三、日本地図の夜明け

Isabella Bird　イザベラ・バード旅の生涯オリーヴ・チェックランド著　川勝貴美訳日本経済評論社95年発行（県立図書館蔵）を一資料に書き進める。帯紙自由に生きたかった／だから彼女は旅にでた／まだ旅が男のものだった時代に世界各地をかけめぐり大探検家となったイザベラ・バードとはいったいどんな女性だったのか。巻末年譜。著者略歴―歴史家。元慶應義塾大学福沢研究センター客員所員。Unbeaten Tracks in Japan（「日本奥地紀行」平凡社）を読んで初めてイザベラ・バードに興味をもつ。スコットランド国立図書館に埋もれていたイザベラの書簡集が発見されたことをきっかけに、フェミニストとしてのイザベラの一面に注目する。訳者略歴―早稲田大学教育学部英語英文学科卒業。元東京都公立中学高校教諭、埼玉県立高校講師。

まえがきイザベラ・ルーシー・バード（一八三一～一九〇四）は、情熱的で知的な女性だった。「女にできることは女がする権利」を求めながら世界中を旅する探検家旅行作家になった。―成功の背景には彼女が属する階級の女性ががんじがらめに縛られていた因習を絶対に打ち破らなければ、という固い決意があった。しかし、進むべき道を見いだすのは難しかった。彼女は四十歳になるまで悩み苦しんだ。ところが道は思いがけぬところで開けた。太平洋でハリケーンに巻きこまれた蒸気船ネバダ号に乗り合せ、生きた心地もない暴風雨の中で自分の生きる道を発見したのである。「私はついに恋をしたのです」。彼女は感動で胸が震えた。「海の神が私の心を奪ってしまったのです。たとえこの身はどのように離れていても心はいつも海の神と共にあります」。イザベラは女性が社会で限られた役割しか与えられていないことに耐えられず女権の拡張を求めていた。彼女のような女権

拡張を願う女性にとって救いだったのは、海外に出れば、男とともに自由奔放にさまざまな冒険ができたことである。彼女は、国内にいるときはいつも慢性の病に苦しんでいたがこの病を癒すため、というのが彼女が海外に出る理由だった。確かに、危険に満ちた長く苦しい旅の中でこそ、彼女は心身ともに健康だった。二十二歳から七十歳までイザベラは大きな旅行を七回している。海外生活は九年余りに及ぶ。最初の旅は片思いに傷ついた心を癒すための平凡な北米旅行だった。しかし晩年の旅は旅行地としてはあまり知られていない中国朝鮮への三年二ヵ月にわたる困難な旅であり、さらにはモロッコへの旅だった。

その間オーストラリア、ニュージーランド、ハワイ（当時はサンドイッチ諸島）を旅し、ロッキー山脈では山男ジムと恋をし、日本の奥地に入っては先住民のアイヌと数日間生活をともにした。真冬にインド、ペルシャ、トルコへと危険に

満ちた旅を続けた。イザベラに自立心の大切さを教えたのは、父、エドワード・バード牧師である。エドワードは、英国国教会の牧師としては不遇だった。彼は明らかに、長女イザベラを娘としてではなく息子として扱い、彼女がまだ幼いころから自立心を身につけるように教育した。その父のすすめで出かけた二度の北米旅行で、彼女は、旅は軽装でしか一人ですべきであることを学んだ。後年、彼女はこの北米旅行よりはるかに困難な旅行の数々に成功したが、その成功を支えた要因の一つは、旅の同行者がきわめて少なかったことである。装備が立派であったとか、大遠征であった、ということはない。彼女は最小限の使用人や装備を携え、その土地の人々や交通手段を用い、その土地に生活し、その土地の習慣を身につけるように努力した。この姿勢は特筆すべきことであり、当時の有名な男性旅行家たちとは好対象だった。彼女が単独行をはたせなかったのは、イスラム諸国の

― 183 ―

旅のみである。（省略）彼女はまた、開発の進んでいない地方にはつきものノミやトコジラミの大群にも動じなかった。近代的な医学の助けをなんら借りることなく、数週間、数ヵ月にも互る困難をなんなく切り抜けたイザベラは、ヴィクトリア朝の当時にあっては称賛の的だった。今日からみても驚くべきことである。旅行者としてのイザベラには、ほかの旅行家と比較していくつかの特徴がある。彼女は常に、旅する土地の習慣をできる限り深く学ぼうとした。わからないことがあれば、辛抱強く、繰り返し、やさしく丁寧にたずね、彼女自身の言葉をかりれば、「ポンプで水を汲み出すようにとことん聞きだした」のである。その毅然たる態度と親しみやすさは女性に好感を与え、自信あふれる態度と異国情緒は男性に好感を与えた。馬でやの一人旅では休ませてほしいと頼むと殆どの所で即座に歓迎された。日本では彼女の小間使いをかねた通訳が「彼女は貴族である」と

誤って紹介したときにはすぐさまそれを訂正させるという出来事もあった。イザベラは旅の一日の終わりには必ず日記を書いた。それは旅行中の彼女の強さを物語る一例である。たとえその日がどんなに惨憺たる一日でも、どんなに空腹でも、どんなに寒くても、暑くても、その日の出来事を記す前には眠らなかった。故国に帰ると、親類や友人たちに宛てた手紙を回収して本にまとめた。「現地」で書かれた日記風の手紙は、臨場感あふれ、趣が豊かであったからである。旅行し、ものを書く、という生活は、イザベラにとってこのうえなく充実した生活だった。彼女は少女のころから作家を志していたが当時は何を書いてよいのかわからなかった。父の亡きあと、その影響をうけて讃美歌や信仰復興運動についてなど、教会に関するさまざまな小論を書いたが宗教問題は真の関心事ではなかった。彼女が望んでいたことは大好きな旅行をしてその旅行記録を本にまとめ多くの人々に読ん

でもらうことだった。イザベラにとって幸運
だったことは、当時多くの旅行記を出版して
いた著名出版業者、ジョン・マレイとめぐり
あったことである。イザベラは旅先では常に
そこに滞在する英国人をさがしだして現地の
情報を得た。相手が商人であろうと、領事で
あろうと、また、宣教師であろうといっさい
おかまいなしにこれから旅する地域の情報を
聞き出し、万全の知識で身を固めた。彼女は
秀れた決断力をもってありとあらゆる危機を
乗り越えた。また、交渉が巧みで人を上手に
使うすべも知っていた。しかし、彼女の成功
の理由を考えるとき、これらの資質に加えて
その背後にはいかに遠く離れていても、大英
帝国の巨大な力が存在していたことを無視す
ることはできない。彼女はそのことに気づい
ていた。「人々が私のキャラヴァンに加わっ
たのは、・・・英国人の私といると安全だっ
たからです」と記している。毅然たる態度、
確固たる意思、攻撃的でないところなど正に

彼女は、英国を代表する優れた使者だった。
イザベラは、宣教師というよりもむしろ人類
学者に近かったといえる。〈Ⅱ部へ続ける〉

6章日本—未踏の地へ／一八七七年秋スコ
ットランドの宣教師伝道者で探検家。中央・南
アフリカに長く滞在〉の業績を記念して医療
伝道大学が設立されることになりイザベラは
エディンバラでその支援のための大バザーに
没頭していた。〈原注一八七七年の秋はイザ
ベラにとっては辛い時期だった。ヘンリエッ
タが病気のためジョン・ビショップからの結
婚の申し込みに対する返事を保留しなければ
ならなかったからである〉しかし多忙な日々
にもかかわらず、彼女は精神的に枯渇状態に
あり健康も次第に悪化していった。医師から
転地療養を勧められると彼女はどこで何をし
ようかと考えた。まず思いついたのは大好き
なメキシコ型の鞍に乗ってアンデスを旅する
ことだった。しかしチャールズ・ダーウィン

— 185 —

（原注1809—1882年は、一八三一年に南アメリカ及び太平洋諸島をビーグル号で探検。著書『種の起源』1859は自然科学界及び宗教界に論議を巻き起こした）に相談すると彼は積極的には勧めてくれなかった。そこで西洋人の旅行者がまだ足を踏み入れていない日本の奥地を旅することにした。一八七八年は日本が開港して二十年目にあたり、また幕府が崩壊し天皇制が復活して十年目にあたった。東京、横浜、神戸等は少なからず近代化されたにちがいないが、近代化の波に洗われていない地域がどこかに残っているはずである。イザベラはそういう地域を旅してみたいと以前から思っていた。イザベラはその社会的な地位のおかげで、日本に滞在する英国人宛てに紹介状を四十通以上書いてもらうことができ日本への旅を実現させる大きな足掛かりができた。レイディ・ミドルトンとアーガイル公爵は、英国公使サー・ハリー・パークス夫妻に紹介状を書いてくれた。パー

クス夫人にはイザベラが著作を贈った。パークス夫妻は、一八七八年五月彼女を歓迎、激励し、順調な旅ができるよう細かな配慮までしてくれた。イザベラは横浜のオリエンタル・ホテルに数日滞在した後、当時日本に走っていた二本の鉄道の一つに乗って、東京に向った。東京では英国公使館に滞在し、そこでアーネスト・サトウ（一八四三～一九二九、英国外交官。日本語を自在に駆使する日本駐在外交官の先駆者―訳注）をはじめ日本についてのエクスパートたちから助言をうけ、綿密な計画をねった。イザベラは二つの問題を抱えていた。一つは通訳兼ガイドを見つけることであり、もう一つは食料問題だった。―通訳兼ガイドの選考にあたって、力を貸してくれたのは日本の専門家ヘボン（一八一五～一九一一、アメリカ長老派教会派遣の宣教師医学博士。ヘボン式ローマ字つづりの創始者訳注）だった。結局イザベラが採用したのは「私が今迄に会った日本人の中で最も愚鈍な

感じ」のする青年だった。その青年伊藤は、ヘボンの召使いから推薦があった。年齢は十八歳、頑強な体格をしていた。半信半疑だったが、一ヵ月十二ドルで傭うことに決めた。

パークス夫妻以外の外国人たちはほとんどみな女性が一人で日本国内を旅するのはとんでもないことだと思った。六月気候はすでにかなり暑くなっていた。イザベラの計画を耳にした人々は口々に悲観的なことばかりを彼女に語った。その中には、蚤の大群に襲われてきっとひどい目にあうだろう、などという話もあった。パークス夫人は、しかし、きわめて実際的で有用な援助をしてくれた。まず馬の積荷用に軽いかごを二つ用意した。そして旅行用の簡易折りたたみ式ベッド組み立て用と床から二フィート半の高さになり、おそらく蚤から身を守れるだろうという配慮からだった。さらには折りたたみ椅子とゴム製風呂まで用意してくれた。六月九日準備完了。

彼女の装備の重さは合計百十パウンド伊藤の

装備は九十パウンドで日本の馬に積める最大量に近かった。イザベラは薄茶縞のツイード服を着て、丈夫な靴紐のブーツを履き、日本製帽子をかぶった。陸運会社自由利用続く。

（閑話休題2）

世界八千ｍ峰14座初登最高峰エヴェレスト

53年5月29日英エドマンド・ヒラリーとシェルパテンジン・ノルゲイ。マナスル日本56年5月9日今西壽雄シェルパギャルツェン・ノルブ11日加藤喜一郎日下田實。70年5月11日エヴェレスト日本初登松浦輝夫植村直己12日

平林克敏チョタレ。植村8月26日北米デナリ（マッキンリー）世界初5大陸最高峰登頂。

16日シェルパアン・ツェリン。84年2月12日エヴェレスト女性初登田部井淳子75年5月冬デナリ植村単独初登日43歳翌日消息絶つ。86年伊ラインホルト・メスナーはマカルー登頂世界14座初登記録（出生44年）。②20

12年竹内洋岳日本登山界悲願14座初登5月ひろたか

26日ダウラギリＩ峰登頂成る。無酸素41歳。

江戸幕府の日本地図／川村博忠35年出生著吉川弘文館 10年発行が秋田市明徳館蔵と県立図書館蔵あり、貸出はどちらでも構わない。日本地図誕生の歴史—伊能忠敬の日本実測全図「大日本沿海輿地全図」を現地測量実施は寛政十二年1800年閏四月十四日 6月6日許可蝦夷地から第十次江戸府内。天文方高橋至時が意図していた真の動機は本邦子午線一度の長さを確かめたいということであった。第二次測量太平洋岸北上下北半島を一周三厩帰路奥州街道再測は間縄の使用ができたことから漸く子午線一度の長さを「二八・二里」（一一〇・八五㌔）と定めることができた。至時はこの数値に初めは半信半疑であった様であるがのちに新しいオランダ訳書の「ラランド暦書」の記載にほぼ一致することを知って信ずるにいたったという。この数値は現在の計算に比べてわずか一〇〇分の一ほどの誤差しかなく驚くべき正確さである。これが「子午線一度」への執念。測量行程一覧表は

第一次寛政十二年　蝦夷地東南岸（歩測）
第二次享和元年　関東東岸三厩奥州街道
第三次享和二年　三厩西海岸直江津上田
第四次享和三年　東海北陸海岸佐渡測量
第五次文化二〜三年　紀州沿海・山陽・山陰
第六次文化五〜六年　四国
第七次文化六〜八年　九州東部・南部・天草
第八次文化八〜十一年　九州西部南部及び島嶼
第九次文化12年〜13年　伊豆七島（忠敬在府）
第十次文化12年・13年江戸府内（二年分割）
測量空白域が残り（唯一例外）門人間宮林蔵蝦夷地測量文化五年データ最終版採用。

忠敬は文政元年（一八一八）完成を待たず先立ってしまった。幕命による日本輿地図が完成していなかったので忠敬の死は公にされなかった。忠敬の死後三年余を経て文政四年七月に「大日本沿海輿地全図」は完成した。大図二一四枚・中図八枚・小図三枚で縮尺は東半部沿海図に同じである。それに「沿海実測録」一四巻を添えて、高橋景保はこれを上

呈し終えた。「沿海実測録」の巻首には景保の序と忠敬の序および凡例が記されている。しかしこの実測日本図は世間に公開されることはなく秘蔵され五〇年近く経った慶応三年（一八六七）に小図が幕府開成所より「官板実測日本図」として刊行された。その間、文政十一年（一八二八）にシーボルト事件が起き、また幕末の文久元年（一八六一）イギリス軍艦が日本近海の測量をしたとき、監督のため乗り込んでいた幕府役人の持っていた伊能図をみたイギリス人士官は正確さに驚き幕府懇願小図貰い受け※測量大幅に省略され航路上の水深や岩礁等測量して引き揚げた。

※図説伊能忠敬の地図をよむ渡辺一郎・鈴木純子著10年改訂増補版河出書房新社伊能図を基にした官製地図官板実測日本図（開成所版｜畿内・東海・東山・北陸道）慶応3（1867）年版。伊能小図などの資料を基に幕府開成所から木版3色刷りで刊行された日本地図。伊能図が公刊された最初の地図である。

本図のほか北蝦夷（樺太）、蝦夷と蝦夷諸島（北海道と千島）、山陰・山陽・西海・南海3枚を含め合計4枚からなる。縦228×横155・5㎝（江戸東京博物館蔵・立木寛彦撮影）。16頁に11頁本図のほか蝦夷蝦夷諸島山陰山陽南海道西海道表示。コラム伊能図を使った明治の地図は明治期につくられた多くの日本図の原型になった。伊能図を源流とする諸図について図版とともに少し具体的に眺めてみよう。①大日本地図（川上寛作）明治4（1871）年伊能図を利用した市販向け近代地図の第1号。千島・樺太交換条約（1875年）以前なので南千島と樺太全島を描いている。伊能図では空白だった内陸部は他の資料で補われた。川上寛は冬崖と号し日本洋画界の草分けである。地図縦152×横141㎝（国立国会図書館蔵）②小学必携日本全図（高橋不二雄作）明治10（1877）年伊能図から編集された小学生向けの日本図。行政区画や水系著名な山岳などを記

している。作者の高橋不二雄は、内務省地理局員。（国立国会図書館蔵・立木寛彦撮影）

明治元年日本に招聘され横浜の土木工事を主導した英国土木技師リチャード・ヘンリー・ブラントン（1841～1901）は明治9年『日本大地図』を作成発行。ブラントン日本大地図（横浜開港資料館蔵）は明治4年川上寛作大日本地図など日本地図を複写編集日本地図と考える。イザベラ・バード「日本奥地紀行」はブラントン地図が密接に関わる。

イザベラ・バードは、ブラントン氏地図と温度計を携行した。磁石コンパスはどうだったか判然としないが久保田から眺めた太平山の方角を南とする文面を少し解釈する。晴天太陽は早朝東方に昇り昼は南中して夕方西へ沈むのは分明と考えるのは常識という言葉で通じない場合があるかも知れない。久保田の南方に在る金照寺山山頂に立ち四囲を望めば鳥海山は南に太平山は北東寄りに在る。東に太平山は可成り大雑把な捉え方だと言える。

また県西南部の象潟に立ち眺める鳥海山は南東の方角に当たることから松尾芭蕉が見た鳥海山は東なのに南と記したとか、太平山は東だと簡単に決め付けない方が無難である。

温度に関して、ここは気温とするが摂氏と華氏二つ表記がある。今は普通に摂氏何度と断らなくても日本では摂氏温度で通るけれど明治の邂逅新聞は発行日寒暖計正午の気温を（華氏温度）華氏何度と毎日表記している。

明治11年（1878年）正午気温は7月23日
83度・24日85度・25日83度・26日81度・27日82度・28日（日）休刊・29日80度・30日82度・31日80度・8月1日は82度・2日82度・3日82度・4日（日）休刊・5日84度・6日81度。

国語辞典①摂氏／摂氏寒暖計の温度のはかり方。記号はC─寒暖計セルシュー氏の発明した水の氷点を零度、沸点を一〇〇度とする寒暖計。摂はセルシュースの漢字音訳摂爾思からとったもの②華氏／華氏寒暖計のめもり─寒暖計ドイツ人のファーレンハイト氏の発

明したもので、水の氷点を32度とする寒暖計。記号F（18世紀欧州普及）久保田気温は7月24日正午気温が最も高く

華氏85度（摂氏約30度）晴天。他は、それを下回り前後23日25日華氏83度26日〜8月3日80度〜82度範囲になり、5日84度6日は青森とも関連する。石川理紀之助日記は7日雨天、8日〜15日晴天。イザベラバード黒石青森〜北海道函館平取間と函館横浜は後述。

（閑話休題3）

12年5月27日（日）新聞8000m峰全14座ある8千m峰全登頂竹内日本人初—世界14座ある8千m峰全山登頂を目指していた登山家竹内洋岳が日本時間26日午後8時45分最後のダウラギリI峰（8167mネパール）山頂に立った。同日竹内を支援している東京の事務局に連絡があった。日本人では竹内が初完登者となった。95年マカル26日未明、最終キャンプアタック。17年かけ達成。登頂の軌跡は①マカル—8463m②

エベレスト8848m③K2／8611m④ナンガパルバット8126m⑤アンナプルナI峰8091m⑥ガッシャブルムI峰8068m⑦シシャパンマ8027m⑧カンチェンジュンガ8586m⑨マナスル8163m⑩ガッシャブルムII峰8035m⑪ブロードピーク8051m⑫ローツェ8516m⑬11年秋チョーオユー8201m⑭ダウラギリI峰単独登頂。

④〜⑭酸素ボンベ無し。06年14座完登表明プロ宣言。身長180cm60kg。

参考資料ダウラギリI峰ネパール首都カトマンズ西方聳える山で経度75度と90度の間に在り、日本の標準時刻明石経度135度とは3時間余時間差がある。日本時午後8時45分竹内登頂現地時間午後5時30分。下山は深夜ビバーク翌朝最終キャンプC3に帰り仮眠。

伊能忠敬測一歩の歩幅数値は、二尺三寸メートル法換算すれば69cmになる。かつては佐原駅改札出て外へ向かうと出口床に足跡が左右一対刻まれ、伊能忠敬の歩幅をその場で

— 191 —

実感出来た。駅舎が新しくなる際に撤去されて何処か行ってしまったのは惜しい気がする。

わが国における官撰地図の系譜プロローグ・様式及び画風までも完全に統一されるに至っている。正保度国絵図は経年による自然・人文環境の変化に伴って改訂が必要になるが城郭は元和以降新規の築城は禁止され勝手な修理も許されなかったため全国全ての城郭が一度図面に描かれれば更なる改訂の必要がなかったのだろう。国単位の地図―大和国や武蔵国といったわが国古来の「国」を単位にして描かれた目を見張る様に巨大な手書き絵図が各地に少なからず現存している。

江戸幕府の地図事業江戸幕府は治世二六〇年の間に時々の必要に応じて各種の地図を作成している。しかし、その中で全国的規模で実施し、しかも継続的に行ったのは国絵図事業であった。国絵図は国単位の絵図であって、全国に封じられた諸侯の支配範囲を描く領分図ではない。全国は六八ヵ国であって原則として一国は一鋪で仕立てられ最終的には諸国の国絵図を接ぎ合せ日本総図が作成された。

国絵図は必ず土地台帳に相当する郷帳をセットにして作成された。ただ幕府の国絵図事業のうち正保度に限って国絵図・郷帳に付随して全国の城絵図と道帳が作成されている。幕府に集められた諸国の国絵図・城絵図及び日本総図は幕府の御文庫に収納されて大切に扱われていた。国絵図の特徴は基本的な図示内容と絵図様式が全国的に統一されているこ

とである。初期においては絵図様式には国毎の不揃いもあったが絵図事業を重ねると縮尺・様式及び画風までも完全に統一されるに至っている。正保度国絵図は経年による自然・人文環境の変化に伴って改訂が必要になるが城郭は元和以降新規の築城は禁止され勝手な修理も許されなかったため全国全ての城郭が一度図面に描かれれば更なる改訂の必要がなかったのだろう。国単位の地図―大和国や武蔵国といったわが国古来の「国」を単位にして描かれた目を見張る様に巨大な手書き絵図が各地に少なからず現存している。その大きさばかりでなく、美しい彩色と裏張りを施した重厚さによって観る者に威圧感さえ与える。この様な大型絵図は江戸幕府命令で諸国大名らが作成して、郷帳とセットで将軍へ上呈したもので「国絵図」と呼ばれる。

幕府が諸国から集めた国絵図の一部は今でも幕府文庫を引き継ぐ国立公文書館の内閣文庫に伝存して、国の重要文化財に指定されて

いる。他方、幕府命令に従って作成した諸国大名の国元には、幕府へ上呈した国絵図の控ないしは写、あるいは幕府担当者へ下調べを願い出た伺絵図、そのほか作成過程にて作られた下絵図などが少なからず残されている。これらはいずれも歴史地理や地域史の重要な研究資料となっている。江戸幕府は諸国大名に命じて調進させた全国の国絵図に基づいて最終的には日本国土総図を作り上げていた。年歴を経て古くなると改訂を重ね治世二六〇余年の内に幕府はこの様な全国六八ヵ国の国絵図と巨大な日本総図を数次にわたって作成していたのである。国絵図の縮尺は正保以降は六寸一里に統一されていて現代の縮尺値に換算すれば二万一六〇〇分の一に相当する。

全国いっせいの見当山調査享保日本図完成

幕府は享保三年（一七一八）から五年までの間に、前後三回に及ぶ全国いっせいの見当山調査を行っている。最初は同三年四月諸国主要大名の江戸留守居が勘定奉行邸に集められ

それぞれ自国より望視できる隣国の見当山の書き出しが命じられた。見通しのきく隣国の山を二～三ヵ所選び自国のどの地点から見通せるかを報告させている。双方向での望視の重複を省くため調査の対象とする隣国は幕府より指示された。幕府はこの様にして集めた諸国の見当山を整理して、翌年十二月に二回目の調査を諸国に命じた。今回は国内の望視起点と対象の隣国見当山が具体的に指示され調査地毎の小絵図（元禄国絵図部分写し図）と磁石一個が渡された。望視起点にて四方位を測って交付絵図に東西南北の十文字の線を引き、隣国見当山への見渡し線を朱引きしてその方位を測る様に求められた。望視方法の変更―その後享保四年十一月から翌月にかけて諸藩の留守居がまた勘定奉行宅に呼ばれて三度目望視調査が申し渡された。今回は幕府側の関係者に建部彦次郎（賢弘）が加わっていたのが注目される。（建部賢弘は数学者関孝和門人）調査の説明を受けたあと調査地と

作業要領の書付と共に調査地と同数枚の方角紙（四方位の直交線のみ記入した白紙）及び山絵形一枚・定規一個が渡された。（将軍は吉宗）享保日本図の完成日本総図の成立享保日本図は元禄国絵図の縮尺を一〇分の一に縮めて、その図形を切り抜いた国々の縮小図を作り、収集した方位データに依拠して、国々の縮小図を接ぎ合わせて日本全図が仕立られた。国々の接合は全国を一度に接ぎ合わせたのではなく、まずは近隣の数ヵ国を接合して八つの地方図（広域寄絵図）を作成し、次にそれらを接ぎ合わせる段階的な作業で日本全図が仕上げられた。地方図は北から、①東北（陸奥・出羽）②関東・東海、③信越・中部④北陸、⑤関西、⑥南海、⑦中国⑧中国西部・九州の八ブロックに分けられた。地方図は近隣の三〜四ヵ所の見当山を見通して国々が接合されたが、最後に地方図を寄せ合わせて日本全国を合成するには、遠望のきく鳥海山・立山・富士山など少数の高山を見当にして

容易に接合できた様である。ところで八つの地方区分には、日本図編成の配慮が加味されている。四国と九州は地勢的に独立しているにもかかわらず単独にはせず、⑥「南海」は四国に紀伊半島の紀伊と和泉を含め⑧「中国西部・九州」では本州西部の安芸・石見・周防・長門が九州と合わされている。地方図は本州・四国・九州の配置を、別途考慮する必要がない様に区分されているのである。離島の望視調査―享保八年（一七二三）にはひとまず日本図の本体が仕上がったものと推測される。建部賢弘が日本絵図仕立候大意にて癸卯ノ歳に図全く成ると書いているのは享保八年以降も離島の位置関係を知る為の照会や追加の望視調査が続けて行われている。「日本清絵図仕立候覚」の抄訳が続き―さらにまた、ほぼ一〇年に及んだこの日本図作成に費やした経費の報告書「日本絵図仕立候御入用覚」には、「享保三年戊四月より同十三年申二月

迄」とあって出費の点からみて享保の日本図作成事業は享保十三年二月に至って最終的に終了している。この享保日本図の作成に費やした総費用は七〇九両二分余であった。現代感覚一両三〇万円（磯田道史武士の家計簿）で計算すれば、二億一二七〇万円余となる。日本暦西暦月日対照表編者野島寿三郎日外アソシエーツ87年（秋田県立図書館蔵）参照

享保三年（戊戌）と享保八年（癸卯）享保十三年（戊申）十干十二支を用いた歳年は十干甲乙丙丁戊己庚辛壬癸と十二支子丑〜戌亥。1番甲子〜60番癸亥まで60進法は暦に関する書物や国語辞典巻末付録に解説があり読み方は音読みと訓読み二様がある。35番戊戌40番癸卯45番戊申は各々享和3年8年13年と対応している。①戊戌（音ボジュツ・訓ツチノエイヌ）②癸卯（音キボウ・訓ミズノトウ）③戊申（音ボシン・訓ツチノエサル）と読む。伊能忠敬の蝦夷地測量東蝦夷幕府直轄地—利根川水運で繁栄していた下総国香取郡佐原

村名主で酒造業を営んでいた伊能忠敬が五〇歳になって暦学を志し家督を息子景敬に譲り江戸へ出て高橋至時の許に入門したのは寛政七年（一七九五）であった。蝦夷地測量請願伊能忠敬が日本実測全図「大日本沿海輿地全図」の大業を成し遂げる第一歩は寛政十二年（1800）の蝦夷地測量であった。閏四月十九日（6月11日）江戸深川を出発して、三〇日目に津軽半島北端の三厩から海を渡って函館に着き、ここを起点にして五月二十九日（7月20日）から測量を開始した。間縄を引いていては能率が悪いので距離は殆どを歩測ではかり道路の屈曲を杖先羅針で方位を測定して記帳し夜は旅宿の庭で象限儀を用いて北極星の観測をして緯度を定めた。蝦夷地の東岸を測量して進み八月七日（9月25日）に根室半島のつけ根の西別に到達した。ここから帰路につき往路と同じ奥州街道を通って十月二十一日（12月7日）江戸に帰着。延べ一八〇日の測量行程であった。製図は東蝦夷海辺

行路地図大小二種を作成し至時を通じ幕府勘定所と若年寄堀田摂津守に上呈。（第一次）

○「子午線一度」への執念―幕府若年寄より至時に門弟伊能勘解由本年伊豆国より海辺通り相州、武州、安房、上総、下総、常陸、奥州まで測量御用仰せ付けられ人馬御手当一日銀10匁ずつ下し置かる旨の辞令が下された。

初回一行は伊能忠敬・門倉隼太（高橋至時の従者）・平山宗平（佐原村出身）・伊能秀蔵（忠敬の息子）と下男二人の六人で機器を運ぶのに奥州街道では人足三人・馬二匹、蝦夷地では人足三人・馬一匹を雇っての行程で今回は門倉に代わって平山郡蔵と尾形慶助が加わった。享和元年（一八〇一）四月二日に江戸を発ち、三浦半島と伊豆半島を一周し、いったん江戸に戻り、六月一日に再度出発し房総半島から太平洋岸を北上、下北半島を一周して十一月三日に三厩に着き、帰路は奥州街道を再測して、十二月七日に江戸へ帰着。（寛政十三年二月五日改元享和元年辛酉音シンユウ訓カノトトリ四月二日は西暦5月14日・六月一日7月11日・十一月三日12月8日・十二月七日1802年1月10日）（第二次）

第三次は日本海沿岸を測量し東日本全体の形状を明らかにすることを申請認可された。今回は実費として手当金六〇両が支給されたばかりか機器その他荷物運搬に使役する人馬（人足五人・馬三疋・長持一棹人足）の無賃徴発、宿泊料は公用の「木賃支払の制」の特権が許された。一種の幕府の請負事業の様な性格を持つにいたったのである。忠敬を始め弟子・従者を含めた一行七名は享和二年六月十一日（7月10日）江戸を発ち奥州街道を白河まで北上し会津若松・米沢・山形・能代・弘前を経て三厩へ行き、そこから奥羽の日本海沿岸を南下、直江津より内陸に入り高田・長野・上田から中山道を通って十月二十三日（11月18日）に江戸へ帰着している。今回終えた測量範囲は認可を受けた地域の全部ではなかったため、製図は草稿を仕上げて、清書

はせずに幕府関係者の一覧に供しただけで上呈はしなかった。（寛政十二年庚申読み音コウシン訓カノエサル。享和二年壬戌は音ジンジュツ訓ミズノエイヌ。資料一例以降省略）

東部沿海地図の完成—享和三年１８０３年二月十六日（４月７日）、高橋至時は忠敬に昨年申し渡した残りの国々の海岸線を測量するようにとの幕命を伝えた。この第四次測量では合計八二両二分の手当金が支給された。

佐渡へも渡るという理由で先回より増額されている。同月二十五日に江戸を発ち、第二次測量で通った東海道を南下して、新たに沼津から測量を始めて御前崎・伊良湖岬から熱田にいたり、尾張と伊勢の境の佐屋宿まで進みここでいったん海岸を離れて大垣・関ヶ原を経て敦賀にいたり、北陸海岸を測進し越後の直江津に達して昨年の測点と連結した。ここから渡船して佐渡での測量をもって、本州東半分の海岸線全部を測量し終えたのである。同年十月七日11月20日江戸へ帰着している。

第四次測量を終えた忠敬は蝦夷地以来四ヵ年に及んで測量した地域の全体図の作成に着手した。ところが地図完成をみずに享和四年正月に忠敬のよき指導者であった高橋至時が病没した（40歳）。恩師の死の悲しみを乗り越え忠敬は製図に励み至時死後七ヵ月目文化元年（享和四年二月十一日改元文化元年18

04年）七月中に「日本東半部沿海地図」を完成させた。それは大図（縮尺三万六〇〇〇分の一）六九枚・中図（縮尺二一万六〇〇〇分の一）三枚・小図（縮尺四三万二〇〇〇分の一）一枚の構成であった。この三種の地図は揃えて天文方高橋景保（至時長男）・吉田秀賢両名より幕府に上呈された。江戸城大広間に大図を並べ接合して老中及び若年寄らの検閲を受け、そのあと将軍徳川家斉の上覧があった。幕府の有司らはこの精密な実測地図をみて作図者の製作技術を等しく認めその功によって伊能忠敬は士分に取り立てられた。

※コラム赤水と伊能図／江戸時代に民間で

最も流布した日本図は水戸藩の儒学者長久保赤水が制作した改正日本輿地路程全図つまり赤水図である。伊能測量開始の20年前に作られたこの地図はある程度の実地調査もしたが基本的には編集図である。赤水図には経緯線があり、緯度の誤差は0・5度から1度程度である。縮尺は10里を1寸としたので伊能小図の3分の1となる。しかし、赤水図が実測なしでここまで仕上げられていることには驚かされる。地図情報を熱心に収集した結果である。一方の伊能図が徹底した実測主義だったのと比べると対極の図とも言える。もっとも、当時の社会生活の中心が駕籠や馬を利用した徒歩交通だったことを考えれば、厳密な実測図より町村がすべて描かれた赤水図のほうが便利だったろう。伊能図への転換─明治維新以降実測図しか地図とは言えない時代に変わると、伊能図が赤水図にとって代わる。結果的にこの二つの地図は役割分担していたのでありそれぞれ時代の需要に応えていたの

である。忠敬が佐原に入夫（女戸主と結婚その夫）した時、長久保赤水は44歳で既に高名な学者だった。第2次測量途中忠敬が赤水の故郷の高萩市赤浜を通ったのは享和元年8月3日赤水死没10日後だった。忠敬は「赤浜は赤水出身地である」測量日記に記している。日本地図の先覚者の選手交代であり、奇しき因縁であった。写真は改正日本輿地路程全図通称を赤水図と言う。長久保赤水（1717─1801）作、安永8（1779）年刊。実測図ではないが江戸期必要な情報が得られ便利だった為幕末に至る迄大量に流布した。国別に色分けされ主要街道、主要地名、経緯線が書き込まれている。縦84cm×横135cm神戸市立博物館蔵。地図出版の四百年京都・日本・世界／京都大学大学院文学研究科地理学教室・京都大学総合博物館編発行所ナカニシヤ07年4月20日初版第1刷（秋田市中央図書館明徳館蔵）10・11頁見開きカラー写真は「改正日本輿地路程全図」長久保赤水作浅野

弥兵衛版安永8（1779）年（神戸市立博物館蔵）流宣日本図に代わって新たに日本図の代名詞となった地名図で一般に赤水日本図と呼ばれている。赤水日本図は出版図として初めて経緯線が記され、縮尺も明記される様になるなど正確さが追求されている。赤水日本図は何度も改版されており幕末に至る近代的な日本図として頂点に立ち続けた。小型版も刊行されており東西南北方位表示九州西1日本海側太平洋側各々5、蝦夷地北海道南部1の計12記号が日本を囲んでいる。また、緯度線三十一度は鹿児島佐多岬の南にあり32度33度三十五度伊豆半島36度三十七度能登半島38度39度四十度秋田男鹿半島入道崎八郎潟を通り岩手太平洋に引かれ四十一度津軽まで。

column（106頁）伊能図の海外進出江戸時代の歴史を通じてみても所謂シーボルト事件は非常に重要な事件であった。高橋景保がオランダ商館付きの医師シーボルトに国禁であった伊能図などを渡しそれをシーボルトが

国外に持ち出そうとしたことが発覚した事件景保この事件で獄死。シーボルトも伊能図を没収された上、国外追放となった。しかし、シーボルトは伊能図の控えを取っており持ち帰ったことが分かっている。そして、後に彼が作った「Karte Japan lisch en Reiche」（日本帝国図）という本州以南日本図はこの伊能図を基にして作製されたと推定されているのだ。このシーボルト日本図は伊能図と異なる部分も多く伊能図の直系とは言えない。ただ、伊能図に依拠しなければ描けない内容を備えていることは事実である。また、幕末に近づくと、公式のルートで伊能図が外国にもたらされることもあった。たとえば文久元（一八六一）年に日本沿岸の測量を申し出たイギリス艦に対し、幕府は測量を許さない代わりに伊能図を渡している。イギリスではこの図に基づいた海図が一八六三年に発行された。イギリス作海図は日本に輸入された。（勝安房守座右の海図）

幕府直轄事業への発展測量御用—文化元年（一八〇四）十二月二十五日1805年1月25日若年寄堀田摂津守より高橋景保を通して伊能忠敬に西国一円海辺測量が命じられた。忠敬が進めてきた測量が幕府直轄事業となったのである。忠敬は第五次測量として引き続き西国の測量に取り組む事になった。第四次までの測量は幕府へ申請許可されたあくまで伊能忠敬個人的事業であった。幕府の援助もあって第三次・第四次には漸く経費に足を出さなくても済む程度にはなっていたものの、経費の節約に絶えず心配りが必要であった。第五次以降は測量が幕府の直轄事業となって性格が大きく変った。測量隊の編成は第四次までは忠敬に内弟子三〜四人下男二人、六人程であった。第五次以降内弟子の他に天文方下役が三〜四人加わり、竿取りら五〜六人、召使い四〜九人合わせて二〇人程になった。経費は隊員の日当を含めて全額公費で賄われる様になった。測量器具・紙・筆・墨・蝋燭（ろうそく）

代等の費用も全て幕府から支給される様になって最早忠敬は経費の事に気を遣う事なく測量を進められる様になった。沿道で提供される人足や馬の数も大幅に増やされた。何よりも変化したのは測量先での領主達の協力が得られる様になったことである。幕府は諸藩の江戸留守居を勘定所に呼んで、老中からの書付を以て幕府天文方による測量のある事を伝えて協力を要請し、支藩への伝達も命じた。村々へは道中奉行と勘定奉行より先触れが出され行く先々の村々で出迎えと案内を受け、予め村の戸数や人口・絵図等の提出を受ける事も出来た。現在も佐原の旧宅裏にある伊能忠敬記念館には、地方巡測の為事前に収集した各種絵図が多量所蔵されていて取分け注目されるのはその中に江戸幕府国絵図の写が、九州の全部と中国筋の一部に限られてはいるが含まれていることである。幕府の直轄事業となったあとでは、模写図とはいえ幕府国絵図の利用もできるようになったようである。

〇「大日本沿海輿地全図」完成―西国の海辺

測量の幕命を受けた伊能忠敬はこれに取り組むにあたって当初の計画ではこれまで毎年江戸に帰って越年していたがそれでは能率が悪いので現地で新年を迎える様にして三三ヵ月を以て一挙に全部の海岸筋を測量し終える予定を立てていた。幕府事業となったことで測量隊の陣容も大きく増強されたため従来より能率が上がる事を想定していたのである。

しかし、第五次測量に出発して実際に測量を開始した処、中国筋の海岸線は予想を越えて変化に富み島々が多くて当初の計画通りに測量を終える事は到底無理である事に気付いている。旅先より高橋景保に相談して計画の変更を余儀なくされ西国での測量は数度に区分けして行う事になった。その為今回の第五次測量では山陽の瀬戸内筋から赤間関（下関）を経て山陰に回り、一旦江戸へ帰っている。当初の計画を変更した結果として第五次から最後第十次に至る迄測量行程は前掲の通り。

伊豆七島と江戸府内の測量はあとで追加されたが当初の計画では三三ヵ月で完了するはずであった西国測量は文化二年着手してから一〇年目の十一年五月迄かかったのである。

西国測量を終えた忠敬は、移転したばかりの自宅内の地図御用所で下役及び内弟子らを監督して、それまでに集めた資料を整理して輿地図（日本全図）の製作に明け暮れていた。

文化十四年（1817）には完成させる予定であったが、途中で江戸府内の測量を行って「江戸府内図」（縮尺六〇〇分一）を作り文化十四年四月に上呈する等もあって輿地図の製作は遅れがちであった。忠敬は文政元年先立った。（死去は四月一三日―文化十五年四月二二日改元文政元年―感覚は文化十五年明治以前改元の適用で全て遡って文政元年o文政十一年（1828）シーボルト事件o幕末文久元年（1861辛酉）イギリス軍艦日本近海測量と伊能図小図話o慶応三年小図幕府開成所より官板実測日本図刊行は既述。

― 201 ―

伊能忠敬の測量法は①道線法―伊能忠敬の測量で完成した実測日本図は、日本最初の近代地図とみなされる。しかし、その測量法は測地に関する限り、何も目新しい方法が採り入れられたわけではない。ただ彼が測地に加えて天測を行った事が画期的であった。彼の測地法は「道線法」と「交会法」を組み合わせたもので、その様な方法による地図作りは以前から行われていた。忠敬は従来から行われてきた伝統的な方法を師弟関係で結ばれた熟練した測量スタッフを従え、精巧な測量機器を用いて労苦を厭わず根気よく全国の測量を一手におし進めたことで真価を発揮した。

道線法というのは、道路や海岸等の測量ルートを曲がり角等で区切って一地点から次の地点へ方角と距離をはかりながら進んでいく方法である。測量した数値は全て野帳と呼ばれた帳面に記入して、室内での図化作業に備えられた。今日の平板測量の様に現地で直接図化するのとは要領を異にしている。道線法

による測量は地図の骨組みを作るもので忠敬の仕事の根幹をなすものであった。（具体的説明略）②交会法―交会法は測量ルート上のある程度離れた二つ以上の地点から遠望できる山や島・堂塔など同じ目標物を見通した方位線の交わりによって図上の位置を決める方法である。（説明省略）方位線がうまく交差しない場合は、方角を読み違えたか野帳の記載を書き違えたかであって、図化作業にあたって誤測や誤記を正すこともでき、製図上の効用が大きかった。「東部沿海地図」（文化元年上呈の小図）の凡例には地図作成の目当てにした「高山並島嶼」が次のように列挙されている。

　富士山（駿河）大山（相模）箱根山（同）・日光山（下野）赤城山（上野）武甲山（武蔵）筑波山（常陸）天城山（伊豆）本宮山（三河）朝熊山（伊勢）・浅間山（信濃）御嶽山（同）・伊吹山（近江）白山（加賀）石動山（能登）立山（越中）妙高山（越後）米山（同）粟島（同）・金北山（佐渡）

鳥海山（出羽）飛島（同）・岩城山＝岩木山
（陸奥）岩鷲山＝岩手山（同）金華山（同）
大山1252mは山と高原地図㉘丹沢20
01年版昭文社丹沢のあらまし地形—丹沢は
神奈川県の中央部にあり東西40km南北20kmに
も及ぶ山地である。最高峰は標高1673m
の蛭ヶ岳でこれを中心とした山系は、東南に
丹沢山、塔ノ岳、大山へ、また塔ノ岳から西
へ分かれて鍋割山、檜岳へと続き、北方へは
姫次、焼山に、更に西方は檜洞丸、大室山、
畦ヶ丸から菰釣山、三国山に至るまで、標高
1000mを超す山稜が三方に延々と延び、
これらから長短様々な稜線が左右へ無数に派
出し、複雑な地形を構成している。—東海道
新幹線・東海道本線等の車窓から大山は丹沢
山系東端に聳え立つ整った山容が望まれる。
朝熊山（朝熊ヶ岳）555m続々展望の山旅
95年実業之日本社解説田代博由緒ある信仰の
山からは超遠望の世界が広がると題して遠望
マニア「富士が見える限界」の思いを語る。

天測—伊能忠敬の測量は地表を球面の一部
とみなして天球に照らした経度・緯度によっ
て諸地点をかなり正しく位置付けたことで評
価される。但し経度については当時まだ正し
い数値を得ることは困難であったが彼はとき
を選んで日月の交食や木星と衛星の交食等を
観測して経度の測定を試みていた。もし彼が
天体観測を行わず労苦を厭わず只こつこつと
全国を測地して廻っただけであるなら、彼の
地図が後世にこれほど評価される事はなかっ
たであろう。彼は天気さえ良ければ旅宿の空
き地に一〇坪程の場所を用意させて毎夜の如
く象限儀を用いて北極星等恒星を観測して緯
度を定めていた。彼の日記には「晴天測量」
「曇天不測」「雲間四五星測」などと天体観
測ができたかどうかをこまめに記している。
先にも述べた様に忠敬の地図作りは天体観
測を行った事が画期的であった。地図作成に
天測が必要な事は高橋至時に指導されたであ
ろうが、この事は忠敬の時代になって新しく

考え出されたのではない。すでに一〇〇年も前に、将軍徳川吉宗の命で享保日本図を作成した建部賢弘が日本絵図仕立候一件のなかで将来真に正確な日本図を作成するには北極星の高度を精密に測定して南北の位（緯度）を訂して、日月の交食を観測して東西の程（経度）を定めることが大事である。各国の周囲を巡測し路程をはかり、名山高岳を遠望して方位を定めることは第二義的なものであると記していて、地上の目標による距離と方位を決めるだけでは正確な地図はできないと天測の必要を論破していた。忠敬はまさにこれを実行したのである。（測量器具工夫改良へ）

彎窠羅鍼（わんからしん）―測量方法がそれまでと原理的に変わったわけではないのに伊能忠敬の地図が精度を高めた理由の一つに測量器具の工夫・改良があった。彼は測量の体験を重ねる毎に測器を浅草の大野弥五郎弥三郎親子や京都の戸田忠行等手腕のある特定の職人に特注して真鍮等による金属製の精密なものを作らせていた。地図作りの為の測量では距離・方位・方角をはかる事が基本である。距離をはかる間縄は通常は六〇間（約一〇九ｍ）の長さで一間毎目盛りを付け籰（わく）に巻いてある。忠敬は縄の伸び縮みを少なくする為麻や籐等材料を色々工夫して一時鉄鎖も用いているが結局は縄のひれで作った間縄が一番よかったようである。また、実用には供しなかったようだが車輪の回転数で進行距離をはかる量程車をも作って試用していた。彼の測器開発の熱意を知る一事である。方位・方角測定には大・中・小方位盤及び半円方位盤を使用していた。大・中方位盤にはとくに望遠鏡がついていて遠方の方位角を精測する事ができた。しかし実際には大方位盤は運搬が困難で、文化二年（一八〇五）の中国沿岸測量では中方位盤と半円方位盤が使用されその後二回の九州測量では遠望用の方位測定には専ら軽便で運搬が楽な半円方位盤を使用していた。半円方位盤は半径五・五寸（約一八・二㌢）の半円形で

対角線目盛りが刻み込んであり一〇分の角度まで正しく読み取れる様になっていた。伊能忠敬の測量作業で最も有効な役割を果たしたのは「彎窠羅鍼」または「杖先羅針」と呼ばれた小方位盤であった。忠敬が道線法によって全国の測量を迅速になしえた秘訣はまさにこの便利な小型の方位盤を考案した事によっている。この小方位盤は測地箇所に水平にする事が肝要である。長さ一m程の杖の先に円形の小さな羅針盤が首をふって自由に動く様につけられていて杖竿を地面にすえると常に羅針が水平を保つ様になっている。この羅針盤は方位を示す子丑寅等十二支の文字を通常とは逆方向に記した逆目方位盤であって、一支の区間が三〇等分されていてつまり盤面には一度毎の目盛りが刻まれていた。方位盤を縁どる円枠の両端には起こしたり倒したりできる覗き窓（視準器）がついていて、目標へ向けて方位盤の子の目盛りを合わせて手前の覗き窓から前方の窓を通し目標を見通すと

磁針の指す方向（磁北）は自ずから目標の方位を示す事になる。またこの小方位盤は羅針盤を杖先から取り外す事が容易であって持ち運びの箱に収まり携帯に便利であった。杖先を立てるには三脚台が用意されていたが傾斜地等ではそれが使えないので杖先を直に地中に突きさす事ができる様先端は尖っていた。

製図法―伊能忠敬は一七年の歳月をかけて前後一〇回に分け全国を測量して廻りスタッフの作業は回を重ねる毎に習熟度を増した。旅先での一日の測量は旅宿で必ず整理し測量を終え江戸へ帰った後は区間全体の測量図を仕立てており弟子達の製図作業も次第に熟達したものと考えられる。深川黒江町の自宅は地図作成には手狭であったため、二回目の九州出張中に新たな住居探しを依頼していたところ、八丁堀亀島町の旧家に移転が決まり、江戸帰着後は新邸宅を地図御用所として内弟子及び天文方下役の下河辺政五郎らと共に地図整理と製図作業を進めた。忠敬の測量法と

製図法は内弟子渡辺慎（尾形敬助）が「伊能東河先生流量地伝習録」に書き残している。

製図の下図用紙には幅二寸の白径（白線）を平行に引いた紙が用いられた。忠敬は絵図紙の乾湿による伸縮にも気を使いそれを最小限にする為下図用の用紙には楮紙の一種である西の内紙（質はやや粗いが強い生漉楮紙）を選び水張りして五日程おいて乾かし、縮むだけ縮ませてから、へらで二寸間隔に白径を平行に引いて使用していた。水張りしてすぐ用いれば紙は縮んでしまい製図が狂ってしまうという。下図を作成したあと上絵図を仕上げる為の絵図紙は礬砂で水張りした美濃紙或いは唐紙を用いていた。下図をその上に重ね針で突き写して絵図を仕立てていた。製図用具には分度器と厘尺（物さし）を使用したが、忠敬の用いた分度器は従来の鎌の様な形のものではなく、今日の分度器の様な半円形をしたものであった。下絵図を引く時に分度器は何度も動かし用いる為真鍮製は重くて具合が

わるいので、忠敬は軽くて利用し易い「いため紙」（厚紙）製の分度器を使用していた。

最初の製図は小範囲の下図であるから次に小範囲の下図を継ぎ合わせる「寄図」の作業が必要となる。寄図の為の図紙は西の内紙を長さ六尺（約一八〇ﾁﾝ）幅三尺位の大きさに貼り合わせ紙面に縦或いは横に少し粗めに同間隔にて平行の白径を引きその線を東西或いは南北の方向に定めて利用する。測線の全体図を写し終えたあと遠的として利用した遠くの目標についても位置を定めて方位線を引き入れる。最後には礬砂仕上げの美濃紙に寄図を針で突き写し測線や方位線を朱引きしそのあとに沿道の地形や事物更には遠的とした遠方の高山や離島等を描き入れた。（資料一）

A大・中・小図の縮尺―江戸時代長さ距離の尺度は一里＝三六町一町＝六〇間一間＝六尺一尺＝一〇寸一寸＝一〇分一尺三〇・三㎝。
①大図は1町を1分1里を3寸6分縮尺3万6千分の1 ②中図は1里を6分縮尺21万6千

分の1③小図は1里を3分とするので縮尺は43万2千分の1となる。B十回に及んだ伊能測量は第三次測量を除き測量地域地図が作成され合計四四〇種（二二三種の副本・写本が現存する）。C伊能測量は海岸線と主要街道のみが対象だったので測量線（測線）は主にこの二つを通っている。伊能図は国絵図同様に手書き図。測線を朱で描き両側に彩色したこの二つを通っている。測量結果確認の為に沿道風景を加えている。測線両側の山岳・島嶼・岬等の位置と遠景も書き込んだ。正確な縮尺測線に加え全体を絵画的に美しく仕上げた。同様表現は絵画的な美しい仕上りが特徴である。D伊能忠敬の歩いた日本渡辺一郎著99年筑摩書房（秋田県立図書館蔵）副隊長坂部貞兵衛福江島に客死─文化一〇年（一八一三）五月二三日（6月21日）伊能隊は五島列島最北端宇久島に到着した。忠敬の本隊は南側を坂部支隊は北側を南に向かって測量を開始した。北側のほうが崖が多く測り難い地域である。

坂部隊はいつも難所を引受けた。六月二〇日7月13日坂部隊五島列島中央部日之島という小島に着く。二四日坂部体調崩れる。二六日坂部が忠敬に出した手紙「ここの宿は大家ですが古い家で先日の大雨の時には座敷中雨漏りして、寝る所もありませんでした。便所は十四、五間も離れて、高い縁をやっと降りて通う始末です。また床の周りを数万の蟻が歩いています。福江島に移って・・・云々」。二七日坂部治療の為に福江に移ったが回復できず最後の手紙となった。坂部の病気はチフスではないかといわれている。下痢もはげしかったと思う。不便な便所に這うように通う坂部は、さぞ苦しかったろう。忠敬と坂部はたいへんよいコンビで坂部は真に片腕として忠敬を支えていた。数え四三歳。七月一五日8月10日八つ半頃坂部貞兵衛福江町に命終る。「坂部は病気養生相叶わず福江町に客死」。忠敬の声が出ない程落胆した。翌日七つ時葬儀行い福江町浄土宗芳春山宗念寺に丁寧に葬った。

四、イザベラ・バードと秋田

羽州浜街道は、新潟と秋田間の往来に利用されて来た日本海沿いの主要道路であった。

秋田から酒田へ通じる道は酒田街道と呼ばれ秋田ではなじみ深いが、現在は自動車優先故なのか沿道殆ど歩く人の姿は見掛けない様になり淋しい思いがする。秋田県省定住の翌年2010年自転車走行記録7月28日（水）秋田象潟65km往復は如何だったのか繙いてみる。

秋田6時30分普通自転車乗り出発国道7号線南下、下浜駅7時10分―7時30分道川駅―本荘石脇9時30分―11時30分象潟海水浴場まで（真夏の暑さにダウン山形入りは取り止め）松林ベンチ昼食、パンツ一つ海水に浸かる。海に入っていた時間等は良く覚えていないが象潟ねむの丘―西目道の駅―松ヶ崎―道川駅16時25分―秋田帰着17時35分（南西微風気温31度C所要時間11時間5分）羽越本線だと楽なんだけどね。

象潟と道川は2016年11月18日秋田版―①池田修三作品象潟を飾る―あすから各所で「まちびと美術館」②「ミチカワ」小惑星の名に―「日本宇宙フォーラム」認定が載る。雪国TODAY1月号雪国新聞社2017年1月5日名山に憧れて登山技術磨く秋田市・矢留山岳会／秋田市の太平山等をホームグランドに半世紀を超える歴史を持つ矢留山岳会（橋爪隆弘会長・会員30人＝秋田市）の2017年が明けた。「今日の山行で雪に慣れて欲しい。」これから冬山本番を迎える」。美郷町にある真昼岳（1060m）登山口でパーティーリーダーとなった斎藤健一さんが呼び掛けた。午前8時登山口を出発。初冬の真昼岳は雪に覆われていた。8頁五能線「私を癒して冬の日本海」車窓から見下ろす冬の日本海に波の花が舞い荒れ狂う波が奇岩を洗って いた。彼女は席を立ち眼下に広がる日本海を見続けた。五能線が一人旅の女性に人気だという。リゾートしらかみ「橅」開放感のある

車内は世界遺産白神山地のシンボル・ブナや秋田杉青森ヒバが化粧材にふんだんに使われラウンジ車両のカウンターから立ちこめるコーヒーの香りがリゾート感を増幅していた。

人生を楽しむ寄り道あれこれ楽園VOL・40／2017・4・1企画発行萌芽舎今回の表紙写真寒風山と花畑—男鹿市に移住して17年の歳月が過ぎました。住めば都と申しますが本当に良い所だと実感しております。自宅から目の前に見えるほど寒風山が近いので、天気の良い日などカメラを持ってぶらっと足を延ばします。360度の大パノラマを楽しむことができます。春に野焼きが行われ桜が終わる頃には芝生の合い間からあずま菊が一面に咲き誇ります。夏には百合の花マーガレット、秋にはススキが秋の陽光を受け銀色に輝き、眼下には大潟村の田んぼの稲穂が黄金色に波打ちます。冬を除けば年間通して撮影の素材には事欠かない場所だと思います。文・撮影—鍋島守人さん（79）下欄編集後記。

ある編集者の備忘録第十回田村紀男「秋田が生んだ天才舞踊家たち」その①秋田の舞踊家で最初にでてくる名前は何といっても石井漠であろう。小学生の頃学校の講堂で初めて見た。石井漠のお話とダンス、千秋公園の麓にあった秋田唯一の大ホール記念館で見た本格的なモダンダンスは子供であったが目に焼き付いている。創作舞踊の大天才舞踊詩人といわれた石井漠（1886〜1962）は世界的に有名なレジェンドであろう。秋田県山本郡下岩川村（現三種町）に生まれ、秋田中（現秋田高）に学んだ。「人間釈迦」は昭和28年の初公演以来200回以上、上演されている。石井の代表作だ。大野一雄（1906〜2010）石井漠に師事しモダンダンスを修業した。1960年土方巽と出会い、翌年初めて「暗黒舞踏派」を名乗ったのを切っ掛けに一大ブームとなった。土方巽（1928〜1986）こそ秋田が生んだ天才舞踊家であり秋田市で育ち秋田工業高校を卒業した。

―次回は土方巽を主役にして話を進めたい。

楽園41巻6月1日土方巽と詩人・吉岡実との20年土方巽は1959年「禁色」を発表し話題となる。73年「陽物神譚」に賛助出演をしたのを最後に、振り付けと演出に専念することになる。以後ステージに立つことはなかった。61年に初めて「暗黒舞踏派」を名乗り大野一雄と共に一大ブームを作り上げた。86年肝臓がんにて死去。享年57歳。「舞踏とは命がけで突っ立った死体である。―土方巽」

「土方さん、きみの創造した暗黒舞踏は、ひとことで言えば、奇怪にして典雅、ワイセツにして高貴、コッケイにして厳粛なる暗黒の祝祭であり、世界にも類のないものです。―わが土方巽はまさしく、風神であり、また雷神をも具有する、舞踏の化身であったと、私は思います。―吉岡実、弔辞より」上写真。

路面電車に乗って雨にぬれても第11回秋田市「臨海工業地帯」クリスマス電球～ここの港大橋交差点の角で、昭和44年に「八郎潟干拓

「記念秋田農業大博覧会」が開催されました。（昭和天皇の那須始発御召し列車陪席者福島県山形県両知事名載り秋田県知事名は無い）「秋田博」には100万人を超える入場者があり、市内の小中学生の多くは、学校行事として見学しました。私も見学しましたが、なぜか暑かったという記憶しか残っていません。「昭和は遠くなりにけりか」著者。

鳥海山物語41鳥海山から見える山（その1）文・写真荘司昭夫―南方の山々に目を向けてみると最初に目につくのは何といっても鳥海山の兄弟分ともいうべき月山（1984m・写真3）であろう。鳥海山の山頂から真西約45㌔に日本海である。鳥海山の西方は日本海で浮んで見える。南西方向約100㌔には粟島更に180㌔後方には佐渡島が見える。佐渡は大きな島で金北山（1172m・写真4）を筆頭に多くの山々が存在する。森鴎外は佐渡に伝わる文弥人形劇（浄瑠璃）の人気演目「安寿と厨子王」にヒントを得て名作「山椒

大夫」を書いた。「安寿恋しやホーヤレホ
子王恋しやホーヤレホ」鳥海山の山頂から流
れ出た水が日本海へ注ぐ子吉川の河口付近の
右岸石脇地区は旧岩城藩（亀田藩）2万石の
領地であった。250年間領主として確かに
存在した岩城家の祖先は安寿と厨子王の父岩
城正氏につながる。鳥海山からいずれも18
0㌔離れた、遙か北方に見える岩木山と南西
方の佐渡島の山々が、この様な物語でつなが
っていると考えて展望するとき私は特別な感
慨に浸ることができる。晴天に恵まれた山頂
からの展望は独立峯鳥海山の醍醐味である。
添付写真10①白神山から見た向白神山と後方
岩木山②岩手山（駒ヶ岳より）③月山頂上左
雲上に鳥海山が見える④佐渡金山の北方にあ
る金北山⑤津軽富士⑥弘前城と岩木山⑦三峰
三所大権現（鳥海山岩木山巖鬼山）⑧手前月
山森（鳥海山）雲の上に月山⑨安寿と厨子王
の絵本⑩旧岩城町（亀田）から見える鳥海山
（秋田市内辺で遠く望む5月鳥海山を連想）

鳥海山・飛島ジオパーク総合パンフレット
日本ジオパーク2016年9月認定タッチ！
ふれる・楽しむ・好きになる―A4三枚リー
フレットを横に広げると右方二枚分に日本海
上航空写真を絵図に仕立てた独特な海と山の
風景が見渡せる。海岸線右から左（南北に）
酒田北港・日向川・月光川・十六羅漢岩・釜
磯・三崎・川袋川・浜館公園・子吉川範囲。
飛島エリアは、左側日本海上に雲を入れ図示
している。鳥海山中心に酒田エリア・遊佐エ
リア・由利本荘エリア・にかほエリア合わせ
5エリアを載せ日本海と大地が造る水と命の
循環が分かる。左方A4一枚分は①ジオパー
クとは？GEO地球・大地パーク②世界のジ
オパーク③鳥海山は天然のダム？鳥海山は噴
火を繰り返す事で溶岩の層が幾つも造られた
水を溜め込み易い地質です。ここに対馬暖流
からたっぷりと水蒸気を貰った冬の季節風が
ぶつかって大量の雪や雨を降らせ地下に浸透
した水が湧水や川となって海に流れ出ます。

鳥海山山頂（新山）新山は1801年の噴火によって出来た新しい山です。粘り気の強いマグマが盛り上がって出来た新山溶岩ドームの力強いフォルムは活火山鳥海山のエネルギーを感じさせます。きさかた文学マップーにかほ市は8象潟―象潟は昔大小百数十の島を浮かべた文字通りの潟（入り江）であり松島と並ぶ景勝の地であった。古くから能因や西行が歌に詠んだ歌枕の地として知られ松尾芭蕉が「おくのほそ道」の旅の目的地の一つとして訪れたことからその足跡を訪ねて多くの文人墨客が訪れている。象潟は現在文化元年（1804年）の地震で陸となったが島々は水田の中に点在し、往時を偲ばせている。

伊能忠敬の第三次測量は秋田の海岸沿いに南下して象潟を通った。元禄松尾芭蕉と享和伊能忠敬との接点は象潟になる。7蚶満寺―蚶満寺は仁寿3年（853年）に慈覚大師が開山したと伝えられている。蚶満寺は昔九十九島の一つであり象潟の景色の要であった。

境内は古刹に相応しく古木に囲まれ七不思議等の伝説共に旧跡が静寂の中に佇んでいる。司馬遼太郎の象潟蚶満寺訪間は街道をゆく発行朝日印刷製本凸版巻末索引が資料になるかもしれない。新装全43巻校閲円水社地図制作平凡社地図出版。海外はモンゴル中国南蛮愛蘭土オランダニューヨーク台湾を旅した。

鳥海山物語18鳥海山と人（その1）文学の中の鳥海山（象潟町史他より）北条時頼鎌倉幕府の執権。神功皇后ゆかりの地として正嘉元年（1257）蚶満寺に土地を寄進した。鳥海山または象潟を訪れ潟を見んと思へば。惜しまれぬ／命も今は／惜しきかな／また象潟を訪れたことが明らかな人々（括弧内は訪れた年）

明治以前①沢庵禅師（1612）②大淀三千（83）③松尾芭蕉・河合曾良（89）④平賀源内（1773）⑤菅江真澄（84）⑥橘南谿古川古松軒（88）⑦小林一茶（89）⑧伊能忠敬（1802）⑨谷文晁（04）⑩橘由之（22）⑪吉田松陰（52）。明治以降①養虫山人（1

８８７）②正岡子規（93）③幸田露伴（97）
④石井露月（1900）⑤田山花袋（03）⑥
高頭式（06）⑦長塚節（08）⑧河東碧梧桐（07）⑨
竹久夢二（22）⑩荻原井泉水（25）⑪深田久
弥（42）⑫森本治吉（45）⑬斎藤茂吉（47）⑭
志賀重昂（52）⑮槇有恒（56）⑯棟方志功
（73）⑰森敦（89）他多数。
百名山著者⑮槇有恒マナスル日本登山隊隊長
⑥高頭式は日本山嶽誌山の名著明治大正昭和
戦前編近藤信行編—自由国民社2009年。
鳥海山物語23鳥海山と人（その6）鳥海山
に登山し著した人々（3）ということで一は
高山樗牛（ちょぎゅう1871−1902）
庄内鶴岡出身の作家文芸評論家が登場する。
読売新聞懸賞時代小説に「滝口入道」優等と
決定し文壇に登場、樋口一葉他の選者に絶賛
された。しかし一人坪内逍遙からは歴史（平
家物語等の）を改変し新しい物語を創ったと
して酷評され一席のいない二席に賞される。
かつて坪内は青年石井露月にも冷たかった。

その後、樗牛は「帝国文学」の創刊に参加し
文芸雑誌「太陽」等で多くの作家達を巻きこ
んで坪内逍遙と歴史小説観等で文学上の激し
い争いを展開した。この文豪高山樗牛、明治
24年仙台二高時代（20歳）の夏一つ下の弟と
鳥海山に登山している。初めての鳥海山の登
頂に神の世界を覗いたような感動を得て優れ
た紀行文を著している。山頂での眺望の描写
には南・西の方向にのみの偏りがある。8月
25日鶴岡を出発、26日から27日にかけて蕨岡
の宿坊に泊まり、28日先達を伴い午前1時に
登山を開始、7時河原宿、9時七高山登頂。
①遠く陸前岩代の諸山（筆者註・飯豊朝日連
峰か？最も顕著に見える月山の記述がないの
は気になる）越後の山佐渡島（筆者註・粟島
は？）②眼下に鯨の様に飛島そして庄内平野
と最上川（後略）等の眺望を描写している。
北東方向の奥羽山系や直下に望む出羽丘陵、
男鹿や八郎潟の記述はない。帰路は鳥海湖を
左に見ながら吹浦に下山したが下りは蕨岡に

倍して険しい道であったという。吹浦の湯野浜温泉で疲れを癒し29日は酒田で泊まり翌30日鶴岡へ帰宅している。 ― 当時は最短でも6～7日間の山旅で、修験道の儀式を守って鑑札を受けて登山するには蕨岡で3週間の斎戒等を経なければならず鳥海山登山（講）は約1ヵ月間をかけて行われるのが普通であり登山は長い旅の延長線上にあったようである。

楽園23（2014年6月1日発行）の巻末19頁は、寄りそうことば23袴田俊英／放下著（ほうげじゃく）―禅の言葉―久々に禅語を取り上げてみました。「投げ捨ててしまえ」といったような意味になります。マスコミの報道は「不幸」な事柄から順番に伝えます。秋田を例にとれば人口減少や経済の低迷など数えれば山ほどある秋田の「不幸」を取り上げます。それを伝えていればとりあえず「売れる」からです。私たちはその「売り物」の情報に振り回されています。そしてだんだん「不幸」に慣れてきます。やがて秋田の「幸

せ」が見えなくなります。一時代前の秋田に比べるから、人口減少が問題になります。その原因は働く場所がないからだということで経済の低迷が槍玉に挙げられます。本当は誰もが、もうかつての秋田に戻ることはできないと分かっているのに。「かつての秋田」という幻想を捨てなければ、これから先の秋田を考えていけないのだと思います。捨てることとは難しいことです。モノを捨てることさえ難しいのに、自分の常識や固定観念、思考の手順といった事柄を捨てることはさらに難しい。しかし捨てることができさえすれば、新しい何かを手に入れられる。「放下著」は希望の言葉だと思うのです。20頁（裏表紙）は今回の表紙写真―くつろぎ―田植えが終わり緑色の苗が生き生きと育っているその間を行き来するカモメたちの姿がほのぼのとした1枚。撮影者は菊池弘さん（62）、由利本荘市の道の駅で支配人をしている。「撮影場所の西目は日本海がすぐ近くで、カモメは餌を探し

に来るのか田植えが終わった頃からよく見られる光景です。いつの時代でも自然と生き物が一体となっている当たり前の風景に撮影しながらも頬がゆるみ癒されました。この西目地域を巡って本格的に四季の写真を撮り始めて8年目です。年1回の個展開催は7回を数えました。今年のテーマは由利高原鉄道で、のんびりとした山村の風景を交えながら「地域の足」として頑張る姿を撮っていきたいですね」編集部からのお知らせ下に編集後記。

宿題一つ 第29回国民文化祭・あきた首都圏まつり2014年8月10日夕の対談佐竹敬久（対）佐々木愛〈文化は秋田の宝佐々木愛は後述〉をここで解く。―女優二代鈴木光枝と佐々木愛／著者大笹吉雄発行集英社2007

金照寺山の演劇碑佐々木隆の妻と娘について千葉県在住時に文化座の演劇を観た事もあり少し述べたい。女優の年齢―「サンダカン八番娼館」は昭和五十四（一九七九）年の四月末から十月の初めまで全国各地を巡回した。

どこの演劇鑑賞会でも評判が良く、感銘を受けたとの声が多く劇団に寄せられた。芸術祭にも参加して、愛は好子とサキの演技で優秀賞を受賞した。佐佐木隆の演劇碑が秋田市の金照寺山七ツ森に建てられたのも、この年の九月だった。演出家の顕彰碑はこれまでに例がなかった。昭和五十六（一九八一）年の本公演の第一弾、俳優座劇場での「啄木の妻」（渡辺喜恵子原作・野口達二脚本・貝山武久演出）翌年が石川啄木の没後七十年に当たり原作は同じタイトルで前年に三巻本として刊行されていたこともあって、脚本を担当した野口の提案で舞台化が実現した。タイトルロールの節子を佐々木愛が演じ光枝は啄木の母勝に回った。啄木には佐々木雄二。作劇は、余り評判がよくなかった。劇団創立四十周年昭和五十七（一九八二）年文化座アトリエのこけら落としは、戦中一度切りの上演に終わった「おりき」（三好十郎作）再演は光枝自らの演出で。四十周年とアトリエ完成記念、

それに、「アトリエの集い１」と併記された「おりき」は八月中旬に日の目を見た。水上勉との出会い「ひとり芝居越後つついし親不知」―「私」そのものを役に投げ込む以外に方法はないと愛は考え、おしんという役に無心で向かった。幕をあけるや大好評で、文化座の集団としての創造力が評価されて「越後つついし親不知」はその芸術祭大賞を受賞した。一方、木村光一はその演出で、愛はおしんの演技で紀伊國屋演劇賞の個人賞を獲得した。加えて光枝が紫綬褒章を受け創立四十周年という記念の年文化座は大きな喜びに沸いた。静かな日々平成四年「荷車の歌」母娘交代。

秋田出身の舞踊家、石井漠を調べてみる。舞踊詩人石井漠／石井歡著未来社１９９４年（県立図書館蔵）まえがき「おどるばか」の生涯最後の舞台は―舞踊詩人といわれた石井漠は、晩年、失明のうえさらに重症の慢性甲状腺炎に侵されていたが、七十五歳で彼の創作舞踊「人間釈迦」に出演し、それから八十

四日目にこの世を去った。最後の舞台となったのは日本芸術舞踊協会、日本バレエ協会の後援で昭和三十六年十月十五日に東京・有楽町の読売ホールで開かれた石井漠舞踊五十周年記念公演である。漠はこの年の五月から神田の杏雲堂病院で二度にわたって甲状腺炎の手術をうけ自宅（スタジオ）で療養の身であったから身内の者や古い門下生は出演だけでしていた漠は、舞台で培った勘と執念に反対したが、漠は聞き入れなかった。そして失明三幕の長丁場を演じ通した。ラストは、悟りを開いて帰城した釈迦をたたえる混声のコーラスで締めくくられた。病身の漠は「病気の為に暫く舞台から遠ざかっていました。満足なものをご覧いただけなくて残念ですが、病気を治して、またかならず舞台に立ちます」と挨拶した。市川猿之助等から花束が贈呈され漠は笑顔でそれを受け取ったが、失明している目から涙が落ちるのが見えた。漠は観客に向かって舞台復帰を宣言したけれども私は

この五十周年記念公演が引退興行になるにちがいないと思っていた。事実、漠はふたたび舞台に立つことはなかった。いのちつきる／三十七年の元旦は家族と一緒に食卓についたが、お節料理には余り箸をつけなかった。後になって思い返せば、これが家族との最後の正月であり、最後の一家団欒だった。食欲が落ち体力が日に日に衰弱しているように見受けられた。自宅療養では十分な栄養補給はできないし治療にも限度がある。手術を受けた杏雲堂病院の主治医に相談のうえ五日自宅に近い世田谷奥沢の大脇病院に入院させた。七日午後五時ごろ口を動かして何か話したい素振りなので耳を近づけると、「目が見えてきた」とはっきり聞き取れる言葉で漠が言った。意識が戻ったのかと思い、「お父さん、目が見えてきたの？」と問いかけたが譫言のように一言いっただけで返事はなかった。そうして一時間後の昭和三十七年一月七日午後六時に漠は息を引き取った。死亡診断書によ

る死因は心臓衰弱。闘病生活で体力が衰えてはいたが、このように唐突な死に見舞われるとは、実のところ誰も予想していなかった。苦しまないで逝ったせいか、かつて漠が見せたこともないほど安らかな死顔をしていた。

「目が見えてきた」が最後の言葉になった。

舞踊音楽葬で見送る――漠の遺体は目黒区自由ヶ丘六二の自宅スタジオに運ばれ、彼の自室に安置された。「舞踊家石井漠、急性心臓衰弱で死去」とテレビで報じられたので、その夜のうちに古くからの友人である徳川夢声や石川達三などが弔問に訪れた。石井漠舞踊研究所の門下生たちも駆けつけて漠の遺体と対面した。石井漠の舞踊音楽葬は一月十二日午後故人の自宅スタジオで作曲家山田耕筰の自宅スタジオで作曲家山田耕筰が葬儀委員長となって営まれた。漠と山田耕筰とは漠が帝劇を辞めて「創作舞踊」を志した不遇時代から、四十七年に及ぶ交友だった。共に明治十九年生まれで、病身の山田耕筰は車椅子で参列していた。氏の悼辞を日本バレ

— 217 —

エ協会の法村康之が代読した。漠の七十五年の人生は、浮沈の多い波乱に満ちたものだったが、大勢の人々に見送られてこの世を去ったその生涯は幸せだったというべきだろう。石井漠は桐ヶ谷火葬場で茶毘に付され、九品仏の浄真寺に葬られた。漠は「踊るばか」を自称し「おどるばか」というタイトルの著書も残しているが臨終の瀬戸ぎわまで舞踊への情熱を捨てなかった。西洋の古典バレエが新しい舞踊と錯覚され芸人が蔑まれた時代に型に囚われない創作舞踊を次々と発表して独自の境地を開いたパイオニアだったといえる。

土方巽昭和3年3月9日旭川村泉八丁（現秋田市保戸野八丁）半農ソバ屋第十一子出生幼児のころ農繁期田圃畦飯詰に朝〜晩放置。明徳館パンフは舞踏のふるさと病める舞姫を旅する／開催期間2017年6月〜18年9月発掘し、創造し、発信し、未来に繋ぐ五つの事件。目撃せよ！想をめぐり瞬間より産ずる五つの事件NPO土方巽記念秋田舞踏会20

17年土方巽生誕90年プレイベント「病める舞姫」は—究極の身体表現として世界的にも評価される「BUTOH」の創始者土方巽が1977年〜78年にかけて雑誌「新劇」に連載した「病める舞姫」は、その少年期の時間の一部を独特のコトバと文脈で紡いだ自伝的著作であり土方巽の少年期（昭和初期）の体験と秋田市の情景が個性的な表現で綴られている。それは謂わばワラシの「九日生」が舞踏家「土方巽」へと羽化するため、蛹へと変体を遂げねばならぬと悟ったその時期の記憶の片鱗、あるいは記憶の衣とも感じられる作品。事件11.「病める舞姫」のさとうウオーキングツアー自分の中のこどもと向き合う・自分探しの街歩き8月19日（土）。2.鎌鼬かまいたちの里バスツアー8月20日（日）。事件2舞踏公演「九日生少年に捧ぐ」世界の舞踏とダンスがコラボするa6月17日（土）。b8月20日（日）14時開演会場羽後町田代長谷山邸。c10月15日（日）会場秋田公立美術大学・アト

リエももさだ。特別協賛企画①アジアトライ2017・AKITA9月2日（土）〜3日②

山本萌もえと金沢舞踏団舞踏公演10月29日（日）。完全写真化計画

事件3「病める舞姫」の里開催日とモデル6月18日（日）和栗由紀夫わぐり秋田

工業ラグビー部生徒8月19日（土）雪雄子ゆきこ中村

文昭棚谷たなや夫保戸野小学校生徒10月13日（金）

大野慶人よしと小林嵯峨秋田公立美大生徒10月29日

山本萌白榊しらさかケイ。事件4写真展「九日生少年

の秋田」18年1月20日（土）〜25日アトリオン

2階展示室事件5写真集「病める舞姫」出版

土方巽生誕90年を記念予定3月関連イベント

「生地から聖地へ」「秋田から世界へ」他。

（写真谷口雅彦監修米山伸子泉中央114）

日本海きらきら羽越観光圏旅は新潟駅出て

酒田駅着時間待ち本楯南鳥海は月山と鳥海山

眺め、遊佐鳥海大橋左見て吹浦、女鹿は通過

秋田県に入る。鮭が遡上する川沿いに昔日の

羽州浜街道を思い小砂川上浜象潟金浦仁賀保

（にかほ市）西目羽後本荘鳥海山麓線接続駅

のんびり矢島へ行くも良し途中下車したい。

にかほ市と西目羽後本荘羽後岩谷から純白に

映える鳥海山を望む。春は、残雪の鳥海山を

遠望する時、鳥海山が見える！と独り呟いて

美しい山容に見入る。夏は日本海の砂浜から

鳥海山の勇姿を仰ぎ見て、秋の青空と紅葉は

収穫を祝い間もなく訪れる冬に備え冬支度を

始める。白い闇を見たことがありますか土方

巽「美貌の青空」冬は雪に閉ざされる秋田の

空は晴れた日でも薄い雲に覆われている事が

多く、そのため地上も光と影の境が分明でな

く空の広さが際立つ風景を歩いていると大き

な安らぎとどこか寂しい気分に襲われます。

細江英公写真鎌鼬田代の土方巽鎌鼬美術館編

16年初版（明徳館蔵）51年前の旧長谷山邸。

にかほ市象潟郷土資料館―象潟の歴史を伝

える資料館には潟だった時代の象潟を825

分の1の大きさで再現した模型や、旧景を見

る事の出来る屏風等が芭蕉の直筆の短冊と共

に展示されている。また紀元前466年の噴

火の際に泥流に閉じ込められた杉の大木が近年になって掘り出された埋もれ木等も展示。象潟成因のドラマを実感出来る。JR象潟駅から徒歩15分。秋田にかほ観光絵草紙発行年不明は、観光拠点センターにかほっと開設後2017－2018版を明記☎情報等載る。

極点を夢見た果てしなき旅白瀬南極探検隊記念館―白瀬らが明治末期南極に繰り広げた壮絶な人間ドラマとそこに至るまでの記録を集めたミュージアム。命をかけた南極点到達レース、開南丸の模型、南極と北極で撮影された映像を同時上映するオーロラドーム等。白瀬南極探検隊長白瀬矗（1861～1946）4百年以上の歴史のある浄蓮寺の長男として金浦村に生まれた。白瀬南極探検隊が全国からの義援金に支えられ隊員26名と共に東京・芝浦を出航したのは1910年（明治43年）11月のこと。船体わずか204㌧の木造機帆船「開南丸」は荒れ狂う南氷洋を乗り切り、白瀬を含む突進隊5人は犬ぞりで南極

点に向けて出発した。しかし厳しい寒気とブリザードの中で力尽き、1912年1月28日前進を断念。その地点に日章旗を掲げ「大和雪原」と名付けた。既に南極点を踏破していたイギリスのスコット隊は全員が遭難死したが白瀬隊は全員無事に帰国、熱狂的な国民に迎えられた。雪上車―日本人が初めて南極点に到達したのは1968年12月村山雅美隊長率いる第9次日本南極地域観測隊による南極点調査旅行にて。その時に使用された大型雪上車「KD605」が当時の勇姿を残したまま公開されている―貴重な展示。（南極へ）

南極探検の歴史①1773年イギリスのクックが初めて南極圏を周航②1820年アメリカのパーマーが南極大陸を発見③1821年アメリカのデービスが初めて南極大陸に上陸④1899年イギリスのボルヒグレビングが南極大陸で初めて越冬⑤1909年イギリスのシャクルトン隊が南磁極に到達⑥1911年ノルウェーのアムンセンが南極点に到達

⑦1912年イギリスのスコットが南極点に
到達―日本の白瀬が開南丸で開南湾大隅湾を
発見大和雪原を命名。日本の南極観測の歴史
①1956年第1次観測隊が「宗谷」で出発
②57年昭和基地開設越冬観測開始③59年タロ
ジロの生存確認南極条約に署名（61年発効）
④62年昭和基地閉鎖南極観測を一時中断⑤65
年南極観測再開「ふじ」就航⑥66年昭和基地
再開⑦68年南極旅行隊が南極点に到達⑧70年
みずほ観測拠点（現在のみずほ基地）開設⑨
78年世界初のテレビ衛星中継⑩82年オゾンホ
ールを発見⑪83年「しらせ」就航⑫85年あす
か観測拠点開設⑬94年ドームふじ観測拠点開
設⑭2012年白瀬日本南極探検隊100周
年記念プロジェクト開催。A3二つ折りのパ
ンフレットにかほいろは絵草紙総合版南極の
いろは探検の歴史追記二①1929年アメリ
カのバードが南極点へ初飛行②35年ノルウェ
ーのカロリン・ミケルセンが女性として初め
て南極大陸へ上陸。南極観測60年―未知なる

極地探って迫った地球の神秘―生き延びたタ
ロとジロ1次隊は樺太犬22頭を南極に連れて
いった。雪上車が動かない時にそりを引いて
人や荷物を運ぶ為だ。うち19頭が越冬した。
1958年2月2次隊を乗せた「宗谷」は海
氷に阻まれて昭和基地に着けなかった。小型
機で1次隊の11人雌犬1頭子犬8匹を宗谷に
収容したところで天候が悪化、雄犬15頭を昭
和基地に残したまま帰国することになった。
1次越冬隊で犬係だった北村泰一さん（85）は
59年1月、3次隊員として昭和基地を再訪。
生きていた2頭に会う。「毛むくじゃらで大
きくなり、すぐにはタロとジロだとわからな
かった」。少しずつ近づいて名前を呼ぶと尻
尾を振った。6頭は首輪を抜けて行方が分か
らず7頭は鎖につながれたまま死んでいた。
昭和基地に犬がいたのは、17次隊まで。94年
4月以降は、動物の持ち込みが禁じられた。
南極の次はフェライト子ども科学館宇宙の
森羅万象を夢に描いて、未来と手をつなぐ。

斎藤憲三は1898〜1970にかほ市平沢生まれ。TDK創設者。憲三の情熱を受け体験を通して科学する心を育てる狙いで科学館は誕生した。TDK歴史みらい館2016年10月7日リニューアルオープン！入場料無料TDKの歴史と未来を体験―磁性素材「フェライト」を世界で初めて工業化したTDK。TDKの強みである磁性技術を中心とした製品・技術の歴史の紹介と共に未来への取組みを先端のデジタル映像等を通して楽しく体験できる。斎藤宇一郎記念館―農聖の生き様に触れる―明治期に先進的な農業技術の指導にあたった「農聖」宇一郎は、TDK創始者となる斎藤憲三の父。23年に亙る衆院議員時代には農業改革・農村振興に尽力した。ここでは当時の農業や宇一郎の努力を知ることができる。秋田の先覚（2）乾田農法を指導（湿田から乾田）秋田県でも乾田農法の良さを認めてA乾田馬耕B堆肥舎の設置C稲の束立て廃止を明治38年いわゆる農業三県法として定めた。

耕地整理事業、また衆院議員においては農業保険法・米穀法・米価調節・小作制度・農村振興等の成立に重要な役割を果たしている。「地方開発の使徒」「青年教育に着目」「教徒としての試練」「障害をこえて」「青年理想選挙団」「死の床でなお」偉い人と思う。慶応二年〜大正15年5月病を得て死去した。池田修三（1922年〜2004年）象潟の出身。昭和30年上京、木版画家活動に専念した。ふるさとを愛した木版画家は秋田と象潟駅の子どもをテーマとした作品が優しい。にかほ市絵草紙年間行事4月①金浦市は1日まちびと美術館おかえり17年象潟公会堂他。②観桜会（別名）桜まつり勢至公園中旬〜下旬5月①小滝のチョウクライロ舞27日金峰神社③鳥海ブルーライン開通式下旬旧象潟料金所（雨天時郷土文化保存伝習館）1200年の伝統を持つ延年舞。金峰神社の例大祭に社頭にある土舞台の上で舞われる。平成16年1月「小滝のチョウクライロ舞」として国の重要

無形民俗文化財に指定（写真）6月①秋田草刈唄全国大会inにかほ17日②鳥海山ブルーラインヒルクライムfrom日本海17・18日7月秋田トライアスロン芭蕉レース象潟大会16日。海水浴場オープン中旬象潟小砂川平沢＆赤石浜。にかほ海の幸まつり22日にかほ市観光拠点センター「にかほっと」。日本海に響け！太鼓の祭典29日潮風公園野外ステージ8月①奥の細道全国俳句大会5日にかほ市内②日本海花火フェスティバルinにかほ16日象潟海水浴場③SEA TO SUMMIT26・27日鳥海山五合目鉾立他9月鳥海山伝承芸能祭上旬場所金峰神社10月鳥海山グルッと一周MTBサイクリング8日にかほ市由利本荘市遊佐町酒田市。1月①んだっ鱈にかほ市へ！上旬～2月上旬②白瀬中尉をしのぶ集い28日白瀬南極探検隊記念館。2月掛魚まつり4日（別名たらまつり）2月4日立春の日に毎年行われる約3百年も続く歴史ある祭当日各船主が海上安全と豊漁を願い、金浦漁港に

水揚げされた重さ10kgもある寒鱈かんだらを担いで町内2km練り歩き金浦山神社に奉納。神事の後、勢至公園広場では鱈かつぎ体験や鱈汁コーナー等催し物も開催にかほ市観光協会にかほっと内☎0184－43－6608。NIKAHO MAPにかほ市全体マップは東西南北方位は北が上の通常表示。日本海は左側西に在り海岸通り象潟エリア金浦エリア仁賀保エリアが南北に並ぶ。鳥海山を右下に三崎公園三崎山旧街道を日本海左下掲載し羽越線名は上に国道7号線至秋田市載せ北へ秋田駅方面下りが分かる様にはなっている。由利本荘市／鳥海さんぽ～鳥海山が育む多彩な文化～「第29回国民文化祭・あきた2014」本冊子は秋田県にある国際教養大学に通う、県外出身の学生や留学生がフットパスに参加した体験をもとに作成しております。「フットパスとは」―イギリスを発祥とする森林や田園地帯、古い街並みなど地域に昔からあるありのままの風景を楽しみながら歩く

－ 223 －

ことFootができる小径こみちPath。「国民文化祭事業としてのフットパス」由利本荘市のくらし・文化の象徴を「鳥海山※」と捉え「鳥海山が育む多彩な文化」をキーワードに現地を体験できるツールとして「フットパス」を整備しました。※標高2236m鳥海山は、秋田県と山形県の県境に位置し、独立峰としては東北で最も高い山です。古代から大物忌神として崇拝されてきた信仰の山でもあります。四季の彩りも鮮やかで、降り積もった雪が豊富な沢水となり山裾に流れ、水田を潤し稲を育ててきました。人々の生活の背景にはいつも鳥海山があり、この地域のシンボルとなっています。目次エリアマップP3城下町コースは、①城下町で生きる亀田〜亀田藩二万石の文化が薫る史跡保存伝承の里〜P4-7②人と文化が交差するまち-本荘〜土塁の名城本荘城跡と城下町〜P8-11③人々の温かみと歴史香る里-前郷〜美しさと懐かしさが交差する江戸初期の城下町〜P

12-15④ほっこりゆったりレトロ散歩矢島〜生駒氏の歴史が誘うぬくもりの城下町〜P16-19。⑤鳥海山修験体験コース修験者なりきり道は①森子〜鳥海山森子大物忌神社と先人の歩いた道者道〜P20-23②出会いを楽しむ修験の道-木境〜神宿る山鳥海の峰古に想いをはせて〜P24-27。里山体験コース①日本人の原点和に出会う-赤田〜観音大仏様が見まもる人と自然の交流の里〜P28-31。②歴史自然ひがしゆり-東由利〜縄文遺跡とわら文化伝承の里〜P32-35。城下町コース里山のしあわせ-坂之下〜座禅とそば打ち体験で感じる人と自然の里〜P36-39里山体験コース楽しみどころ中直根-中直根〜里山の恵みがつなぐ地域の絆笛の音響く獅子舞の里〜P40-43。明日を語ろう前に進もうコラム中直根フットパス通して地域活性化を考えるP44。主催事業5①ミュージックフェスティバル②人形劇フェスティバル③高橋宏幸賞④獅子舞フェスティバル。⑤科学フェスティバル。

その昔、由利郡は秋田市の南隣に在り私が幼い頃の道川村は、北に下浜村南は亀田町と記憶する。その後下浜村は秋田市と合併して道川は亀田と合併岩城町道川となり平成の大合併は本荘市と合併した。2年通学道川小は近年廃校となり他の小学校と統合亀田地区に開校の岩城小へ移り道川中の方は早くに統合岩城中校舎が道川の南部高台に建つを知る。道川小西運動場松林羽越本線並び運動会松林日陰莫薩敷き親戚が集い重箱弁当を食べた。

JR道川駅北へ勝手橋畔西側に「日本ロケット発祥記念之碑」が建っている。碑文内容昭和30年8月6日国産初のペンシルロケットが東京大学生産技術研究所によってこの海岸で打ち上げられた。昭和32年7月―昭和33年まで実施される国際地球観測年に参加するための予備実験であった。以来昭和37年5月のカッパ8型10号ロケットまで7年間に80機余のロケット実験が行われた。最初のロケットが全長23cm、高度6百mであったが、昭和36年打ち上げの三段式ロケットカッパGL型機は全長12・5m、高度3百50kmと長足の進歩を遂げた。世は正に宇宙時代、宇宙への夢はさらに大きくふくらむであろう。日本の宇宙時代の夜明けとなったロケット発祥の地道川海岸を永く後世に伝えるため岩城町誕生30周年を記念しこの碑を建立する。昭和60年7月吉日岩城町長前川盛太郎。記念之碑場所国道7号線新潟251km鶴岡104km酒田83kmの羽後交通本荘秋田間緑ヶ丘バス停北方海側。

羽越本線は羽後本荘駅発ち子吉川渡り羽後岩谷駅出て秋田へ向かう。左カーブして折渡トンネルに入る手前で電車後方南側に見える鳥海山は左から右へと移り一瞬の間右に望むスポットがある。（車窓景観に無関心な人は構わない）トンネルを抜け折渡無人駅は一日上り3本下り5本停車する。上下線の鉄路は折渡羽後亀田岩城みなと道川単線道川下浜間複線下浜桂根（一日上り4本下り3本停車）新屋羽後牛島秋田は単線区間になっている。

秋田駅乗換男鹿線乗車男鹿駅の車内資料は
JR男鹿観光利用促進連絡会議事務局男鹿市
観光商工課内☎0185−24−9141。
小型パンフレットJR男鹿線の旅（次の解説
文を読む）気動車の男鹿線に交流蓄電池電車
「ACCUM」（アキュム）EV−E801系
17年3月4日（土）デビュー！！交流蓄電池電車
「ACCUM」は通常電車と同様に架線から
の電力により走行しながら、蓄電池に充電す
ることができ、蓄電池の電力を利用して架線
のない非電化区間も走行することができる新
型車両です。男鹿線沿線へお越しの際は環境
に優しいACCUMでどうぞ！（1日2往復
運転）表紙絵構成は背景寒風山船越水道列車
赤青二両と、左下なまはげ赤鬼＆青鬼二鬼。
秋田駅土崎駅間①秋田県立美術館（写真）
藤田嗣治の大壁画「秋田の行事」が燦然と輝
く「美の国あきた」の誇りを世界へ−秋田駅
西口から徒歩10分②秋田市千秋公園（写真）
初代秋田藩主佐竹義宣が築いた久保田城跡−

秋田駅西口から徒歩10分二の丸までは同15分
③秋田市立赤れんが郷土館（写真）秋田駅西
口から徒歩15分④秋田市民俗芸能伝承館（ね
ぶり流し館）秋田市大町1−3−30☎018
−866−7091営業時間9時30分〜16時
30分定休日12／29〜1／3料金100円（高
校生以下無料・団体割引あり）※赤れんが郷
土館との共通券あり秋田駅西口から徒歩15分
⑤あきた県産品プラザ（写真）秋田の特産品
なら日本一！秋田駅西口から徒歩5分⑥秋田
市立千秋美術館岡田謙三記念館（アトリオン
1F）秋田駅西口から徒歩5分リーフレット
千秋美術館について−秋田市立美術館は平成
元年秋田総合生活文化会館・美術館（愛称・
アトリオン）内に開館いたしました。前身は
昭和33年設立の秋田市美術館で、秋田市中心
部にある都市型美術館として多くの美術愛好
者に親しまれております。国内外の優れた作
品による企画展と佐竹曙山、小田野直武らの
秋田蘭画や、平福穂庵・百穂父子、寺崎廣業

（木村伊兵衛秋田写真含む）等秋田ゆかりの作家の収蔵品を中心とした常設展を開催しております。また、ニューヨークを始め海外で高い評価を受けた洋画家・岡田謙三記念館を併設し、順次展示替えをしながら、皆様にご覧いただいております。主な収蔵作品①小野田直武「児童愛犬図」②寺崎廣業「唐美人」（1915）③木村伊兵衛「大曲・おばこ」（1953）〔写真はアトリオン〕☎836・7860。

アトリオン7月の催し物ご案内2017・7コンサートこよみアトリオン音楽ホール☎836・7803①1日（土）秋田混声合唱団第33回定期演奏会②8日（土）石川綾子ヴァイオリンコンサートin秋田―ABS秋田放送③9日（日）秋田室内合奏団第41回定期演奏会④17日（月）海の日・祝日ベル・フレール／ピアノコンサート開演…14時入場無料。⑤20日劇団民藝奈良岡朋子朗読「黒い雨」秋田公演⑥21日（金）セキスイハイムPRESENTS

辻井伸行／プレミアム・リサイタル2017チケットは完売いたしました―秋田テレビ。アトリオン音楽ホールは秋田杉を内装等に使用した広い空間と音響効果の優れた演奏会ホール、舞台正面奥にパイプオルガンが設置されている。アトリオン音楽ホールのオルガニスト（パイプオルガン奏者）香取智子CDアルザスの響きが図書館にあり聴いてみる①バッハ「おお人よ、汝の大いなる罪を嘆け」②同コラール「パッサカリアとフーガハ短調②同①バッハ／スイスのクリスマス④ダカン／協奏曲イ短調Ⅰ（アレグロ・モデラート）⑤同Ⅱアダージョ⑥Ⅲアレグロ⑦ヴィエルヌ／月の光⑧オルブライト／優しき16音符⑨ヴィエルヌ／ウェストミンスターの鐘（全9曲）。

商業施設＠4の3「アットヨンノサン」と発音します。商業施設のある「中通1丁目の4－3番地」に場所や位置を示す＠を加えて商業施設＠4の3「アットヨンノサン」としました。魅力ある17店舗が揃っています。どうぞお越しください。―秋田駅西口

から徒歩10分（私は何の事か知らなかった）

秋田市民市場—秋田駅西口から徒歩3分。地元で水揚げされた新鮮魚介、量り売りの筋子やたらこなど塩干・乾物、山菜やきのこ、旬野菜など約80の店がひしめき合っている。新鮮さと豊富さは市場ならでは。秋田のお土産品も多数取り揃えております。日用雑貨はもちろん、（昭和37年秋高しゅうこう敷地）

男鹿線は土崎駅上飯島駅追分駅と来て途中下車する。北へ踏切渡り県立金足農高前通り

小泉潟公園・水心苑は追分駅から徒歩20分。秋田県立小泉潟公園は、南北に広がる男潟と女潟（県指定天然記念物）を中心に、小高い丘陵地を組み合わせ広大な自然を巧みに利用しながら整備されています。散策やレクリエーションの場として沢山の県民が訪れます。公園内は「教育環境」「レクリエーション」「水辺保全」の3つに分けられます。無料。

秋田県立博物館（写真）追分駅同右敷地内

① 営業時間9時30分〜16時30分 ② 定休日月曜

（祝日の場合翌平日）・12／28〜1／3・臨時閉館あり ③ 料金無料（特別展は有料）20名様以上要予約。人文展示室と自然展示室菅江真澄資料センター秋田の先覚記念室からなる総合博物館。企画展示室では秋田県内の資料を中心に、県外や海外の資料も展示する特別展等を年数回行っている。またわくわくたんけん室では様々な体験活動ができる。絞り染めや化石採集等の教室が人気。（小畑勇二郎元知事が在任期間中最後に行った事業の一つ）

男鹿線出戸浜駅は出戸浜海水浴場—太陽を体いっぱいに感じ、夏を満喫！出戸浜駅から西南へ直線道路徒歩10分—海の家が建ち並ぶ長さ400mの砂浜は遠浅で泳ぎ易く夏には多くのファミリーや若者で賑わいを見せます。日本海に沈む夕日は迫力満点。海水浴を心ゆくまで楽しめます。潟上市天王字下浜山—018・853・5336（潟上市産業建設部産業課）遊泳期間7月上旬〜8月下旬駐車料金400円・マイクロ800円・大型12

〇〇円（期間中のみ）自転車で行けるけれど
夏は暑いし多少疲れパンクには要注意かな。
上二田駅徒歩20分市民ギャラリー「阿吽」
自然に囲まれたギャラリーで鑑賞を天王グリ
ーンランド内絵画作品展や写真展等の様々な
展覧会を常時開催しているアートスペース。
個人・団体を問わず個人的なコレクションか
ら市民活動の発表の場まで様々に利用されて
います。料金無料☎（潟上パークセンター）
望郷の歌が聞こえる。大分県臼杵市を訪れ
吉丸一昌記念館早春賦の館一時を過ごしその
折り購入して持ち帰ったCD早春賦の一曲は
作詞吉丸一昌作曲成田為三。吉丸一昌は豊後
国北海部郡海添村（大分県臼杵市海添）で明
治6年9月15日に生まれる。父角内母ノブの
長男である。小学生一昌は父の苦労など知る
由もないが成績は優秀で常に一番だった。明
治21年2月臼杵高等小学校卒業。段々畑角内
「一昌、景色もいいし百姓も良いじゃろう」

「ハイ、でも父上、一昌は学問を続けとうご
ざいます」。父角内は、なんとか中学へ行か
せる決心をする。母ノブも針仕事をして、そ
れを支える事になる。この時期臼杵で有名な
文学者久保千尋先生（久保千尋と号し、明治
二年藩学集成館の皇学教授となって子弟に教
えていた。野上弥生子も小学生の頃、即ち小
手川ヤエであった頃朝早くこの久保千尋の家
まで古典を教わりに通っていた）に文学の手
ほどきを受けその頃から非常に優れた文才で
あった。そして一年遅れで大分中学校に入学
した。明治27年7月大分中学校（現大分上野
ヶ丘高等学校）を卒業した。続いて第五高等
学校（現熊本大学）に進む。ここでは学業と
共に剣道にも励んでいる。中学以後は稲葉家
奨学金を支給される様になる。そして、東京
帝国大学（現東京大学）国文科に進む。向学
心に燃える若者が地方から東京に出て苦学す
る。そんな学生の為に「修養塾」をつくり、
衣食住の世話から勉学、就職に至るまで面倒

を見た。明治33年9月結婚する事となる。同郷の北海部郡市浜村（現臼杵市、市浜）板井武雄の娘ユキ19歳である。翌年34年7月東京帝国大学文科を卒業した。卒業成績は最下位であったという。それは学業のみに専念し点数かせぎに没する型でなく「修養塾」を開く等多方面に亙り実践的な活動をしていたからでその活躍は実に精力的で目ざましいものがあり、功績や知名度は決して同期生の誰にも負けないものがあった。35年9月ユキ死去。36年角内は、ノブと二人して一昌の処へと上京する。37年4月角内は死去。そして38年3月ノブも角内の後を追った。この頃吉丸は夜間中学を創設していた。当時中等程度の夜学は初めての試みであった。同僚の教師や共感した教師等と共に手弁当で教育した。勿論月謝もとらない完全な奉仕であった。再婚／明治38年日本橋の池尻興の娘ツ子（常子）と再婚する。去年父角内を亡くし今年3月母ノブをも亡くした一昌には常子の存在は大きか

った。一昌の心を支えたのは常子であった。常子は文学の心得があり、一昌には最良の妻であった。子供にも恵まれ長男昌武、次男昌言、長女恭子と、三人もうけることとなる。明治42年3月31日東京府立第三中学校（蔵前高校）を退職する。東京音楽学校（東京芸大）に招かれた為である。43年暮単身で一路臼杵故郷へ。4月東京音楽学校教授となる。

浦のあけくれ　作詞吉丸一昌／曲マッジンギ
（早春賦吉丸一昌作品集ＧＥＳ１１６７７）

一、むらさきの横雲は
　空にたなびきたり
　海はいまさめて　夢路の闇を出でぬ
　寄りくる波かえる波
　さらりさらりとひびき
　松の風そよと吹く
　のどかなる今日の海や
二、網をつづる翁のかげ
　暖かなり岸辺
　沖には白帆ぞ　雲に消えゆく

三、
寄りくる波かえる波
さらりさらりとひびき
松の風そよと吹く
のどかなる今日の海や

海士のさえずり　黄昏れつつ
燈火は　見え初めぬ
ほのかに月さえ　磯馴の松に
寄りくる波かえる波
さらりさらりとひびき
松の風そよと吹く
のどかなる今日の海や

望郷の歌　作詞吉丸一昌／曲成田為三
（遺作）

一、
見よや　見よや
故郷の空に　時雨降るなり
時雨ならず　雨ならず
母のたもとの　涙降るなり

二、
聞けや　聞けや
かりがねの声を
啼きてゆくなり

なくね悲し　声悲し
わが子恋しと
母や泣くらん

故郷を離るゝ歌　作詞吉丸一昌／独逸民曲

園の小百合　撫子　垣根の千草
今日は汝れをながむる最終の日なり
おもへば涙　膝をひたす
さらば故郷　さらば故郷
さらば故郷　故郷さらば

つくし摘みし岡辺よ　社の森よ
小鮒釣りし小川よ　柳の土手よ
別るゝ我をあわれと見よ
さらば故郷　さらば故郷
さらば故郷　故郷さらば

山の陰の故郷　静に眠れ
夕日は落ちて　たそがれたり
此処に立ちて　さらばと　別を告げん
さらば故郷　さらば故郷
さらば故郷　故郷さらば

（歌詞は原文のまま）

「故郷を離るゝ歌」は、大正2年6月19日、土曜演奏会で発表された。吉丸一昌作「新作唱歌」（全十集）の第五集に収められ、全国

の学校で愛唱された。（故郷題材の歌47頁）

早春賦　作詩吉丸一昌／作曲中田章

一、春は名のみの　風の寒さや。
　　谷の鶯　歌は思えど
　　時にあらずと　声も立てず。

二、氷解け去り　芦は角ぐむ
　　さては時ぞと　思うあやにく
　　今日もきのうも　雪の空。

三、春と聞かねば　知らでありしを
　　聞けば急かる　胸の思いを
　　いかにせよとの　この頃か。

「望郷の歌」吉丸一昌昭和63年8月著者吉田
稔発行臼杵音楽連盟印刷丸徳印刷（非売品）

早春賦

一、春は名のみの風の寒さや
　　谷の鶯歌は思へど
　　時にあらずと声も立てず

二、氷解け去り葦は角ぐむ
　　さては時ぞと思ふあやにく
　　今日もきのうも雪の空

三、春と聞かねば知らでありしを
　　聞けば急かる〵胸の思を
　　いかにせよとのこの頃か

大正元年11月2日作／中田章作曲。二年「新
作唱歌」第三集に収め、全国で詩唱された。
現在も名曲として歌いつがれ、生まれ故郷の
大分県臼杵市と舞台になったといわれている
信州安曇野に早春賦歌碑が建立されている。
（早春賦十一月二日歌詞64頁）写真二枚65頁
上白黒写真昭和54年臼杵ロータリークラブに
より建立された歌碑臼杵市中央公民館前と、
下白黒写真昭和59年穂高町歌碑建立委員会に
より穂高川右岸景勝の地に建立された歌碑。

明治36年父角内より相続された屋敷、臼杵
町字本丁四十一番地（現キリスト教会）は、
大正4年11月9日、正式に所有権は伊勢氏に
移転した。それは吉丸一昌逝去の半年前の出

来事であった。（79頁写真臼杵市海添字本丁41番地の旧宅跡（地積230坪）現キリスト教会）大正5年3月7日早朝吉丸一昌は急逝した。午前3時頃危篤の報に、一昌のいとこの間柄である吉丸勝基氏は「人力車で駆けつけたが東の空がようやく白みはじめていた。平生から頑健で武道で鍛えた身体だからよもやと思いながら枕頭に近づいたが、余りの奇態に驚き大声で呼び掛けましたが、耳には通じたのでしょう、唇を上下に動かし、或はゆがめしきりに頭を振りながら、懸命に物語らん風に見えたが発音は一声も聞きとれなかった。死の直前免れざる運命を察してか当時十一才の長男昌武を起し、お国の為になるようにと申し聞かせ、残念であると言い残したと云う。その時外で豆腐屋のラッパの音と呼び声が響いており、もの悲しく耳底に残り狂はしくなるのである」と記している。吉丸一昌長男昌武氏は「父の死は今で云う心筋梗塞と云う病気で夜中に発作を起し夜明け頃亡くな

りましたが、臨終の前に私達を呼び「国の為につくせ」の一言で息を引きとりましたが、この最後の言葉は終生私にとって忘れられません」と語っている。

朝報はその三面に吉丸の顔写真入りで次の記事をのせている。大正5年3月8日付万校教授吉丸一昌氏は7日5時心臓狭窄症にて逝けり年44（割愛）。吉丸一昌の葬儀は東京音楽学校の校葬であった。数多くの方々が告別式に参列し彼の死を悼みまたある者は彼の偉大さの前に膝まづき涙した。愛弟子の死を悼む恩師芳賀矢一先生が弔辞を霊前に捧げる（割愛）くしくも遺作となったのは、大正5年作成田為三曲による「望郷の歌」である。

見よや／故郷の空に時雨降るなり／
時雨ならず／雨ならず／涙降るなり／
聞けや／かりがねの声を／
啼きてゆくなり／なくね悲し／声悲し／
わが子恋しと母や泣くらん。

遺骨は東京都文京区本郷の竜光寺内に葬られ

墓石には「誠諦庵物外一昌居士」ときざまれている。墓石は第二次大戦の空襲で痛みながらも風雪に耐えている。東京空襲で音韻学の原稿や多くの資料が焼失した。なんと書蔵は三日三晩燃えたという。小さな箱一杯残った資料を長男の吉丸昌武氏が図書館に寄贈された。

吉丸一昌先生は、生地臼杵に生きかえった。

吉丸一昌記念館「早春賦の館」は臼杵市が生誕120周年を記念してユキ夫人の実家（旧板井家）に開館されたものです。館内には当時の楽譜・遺品等、吉丸一昌のゆかりの品が多数展示されております。プロフィール①熊本の第五高等学校ここでの夏目漱石との出会いは後の吉丸一昌の進路を決定づけています。②明治三十四年東京府立第三中学校の教諭となりました。ここでは芥川龍之介を教えています。③明治四十一年東京音楽学校の教授に招かれて生徒監に任命されています。文部省よりは「尋常小学唱歌」の編さん委員で作詞の主任

に任命されています。④明治四十五年より、童謡の先駆となる「新作唱歌」全十集を発表しました。この中に早春賦故郷を離る〻歌、「木の葉」等があります。吉丸一昌は二百とも三百とも言われる程の歌を作っています。中山晋平、大和田愛羅本居長世弘田龍太郎舟橋栄吉山田耕作など数多くの人がいます。大正五年三月四十三才の若さで他界しました。写真歌碑を真ん中に展示室2楽譜・遺稿秀歌百人一首。案内図に野上弥生子成城の家と文学記念館。

開館時間／午前8時30分〜午後5時年中無休

入館料／一般210円・小中学生110円。

高野辰之志をはたしてその学問と人間像／野沢温泉村斑山文庫収集委員会平成四年発行年譜―明治9年（1876）4月13日長野県下水内郡永田村大字永江（現豊田村）に、父高野仲右衛門母いしの長男として生まれる。家は代々農業。31年7月15日飯山町（現飯山市飯山）井上寂英（真言宗住職）三女つる枝

と結婚。42年6月12日文部省小学唱歌教科書編纂委員を嘱託される。43年5月尋常小学校唱歌第一学年用（全二十曲）に日の丸の旗を掲載作曲は同僚の東京音楽学校教授岡野貞一。この頃博士も岡野教授のコンビ作家といわれた。博士と岡野教授とは文部省唱歌の作詞委員に委嘱されていた。6月東京音楽学校教授となり「日本歌謡史」を講ずる。尋常小学校唱歌（全六冊）第二学年用（全二〇曲）に「紅葉」を掲載作曲は岡野貞一。44年は妻つる枝の実家、井上弘圓三女弘子を養女とする。45年3月尋常小学唱歌第三学年用（全二十曲）に「春がきた」を掲載作曲は岡野貞一。12月尋常小学唱歌第四学年用（全二十曲）に「春の小川」を掲載作曲は岡野貞一。大正3年6月尋常小学唱歌第六学年用（全十九曲）に「故郷」と「朧月夜」を掲載作曲は岡野貞一。大正14年1月12日東京帝国大学に提出中の論文「日本歌謡史」に対し同大学より文学博士の学位を授与される。

昭和5年1月17日荒井市太郎次男正巳を養女弘子の婿養子とする。9年初夏、下高井郡豊郷村野沢温泉麻釜に別荘対雲山荘を求める。14年東京音楽学校宮城道雄教授が博士の作詞した「秋韻」（あきのひびき）箏曲合奏用に作曲し11月24日東京音楽学校の創立六十年記念に演奏する。（この時、宮城道雄教授は胡弓を奏し、邦楽演奏会としては珍しく大きなアンコールの嵐が起こって何時までも鳴り止まないので宮城教授はついに引き返して既に閉じた幕を少し開けて貰って聴衆に頭を下げて答えられたという）16年軽微な脳溢血にかかり執筆歩行等に不自由を覚える様になる。18年野沢温泉麻釜対雲山荘に隠棲。20年5月25日東京大空襲の時東京代々木山谷の住宅は戦災を受けたが、邸内の斑山文庫のみは土蔵造りのため焼失を免れた。脳溢血による後遺症状このころより著しくなり別人の様に好々爺となる。22年1月25日、野沢温泉対雲山荘にて午前9時50分永眠する。享年71歳。高野

辰之博士の最後を看取ったのは妻つる枝始め家族五人の方々と現野沢温泉村長の富井一二氏であった。52年3月「高野辰之住居跡」の標柱が渋谷区教育委員会により東京都渋谷区代々木三ー三ー二の門前に建てられた。61年博士の墓は初め東京都下小平霊園にあったが遺族の意志により博士が愛してついに終焉の地となった野沢温泉村へ移された。博士の人・業績の一覧／博士の研究領域右へ①日本の歌謡演劇の研究④日本の音楽・文化の振興。世界の名歌日本の第二節の個所は、翌年発表された詩情由井龍三春秋社03年故郷を離るる歌れた「故郷」一節と共通。岡野貞一（岡山県出身）連想は岡山城門前一画碑文在り敬虔なキリスト教徒だった。「故郷」と賛美歌リズムが似ている森祐理心のふるさとCD故郷。再び男鹿線上二田駅は天王温泉くらら天王グリーンランド内県内最大級の公共温泉施設駅から徒歩20分。営業時間9時〜22時（最終受付21時30分）定休日第2月曜（祝日の場合

は翌日）料金400円（小学生200円・小学生未満無料）入浴風呂好きの人はどうぞ。食彩館くらら天王グリーンランド内／地場産の食材をお安く提供ー地場産の新鮮野菜を始め、漬物・佃煮といった加工品地酒等を販売する産直施設です。レストラン「なっぱ・はうす」では4〜11月の土・日に実施しているランチバイキングが人気。海産物売場では地元の漁港から水揚げされた鮮度抜群の海の幸を低価格で提供しているほか店内で食事もできます。上二田駅から徒歩20分。営業時間9時〜18時（12〜3月は〜17時）定休日12／31・1／1。鞍掛沼公園天王グリーンランド内／1日中遊べるレジャースポット上二田駅徒歩20分写真ランドマーク天王スカイタワー実感。天王駅は東湖八坂神社／1000年の歴史を今に伝える天王駅から徒歩3分。記事延暦20年（801年）田村将軍が建立したと伝えられています。統人行事と呼ばれる諸祭事が厳格に継承されており年間を通じて続く

祭事のクライマックスとして7月7日「牛乗り」「くも舞」が執り行われます。スサノオノミコトに扮する神人とヤマタノオロチに扮するくも舞人が神話の世界を再現します。ー

男鹿線の線路図は秋田市と潟上市を経て海と潟を結ぶ船越水道鉄橋渡り男鹿市へと入る。

船越駅次の脇本駅ここが寒風山の麓駅になり心洗われる日本の原風景がここに寒風山ー駅からハイキング脇本駅から徒歩50分（60分）

寒風山は大半を芝生で覆われたなだらかな山で、頂上付近からは全方位の展望を楽しむことができます。世界遺産白神山地や鳥海山までを遠望できるほか夕景夜景のスポットとしても秋田県内を代表する人気スポットです。

羽立駅次は終点男鹿駅でJR男鹿線の旅はお終いだが、男鹿の旅は、ここから始まる。

男鹿駅前観光案内所と駅右向かい男鹿市役所寄り男鹿半島を学習する。広報おがNo.163（2016年10月号）9頁ー第8回日本ジオパーク全国大会平成29年10月25日から27日に

決定。／期間中は、国内のジオパーク関係者を中心にたくさんの方が全国から訪れる予定です。市民の皆さんもご参加いただける大会にしていきますので一緒に男鹿の魅力を発信していきましょう。秋田県男鹿市総合観光パンフレットなまはげの里男鹿半島2016年5月表紙芦沢地区のナマハゲ。現地での観光案内は下記の観光案内所をお訪ねください。

①男鹿総合観光案内所②男鹿ふっと観光案内所③男鹿駅前観光案内所④男鹿温泉交流会館五風☎0185ー33ー3191。男鹿観光に関するお問い合わせ先①（一社）男鹿市観光協会②男鹿市観光商工課。五風とは何か？

「菅江真澄と行く男鹿半島」／菅江真澄は男鹿の地に少なくとも4度訪れ、5冊の旅日記（「男鹿の秋風」「男鹿の春風」「男鹿の鈴風」「男鹿の島風」「男鹿の寒風」）を著しています。いずれも「男鹿の○風」という題がついていることから、後に5冊をまとめて「男鹿五風」と呼ばれるようになりました。

— 237 —

２０１１年男鹿半島ワンコインバス潮騒号１２月１８日（日）妻と予約乗車男鹿観光の小旅をした事がある。その翌年も男鹿観光参加して自転車こぎは何回か周辺を巡り多少覚えた。ここで昭和58年5月26日正午発生日本海中部地震津波災害について少し触れる。特に男鹿半島加茂青砂海岸で合川南小学校生徒13名の貴く痛ましい犠牲と、男鹿市戸賀塩浜の男鹿水族館海岸はスイス大使館夫妻が任務終え帰国前秋田旅行中一シーン津波に遭遇妻が死去という惨事は記憶に残った。何の根拠も無い日本海の地震に津波は来ないと、俗信に惑わされ本当だと思い込む偏見の愚かさと自然の営みに翻弄される歴史事実を次代へ伝える。

正常化の偏見は有ることを無いと思う心の傾き、物事を自分に都合の良い様に解釈して都合の悪い真実は直視せずに済ます心の偏りという事だろうか。昔日工事現場安全資料／無いことを有るように想う「幻想」が災害の芽となる―「三現主義」（現場で、現物を見て、現実的に考える）で幻想を排除しよう。

幻想の８項目を時計回りに①熱中／あの人は仕事に熱中しているから安心だという幻想。のめり込みの危険をおかしているかも知れない②教育／教えていなかったから大丈夫という幻想相手は理解していなかったかも知れない。理解できないことは覚えていないかも知れない③健康／あの人は健康だから大丈夫という幻想。体は健康でも悩みごとを持っているときには注意は散漫になる④常識／常識だから言わなくとも当然やってくれるはずという幻想。常識の範囲は人により違う⑤経験／前にうまくいったから今度も大丈夫と想う幻想。事故は条件のちょっとした違いで起る⑥注意／注意しなさいと言っておけば安全が保てるという幻想。何に注意するのか、なぜ危ないのか明確に。⑦文書／書いたもので配ったから知っているはずという幻想。相手は読んでいないかも知れない。⑧ノウハウ／この仕事は知っているから大丈夫という幻想。仕事のノウハウを知

っていないと、状況の変化に対応できない。

加茂青砂海岸そこで生活する住民は木曜日

お昼時間に何をしていたのだろうか。バスが

着き遠足の先生生徒達が防波堤内海岸岩場で

弁当広げる様子は知っていたと考える。突然

襲った地震直後に津波が来る事は想定に無く

悲劇は発生した。男鹿半島海岸近く住む人々

のみではない東北の秋田県内に於て地震津波

は一体という歴史認識は共有されなかった。

地元の国立秋田大学地学自然科学関連部門が

過去一千年スパンの貞観地震男鹿地震等実学

研究して県市町村広く地震津波警鐘周知徹底

行動恐らく薄弱、水族館海岸スイス人に高台

避難誘導をしなかった秋田人に悔いは残る。

奥羽本線下り秋田大館弘前青森行きの各駅

停車普通電車旅を、途中下車しながら進む。

追分次は大久保駅下車したい。石川理紀之助

昭和町の前に、新関の菅原源八を先に語る。

「菅原源八遺作全集」全三巻平成7年3月31

日（渡邉喜一校訂・発行菅原源八翁顕彰会）

上巻菅原源八寛政六年甲寅四月十六日（17

94年5月15日）出生、明治十二年己卯八月

十四日（1879年8月14日）死去は満85歳

（数え86歳）の生涯となり業績は筆塚に刻ま

れる。「苔の下に身こそ朽ぬれ名は千代も呼

れんことの嬉しかりけり」。天神下の筆塚は

自転車で新関周辺を通った際に降り一時佇み

門弟が建立の事績を読んだことを回顧する。

図書館の閲覧は「菅原源八遺作全集」最終遺

稿集（補追）平成15年3月（同）日記を含め

明治11年（1878年）7月24日天気確認の

意味があった。①下巻の最終内容けふ六月

二十三日なり―明治十一寅従前四月より六月

下旬迄分一冊は、7月22日（月）まで。②補追

安楽境界の章明治十二己卯正月元旦天朝の一

月廿二日なり一松軒・八十六歳～けふ八天朝

の七月朔日従の五月十二日也。（多分絶筆）

①下巻結び明治11年7月の長雨記録は残る。

早春賦吉丸一昌東京生活と菅原源八新関と

五城目駅との連想になるが「教育の先覚者・

「秋田県人の父」小野源蔵を少し記してみる。

五城目町の誇り素晴らしい先輩たち一巻―五城目町教育委員会平成七年三月三十一日発行

小野源蔵／教育評論家として活躍、号花城。

「花城」というのは、小野源蔵の若いときから の号です。その美しい号には「花の城を築こう」という意味がこめられています。花の咲き匂う様な美しい社会を作ろうという理想と決意を号にしたものだといいます。人々は花城先生と呼ぶ様になりました。花城の名で新聞に発表した「馬の背に揺られて」という題の随筆があります。

桃はよい花である。わけても遠景がよい。

それに絹糸のような春雨が音もなく降ると、まるで花の蜃気楼を見るようである。水彩画にふさわしい。（中略）四年前初めて学校を出て、男鹿の任地に行こうとて、波に雨けぶる八郎湖畔を馬の背にして・・・それが人生の初旅であった。馬子の歌に胸が躍る。左手の新関村は折から桃の花の盛りであった。

これはその始めの部分ですが、ペンネームに相応しい瑞々しく華やかな文章です。明治四十三年（一九一〇）四月、秋田師範学校を卒業して、男鹿市の増川小学校へ教員としての理想を抱いて赴く時の事を書いてあります。

源蔵は二十歳でした。生い立ち／花城・小野源蔵は明治二十二年（一八八九）八月十日富津内村中津又落合の畠山豊助、モヨの二男として生まれました。畠山家は田畑の他に広い山林を持つ豊かで家柄の良い家でしたから、源蔵は何不自由なく育ちました。（中略その頃の学校・先生になりたい）師範学校入学／明治四十三年三月、源蔵は主席で師範学校を卒業しました。そして、訓導（小学校教員の資格）として増川小学校に勤めました。教育評論家として活躍／明治四十四年、源蔵は秋田市の中通小学校に転任しました。中通小は優れた先生が揃っていると言われる学校でしたから、若い源蔵は一層励みになりました。間もなく源蔵は、秋田市手形の小野節世と結

婚して、姓が小野家に変わりました。節世は生まれて直ぐ小野家の養女になった人で、明治四十四年三月女子師範学校を主席で卒業し、小学校の先生をしていました。理想を胸に燃やしている源蔵は、その後中通小を辞めて、東京高等師範学校（後の東京教育大、今の筑波大）体育専修科に入りました。大正二年二十四歳の時の事です。源蔵は家庭を抜け出して上京したのです。努力家の源蔵は大正五年春の卒業の時には体操の外に文科からは修身と教育の二つの免許状まで与えられ人々を驚かせました。山形県内の中学校（今の高校）に勤めた後、大正九年東京帝国大学（今の東京大学）附属図書館司書となって再び東京の生活を始めました。妻と子供と一緒に暮す様になったのです。昭和十五年五十一歳の時、日本赤十字社に勤めを替え赤十字社博物館の学芸員にもなっています。図書館司書や博物館学芸員は、その頃では珍しい仕事でした。学校だけが教育に当たるのではなく図書館や

博物館等もこれからの教育を押し進めて行くのだ、という考えを源蔵は持っていました。その事を実行したのです。そればかりでなく新しい教育を進めるという立場から、源蔵は沢山の論文で、自分の考えを発表しました。それまでの広い研究から教育だけでなく文学芸術スポーツにも深い知識を持っていましたから教育評論家としてその名は高くなりました。特に「新教育論」等の著書で主張したのは子供自らが学ぼうとする心を育て個性を伸ばすのが本当の教育であるという事でした。それは理論だけではなく、学校や図書館の仕事の実際から説いているものですから人々を頷かせる力を持っていました。また全国的な読書調査を行ってその結果を基に読書の指導をするという新しい方法を考え出したのも源蔵でした。秋田県人の為に／源蔵は東京に住む秋田県出身者のまとめ役として、秋田県人会の幹事を熱心に務めました。その為源蔵の家には色々な県人が訪れる様になりました。

－ 241 －

中でも先輩の源蔵を頼って来る教育の仕事をしている人が多かったので、月一回源蔵の家で会合を開く様にしました。誰もがほっとした様に、秋田弁丸出しで教育の問題を論じ合うのです。この会は「秋田教育倶楽部」となり源蔵を指導者として長く続けられました。

東京にいても源蔵は秋田県人である事を誇りに思っていました。その指導を受けたり助けられたりした県出身者の数は数え切れないと言います。源蔵に接した人々は「どっしりと落ち着いていて言葉は多くないがその考えは深く温かな人だった」と誰もが言います。

源蔵が亡くなって十数年経った昭和四十五年に、「小野花城を偲ぶ会」が開かれました。沢山の人が集まりましたが、この会の記録は「教育の先覚者・在京県人の父」と題され、源蔵の素晴しい功績が、最も短かい言葉で表されています。昭和二十三年戦後の秋田県教育を立て直そうという人々の願いを受けて、源蔵は秋田に帰りました。秋田女子実業学校

（後に敬愛学園から国学館高校）の校長となり専務理事になりました。「新しい日本は立派な母親の手で築かなければならない。だから女子の教育が大事なのです」と源蔵は説いています。しかし帰郷してからの源蔵は病気がちでなくなりました。（小野源蔵花城終り）

奥羽本線大久保駅は秋田駅から北へ土崎・上飯島・追分と来て大久保・羽後飯塚・井川さくら・八郎潟、四つ目の駅になる。昭和町（2005年3月昭和町飯田川町天王町合併潟上市）は菅原源八と石川理紀之助の存在が大きい。理紀之助71歳（数え）の生涯は誠実勤勉を絵に描いた様な人生を歩んだ。秋田県のみならず明治35年（1902年）に、同志7名共に自費で宮崎県に行き前田正名の開拓事業に協力して谷頭部落の指導に当たるは、秋田県と宮崎県を今に結ぶ絆である。翁は21歳の時昭和町豊川山田村石川長十郎の婿養子になり妻スワ子と苦労を重ねた。率先垂範の

箴言「寝てゐて人をおこすこと勿れ」は保戸野小学校で学び午前3時板木叩き起床合図の故事は記憶する。昭和町郷土文化保存伝習館と石川家住居及び、東方山合いの翁の山居跡「草木谷」等は一度訪れたい。田んぼと油田留学生がみた豊川地区（秋田大学国際交流センター2015年2月）は現在を記録した。豊川小は大久保小と統合し大豊小になり今日学ぶ様子は国道101号線高架道北側自転車走行線から多少分かるが下道へ下れば運動場校舎前を通り大久保駅に出る。大久保駅A3二折りリーフは開業年月日明治35年10月21日駅舎建築年月昭和11年1月年間乗降客63・6万人（昭和63年度）。下にJR大久保駅図。菅江真澄の道―秋田県中央部の食羽州街道羽州浜街道久保田城下土崎宿追分宿大久保宿一日市宿。男鹿半島の食八郎潟の食久保田とその周辺の食行事食を描き、旅に生きた菅江真澄（1754―1829）資料再見する。通町の市・男鹿半島の風景・丸木舟・男鹿の

岩礁が西方左側日本海、東方右側は馬子の図・太平山・五城目の市と女性旅姿が二様描かれている。左上リーフレット表紙は菅江真澄肖像画（能代市・杉本家蔵）真澄が最も長く滞在したのは秋田でその風土をこよなく愛し76歳亡くなる迄延べ29年間を過ごしました。旅日記3000枚にも及ぶスケッチ画、随筆地誌といわれる秋田藩内の調査記録等200冊以上に及ぶ著作の内秋田藩の藩校明徳館に納められたものは国の重要文化財に指定され200年前もの北国の暮らしや風景を今に伝える貴重な資料となっています。料理と行事食の品々載り裏面八郎潟サデ網で魚を掬うと氷下漁の漁師図は魚類の宝庫八郎潟の記憶を男鹿半島は日本海の幸自然の恩恵を伝える。旅は私の場合自転車バス各駅停車普通列車利用に徒歩が基本になる。八郎潟駅から北の旅は、太平山酒蔵を右に見て羽後飯塚駅下車ブルーホール見学をお奨めする。2012年ある日秋田市内手に取ったパンフレット見て

小玉醸造を訪れ日本酒純米酒少し含んだ後に館内広い廊下進み秋田出身の水中カメラマン中村征夫写真クジラ舞う海を眺め映画ホール若松節朗監督映画の「沈まぬ太陽」を観てと秋田の酒を飲み写真と映画を鑑賞する一時は良かったと振り返る。羽後飯塚駅より徒歩10分酒蔵太平山フォトギャラリーブルーホール会期は2012・4・6（金）―7・1（日）・開館時間10時―16時30分入場料一般300円中高生200円小学生以下無料。別途パンフレット千葉克介北の彩り2013と中村征夫海中散歩は、行ってはいないが資料は保管。中村征夫写真展2014海への旅／秋田県立近代美術館（横手市）2015命めぐる海と藤原幸一南極・北極、2016海の博物誌。井川さくら駅左手西は八郎潟調整池（残存湖・八郎湖）、右方東側は井川町役場と中・小学校日本国花園がある。駅前国道7号線が新潟と青森結び南方の飯塚古開で7号線から国道285号線が分岐し井川町五城目町経て

秋田峠トンネル抜ける。上小阿仁村北秋田市阿仁街道は小森右折東へ大館市比内町扇田で米代川渡り大館バイパス国道103号鹿角市入り十和田道は十和田湖東湖（外海）子ノ口まで続き青森県は国道102号に合わさる。日本国花園井川町は市町村合併なしの誇り矜持とでも言うのか定かではない。200種2000本の桜と彫刻の公園お問い合わせは①定住促進センター国花苑②ふれあいプラザ管理棟③秋田県井川町役場産業課☎018―874―4418FAX874―2600。潟上市を忘れないでねと何処かで呼ぶ様な気がする。観光ガイドかたがみ紀行―水清く緑の風光る大地／先人の熱い魂と深い知恵を受け継ぎ／心を開き共に築こう／夢広がる／わがふるさと潟上。お問い合せ…潟上市役所昭和庁舎産業建設部産業課商工観光班・天王庁舎・飯田川庁舎。2015年5月7日（木）より新庁舎に移行します。（潟上市天王へ）広報かたがみ2016年10月No.162表紙は

天王グリーンランドまつり2016－夜空を彩る尺玉の花火。10・11頁ヤートセ選手権2016市内外から11チームが出場。地元からは天王中学校が初出場。今年のグランドチャンピオンは秋田大学よさこいサークルよさとせ歌舞輝が2連覇・仮面ライダーゴーストショーは芸術文化協会加盟団体発表会・堀内孝雄歌謡ショーABSラジオでも生放送された堀内孝雄さんの歌謡ショー。大ヒット曲「愛しき日々」などを熱唱し、観衆を魅了・潟上市盆踊り大会8月27日に行われた第11回潟上市盆踊り大会には一般の部25チーム子どもの部8チームの参加がありました。大崎太鼓会のお囃子そして掛け歌に合わせフリー参加を含めて650人ほどの大きな輪ができ優雅な踊りを楽しみました。24頁特集潟上市の教育中村征夫さんのお話を伺う会8月31日と9月1日、ブルーホール（飯田川飯塚）で潟上市の先輩であり市の名誉市民である中村征夫さんのお話を、市内小学校6年生が伺いました。中

村さんは世界中の海で撮影した水中写真を子供達に示しながら地球環境と人間生活との関わりについて語りました。2015潟上市観光ロードマップてくてくかたがみ小玉醸造創業明治12年、歴史あるレンガ造りの蔵が立ち並ぶ様子はまさに圧巻。その蔵の中をご案内しながら日本酒や味噌醤油の醸造工程等を無料で見学できます。一般見学1日に3回のご案内（11時・13時・15時）で、お一人から当日のお申し込みも可能です。場内売店には「きき酒」や各種試飲、試食もございます。営業時間：10時～16時30分（最終入館16時）定休日：8／13・12／31～1／3☎018－877－5772。ブルーホール水中写真家中村征夫フォトギャラリー小玉醸造㈱の清酒貯蔵庫（1922年建築）をリノベーション（改造）し潟上市名誉市民である中村征夫さんのフォトギャラリーとして2009年に開設。常設展示・企画展示・休憩スペース等で構成され、酒蔵の雰囲気を維持しつつ、深海

を漂うかの様な空間を味わえる。入場料一般300円／中高生100円間小玉醸造・☎。中村征夫1945年潟上市（旧昭和町）生まれ。19歳の時神奈川県真鶴岬で水中写真を撮るダイバーに出会い独学で水中写真を始め31歳でフリーランスとなる。1977年東京湾に潜り、ヘドロの海で逞しく生きる生き物に感動、以降ワイフワークとして取り組んでいる。2007年秋田県文化功労章受章2008年潟上市名誉市民章。蔵見学ツアー写真昔ながらの蔵造りによって、適温が保たれている酒蔵内の巨大な貯蔵缶。缶一つに一升瓶5千本分のお酒が保存されています。10・11頁見開きは潟上市内地図この辺は自転車に乗り何度か訪れ多少は分かる。地図重心は天王で大久保駅東方昭和出張所載り小玉醸造そして北方近く飯田川出張所。イザベラ・バードは明治11年1878年7月24日晴天久保田（秋田）出立土崎神明社例祭見物後羽州街道北へ進み、疲れて蛇川に一泊した。秋田五城目間

バスは、大久保駅前・蛇川上丁・中丁・下丁・飯田川庁舎前（出張所前）順に停留所あり蛇川宿を少し考える。奥羽本線利用秋田大久保の場合駅出て信号左へ羽州街道（県道104号線）豊川橋辺り立ち止まって思案する。交番で聞いても近所の人に尋ねても「日本奥地紀行」不明はどうするか、自問自答しても分からないと思う故に暫し佇み形を整え次へ歩を進め小玉醸造ブルーホール入る。酒はラ・バード酒蔵の酒林を記しているが、イザベ天下の太平山小玉醸造は明治12年創業。イザベラ・バード秋田訪問は明治11年その前年、蛇川と豊岡間に語る酒林は、湯沢横手神宮寺旧昭和町中心地の大久保駅周辺かたがみ地図鉄路は黒の実線で奥羽本線と男鹿線を描いて久保田土崎蛇川豊岡どの辺になるだろうか？（路線名なし）道路網は白帯線国道7号線は太く表し秋田自動車道緑線と県道56号線が至秋田至男鹿ルートこれ等はまあ良いとする。国道101号線が7号線と直結して天王グリ

ーンランド（図の重心部）間は左右真横に引かれ夢と神話の里天王グリーンランド「天王スカイタワー」結ばれは理解するがそのまま真東に豊川上蛇川ホタルの郷ホタル観察会は感心しない。方向感覚は自動車運転道路地図カーナビ問題ないかどうか私は分からないが方角は天候の程度によっては道迷いの一因になる為に許容範囲の地図表示はして欲しい。

秋田県道路地図で補正しつつ潟上市豊川は大久保駅を出て直ぐ羽州街道県道104号線信号北都銀行を右見て左折目の前次の信号は秋田銀行左に見て右折東南へ県道229号線古井内大久保停車場線を進む。昭和（大久保出張所）と体育館・羽城中を右手に見ながら7号線信号（豊川竜毛）渡り秋田自動車道下ガード抜けブルーメッセ道の駅が右にある。ブルーメッセ花と緑のユートピア小休止やや戻り山田入口北方の郷土文化保存伝習館へ。今日2017年7月12日、朝の新聞記事は皇太子ご夫妻が大豊小を訪れた事を伝える。

午前中一休み後に明徳館へCDと本を返す為自転車で行くと通町辺り市民三々五々集まり制服県警職員と私服腕章帽子無帽組合わせて緩やかな警備態勢を敷く現場を見て、広小路キャッスルホテルご出発前の様子に公園入口自転車を仮置き県立美術館側から誘導に従いホテル正面玄関道路向かい帽子を取り佇む。西側ホテル前ロータリーは、お召し自動車が皇太子殿下をお待ちして駐車。広小路へ出る車道は、先頭車の後に秋田機白バイ2名待ちお召し車の前後護衛車黒のハイヤー白バイに羽後交通団体同行バス2台と白バイ等の警備体制臨む。やがて殿下がお出ましになりご乗車を眼前に見て日の丸小旗胸の高さ小さく振り見送りご出発。自転車戻り時計9時30分。

早くに整列出迎え見送りグループ手に持つ簡素な横断幕「ようこそ皇太子殿下、悠紀の国秋田へ」と記憶するが殿下に最も相応しい秋田表現と思う。五城目道の駅は悠紀の国・道の駅協和は四季の森で秋田県内の道の駅は

地元PR工夫をしている。秋田魁新報一面左
皇太子ご夫妻来県／潟上の大豊小など視察―
皇太子ご夫妻は11日、第53回献血運動推進全
国大会への出席などのため羽田発の民間機で
来県し、潟上市の大豊小学校と秋田市の県立
博物館を訪問された。12日午後に帰京する。
雅子さまが公務で地方を訪問するのは昨年11
月に岐阜県を訪れて以来で、来県は1997
年2月の鹿角市・あきた鹿角国体以来、20年
ぶり。午前中に秋田空港に到着したご夫妻は
佐竹敬久知事らの出迎えに、笑顔で答えた。
午後は大豊小で、八郎湖の水質改善や潟上市
ゆかりの農業指導者・石川理紀之助の歴史な
どについて6年生が学ぶ「ふるさと教育」の
様子を視察した。その後県立博物館を訪問。
金足農業高校の生徒らが、わらで履物を作る
様子を見学した。12日は、秋田市の日赤秋田
看護大・秋田短大で介護実習の様子などを見
学した後、県立武道館で開かれる献血運動推
進全国大会に出席する。（石塚健悟・写真）

昼テレビ5（秋田朝日）徹子の部屋上半期
哀悼①は、月丘夢路・神山繁・船村徹・野際
陽子の四方が放映された。明日放映追悼②は
松方弘樹・ムッシュかまやつ・藤村俊二・京
唄子四名の方を放映すると、妻が傍らで話した。
千秋公園坂下の入口は右手明徳館、左手に
東海林太郎の歌碑が設置され胸像に近づくと
近接スイッチ（センサー）が作動して歌が流
れる。（東海林太郎音楽館は二丁目橋北隣）
センサーの歌の順は①赤城の子守唄②野崎小
唄③椰子の実④国境の町⑤母に捧げる歌⑥む
らさき小唄。（以前にメモした歌碑の文言）

「母に捧げる歌」
サトウハチロー作詞／阿部武雄作曲
東海林太郎唄

胸もさけよと　声かぎり
われは歌わん　高らかに
歌う事こそ　わがつとめ
わがのぞみなり　わが命

「赤城の子守唄」
佐藤惣之助・作詩／竹岡信幸・作曲

泣くなよしよし　ねんねしな
山の鴉が　啼いたとて
泣いちゃいけない　ねんねしな
泣けば鴉が　また騒ぐ

坊や男児だ　ねんねしな
親がないとて　泣くものか
お月様さえ　ただひとり
泣かずにいるから　ねんねしな

にっこり笑って　ねんねしな
山の土産に　何をやろ
どうせやくざな　犬張り子
貰ってやるから　ねんねしな

「野崎小唄」
今中楓渓・作詩／大村能章・作曲

野崎参りは　屋形船でまいろ

どこを向いても　菜の花盛り
粋な日傘にゃ　蝶々もとまる
呼んでみようか　土手の人

野崎参りは　屋形船でまいろ
お染久松　せつない恋に
残る紅梅　久作屋敷

今も降らすか　春の雨

野崎参りは　屋形船でまいろ
音に聞こえた　観音ござる
お願かけよか　打たりょか滝に

滝は白絹　法の水

「椰子の実」
島崎藤村・詞／大中寅二・曲

名も知らぬ　遠き島より
流れ寄る　椰子の実ひとつ

故郷の　岸を離れて
汝はそも　波に幾月

旧の樹は　生いや茂れる
枝はなお　影をやなせる
われもまた　渚を枕
ひとり身の浮寝の旅ぞ

実をとりて　胸にあつれば
新たなり　流離の憂い
海の日の　沈むを見れば
激り落つ　異郷の涙
思いやる　八重の汐々
いずれの日にか　国に帰らむ

「国境の町」
大木惇夫・作詩／阿部武雄・作曲

橇の鈴さえ　淋しく響く
雪の曠野よ　町の灯よ
一つ山越しゃ　他国の星が
凍りつくよな　国境
故郷離れて　はるばる千里

なんで想いが　届こうぞ
遠きあの空　つくづく眺め
男泣きする　宵もある
行方知らない　さすらい暮らし
空も灰色　また吹雪
想いばかりが　ただただ燃えて
君と逢うのは　いつの日ぞ

「むらさき小唄」
佐藤惣之助・作詩／阿部武雄・作曲

ながす涙が　お芝居ならば
なんの苦労も　あるまいに
ぬれて燕の　なく声は
あわれ浮名の　女形

すいちゃいけない　すかれちゃならぬ
粋な一夜の　浮気船
乗せて流れて　いつまでか
しのび逢うのも　恋じゃない

嘘か誠か　にせ紫か
男ごころを　誰か知る

ちるもちらすも　ひとの世の

いのちさびしや　うすぼたん

潟上市まつり①月山神社祭典②東湖八坂神社統人行事例大祭③八郎まつり④新関ささら⑤飯田川鷺舞まつり⑥天王グリーンランドまつり。――⑤下虫川神明社が建立された折藩主佐竹義隆公の御前で舞われた鷺舞が昭和59年復活しました。孫・子・親鷺の優美な舞連想羽後飯塚駅ホーム鷺舞の図は優雅な飯田川町下虫川まつり虫川宿＝神明町と仮置きする。

羽州街道※37飯塚一里塚跡は県道104号飯田川小学校を左前方に見てY字路右へ取り右に開得寺・神明社で左に入り間もなく左が田地右は住宅地。精度A。その先小玉醸造の後ろ側を通り7号線合流は自転車小旅で数回通ったコース知っている。久保田（秋田）は南から北へ、牛島一里塚と八橋一里塚を前後通過し、土崎、穀丁、追分、大清水、大久保辿り37飯塚一里塚へと進んで行く。※33穀丁一里塚／土崎一里塚跡から国道7号に出て北

上。穀丁は国道から西方にそれた地区なので左に分岐して進んでいくと雲祥院（寺院）に至りそこから穀丁の通りが続いている。道路沿いに松やケヤキの古木が随所に見られ昔日の面影を留めている街村である。一里塚が残っていてもいいような佇まいだがそれらしい物は見当たらない。写真一里塚跡と思われる阿弥陀堂。精度D。（旧街道雰囲気細い道を通り県道56号は右へ北港入口7号線）著者は八郎潟村起点に秋田県内一里塚調査マイカー乗り東奔西走全行程回った。一方羽州街道をゆく著者は旧街道の全調査を行う。※34追分一里塚／国道7号北進潟上市入り追分三差路手前に当たり左右住宅地精度A。※35大清水一里塚／追分三差路右に進路をとり国道7号北上金足西小右見て大清水バス停近く大清水三差路手前にあり精度A。※36大久保一里塚／国道7号ー県道104号入り馬踏川橋渡り街並み中程に位置。精度A。※38今戸一里塚／飯塚の街並みを抜けると国道7号に出る。

— 251 —

八郎潟町方向進む途中右側「一里塚跡」碑が立っている。今戸集落は左方の離れた場所にあるが大字が今戸を今戸とした。ここは井川町と五城目町の境界付近であり曾ては田んぼ地帯であったが近年商工業関係の施設が建つようになっている。跡地碑は平成6年に井川町教育委員会が設置したもので、正面に「羽州街道一里塚跡江戸から百五十里」と刻まれ裏面には次のように記されている。（省略土崎追分大久保今戸）

羽州街道をゆく八郎潟の湖東通り大久保村／藩政期に羽州街道が通っていた頃の大久保村は周辺の村々を束ねる親郷であった。大清水の一里塚から大郷守・天神下・新関を経て大久保に入るのが下筋海道と言われた往還の道筋で昔はずっと松並木が続いていた。それは文政年間（1818〜30）小泉村の篤志家奈良喜兵衛が植えたものと云う。大郷守は江戸時代の開発で乱橋村から分れた大籠から生まれた村名であるという。続く天神下は名の通り菅原道真を祀る天神に由来するが天神社は住吉神社に合祀された。旧八郎潟の最南端に広がる新関村を過ぎて進み馬踏川を渡ると宿駅大久保村となった。馬踏川の北岸に広がる村の中心となる下町には御伝馬屋敷や御本陣脇本陣肝煎屋敷高札場等が集中し山神地内には一里塚もあった。大久保村は隣の下虹川村と交代で宿駅を務めた事から共に隔年親郷と言われた。親郷は寄郷と藩の間に立ち年貢上納や自治的な差配をするものであった。

宿駅大川と一日市―八郎潟に注ぐ馬場目川左岸が大川村で現在は五城目町の行政区域となっている。ここは鎌倉時代源頼朝に反旗を翻した大河兼任の本拠地というのが大方の説だが集落も古くからあったとされる。今となればかつての潟の自然景観や恵みが惜しい八郎潟であるが、潟は水上交通にも大きく寄与していた。大川村はその潟湖となり、対岸の船越や久保田まで馬場目川奥地からの木材や薪炭を集散すると同時に水陸交通の要所とな

っていた。羽州街道が横切る馬場目川は川幅
42間の船渡しで渡船場は国道7号竜馬大橋の
凡そ100m程下流であった。大川村の川岸
には木役所も置かれていた。一日市村は下川
原から現在の中央通り、上町、中町、下町を
北に進んだ。寛文2年（1662）蒲沼村と
押切村を併合して一日市村となり羽州街道の
宿駅となった。宿駅は大川村と半月交代で務
めていた。藩主の領内巡視や津軽氏参勤の上
り下りには近隣の助郷村から舟や伝馬人夫穀
物等を徴発した。津軽本陣は桧山所預の多賀
九左衛門が宿駅経営と共に務め伝馬役は石川
勘左衛門家が負った。宿駅は中央通りの小林
谷氏が支配していた。（昔の様子が分かる）
昭和31年9月30日南秋田郡豊川村、昭和町に
編入。一日市町と面潟村が合併し八郎潟町と
なる（秋田県近代総合年表1988年発行）
八郎潟町／祭受け継がれる伝統①願人踊（がんにん）②
一日市盆踊り③一日市裸参り。湖―潟と共に
生きる八郎湖かつて琵琶湖に次ぐ第2の面積

を持つ湖沼であった八郎潟は干拓事業（昭和
32年着工41年完工事業費852億円）により
現在の八郎湖に姿を変えました。八郎湖は霞
ヶ浦琵琶湖と並び称される釣のメッカとなり
週末には全国から大公望が集まり賑わってい
ます。特にブラックバスや巨鯉・鮒の釣り場
として名が知られ、また冬のワカサギ釣りは
八郎潟の風物詩となっています。三倉鼻公園
三倉鼻（みくらはな）はかつての八郎潟を眺望出来る風光明
媚な名所として知られ、昔から数多くの文人
墨客が訪れています。（今は昔の物語かな）
　憩心安らぐ集いの場①えきまえ交流館はち
パル開館時間9時～20時※図書館9時～20時
（土・日・祝日は18時まで）※子育て支援セ
ンター9時30分～17時。休館日図書館水曜日
年末年始子育てゾーン月曜日、祝日、年末年
始交流ゾーン年末年始。②陶板壁画レリーフ
JR八郎潟駅前にある「潟の詩」と名付けら
れた陶板レリーフは屋外にある陶板壁画とし
ては日本一の大きさです。干拓前の八郎潟の

美しい夕日、エネルギッシュな「願人踊」を中心に「一日市盆踊り」と八郎潟を帆走する「うたせ舟」をモチーフに加えた大胆な構図が目を引きます。縦3m×横20m、1474ピースの信楽焼の陶板壁画です。③中羽立運動公園本町はオリンピック選手と、プロ野球選手を輩出しており、オリンピック選手の偉業を讃えて建設された「オリンピック記念会館」はトレーニングルームが完備されています。公園内には町民体育館・弁天球場・テニスコート・屋根付ゲートボール場・壁打ちテニス等ができるボード・ストリートバスケット場・グラウンドゴルフコースなど色々なスポーツを楽しむ事が出来る施設が揃っております。（真夏暑い一日帰路寄り水飲む）

秋田のスポーツ競技は、先ず昭和36年10月開催第16回国民体育大会秋季大会を「両陛下をお迎えして　秋田国体行幸啓記録」を見て内容の一部を再現したい。　秋田県庁図書館／37・11・27 №258館外持出を禁ず―人事課

寄贈12・5・10県庁図書室（県立図書館蔵）①車窓よりごあいさつを受けられる両陛下②天皇陛下お歌③皇后陛下お歌④見開きは秋田国体開会式場（八橋競技場）全景と両陛下④序にかえて秋田県知事小畑勇二郎⑤行幸啓記録目次⑥行幸啓ご順路図⑦お召し列車編成図⑧お召し自動車編成図⑨お召し列車構成図。

第一日（十月七日）お召し列車秋田県へ／「スポーツの日」制定記念大会にご臨場、秋田駅の歓迎、秋田県庁をご訪問①県政一般について②展覧品目録、八橋油田地帯をご展望八橋油田の概況（帝石秋田鉱業所）、天皇・皇后両陛下をお迎えして（知事挨拶）。お泊り所…アキタ・ニュー・グランド・ホテル。写真本荘駅と秋田駅停車（17頁ご順路全図確認）本荘駅と本荘市＝お召し列車は羽越本線

第二日（十月八日）太平療育園・身体障害者更正指導所ご視察施設の概要について、秋大鉱業博物館へ鉱業博物館の概要秋田大学鉱業博物館展覧品目録、国体開会式にご臨場、

天皇陛下のおことば文部大臣のあいさつ国体
会長のあいさつ秋田県議会議長の祝辞秋田市
長の祝辞。写真①国体開会式にご臨席②力強
く宣誓（小野喬夫選手―秋田・能代高）③公
開演技「伸びゆく秋田」どじょっこふなっこ
続き公開演技最後は「民謡秋田」④両陛下が
ご興味を深くされた伝統の秋田名物「竿燈」

第三日（十月九日）県南をご巡覧、相撲を
ご観覧、山本果樹園をご視察―秋田県リンゴ
栽培の概況、自転車競技をご観覧―ご献立。
写真①リンゴ園（横手市）②相撲（湯沢市）
③自転車（六郷町）④お車のゆくところ沿道
には純朴な歓迎風景がみられた（農村女性）

第四日（十月十日）雨の中を男鹿市へ、日
鉱クラブ・体育館お成り―八郎潟干拓計画の
概要、海生物標本をご観察、秋田方言をご聴
取。写真は①海生物の標本を興味深くご観察
（男鹿市）②船川駅③柔道（男鹿市体育館）

第五日（十月十一日）県北地方ご視察へ、
能代・鷹巣ご訪問、秋田犬・声良鶏ご鑑賞。

写真①お車は歓迎の波につつまれ大館市へお
着きになった②高校軟式野球（能代）③高校
男女バレー（鷹巣）④天然記念物声よし鶏を
ご鑑賞（大館市）⑤秋田犬をご鑑賞（同）。

第六日（十月十二日）秋の十和田湖へ十和
田湖の概要、湖上のご遊覧、十和田ホテルへ
ご宿泊。写真①紅葉の十和田湖の秋をご鑑
陛下（発荷峠）②お泊り所湯瀬ホテルを出ら
れる両陛下（発荷峠）③澄みきった十和田湖
賞（発荷峠）④十和田湖ふ化場をご観察⑤湖
上を遊覧される両陛下⑥子の口さん橋へお着
きになった両陛下。図面十和田湖のお船路。

第七日（十月十三日）ご帰還の途へ、天皇
陛下から県民へおことば、両陛下をお送りし
て（知事のあいさつ）。写真沿線には遠雷の
ように万歳の声がとどろき菊花ご紋章の輝く
お召し列車をお見送りした。（初日土曜日）

この年の秋田県内スポーツ他①1・9秋田
工業高校全国高校ラグビー大会優勝②1・14
ローマオリンピックで活躍した体操の小野喬

・遠藤幸雄ら天皇陛下から銀盃を賜る。2・
3〜6湯沢北高校花輪で開催された第10回全
国高校スキー大会女子リレーで5連勝 2・17
湯沢北高校全日本スキー大会女子リレー優勝
3・21浅野千鶴子第14回NHK全国のど自慢
コンクール民謡の部で「秋田長持唄」を歌い
日本一を受賞。4・15北京で行われた第26回
卓球世界選手権大会で早大生木村興治（本県
出身）星野展弥と組みダブルス優勝。社会・
暮らし9・26秋田空港（秋田市新屋）開港式
9・28秋田市に秋田県民会館開館 10・1奥羽
本線経由の気動車特急「つばさ」秋田上野間
運転開始（1日1往復）10・1羽越本線経由
気動車特急「白鳥」大阪青森間運転開始（同）
10・1秋田空港開港。北日本航空臨時便就航
10・1寒風山有料道路竣工。10・4秋田国体
参加第1陣沖縄県選手団秋田に到着。10・6
国民体育大会の臨時航空便就航。11・10〜16
第84回秋田県種苗交換会男鹿市船川中学校・
船川第一小学校で開催。出品点数3283点

（男鹿市では初の開催）。11・14海上自衛隊
舞鶴地方隊の護衛艦「まつ」県種苗交換会に
祝賀訪問艦内を一般公開。12・15秋北バス、
大館ー十和田休屋・十和田南ー十和田休屋ま
での2路線の定期バス運行開始。政治・経済
1・1県及び各自治体で一斉に文書横書きを
開始 12・4国体の純県費決算1億5千万円。
国内・海外1・1日本海側の豪雪で列車百本
立ち往生、乗客15万人列車内で越年。1・1
東宝映画名もなく貧しく美しく監督松山善三
公開 4・ー同用心棒監督黒沢明公開。10・2
大相撲大関大鵬幸喜柏戸横綱同時昇進 10・
15ヨーロッパ遠征日紡貝塚24戦無敗で帰国。
東京五輪金「東洋の魔女」主将中村昌枝さ
ん死去1964年東京五輪で金メダルを獲得
したバレーボール女子の全日本チーム主将、
中村昌枝（旧姓・河西）さんが、3日午前0
時30分、脳出血のため東京都内の病院で死去
した。80歳だった。山梨県出身。54年にニチ
ボー貝塚に移籍して大松博文監督（故人）と

出会い、猛練習の末、セッターとしての才能が開花。61年、全日本の主力を占めていたニチボー貝塚は欧州遠征で連戦連勝し、その強さからソ連のメディアが「東洋の魔女」と称した。62年世界選手権でも金メダル。65年に現役引退して結婚した後はママさんバレーの指導者として全国を飛び回り、普及にも貢献した。（2013年10月4日（金）朝日 34頁）

秋田・羽州街道の一里塚著者佐藤晃之助／略歴1942年秋田県由利本荘市東由利老方字祝沢生まれ。70年11月第4次入植者として大潟村に移る。現住所大潟村。（加入研究会は3）①秋田県歴史研究者・研究団体協議会②菅江真澄研究会③秋田県文化財保護協会（著書）①秋田・消えた村の記録②秋田・消えた分校の記録③秋田・消えた開拓村の記録④伊能忠敬の秋田路⑤祝沢・分校の軌跡のあゆみ（94年・私家版）⑥高村分校の軌跡（96年同）⑦小松音楽兄弟校歌資料03年同。

羽州街道をゆく藤原優太郎1943年秋田県河辺郡河辺町三内生まれ。高校山岳部以来登山活動を始め山行歴44年。主な山歴に70年アフガニスタン・中部ヒンズークシュ遠征、79年インド・ガルワールヒマラヤ登山など。共著「6648m未踏峰インド・ガルワールヒマラヤ」（秋田ガルワールヒマラヤ登山隊1979）。編著「秋田の山歩き」著書「秋田の峠歩き」「秋田のハイキング」「秋田・源流の山旅」など。藤原優太郎は、15年5月8日払暁秋田市病院胃がんのため死去した。私と同年出生だが生前直接会った事はない。彼が一年遅れ秋田高入学もあり山岳部「命」彼の生き様と、私は二年次の春に合唱部男性合唱退部で通学往復の生き方との交点は望むべくも無かっただろう。故郷帰り定住8年余何時頃からか彼を知り、彼に学ぶ事は多い。

イザベラ・バードは秋田の旅で豊岡に一泊している。奥羽本線八郎潟駅発車北へ三種町の鯉川鹿渡森岳下車する。三種町は2006年3月に琴丘町山本町八竜町合併で誕生した。

三種町ロードマップ広げ石井漠生誕の地と下岩川小学校が三種川近くにある事を確認して世界の舞踊家石井漠の生涯等を何とはなしに想像する。三倉鼻を過ぎ北方鯉川川の流れは橋の上眺めまた自転車押して鯉川駅無人駅はホーム立ち橋本五郎文庫（旧鯉川小）とその誕生母兄弟話に昔の小学校私の場合は道川小保戸野小を重ね懐かしく思う。鹿渡駅は数回駅前訪れ周辺の琴丘小と三種町琴丘総合支所地域住民の生活を多少感じたりした。そこが目的地ではなく東能代方面向かう途中印象は茫洋として、とりとめがない。ロードマップこれは優れもの西の日本海から東は房住山上小阿仁村道が分かる。三種川が琴丘町山本町八竜町の共通項で命名三種町の由来と言う。八竜メロンとアスパラガス写真ドラゴンフレッシュセンター天へ昇る竜ドラゴンの賑わい国道7号線能代市往復自転車小旅見学した。釜谷浜海水浴場サンドクラフト浜は風力発電風車回る風切りの低周波音を少し意識したが

八郎潟村の外周を左回り男鹿半島北浦漁港と周辺の空気に触れ寒風山は自転車押して越え脇本船越天王出戸浜秋田だったなと顧みる。水と緑に彩られたまち三種町へようこそ／
①釜谷浜海水浴場サンドクラフトinみたね
②自然が織りなす四季の彩り伝説と信仰の山房住山③みちのくの情緒にたっぷり浸る森岳温泉④豊かな自然が生んだふるさとの恵み名物「森岳じゅんさい鍋」生産量日本一！じゅんさい独特のヌメリとツルリとしたのどごしが絶品です。鍋や天ぷらでも美味しくいただけます。ぜひ一度ご賞味ください。
木のぬくもりと人々のあたたかさが交差するじゅんさいの館。森岳温泉郷／森岳温泉は、昭和27年石油採掘中の田んぼの中から突然湧き出し長く秋田の奥座敷として親しまれてきました。無色透明弱アルカリ性で「とてもしょっぱい温泉」として有名です。泉質にも優れ美肌効果が高くエステには最適との評判を呼んでいます。温泉施設三①ホテル森山館②

森岳温泉ホテル③森岳温泉郷の入口に位置する町民健康保養センター。砂丘温泉ゆめろん八竜地域を始め白神山地・男鹿半島を眺望する事が出来る人気の温泉施設です。宿泊施設も整備され海水浴客や釣り客等に利用されています。朝日の湯夕日の湯〈写真〉。文化ー文化受け継がれる伝統①は大山家住宅/江戸時代に建てられた農家建築です。ご覧になるには事前予約が必要です。三種町教育委員会☎0185ー87ー2115②山本ふるさと文化館/一年を通して様々な企画展や展示会発表会等を開催しています。〈月曜日休館〉☎83ー3211。石井漠メモリアルホール世界的創作舞踊家・石井漠の作品や生涯にまつわるパネル遺品等が展示されています。パッチワーク緞帳平成14年旧山本町の町制施行40周年・森岳温泉湧出50周年にあたり町民有志により制作されました。③は琴丘歴史民俗資料館開館時間9時～16時30分休館日毎週月曜日〈休日の場合翌日〉・毎月

第3水曜日・年末年始〈12/31～1/5〉☎87ー22ー75。縄文の館と三種の館その下に土笛1982年に発掘調査された高石野遺跡〈縄文時代後期～晩期にかけての海浜集落〉から全国的にも珍しい土笛が出土しました。森岳歌舞伎/郷土の古典芸能です。〈伝聞〉舞踊詩人石井漠は、石井歡著の未来社発行1994年本を再び繙いてみる。石井漠〈明治19年12月25日ー昭和37年1月7日〉写真ページ順①石井漠〈1955年頃〉②「法悦」〈1921年〉③「囚われた人」〈1922年〉④⑤「山を登る」〈1954年〉・「人間釈迦」〈1954年〉⑥「狂える動き」⑦「失念」〈1932年〉⑧「軍艦」〈1934年〉⑨演目をこの様に並べていくと、私は石井漠演じる舞踊を保戸野小時代〈昭和27年～30年〉講堂の舞台公演で一度観ていると思うけれど確かではない。第一章生い立ち/秋田時代ー石井漠の本名は「忠純」という。忠純は、明

治十九年（一八八六）十二月二十五日秋田県山本郡下岩川村長面（現・山本町）の石井龍吉、ハツの長男として生まれた。下岩川は奥羽本線の森岳駅から十二、三キロ離れた山村である。面積の八〇％以上が山林原野で僅かに中央部に水田が帯状に連なっている。秋田杉の生産地として知られるが藩政時代は農民が勝手に杉の伐採が出来なかったのでミズナラクリ等の雑木を切り出して炭を焼いていた。農地が少ない為に一旦飢饉に見舞われると住民は悲惨だった。人口が二千人位で例年四、五十名の死亡者が出ていたが下岩川の見性寺に残る過去帳によると天明四年（一七八四）の飢饉には二四〇人、天保五年（一八三四）には、四五一人の死者が出ている。飢饉の年に死者の数が五倍も十倍も多いのは食糧の不足と悪疫の為である。忠純の父石井龍吉は、文久三年（一八六三）秋田藩士牛丸重令の五男として生まれ、明治十五年下岩川村の石井福治の養子になった人である。石井家は佐竹

候の家臣であったが、維新後にこの地に移って来て、酒造業を営んでいた。龍吉は小学校訓導・営林署主事・下岩川収入役等を務め、明治三十年八月下岩川村の村長に就任した。一時期の空白はあるが明治四十年再選され、昭和二年勇退するまで通算二十二年村長職にあった。林業の育成に力を注ぎ村民が税金を払わなくても充分やっていかれる「財産区」にして村の経済を豊かにした功績は大きいと言われる。昭和三十三年龍吉の頌徳碑が建てられたが、これには性格が「剛邁」で雄弁家だったと刻まれている。自分の志を何処までも貫徹しようとした石井漠（忠純）の性格はこの父から受け継がれたものかもしれない。母ハツは秋田市の安藤家から嫁いだ人だが、祖母は佐竹藩の楽人（器楽を演奏する人）だったという。（生まれ）吃りの登校拒否児／石井家は代々佐竹藩の家臣であり石井家の養子になった龍吉も秋田藩士の家系にあったから共に進取の気性に富んでいたが祖父福治が

維新後に下岩川村に移住して始めた酒造業は
「武家の商法」で振るわず忠純の子供の頃は
細々と営まれていた。忠純は村の子供たちと
一緒に川に入って鮒や泥鰌を捕ったり、山で
木の実を採ったりして遊んだ。山に入れば、
あけび・きのこ・栗・山菜類が幾らでもあっ
た。海の魚は漁師の女房達が背負籠に入れ、
五里（二十㌔）程の道を歩いて行商に来た。
ハタハタ・チカ・鰯・鮭・いさじゃ（あみ）
等の干物や、塩漬けが多かった。忠純はほだ
（塩鮭）が好きだった。しかし海の魚は村人
にとっては贅沢であって日常の食事は季節の
野菜を汁の実にした味噌汁と漬物であった。
何処の家庭でも野菜や海草を干したり塩漬け
にしたりして保存していた。忠純は明治26年
下岩川尋常小学校へ入学した。その頃近所に
住む市松という子とよく遊んだが市松は酷い
吃りであった。市松の口真似をしている内に
何時の間にか吃りが感染し忠純も吃る様にな
った。親が心配した頃には忠純の吃りは習い

性になっていて、もう元には戻らなかった。
腹が立つ事をこの地方では「ゴシャグル」と
言うが、忠純が「ゴゴゴシャシャゲゲル」と
吃ると友達は一斉に笑い出す。中には、「ポ
ッポ、ポッポ」（ポッポは吃りの事）と忠純
をからかう子もいた。高等科に進学は／十㌔
程離れた森岳小学校の高等科へ通学—徒歩通
学は別に苦にならない。困ったのはすっかり
身に付いてしまった吃りであった。授業中先
生に当てられると答えが分かっていても言葉
が痞えて返答出来ないのだ。休み時間になれ
ば「ポッポ、ポッポ」とからかう子もいた。
忠純は通学が憂鬱になり学校をさぼる。秋田
中学進学、ショパンに感激、退学処分、小坂
鉱山で働く。第二章青春の彷徨。第三章帝劇
歌劇部に入る。第四章創作舞踊の烽火１前途
茫漠で「漠」と名乗る２「肩掛け」が取り持
つ大場八重子との縁３別れ別れに—八重子が
絵のモデルをしていた橋口五葉のアトリエに
ある日時事新報の記者邦枝完二が仕事の打ち

合わせに訪ねて来た。―完二は市ヶ谷の自宅に連れて行って母親に紹介した後求婚した。八重子が漠と新橋の「橋善」で食事をしたのはこの頃である。完二は養子だったが養母の口ぶりでは既に婚約者がいるようだったので八重子が返事を躊躇っていると完二は八重子の両親に会い結婚を申し込んだ。漠に会って相談したいと思った八重子は手紙を出したが「転居先不明」で戻って来た。病弱だった官吏上がりの父は八重子を早く「片付けたい」と思っていたから、邦枝完二からの正式な申込みに、快く応じ、完二と八重子の縁談が整った。八重子は明治三十年二月八日、大場寅太郎・ふくの長女として下谷区下根岸に生まれた。父の寅太郎は、逓信省官吏だったが、仙台郵便局長を最後に病気の為に退職した。母ふくは、酒井藩の剣道指南兼漢学者、羽山武兵衛の娘である。父が病弱な上幼い子が六人もいて生活は苦しかった。ふくの針仕事で一家が暮らしていた。八重子が子供の頃の下

根岸一帯（台東区）は、周囲にたんぼが広がり、春には蛙が鳴き、秋には赤トンボが飛び交っていた。小川に泥鰌が沢山いたので八重子は男の子に混じって釣りをやったり、ザルで雑魚を捕ったりして遊んだ。十一月の「お酉さま」には、近在から大勢の人が集まり、子供達にとっても心弾む日だった。鷲（おおとり）神社酉の市。樋口一葉が一時期住んでいた下谷龍泉寺は、この鷲神社の直ぐ近くである。「たけくらべ」「にごりえ」を書いたこの薄幸の作家は八重子が生まれる一年前に数えの二十五歳で世を去っている。大正五年の暮れ、大場八重子は邦枝完二と結婚式を挙げた。しかしこの結婚は八重子にとって幸せなものではなかった。結局、完二と八重子の結婚生活は長く続かなかった。八重子が邦枝家を飛び出し、八ヶ月足らずで破局を迎える事になる。漠との再会が邦枝家との訣別に駆り立てたと言えない事もない。京都で再会―大正六年八月、八重子は何気なく新聞を広げ

「石井漠野外舞踊会」ベタ記事に目が止まった。会場は横浜鶴見の花月園。八重子は前年の夏、新橋「橋善」で一緒に食事して以来漠と会っていないし挙式前に漠に出した手紙が「転居先不明」で戻されている。完二とうまくいっていなかっただけに漠に対する懐かしさが胸に込み上げてきた。会ってどうするという考えはないが兎に角会いたい。公演当日八重子は実家に行って来ると嘘をついて邦枝家を出、そのまま鶴見の花月園へ向かった。

この日の演目は漠の舞踊詩「日記の一頁」と「若きパンとニンフ」等だった。「若きパンとニンフ」ではパン（半獣神）を漠が演じ河合磯代が相手役のニンフ（妖精）に扮したがこの時ニンフが身に纏って踊ったベールは八重子がかつて日比谷公園で漠に上げた肩掛けだった。八重子は閉幕後楽屋に漠を訪ねた。

漠は八重子の突然の訪問に驚いたが人混みの中でゆっくり話も出来ず、八重子が帰ろうとすると「せっかく遠くから見に来てくれたの

にご馳走も出来ず申し訳ない。この後京都の南座で公演する事になっておりその準備もあって、明日の午後京都へ発たなければならないんですよ」と漠は済まなさそうに言った。

横浜鶴見の花月園から帰った八重子はこの夜東京に帰り邦枝家を出る決心をする。自分が婚家を飛び出した場合の実家の困惑や女が一人で自活する事の困難さを考えて悩んだが、今踏み止まったところで息の詰まりそうな生活が長続きすると言っても漠と結婚する事までは考えていなかった。漠なら舞踊団で働かせる等して八重子の自立を助けてくれると思ったのだ。八重子の幾らか無鉄砲と思われる行動の背景には平塚らいてうの「青鞜」が目指した「新しい女」の影響もあったかもしれない。

やがて漠と八重子は東京に帰りその後佐々紅華が借りてくれた日本橋の旅館に暫く逗留する事にした。三人前のご馳走を作って貰い紅華の媒酌でママゴトの様な結婚式を挙げた。

これは正式の結婚ではない。婚姻届けを提出し名実共に夫婦になったのは二年後の大正八年二月十一日である。第五章浅草オペラ旗揚げ松井須磨子の振付け写真①石井漠（1915年頃）②初期の習作「歌のない子守歌」③石井小浪「春」④石井小浪⑤1933年頃ウラル丸にて石井漠舞踊団⑥映画「一寸法師」で明智小五郎に扮する⑦「コルネビュの鐘」⑧ボリショイ・バレエ団の世界的バレリーナレベシンスカヤを見舞う漠（1960年頃）⑨松島トモ子と漠（1952年頃）⑩妻八重子と（1959年頃）⑪帝劇時代の漠⑫孫と漠夫婦（1961年夏）⑬漠お気に入りの赤と黒のチェックのコート。病気で舞台降りる肺浸潤で一年の入院加療を要する取り敢えず一ヵ月分位の入院費を工面し知り合いが手続きしてくれた千葉市猪花山の県立病院（現・千葉大病院）に入院する事にした。後の事は後で考える事にする。入院の前日漠は八重子を伴って吾妻橋を渡り隅田公園を散歩した。

桜が散ったばかりで樹々の葉が春の陽を受けて鮮やかな緑に輝いていた。三囲神社の辺りをぶらぶらした後隅田川の川岸へ出て腰を下ろした。「おれが生まれた下岩川の家の脇に添畑川という川が流れていて、子供の頃その川で魚を捕ったりして良く遊んだ。この川とは比べようもない小川だったけど、川遊びばかりしていたせいか、川を見ていると気持ちが落ち着くんだ」と漠は八重子に言った。浅瀬に小魚が泳いでいた。漠と八重子は墨田公園の端れにある「言問だんご」で一休みした後、三囲神社の近くから対岸の待乳山聖天に向かう渡し船に乗って帰った。県立千葉病院に入院。第六章心機一転、欧米巡業／浅草に訣別―ただ薬を飲んで静養するだけの入院生活である。漠にとっては此れまでに無い静謐な日々だった。小康を得た大正八年秋漠は八重子を伴って上京した。そして日本橋の舞台に立って浅草訣別の挨拶をした。入院して日が経つにつれ初心に返った様に創作意欲が湧

いてきた。舞台に立てないから余計に精神的に高揚するのかもしれない。物の見方考え方も研ぎ澄まされて来た様に自分でも思った。

庭へ散歩に出ると前の道路を、老婆がさそうな顔で黙々と通り過ぎた。漠はその老婆の姿を見て正直心を打たれた。あのお婆さんの姿あの自然に現れたものを技術的に磨き上げて行けば魂を表現する芸術としての舞踊になるはずだ。肉体に話をさせる。それが舞踊の真髄というものだろう。漠は何か新しい発見でもした様な気持ちになった。しかしその表情は飽く迄も素材であって素材は芸術にならない。素材を発酵させ体の動きでその魂を表現する作品に仕上げねばならないのだ。大阪で倒れる／漠は大正九年春千葉の県立病院を退院して松葉町の家に戻った。漠が座長を務める東京オペラ座は、本拠地の浅草を離れて地方巡業に主力を注ぐ事になった。そうして遂に極度の貧血状態で倒れ担架で阿倍野の鳥潟病院に運び込まれる。重い幽門狭窄症で

直ぐに鳥潟博士の手術を受けた。手術は二回行われ再起不能かと言われた漠は一ヵ月の入院生活で奇跡的に回復した。執刀した鳥潟博士は「極めて珍しいケースだ。貴方の命を救ったのは医学の力ではなく貴方の強靱な気力だ」と驚嘆したという。秋田県出身鳥潟博士は手術代も入院費も受取らなかった。漠は十二月末退院して東京オペラ座の巡業に復帰、身重だった八重子は一人で帰京した。そして翌十年三月三十日私（歡）を出産した。母八重子に聞いた話だが私が生まれた時、母の枕元に、漠と山田耕筰、小山内薫等が集まって私の名前を決めてくれたという。父は「音」を尊重する。イシイというやや重い苗字に対して、明るい響きのある「カン」が念頭にあったらしい。山田耕筰が辞書を引いて「よろこび」という意味の「歡」を見つけ出し、画数の二十二も石井の苗字に合う幸運の画数だと言って命名してくれたそうである。この時父漠は三十六歳、母八重子は二十五歳だった。

東京オペラ座は漠が舞台に戻った後五月に神戸の公演を最後に解散した。東京に戻った漠は松葉町の家に閉じ籠もり妻八重子の妹である小浪を相手に創作舞踊の練習に没頭した。

そんなこんなして漠と小浪は大正十一年十二月四日神戸から北野丸に乗船一路ヨーロッパに向かった。漠の友人である益田甫（後にユーモア作家になる）も、ヨーロッパの演劇を研究する為、北野丸で同行した。四十二日間の長い船旅を終えてフランスのマルセイユに上陸は大正十二年一月十四日である。漠も増田もフランス語が全く話せなかったが多田という益田の友人が埠頭に迎えに来ていてホテルへ案内してくれた。次の日多田に連れられて劇場に出かけ「レビュー」を見物した。堂々と乳房を露出して踊るレビューに、益田も漠も小浪も度肝を抜かれた。半月余りパリに滞在した後、パリへ向かった。ヨーロッパで漠達三人はベルリンへ向かった。ヨーロッパで舞踊詩の真価を問おうと期待に胸ふらませて

日本脱出を図ったものの、いざその地に着いてみれば何の成算もなかった。ベルリンに作曲の勉強で留学していた成田為三に会って、アパートを紹介して貰い取り敢えず住居だけは確保した。為三は秋田県森吉町の出身で、東京音楽学校を卒業した後、山田耕筰に師事し、大正五年二十四歳で「浜辺の歌」を作曲している。漠と同郷で山田耕筰に師事した為三は漠や小浪に対して親切だった。当時ベルリンに百二十名程の日本人が在住していたがこの中に秋田県出身者が三人いた。成田為三と報知新聞特派員池田林儀、日本大使館の須磨弥吉郎書記官だ。彼らが中心になってホテル・カイザーホーフで漠と小浪の舞踊会を開いてくれた。舞台衣装が無かったので成田為三はアパートのカーテンを外して提供し、それを小浪が裁断して衣装に仕立てた。成田為三や池田林儀のお陰で大勢の友達は出来た。だが漠はベルリンでは無名の舞踊家だから金になる様な公演依頼など来るはずはない。だ

が間もなくして飛躍のチャンスが訪れる。初公演に成功／ある日漠は成田為三の紹介でベルリンに滞在している毎日新聞社の社会部長阿部真之助と食事を共にした。そこで阿部は「名を売るには新聞に取り上げて貰う事だ」と言い、エーリッヒ・ワスケというアトリエへ連れて行ってくれた。ワスケはちょっと名の知れた表現派の画家でピアニストとしても相当な弾き手だった。丁度ワスケは展覧会を開く準備をしていたので展覧会の招待パーティーでワスケのピアノ伴奏で漠と小浪の舞踊を披露する事になった。漠は小浪に「石井小浪」と名乗らせ実の妹だと紹介してパーティで「メランコリー」「ポエム」「淋しき影」等を踊ったが、この会場に阿部真之助がドイツの新聞記者を七、八人集めてくれたので、翌日の新聞に写真入りで取り上げられた。これが切っ掛けでジャック・ウント・クラーというマネージャー興行師によってベルリンでも屈指のコンサートホール、ブリッツナー・ザールに出演

する事になった。ベルリン到着から二ヵ月半余り経った四月二十四日である。この頃演劇の勉強にベルリンへ来たばかりの土方与志が百円の祝儀をくれた上、舞台を手伝ってくれた。漠と小浪は、この公演で「明暗」「メランコリー」「プレリュード」「囚われた人」「淋しき影」「若き牧神と水の精」等の舞踊詩を発表した。ヨーロッパ公演の成否を占う初舞台だったが満員の客席から何度もアンコールの声がかかる程会場は熱気に溢れた。翌日の新聞は大きく紙面を割いて紹介した。デア・ターグ紙――「舞踊家石井漠のブリッツナー・ザールにおける最初の舞踊会は異常な成功であった。漠の舞踊には男性的な力とエネルギーが形となって表れている。漠の芸術はリズムとテンポにおいて完成の域に達している。殊に手の運動は歓賞すべきものがある。感情の高潮に達した場合と冷静な場合の対照がはなはだ良かった。その点に於て、感情の純潔と線の美しさを見る事が出来、漠の芸術

の裡に東洋の悩み、試練を感受出来る。それと同時に、私達が現在陥っている苦難を表現している様に思われる」同紙が、「私達が現在陥っている苦難」と言ったのは、当時のドイツはヨーロッパ大戦に敗れ、底知れぬインフレと精神的荒廃に悩まされていたからだ。特に自由を失った人間の激しい怒りと苦しみの姿を舞踊化した「プレリュード」は、観客の共感を呼んだ。ベルリンでの旗揚げ公演に成功した事で引き続き四月三十日、五月十日十一日ブリッツナー・ザールで公演する事になった。その間、漠は時間の許す限りチェコスロバキアとの国境に近いドレースデンへ出向きダルクローズの研究所で「リトミック」（リズム運動）を研究した。帰国したら自分がリーダーとなって新しい舞踊運動を展開しようと心に決めていたからだ。ダルクローズの研究所には、欧米各地から生徒が集まっていたが日本人は漠一人だった。（欧州各地米国公演を終え帰国）第七章石井漠舞踊団を結

成。第八章空襲でスタジオ焼失。第九章失明で踊る／石井漠は昭和三十七年一月七日、数時間の昏睡のあと呆気なくこの世を去った。七十六歳だった。昭和三十八年に漠の思い出の街である浅草の観音堂の境内に記念碑が建立され、四月八日盛大に除幕式が行われた。制作は谷口吉郎、彫刻・船越保武、「山を登る」という題字は漠の作品から取ったもので谷崎潤一郎が筆を執った。「舞踊生活五十年の山坂道を失明に喘ぎながら登り詰めた不滅の魂を記念するために・・」と刻まれている。石井漠は生涯に三百数曲の舞踊詩を制作した。父の思い出（あとがきに代えて）歓。

羽州街道一里塚は井川町北端今戸一里塚を北へ五城目町入り大川三差路左へ、奥羽本線踏切渡り西側八郎潟町一日市の街並みを通り八郎潟駅右に見て、至大潟村県道298号を左に分け県道219号進み諏訪神社右直ぐが39夜叉袋一里塚。（地区の外れ左一里塚碑）―奥羽本線を渡り国道7号真坂通り跨線橋越

え三倉鼻公園／秋田郡と桧山郡の境である。三倉鼻は高岳山（たかおかさん）から筑紫岳にのびる磐船長根の突端で景観が素晴らしい。（旧街道合流）

40天瀬川一里塚「一里塚跡」碑国道左立つ。

41山谷一里塚秋田領41番江戸から153里／7号北上道の駅ことおか右分岐旧国道進むと山谷地区に至る。地区中程右「一里塚跡」の大きな碑が立っている。昭和42年に東京工藤菊太郎氏が建立した碑文「一里塚は慶長九年江戸日本橋を起点として全国の街道に築造し里程の目標にしたもので本一里塚は佐竹藩に入って四十一番目のものである」佐竹義栄書とあり、藩主佐竹公末裔による献筆である。

黒柳徹子「窓際のトットちゃん」の石井漠舞踊学校に通った記事を漠の教えるレッスンの様子が活写されていると石井歓は評した。

徹子の部屋上半期哀悼③7月14日放映は渡瀬恒彦・三屋静子・根津甚八・日下武史・ペギ一葉山五名の方とVTR紹介出来なかった白井正明・鈴木清順お二方を涙ながらに語る。

藤原優太郎羽州街道を辿る。（イザベラ・バード秋田県二週間の旅）豊岡宿は何処か。

42新屋敷一里塚／山谷一里塚から旧国道（羽州街道）には鹿渡浜村新屋敷と家並みが約4kmに渡って続いている。新屋敷の村外れから右に折れ、森岳方向に向かう途中に「一里塚跡」の碑が立っている。跡地碑は昭和56年に琴丘町（現三種町）教育委員会が設置したもので「一里塚跡江戸より百五十四里」と刻まれている。現在の国道7号は三種町鵜川地区から能代に向かうコースであるが藩政時代の羽州街道は新屋敷から森岳桧山と進む道筋であった。路線が変更されたのは記録によると明治23年で、この事が前年の22年に大きな政治問題に発展し秋田県議会が解散した程であった。従って次項からは国道から大きく逸れて林崎、金光寺、大森、桧山と一里塚跡が存在している。秋田県年表／明治22年1月21日秋田県会予算案をめぐり紛糾。内務大臣から解散を命じられる（これかな）4・1市町村

制施行これにより秋田県内1市236町村と
なる。秋田市誕生人口2万9179人（図説
秋田市の歴史二万九二七九人）同日の県内市
町村数238（1市16町221村）。5・13
小泉吉太郎秋田市長当選（27日就任）7・12
秋田市役所土手長町中丁の旧南秋田郡役所庁
舎で業務開始。文化教育2・15は秋田新報社
憲法発布（2・11大日本国憲法発布）に際し
発行停止解除を待たずに「秋田魁新報」を創
刊（4ページ・5号活字4段組み・値段1銭
5厘）5・15県報第1号発行。この年※田中
敬助医学士自邸内ツツガ虫病の研究に入る。
国内7・1東海道線新橋ー神戸間全通。10月
岡倉天心美術雑誌「国華」創刊。前年の社会
暮らしこの年※①県内人口68万4958人・
世帯数11万6646戸・ー5・88人／戸。
②公立山本病院森岡出張所設置③県内で初め
て鹿角郡花輪町に蓄音機導入④水稲の作付面
積9万6373町・収穫高95万120石・反
当収量0・986石。石川理紀之助翁伝川上

富三著（県立図書館蔵）板木のひびき／16年
3月県知事の転出と共に辞職山田村に帰村。
18年山田経済会発足、5年目22年借金は全部
返済となる。10月草木谷の山居生活に入る。
鶴形への道を行き、小繋へと結んでみる。
43林崎一里塚／新屋敷一里塚を抜け県道森岳
鹿渡線羽州街道を進んで林崎に入る。森岳小
学校を通り過ぎると右手に「林崎一里塚」の
碑が立っている。碑後方は地区の共同墓地に
なっている。跡地碑は昭和60年に山本町教育
委員会が設置したもので「林崎一里塚江戸よ
り百五十五里」と刻まれている。跡地碑から
更に進むと間もなく三種川に架かる歌橋あり
越えると森岳の中心街になる。三種川の名は
「この川水は長寿の種福禄の種楽の種なり」
という「房住山昔物語」伝説は藤原優太郎。
森岡（森岳）村、豊岡村と各々歴史の流れが
あり往時を偲ぶ縁となるも深入りはせずこの
辺をイザベラ・バード豊岡一宿の地とする。
44金光寺一里塚／森岳の街並みを抜け県道4

号線（能代五城目線）北上。豊岡を経て金光寺集落に入るとやがて三差路に差し掛かる。通称金光寺追分である。左が県道金光寺能代線（大間越街道）右が県道能代五城目線（羽州街道）である。

右方の羽州街道を４００ｍ程北進した金岡小手前の左側に「金光寺一里塚跡」の碑が立っている。昭和61年に山本町教育委員会が設置したもので羽州街道金光寺一里塚跡江戸より百五十六里と刻まれ側面に「土地提供者田川・二氏」と記されている。

45大森一里塚／金光寺一里塚から桧山方向に進む県道４号線（羽州街道）は近年拡張整備されて立派な道路が延びている。大森集落を過ぎて赤坂集落に向かうカーブ付近に「大森柏原一里塚跡」の標柱が立っている。平成21年に「桧山地区まちづくり協議会」が設置したもので「大森柏原一里塚跡羽州街道江戸より百五十七里」と記されている。―侍屋敷の桧山通り／慶長７年（1602）秋田入部に伴い秋田北部の安定統治を図った佐竹氏は、

直近の小場義成を桧山の城代とした。次いで同15年には多賀谷宣家が所預となって代々、多賀谷氏による桧山支配が続いた。―元崇徳（そうとく）

小学校跡にあった御札場を過ぎて十字路で母体道（もたいどう）が分かれる。街道は大町を過ぎて馬口労町に折れその町並が切れる辺りで右折すると桧山橋そして県道と交わる所が桧山の一里塚で其処には数本の松と庚申塚が1基ある。

46桧山一里塚／一里塚跡は街外れのJAライスセンター向かいにあり、旧羽州街道一里塚標示板と「羽州街道」の案内標柱が能代市によって設置されている。現況「旧羽州街道一里塚」の標示板が小学校前バス停近く立つ。

47鴨巣一里塚／桧山一里塚跡から県道４号を進み一旦国道７号に出て北進すると間もなく左手に鶴形へ通ずる羽州街道がある。国道の脇に「羽州街道鴨巣一里塚」の案内標柱が鶴形地域まちづくり協議会によって立てられているので、これが目印となる。国道から20

０ｍ程山中に入ると「鴨巣一里塚」が目に入

ってくる。昭和62年に秋田県指定史跡に認定され、能代市教育委員会が設置した説明板は省略。現況は両側に塚が山林内に現存する。終り二行――一里塚から鶴形地区へ羽州街道が延び四駆の軽トラックなら通行可能である。という表現は車運転なし私には良く分からないが無理に入り込めばアウトかもしれない。

48芹川一里塚／鴨巣一里塚から鶴形に羽州街道が延びているが国道7号に引き返して北上する。3km余り進むと、右手に芹川林道への分岐路があり「中世遺跡芹川館入口」の標柱が立っている。平成23年鶴形地域まちづくり協議会が設置したものである。林道を直進すると芹川館方向に進み、左手の山の斜面に羽州街道の廃道があり一里塚跡に至る。最初にこの場所を訪れた時は羽州街道の入口が中々分からず小林吉郎さん（昭和8年生鶴形住）に道案内をお願いして廃道を辿った。山の斜面を100m近く上って行くと勾配が緩くなり羽州街道の道筋が残っている。更に100

m程進むと一里塚跡と思われる場所に至る。付近は木々に覆われているので落葉後に訪れると歩き易く道筋もはっきり分かる。山道を更に200m余り進むと国道に合流する。つまり国道は、羽州街道沿いに山を400m程切り割った格好である。この山は小林昭雄さん（昭和13年生、鶴形住）の所有地である。

鶴形「羽州街道をゆく」（2002年）と「羽州街道の一里塚秋田」（2013年）を比較する時、11年余の歳月差がある事に注意する必要があるとして、山男の鶴形秋田を読んでみる。「殿様街道の松並木と一里塚」桧山の松並木は樹齢凡そ200年13本の松が街道の両側に並んでいる。松並木外れに能代道追分がある。右の小道に入って善知鳥坂の小さな峠を越えると田床内の小集落更にもう一つ籠立場の峠を越えるのが土地の人の言う殿様街道である。やがて交通神社付近の国道7号を横切って砂利道を少し入ると鴨巣の一里塚がある。街道の両側高い土盛に黒松が立つ藩政

時代の原形をほぼ留める貴重な遺構である。農道をそのまま進むと米代川流域の向こうに白神山地が脈々と波打ち広い畑中に一直線の街道がのびる光景が広がる。1㌔程高原の道を進み、右手の坂を下ると途中に釣潟神社がある。踏切を越え鶴形に入る。桧山と富根の中間の鶴形は羽州街道と能代道の追分であった。「秋田風土記」に「鶴形番処久保田駄輩の士二人守之。・・能代通船をあらたむ」とあり、足軽番所を置く等街道と米代川舟運の交通の要所となっていた。JR鶴形駅の南側にある海蔵寺は延享2年（1745）の建立という。鶴形集落の背後の小高い丘が物見坂で真下に米代川が現れ、殿様街道は雑木林の中にのびた後、やがて旧街道と合流する。左側北が上の細長地形図は南方大森一里塚跡から鶴形までが収まっている。本書の構成は見開き目次左上コラム9①宿場の制度②本陣③有屋峠は戦乱の道④横手城跡と本多父子⑤義宣が好んだ沼館街道⑥「梅津政景日記」に

みる羽州街道⑦桧山城⑧イサベラ・バードと「日本奥地紀行」⑨桂城界隈。はじめに左頁羽州街道行程図は東北6県に桑折～油川間を紅色線で記し美しく分かり易い地図は見事と思わせる。道中の主要区画は南から北へ順に桑折・七ヶ宿・上山・山形・天童・楯岡・尾花沢・新庄・湯沢・横手・大曲・刈和野・久保田・森岳・桧山・二ツ井・大館。―弘前・浪岡・油川。大いなるタイムスリップをしていただこうとするのが本書のねらいである。秋田県街道一の難所米代川A富根から切石102頁B岩堰と薄井、比井野村103頁。イザベラ・バード秋田旅の難所は一時置いて49駒形入口一里塚／秋田領内49番目江戸から161里。所在右能代市二ツ井町駒形字出口左同。現況駒形集落の入口付近に位置し国道用地になる。精度D。多くの資料に一里塚は芭蕉塚が立つ塚ノ岱付近と記され今はこれが定説になりつつある。その一つが後掲資料(4)の「北部羽州街道」であるが、「古墳状の土

盛り」と一里塚の地名の記述内容には疑問を感ずる。塚ノ岱は道路から一段小高い台地であり、一里塚が造られたとは思えないので、古墳状の土盛りを一里塚とするのはどうかと思う。そこで着目したいのが資料(3)の絵図である。編纂の年代は不詳であるが、幕末期と思われる。絵図には駒形川を越えた付近に一里塚が記載されている。資料(1)にも「駒形出口」と表現されているので駒形集落への入口付近に存在したものではないだろうか。大林集落に住む佐々木繁三郎さん(大正14年生)は「子供の頃駒形の入口に一里塚があったと親から聞いた事が頭に残っている」と話してくれた。駒形生まれで郷土史に詳しい元富根郵便局長の福岡一雄さん(大正6年生、静岡県住)からは「現在は国道の整備によって跡形が無くなったが駒形の入口の左側に大きな石と清水が湧き出る小池があった。私は一里塚の話は聞いた事がないが若しあったとすればこの場所の可能性が高いと思う」との便り

をいただいた。この様な事を総合的に考え、駒形集落の入口付近説を私は唱えたい。塚ノ岱から100m余り進んだ所で、近くには駒形バス停ある。資料(1)「天和元年領中大小道程」(1986)「久保田ヨリ矢立杉境迄行程」(年代不詳。大館市中央図書館真崎文庫)の図絵に駒形川を越えた所に一里塚が○印で記されている(4)「北部羽州街道」(1984・秋田県教育委員会)—私は佐藤晃之輔の説を採り定説としたい。(藤原優太郎へ)

—富根から切石富根の街道筋には明治天皇御巡幸小休所跡やケヤキの巨樹に囲まれた愛宕神社等が時代を映している。再び国道に出ると駒形橋の手前塚の岱に芭蕉塚が見える。—右に駒形村の入口塚を見てまた国道と分かれて烏野台地の峠を越える。写真2(富根塚の岱の芭蕉塚、富根)下に地図。「秋田風土記」にある切石は「薄井より五丁、小懸より七丁戻りて此処に至る、街道也。舟わたし有、人家七十五軒塩ノ井此里の西山の麓に在。切石

山風景の地なり。「石工あり」となっている。切石の渡し場は米白橋のあたりであったが、羽州街道が米代川と初めて直接出合うところでこの先さらに一里の渡しがひかえている。切石・荷上場・小繋と三つの一里塚が続きイザベラ・バード「日本奥地紀行」の最難所最も命の危険に遭う羽州街道地点に当たる。50切石一里塚／国道7号の切石入口十字路は秋田自動車道に接続する琴丘能代道路インターチェンジにもなっている。ここから旧国道（羽州街道）入り切石地区に向かう。左手に分岐し切石集落に入って進む。集落の中程を過ぎたY字路左方へ30m程進んだ所に当該地がある。米代川に架かる米白橋まで200m程の所である。現況左右共住宅地。精度A。51荷上場一里塚／現況ケヤキの古木が民家の敷地前に現存する。精度E。藤琴川と米代川の合流地点にある荷上場地区。小繋地区への通行は、きみまち阪の断崖に遮断され羽州街道一の難所であったといい山越えと船渡りの

二つ通行方法がとられた様である。（秋田県道路地図43能代は米白橋渡り北東進み二ツ井高の先右カーブ左一里塚跡）船渡りの場合は一里塚から藤琴川端まで約315m諏訪森の裏を通り真っ直ぐ川に向かう。すると丁度距離が一致する。また、徒渡りして山越えの場合は約886mである。少しでも川の上流浅瀬を選んで川を越えたものであろう。町館集落を通り川に向かったとするとこの距離になる。私（著者）は、荷上場一里塚は菊池家前のケヤキの古木説を唱えたい。（資料他）52小繋一里塚／所在能代市二ツ井町小繋字下小繋沢（左右）現況小繋集落への分岐口に当たり国道用地になる。精度B。小繋は荷上場の米代川対岸の地区である。きみまち阪の断崖があり、街道一の難所であったため、荷上場から小繋への連絡は山越えコースと船渡りコースの二つの通行手段が取られたという。（道の駅ふたつい東南〜）国道7号は小繋集落の脇を通っているので集落に入るには県道

3号線（二ツ井森吉線）に折れてから進む様になる。集落を抜けると再び国道に交わる。（三差路付近小繋一里塚跡）一里塚跡のみを訪ねるのであれば小繋集落に入らないで国道を直行すると分かり易い。

岩堰と薄井、比井野村／切石の渡しを越えると薄井村に入った。古くは薄うすいの里、或いは槻ノ木村と呼ばれ、元は比井野村に属していた。秋田藩領となって佐竹家臣の梅津政景が新田開発を進めた事によって寛永5年（1628）薄井村成立。薄井村や比井野村開発は政景が藤琴川から岩堰という用水路を開削した事によって成功したものであった。

梅津憲忠と後に続く子孫が秋田市仁井田堰開削施工の新田開墾を知り岩見川取水頭首工から仁井田まで辿った事がある。秋田藩初代佐竹義宣家老梅津憲忠～忠国利忠～忠宴（ただやす）四代四十七年間大事業継続完遂は偉いなと往時を想像する。仁井田堰大幹線分水門（四ツ小屋幹線）高橋武左衛門が御野場新田開発の為に

仁井田堰から引水した用水路の堰堤は、長く延びて、高橋武左衛門堰と呼ばれ春から秋にかけて四ツ小屋の田畑を潤し、今も生きる。

7月16日（日）8時NHKテレビ小さな旅は白神山地／青森県西目屋村から深山の幸いただいて観た。6月田植の後の薪割り薪ストーブ・蓬餅と西目屋人形作り（昔の炭焼きと木炭3俵45kg担ぐ女性モデル1俵）ブナ木工・産直販売所の根曲筍と山菜採り同行山葵（わさび）食べミズ採り夕食ミズ蕨を茹でミズ浅漬け根曲筍味噌汁と直火竹の子焼は美味しそうだった。来週秋田県にかほ市を予定、鳥海山と恵みの水ご期待下さいは、秋田放送局の編集です。

一里の渡し／荷上げ場村は米代川と藤琴川に面し舟渡りの発着場として集落が発達村名もそれに由来している。荷上場村に置かれた駅場は舟渡場でもあったので「十分一役所」が置かれた。水陸両用駅場であった為徴用される人馬数多く天保元年（注記文政13年12月10日一八三一年1月23日改元）の例を見ても

人足9072人馬子135匹舟96艘を数え、馬や舟付き人夫を入れると総数1万207人にも上った。更に津軽氏の参勤や幕府巡見使の通行ともなると助郷である周辺各村々から更に人馬と舟が徴発された。天明8年（1788）の巡見使一行通過の際には比井野郷、阿仁方面合わせて550艘もの川舟が集まったという。荷上場と小繋を結ぶ1kmばかりの米代川の渡しが一里の渡しと呼ばれたのは、36町（一里）の陸路に匹敵する程難儀であったからという。津軽藩4代藩主津軽信政も参勤の途次ここを無事通過した事をわざわざ国許へ使者を走らせて伝えたという程で羽州街道最大の難所とみられていた。一方藤琴川の徒渡りと山越えの道は畜生坂（郭公坂）を通り馬上げ坂を下って小繋に達していた。この後街道は阿仁街道との分岐点を過ぎ六文坂から薬師峠に向かっていた。下図「七座天神より小繋村一里塚渡眺望」左地図で理解する。その下コラムはイサベラ・バードと「日本奥

地紀行」が載り「彼女の生彩溢れた旅日記もまた、かつての羽州街道をゆく著者の文言を彷彿させてやまないものである」羽州街道

53　前山一里塚／所在北秋田市前山字綱前右左　現況左奥羽本線右生コン工場敷地。精度D。

54　坊沢一里塚／所在北秋田市坊沢字右―字左　現況「一里塚」標柱が民家の敷地内に立つ。

55　綴子一里塚／所在北秋田市綴子字街道下右　現況両側の塚が山林内に現存する。（写真）

56　長坂一里塚／所在右大館市長坂字上岱左は同赤坂。現況両側の塚が、「長坂集会所」の斜め向かいに現存する。略図と次頁に写真。

57　岩瀬一里塚／所在大館市岩瀬伊勢堂下右左　現況「岩瀬一里塚跡」碑が民家敷地内立つ。

58　立花一里塚／所在大館市立花字塚ノ下右左　現況地区中程左住宅地右神社境内。精度D。

59　片山一里塚／所在大館市美園町右同片山町1丁目左現況国道沿い左右駐車場。精度A。

60　板子石一里塚／所在大館市釈迦内字街道上右同塚ノ台左。現況―左が山神社の境内右は

住宅地である。精度C。大館駅東踏切渡る。

61橋桁一里塚／所在大館市橋桁橋桁右、釈迦内字福館左。現況「橋桁一里塚跡」の碑が農道（羽州街道）に立っている。略図写真。

62白沢一里塚／所在大館市白沢字寺ノ沢右左現況「白澤一里塚跡」の碑が国道右に立つ。略図写真。

63多茂木一里塚／所在大館市長走字相染台右左同。現況「多茂木一里塚跡」の碑が市道の左側に立っている。略図と写真・関係資料。

64矢立峠一里塚／秋田領内64番目、江戸から176里。現況「矢立峠一里塚跡」の碑が国有林右左。略図写真関係資料。

矢立峠は、秋田の峠歩き歴史の道をアウトドアマンが行く藤原優太郎著を開く。表紙はカヴァー写真＝小阪満夫撮影（県南の峠にて初夏鳥海山遠望）はじめに昭和62年7月27日発行日1992年10月10日第2刷（無明舎）これを秋田市内古本屋で買い求めた。なお、山は学校ぼくの細道（藤原優太郎随想集）は

2015年中通の自宅を訪問の際に奥様からいただいた記念書籍2013年11月20日初版多分この本が、藤原優太郎最後の著作品ではないのかなと思う。巻末裏表紙裏面の写真は剱岳・源治郎尾根と檜ヶ岳・北鎌尾根の白黒写真二枚が載っている。著者略歴1943年秋田市河辺生まれ。秋田高校山岳部OB。日本山岳会会員。現在、山岳、自然、地誌関連の著作活動をするフリーランスのライター。主な著書「東北の峠歩き」「秋田・源流の山旅」「羽州街道をゆく」「秘境・和賀山塊」（すべて無明舎出版）などがある。また心にひとつ小さなケルンが積まれていく・・・。

矢立峠（大館市・青森県碇ヶ関村）「日本奥地紀行」と「東遊雑記」地図—釈迦内に芝谷地湿原植物群落が、長走には長走風穴高山植物群落がある。この外秋田犬や声良鶏比内鶏等国の天然記念物が大館には多い。（5万図・碇ヶ関）明治十一年（一八七八）一人の英国人女性が汽船から横浜港に降り立った。

名をイサベラ・バードという、中年の婦人である。外国人がまだ日本国内を自由に旅行出来る時代ではなかったが、彼女は日本の未踏の地、北国を旅行しようと決心し、従者兼通訳の日本人青年一人を雇って東京を発った。三か月に亙る彼女の北日本旅行記は「日本奥地紀行」として纏められているが美しい自然の中に潜む東北の貧しい農村をつぶさに観察した彼女の心眼は、多くの新鮮な発見に満ち驚いていた。雨の多い夏であった。院内峠から秋田入りしたバードは人力車馬徒歩で湯沢横手神宮寺を経由し久保田（秋田）に到着。更に土崎豊岡桧山二ツ井大館を抜けて津軽に入ろうとしていた。バードと従者は豪雨の合間をついて白沢から矢立峠にさし掛かった。バードの文を引用してみよう。「杉の深い森に覆われた暗くて高い山の峯が私たちの前に立ち塞がってくると、私たちは新しい道路に出た。（中略）─ゆるやかな勾配の長いジグザグ道を登って矢立峠に出る。この頂上には

りっぱな方尖塔（オベリスク）がある。これは砂岩を深く切ったもので、秋田県と青森県の県境を示す。これは日本にしてはすばらしい道路である」と土木工事の行き届いた峠の道路を誉め更に「私は日本で今まで見たどの峠よりもこの峠を誉め讃えたい。光り輝く青空の下であるならば、もう一度この峠を見たいとさえ思う。この峠は（アルプス山中の）ブルーニッヒ峠の最もすばらしいところとだいぶ似ており、ロッキー山脈の中のいくつかの峠を思わせるところがある。しかしいずれにもまさって樹木がすばらしい。孤独で、堂々としており、うす暗く厳かである。・・・」と絶賛の手をゆるめない。しかし、この荘厳ですばらしい景色も長くは続かなかった。下りにさしかかって激しい豪雨に山崩れが起き、石や砂、樹木が奔流に流される様を見、洪水の渦巻く中をほうほうのていで碇ヶ関に入るのである。橋という橋はほとんど流され、道路そのものも全部流失してしまう地獄のような孤立状況

─ 279 ─

の中でもさらに北をめざす彼女の心意気には
感服させられる。英国人、イサベラ・バード
女史が秋田を縦断した時より丁度九十年前の
天明八年（一七八八）に、ほぼ同じ道筋を通
って記録を残した日本人がいた。徳川幕府の
巡見使に随行して東北地方から北海道まで視
察し「東遊雑記」という有名な紀行文を著し
た地理学の英才古川古松軒がその人である。
「東遊雑記」と「日本奥地紀行」には約一世
紀の隔たりはあるものの当時の秋田の風土や
習俗を知る手がかりとして非常に参考になる
ものであり、また興味深い。「東遊雑記」で
矢立峠のところを見ると、「この道みち見物
所もなき淋しき山道なり。奥羽の境は矢立峠
と称して嶮しき山越えにして頂きより少し下
りて大樹の茂る日陰の杉という大木あり・・・」
と、やはり矢立の山道を描写している。
ところで矢立峠と直接関係はないが、この
峠にと続け古川古松軒は—元々備前（現岡山
県）出身の知識人として東北は夷人の住む特

別な地域であるという先入観と人種差別の偏
見で見ている。しかし、その点、英国人女史
の方は牧師の娘だけあって人や風俗に関して
はヒューマニティ溢れる優しい見方である。
関西人英国人に続いて更に一世紀後、一人
の夷人の後裔が矢立峠の周辺を訪れてみた。
夷人として少し釈明の余地を探すのが旅の目
的である。・・・「杉桧天を掩いて昼また暗
し／天絶険をもって二邦をへだつ」この峠を
越えた吉田松陰の詩の一節であるがクマ除け
の為もあって「箱根の山は天下の険・・・」
を歌いながら天然スギの暗い遊歩道を抜け、
矢立温泉を見下ろす旧国道に出た。—国道の
下を横切るように奥羽本線の矢立トンネルが
通っている。国鉄SL全盛期、三重連の機関
車がもくもくと黒い煙を吐き出して峠をあえ
ぎあえぎ登っていた姿は、当時を知る人々に
とっては懐かしさ余りある光景に違いない。
冬期間雪に閉ざされる地方走る鉄道は終日
雪と格闘が豪雪許容超え雪崩あり立ち往生不

通の全国ニュースに知る峠の代表、矢立峠は記憶の奥底に眠っていたけれどもその峠道を相乗りタクシーで越えた時を思い出す。8月ある日弘前まで行き帰る列車時刻駅の放送は秋田方面豪雨の為運行中止代行タクシー案内した。3名後ろ私は前に乗り発車で矢立峠を越え大館通り能代秋田へ向かう。途中東能代予定は国道コース寄れない旨運転手に言われ分岐手前で一人降り徒歩東能代五能線能代は能代の夏祭「能代ねぶながし」見学だった。そんな事もあり能代へ引き返して、とってつけた理由付けで能代七夕「天空の不夜城」の様に見えるが五能線全線開通80周年一記録。2016年秋田さきがけ〈企画・制作〉は秋田魁新報社営業局と東奥日報社広告局共同編集新聞を調べる。秋田トップ写真4両編成「リゾートしらかみ」勇姿を陸側から撮った一枚カラー写真の遠景は男鹿半島〈男鹿三山本山右に左へ寒風山〉※写真は全てイメージです。とあるが私は一つの芸術作品とみる。

写真集美の国秋田発行・秋田県平成4年3月〈新屋図書館蔵〉写真秋田県観光写真コンクール作品〈平成2年入賞と県内在住写真家〉写真協力は①泉谷玄作②熊谷公一③小阪満夫④佐藤勉⑤千葉克介⑥袴田芳彦⑦四倉弘幸。企画秋田県商工労働部観光課・印刷秋田活版印刷。この写真集は「美の国秋田」の様々な表情を四季の移り変わりの中にとらえながら祭りや人々の暮しなどを織り交ぜて編集しました。秋田県地図〈巻末〉には国公立公園が11〈説明文日本語英語併記〉並び、各写真の撮影ポイントが番号白黒写真説明で分かる。今は五能線が能代五所川原間を結び能代から北へ進み左カーブして右へカーブする区間、今は「リゾート白神」全席座席指定車が徐行運転するかどうか確かではないが陸から日本海を展望出来る絶好のビューポイント、東北北部日本海は一つの宣伝になると思う。写真集に〈八森町〉早春、滝ノ間〜岩舘間の海岸線を走る五能線眺望列車・ノスタルジックビュー

トレインと（八森町）秋の農村風景。27年前海から五能線列車を写した写真「命」面々の発想に陸上から日本海を望むことは少なかったのではと思わせる。記事―大正ロマン風の「ノスタルジックビュートレイン」が運行されることになりました。白神山地が93年日本で初めて世界自然遺産に登録（屋久島共に）され97年秋田新幹線こまち開業に合わせ同年4月初代「リゾートしらかみ」が秋田駅～弘前駅間で運転を開始。これによって五能線は次々と観光路線へのアイデアが生まれ列車に乗る楽しさを追い求めてきました。キャッチフレーズ地域のローカル線から全国区の観光路線へ80周年を迎え、新しい物語が始まる。2016・7・16リゾートしらかみ撫でデビューのイメージ写真。左は青森県・函館デスティネーションキャンペーン開催中。地図は秋田新幹線南赤白線表示・北へ五能線リゾートしらかみ運行薄緑白線・東北新幹線新青森緑白線結び北海道新幹線奥津軽いまべつ木古

内新函館北斗は白黒線路札幌と繋っている。木古内函館間旧在来線は道南いさりび鉄道に替わり青森県の青森―三厩は津軽線・北海道函館―新函館北斗―札幌方面は函館本線利用北へ。秋田県は羽越本線・奥羽本線岩木山が載る。紙面裏面正なら東奥日報写真岩木山リンゴ畑リゾートしらかみ青池が走る。（左上小さく5月頃撮影明記）下欄今年のあおもり10市大祭典（あおもりとしだいさいてん）は五所川原市で開催！9／24（土）・25（日）五所川原市市街特設会場にて開催青森県から東北の元気を発信するため青森県内10市が連携し、10市の祭りや食、物産を一堂に集めた「青森10市」（とし）大祭典」を開催します。皆様のご声援とご来場をお待ちしています。右上津軽鉄道下に、五所川原市立佞武多（たちねぶた）8／4－8開催立佞武多の館五所川原市役所経済部観光物産課。右にELM営業時間専門店食彩館／レストラン街／津軽ラーメン街道／アクセス青森市街から最短30分黒石市街から最短25分

弘前市街から最短30分＆列車は駅直行バス。ラジオ深夜便3時台石原裕次郎の歌が流れ聞くともなしに今日は裕次郎祥月命日だなと昭和62年、自分は何をしていたのだろうか。昭和64年1・7昭和天皇崩御（小渕官房長官平成）翌日年号が平成に替わり今上天皇即位6・24歌謡界女王美空ひばり死去。平成7年1月17日早朝阪神淡路大震災発生。5月8日テレサ・テン死去等があった。昨夜11時15分から今朝5時まで深夜便担当徳田章アンカー4時台最終誕生日の花と花言葉今日誕生日の方おめでとうございます挨拶は安心出来る。秋田県能代市（2006年3月能代市二ツ井町合併能代市）観光ガイドブックようこそ木のぬくもり漂う能代へ表紙「現代の名工」に選ばれた武田久雄さん（武田木工）の組子細工平成26年5月発行／観光振興課・NPO法人能代観光協会・NPO法人二ツ井町観光協会。表紙を開くと02木都能代＊国登録有形文化財天然秋田杉の殿堂能代市旧料亭金勇。

（美しく照り映えるカラー写真）1階中広間満月の間42畳の中広間の天井には1本の天然秋田杉の丸太から採れた長さ約5間（9ｍ）の中杢の板が使われています。機械では挽けず木挽き鋸で板にしたため、よく見ると鋸で挽いた痕がわかります。1937年建築。旧二ツ井町仁鮒から伐採された天然秋田杉をふんだんに使用した木都能代を象徴する建物。（2代目金谷勇助―新館として現在の建物を建築）豪壮な造りで優雅な景観が近代能代の文化と木材加工技術の繁栄を伝える歴史的建造物として評価され98年に＊となりました。仁鮒に連想は仁鮒水沢スギ植物群落保護林日本一高い天然秋田杉（きみまち杉）は樹高58ｍ・直径1・64ｍ・推定樹齢250年と旧仁鮒小学校成田為三勉学の地碑。自転車に乗り国道7号を北上して鹿渡の信号県道37号琴丘上小阿仁線東方進みT字路県道4号能代五城目線左折北へ地域センター右折県道37号上岩川を通り下小新沢分岐を左入り県道

314号濁沢上岩川線を北へ進路を取りと、中々きみまち杉は遠い。二ツ井町濁沢公民館手前右手へ覚束ない未舗装道を進んでやっと人の気配する県道203号高屋敷茶屋下線に出てほっとする。クマの心配はもう無いとの安堵である。右に南下して人家を過ぎ間もなくという感じの仁鮒水沢スギ植物群落保護林日本一高い天然秋田杉（きみまち杉）見た。周辺を廻り、その後は田代川分水峠小沢田川東へ上小阿仁村に出て、秋田峠トンネル抜け五城目町井川町潟上市経由秋田帰る。そんなことで上小阿仁村澄んだ自然が生きている。

コアニチドリは大正8年、木下友三郎氏が最初に発見し、牧野富太郎博士によって命名されました。その名は上小阿仁川の小阿仁川に由来し秋田市と隣接する太平山（標高11
71m）山頂付近に自生しており花は極めて小さく淡い紅紫色の部分と白色の部分があり小さなチョウが飛んでいるような形状をしています。（盗掘などはしないよね）北緯40度

秋田杉とコアニチドリの里秋田県上小阿仁村リーフレットB4二枚横に広げた大きさ六つ折りの地図は南北に長い村を90度左回転即ち方位は北は左になり東が上になる。境界北に北秋田市（旧阿仁町）右端は太平山秋田市その左方に五城目町・三種町、左は道の駅かみこあに国道285号左至大館市右至秋田市。地図左下は北秋田市（旧合川町）左上が北秋田市（旧森吉町）いずれも自転車小旅で数回訪問して多少分かるかもしれない。八木沢は地図中間に在り、五城目町北ノ又集落（三平の家）東方萩形道はクマを恐れ取り止めた。

藤原優太郎著秋田の須郷峠（八森町・青森県岩崎村）は白神山地が記されている。五能線ワンディトリップ／岩館や海の間海水浴場のある海岸は八森岩館県立自然公園である。東八森の白瀑神社のみこしの滝浴びは、みこしもろとも滝に飛び込んでゆく涼味満点の夏祭り。（5万図岩館）八森海道―痛烈なシベリア季節風が北の日本

海を渡り始める初冬の晴れ間の一日である。青森県五所ヶ原市と秋田県能代市の間を走るローカル線五能線に乗ってみたくて早朝車を駆って出た。能代市から国道一〇一号線を北上し青森県境に近い岩館の駅前に車を乗り捨て五所ヶ原行二輌編成の列車に乗る。かつてこの海岸線の通路は大間越の中でも特に八森海道等とも呼ばれ、西津軽と能代方面との密接な繋がりに深く関わってきた歴史がある。基本的に数世紀も変らない様な原風景のなか半島の様な舮作崎をぐるっと回り込んで一時間程で深浦に着きここで下車する事にした。昔から北の多かった深浦は名の通りの深い入江である。湾に沿って南へ延びる町に人通りは少なく活気がある訳でもないのに妙な底力を直感させる不思議な浜通りである。須郷峠のお境明神再び岩館まで引き返した。今度は車で県境付近を見て回った。白神山地からの山稜が身を乗り出す様に海へ落ち込む辺りに

旧津軽藩と秋田藩の境界を示したお境明神がある。須郷岬に近い山の中である。国道から案内標柱に従い小道を入ると、牛の放牧地の柏の疎林にお境明神の小さな堂宇があった。ここに立ってみると、昔は藩の境目として、そして今は秋田青森の県境となり秋田県山本郡八森町と青森県西津軽郡岩崎村との行政境界線であるが両地域の風土や人々の暮らしにまで境を隔てる事は出来ないという感じは殊更に強い。山に押しまくられた海辺の狭い漁村は、青森県にしろ秋田県にしろ、どちらにしても行政の遠隔地である事に変りはない。広大なブナ原生林に青秋林道を通すか否かで論議を呼んでいる白神山地の盟主白神岳へは国道一〇一号線沿いの黒崎（青森県岩崎村）が登山口となる。白神岳には興味深い伝説がある。この山に住んでいた二人の美しい姉妹が年頃になって姉が津軽半島の竜飛の黒神に妹が男鹿の赤神にとそれぞれ嫁ぐことになった。姉の方も本当は姿の美しい男鹿の山へ行

きたかったのだが小賢しい妹の策略でそれを果たせなかった。以来姉妹は仲違いしたので白神岳へ女性二人で登ると良くない事があるという話である。津軽半島に沿って、黒神、白神、赤神へと連なるこの伝説は安東氏一族の南下等をも想定させ山や海を通じて津軽と秋田が繋がったものを暗示させるには十分なものがある。―炉作には黄金崎不老不死温泉という、入れば長生きしそうな温泉もある。

7月17日（月）下弦海の日祝日12時テレビは徹子の部屋石原裕次郎生番組神田正輝を迎え裕次郎死去後30年特集番組を見た。正輝語る裕次郎の言葉「怒らない、怒って何もいい事はないから」徹子「何時も、穏やかな人でしたね」裕次郎の人となり生き様が偲ばれる。裕次郎社長は、まき子さんと結婚して幸せだったと思います。映画はDVDコレクション嵐を呼ぶ男ポスター懐かしく思うが、内容は良く知らない。映画「黒部の太陽」三船敏郎共作はNHK大晦日紅白歌合戦中島みゆき歌

地上の星と共に歴史に残る裕次郎の名作記念映画となる。本シリーズは没後30年を迎える裕次郎の映画出演作品から日活・石原プロモーション制作93作品マガジン写真代表映画①黒部の太陽②陽のあたる坂道③若い人④銀座の恋の物語。女優①北原三枝（石原まき子）②浅丘ルリ子③芦川いづみ④吉永小百合男優①渡哲也②二谷英明③宍戸錠④小林旭。映画主演②石原北原③石原吉永④石原浅丘載る。

白神日和パンフレット平成27年／藤里町は秋田県の最北端に位置し青森県との県境一帯は標高1000mを超える山並みが連なる白神山地です。町の東部は北秋田市、西は八峰町、能代市に接し、南は能代市二ツ井町に通じています。白神山地に水源を発する藤琴川・粕毛川は中心部である藤琴で合流し米代川へと通じています。また白神山地の核心部とほぼ同じ生態系を保つ岳岱自然観察教育林等貴重なエリアがあります。粕毛川源流部は世界自然遺産に登録された広大なブナ原生林核

心部であり容易に人を寄せ付けない自然度を保っています。その流域には素波里多目的ダムや環境庁指定の素波里国民休養地が整備されキャンプ等のアウトドア・レジャーで多くの観光客に親しまれています。

白神山地の南玄関口、藤里町へ――ようこそ。県道317号藤琴川に沿い白神山地世界遺産センター「藤里館」上流部進み西目屋村との境界釣瓶落峠立ち白神岳望むは宿題。原生的なブナの森、神秘の白神を行く。登山＆トレッキングふたつい白神郷土の森は能代市二ツ井町梅内字岳

☎0185－73－5075（町観光協会）

恋人の街ふたついガイドマップ恋人ポスト発行二ツ井町観光協会リーフレットはB4×2＝B3の印刷用紙を使い表紙が縦25・6㎝横12・8㎝になる様に裏面下部を谷折りして左から右へ谷折り畳み表面右を山折りする。道の駅ふたつい案内①物産館（二ツ井総合観光センター）②農産物直売所杉（さん）ちょくん③能代市二ツ井町歴史資料館。観光案内所は二ツ

井町、共用自転車（チャリンジャー）無料の問合せ能代市観光振興課☎89－2179。ふたついタウンマップ二ツ井町①ふたつい白神郷土の森（北端部）②七座山（中部）③日本一の杉（仁鮒水沢スギ植物群落保護林）

秋田県アクセスマップは薄緑色地図に能代市二ツ井町と合併前の能代市・二ツ井町微妙に色分け表示して下欄きみまち阪案内マップで主役が分かる。県立自然公園きみまち阪を歩こう公園のシンボルとも言える「屏風岩」は四季折々に表情を変え、春は桜、秋はもみじ等の木々が彩ります。眼下には米代川と七座連山が織り成す雄大な景色。人々は自然を愛でながら思い思いに時を過ごす・・。きみまち阪は訪れる度、様々な魅力を発見できる公園です。恋人のまち／二ツ井町は秋田県の北部に位置し、世界自然遺産「白神山地」に隣接する自然豊かな町です。明治14年この地を訪れた明治天皇がその美しさに感動し「僕

后阪（きみまちざか）という名称を付けました。その際、夏の長旅を気遣う皇后のお手紙が、ここで天皇をお待ちしていたというエピソードが残されており、これは旅の途中の天皇へ寄せた「恋文」そのものでした。このロマンチックな逸話が残る、きみまち阪に因んで「きみまち恋文全国コンテスト」が1994年から2004年まで開催され全国から多くのラブレターが寄せられて一大ブームとなりました。

第1回大賞「天国のあなたへ」

柳原タケ（秋田県・八〇・無職）

娘を背に日の丸の小旗を振って、あなたを見送ってから、もう半世紀がすぎてしまいました。たくましいあなたの腕に抱かれたのはほんのつかの間でした。三二歳で英霊となって天国に行ってしまったあなたは、今どうしていますか。

私も宇宙船に乗ってあなたのおそばに行きたい。あなたは三二歳の青年、私は傘寿を迎える年です。おそばに行った時、おまえはど

この人だなんて言わないでね。よく来たと言って、あの頃のように寄り添って座らせて下さいね。お逢いしたら娘夫婦のこと、孫のこと、また、すぎし日のあれこれを話し、思いっきり、甘えてみたい。あなたは優しく、そうかそうかとうなづきながら、慰め、よくがんばったねと、ほめて下さいね。（次行へ）

そして、そちらの「きみまち阪」につれていってもらいたい。春のあでやかな桜花、夏なまめかしい新緑、秋、ようえんなもみじ、冬、清らかな雪模様など、四季のうつろいの中を二人手をつないで歩いてみたい。私はお別れしてからずっと、あなたを思いつづけ、愛情を支えにして生きて参りました。もう一度あなたの腕に抱かれ、眠りたいものです。

力一杯抱きしめて絶対離さないで下さいね。

（註読点二つ略ルビ・平仮名）

ふたついサイクリング＆ウォーキングマップは左に切石地区その下枠内は富根地区中央部奥羽本線二ツ井駅と駅通り＋本町通り商店街が描かれ二ツ井庁舎・伝承ホール中央公園

・二ツ井小・総合体育館二ツ井中等が左方に
ある。下部を米代川が流れ、銀杏橋を渡れば
中台健康広場左岸きみまちロマンチック街道
下流側へ道を辿ると旧仁鮒小（成田為三勉学
の地碑）至日本一背の高い天然秋田杉。国道
7号線至能代市街から二ツ井白神IC信号は
左に県道317号切石入口二ツ井町内を分け
直進して左カーブ県道と奥羽本線の上を通り
二ツ井大橋で米代川を渡り直ぐ二ツ井西トン
ネル続いて東トンネル抜け右カーブきみまち
大橋藤琴川渡りきみまちトンネル出ると左に
道の駅ふたつい。道なり進み、至北秋田市。

・人＋宝ひとから秋田県大館市北秋田市上小
阿仁村平成26年9月改訂は秋田県北部の大館地域
振興局（北秋田市鷹巣）秋田県北部の大館市
・北秋田市・上小阿仁村。そこに暮らす人を
通して様々な地域資源宝の魅力を伝えたい。
それが「人」＋「宝」＝「ひとから」。「ひ
とから」を見て人からこの地域の魅力を感じ
て体験してみてはいかがだろうか。そこでは

沢山の温かい「人」と「宝」が、あなたとの
出会いを待っている。アクセス飛行機／羽田
空港・大館能代空港（約70分）鉄道①東京・
JR秋田新幹線こまち（約6時間）②東京・
JR秋田新幹線こまち・角館・秋田内陸縦貫
鉄道・鷹巣（約20分）②東京・JR奥羽本
線・大館（約6時間）②東京・JR東北新幹
線はやて・新青森・JR奥羽本線・大館（約5
時間）高速バス①ジュピター号（約9時間）
池袋ー大館②都市間バス（約4時間半）仙台
ー大館。左に地図有り／渋い灰白色東京以北
二束三文ではなく東京ー東日本東北秋田の秋
田県焦茶色内2市1村橙色青色黄土色表示。
折り畳みリーフレットはA3×2＝A2を
10折りした大きさになる。表面左上が表紙で
裏面左上にも人＋宝ひとからが分かる図案の
折り方一例左から山折り谷折り二回行い縦に
山折りすると出来る。食①本場大館きりたん
ぽ②市日／市日カレンダー0がつく日は二ツ
井扇田1藤琴2米内沢3阿仁前田4阿仁合5
二ツ井扇田比立内7鷹巣大館8沖田面9合川

早口③バター－餅④馬肉。酒－どぶろく特区阿
仁マタギ特区。農－陽気な母さんの店。美人
①秋田美人ライン②恋どろぼう（ペルー原産
の食用ほうずき）温泉①大葛（おおくそ）温泉比内ベニヤ
マ荘②杣温泉旅館。伝承－綴子神社例大祭。
森①マタギ②コブ杉③矢立天然秋田杉④田代
岳（作占い）。水①安の滝②川の恵み。雪①
大館アメッコ市②森吉山の樹氷。子供①根子
番楽②万灯火（まとび）（上小阿仁村・北秋田市）③大
館曲げわっぱ④秋田犬。裏面は、秋田弁方言
ならもっと人との出会いが楽しめる①おど＝
お父さん②おが＝お母さん③あんさま＝お兄
さん④ごしゃぐ＝怒る⑤ごんぼほり＝だだを
こねる⑥しゃしねぇ＝騒がしい⑦めんけ＝か
わいい⑧へば＝そうすれば⑨しゃっけえ＝冷
たい⑩ばっけ＝ふきのとう⑪ごっつお＝ごち
そう⑫がっこ＝つけもの⑬ぶりっこ＝ハタハ
タの卵⑭しみでら＝凍っている⑮け＝食べな
さい⑯まんつ＝さようなら。イベントカレン
ダー横並び順は大館市・北秋田市・上小阿仁

村縦に１月３・２月６・３月２・４月３・５
月４・６月８・７月２・８月12・９月４・10
月５・11月１・12月２。裏面の中央にはエリ
アマップ／秋田県北部中央ブロック歴史風俗
の一端を知る。地図左鷹ノ巣駅周辺拡大マッ
プJR鷹ノ巣駅・秋田内陸縦貫鉄道鷹巣駅・
北秋田市観光案内所が分かる。説明写真・文
①秋田八丈②伊勢堂岱遺跡③トンブリ④コア
ニチドリ⑤秋田内陸縦貫鉄道大又川橋梁⑥阿
仁熊牧場（くまくま園）⑦長走風穴館⑧比内
鶏⑨大館・小坂鉄道レールバイク⑩大滝温泉
⑪太平湖遊覧船⑫桜・紅葉スポット。温泉宿
大館市（大館市ガイドマップ2016年12月
市街地6大滝5日景矢立2雪沢2比内大葛1
田代1）北秋田市（北秋田市観光ガイドマッ
プH28・7改訂）5。観光案内人の会大館市
4・北秋田市6。問（市外局番0186）／
大館市観光課43－7072（一社）大館市観
光協会42－4360大館市観光案内所（JR
大館駅舎内）57－8120。北秋田市商工観

光課72─5243 北秋田市観光案内所（北秋田市観光協会）62─1851。上小阿仁村産業課77─2223 上小阿仁村観光協会（上小阿仁村役場内）☎同。交通機関はJR大館駅・鷹ノ巣駅☎62─1158。秋田内陸縦貫鉄道42─6206 ☎60─1111。秋北バス。ジュピター号52─4890 みちのく号（大館・鹿角〜盛岡）リムジンバス（大館能代空港〜北秋田市〜大館市内）☎42─5454。第一観光バス定期観光バス（大館能代空港〜北秋田市〜大館市内）☎43─3010 秋北タクシーあきた北観光バス貸切バス（白神山地・森吉山）☎69─8807。地図の右下に縮尺対照線が明記され0〜5km〜10km 長さは10kmが4・5cmに当たる。JR東日本奥羽本線の駅は西から東北東へ前山・鷹ノ巣・糠沢・早口・下川沿・大館、北へ白沢・陣場、青森県に入る。大館駅周辺拡大マップで花輪線の出入りを理解する。大館と岩手県好摩とを結ぶ花輪線のエリア内駅は東大館・扇田・大

滝温泉・十二所・沢尻の5駅だが秋田県内の鹿角市（旧南部藩領今は秋田県鹿角市）駅は土深井・末広・十和田南・柴平・鹿角花輪・陸中大里・八幡平・湯瀬温泉。次は秋田内陸縦貫鉄道エリア内に載る駅は、鷹巣角館間の北部19駅。仙北市は戸沢・上桧木内・左通・羽後中里・松葉・羽後長戸呂の6駅が載り、田沢湖と角館を結んでいる。地図右上小坂町・十和田湖と右下仙北市田沢湖が薄い水色でその存在さりげなく分かる。秋田県民歌一番歌詞は、鳥海山・男鹿半島・十和田・田沢を挙げている。秋田を現す自然風土は、全県に広がりを見せ。県外に40年余暮らし今浦島の自分には新しい発見があり青春18きっぷ旅を考えつつ書き進める。この色の表現は、「高峰秀子の流儀」を世に問うた斎藤明美の、他の著書に本の編集デザイン打合せを正確にする一助として高峰秀子が色見本・カードを用意して臨む一節が浮ぶ。藤田嗣治描く女性肌色魅惑的乳白色に対して、モネー代表画の睡蓮

水辺に咲く花葉と水の色合い、セザンヌ女性と農場の穏やかな色模様、ゴッホの向日葵は日本から渡る浮世絵画と版画の影響があるという。日本の色彩に関する識別感覚を思う。

大館市は黄色系・北秋田市は緑系・上小阿仁村は紫系に特別の意味があるのかどうかは別に置き市日を再見する時、県内のアクセス潟上市・井川町・五城目町・三種町・能代市2市3町と上小阿仁村との人と物資交流歴史一部が分かるかもしれない。という事にして昭和町飯田川町井川町経由国道285号線を五城目朝市ガイド平成26年5月現在を見る。秋田県内で最も歴史のある朝市で知られ明応四年（一四九五）から五百年に亘る歴史を持つ伝統の朝市です。朝市は毎月二・五・七・〇（下一桁）の付く日に開かれます。安くて新鮮な野菜・特産品が豊富で山菜やキノコのシーズンには遠くからやって来る人で賑わいます。春夏秋冬の四図が季節感を表していて菅江真澄の道五城目の市絵図は昔話になる。

盆城庵・農家レストラン・北の又集落・ネコバリ岩に小倉温泉旅館・温泉湯の越の宿・赤倉山荘とパンフ手にPRは出来ない。映画の舞台になった「三平の家」は、鳥海山の麓法体の滝と合せて覚えたが渡瀬恒彦が演ずる映画はもうない。悠紀の国道の駅五城目二つ①盆城庵／古民家を復元した茅葺きの家は囲炉裏で山村生活を体験出来る一日一組限定の自炊の宿②農家レストラン／清流の森―豊かな自然の恵みの中ゆっくり時の流れを感じながら人気の旬のメニューを味わって下さい。

国道285号五城目街道は秋田峠トンネル抜け上小阿仁村へと入って行く。以前は沖田面行きバスが五城目町と上小阿仁村間を結んでいたが時代の中で姿を消し町内走るバスは事前予約制送迎タクシーに代替わり久しいと聞く。車を持つ持たないは本来自由であるが病気は別として自分の足で歩くのは本人次第もあり日常生活難しいだろうなと理解する。それにしても昨今国道県道共に歩く人が滅多

に見られないのは何となく侘しさを感じる。
秋田峠、歴史を感じる峠の道は廃道となり
藪の中に細々と微かな踏み跡が国道から散見
されるが、それは森林や国道等の維持管理の
仕事で山に分け入る人達のもの、物好き高じ
峠道探訪クマ迷子の危険を冒す人はいない。
馬場目川上流部東へ分岐して上小阿仁村南部
向かう杉沢上小阿仁線県道129号は南秋田
郡と北秋田郡の郡境近く×印（冬期間閉鎖）
付くけれども直ぐ先の萩形臼内峠を越えると
展望台・萩形ダムに通じ一度行ってみたい。

上小阿仁村地図情報八木沢の奥（南方）は
3・2km萩形ダム・ダム事務所（県営第1号
ダム）と近くカゴ山。小阿仁湖沿い6・1km
萩形キャンプ場、その手前西方萩形臼井峠の
道が分岐してダム展望台は至五城目町※通り
ぬけできません？萩形・萩形平（旧萩形集落
跡）萩形部落離村記念碑間に森林利用ゾーン
緑色散策道起点から北東破線道有り、かつて
集落の人々が往来した生活道跡らしい。その

奥に大蓋沢と白子森が記されている。秋田県
の山全図①太平山（奥岳1170・4m一等
三角点）②太平山（前岳・中岳）③筑紫森・
岩谷山④馬場目岳1037・4m⑤白子森は
標高1179・1m山の奥深さを感じさせる
太平山地最高峰。これに誘われ、ある日ふら
ふらと標柱の立つ旧登山口着き登山コースに
踏み込んだが、途中から生い茂る草木に踏み
跡は隠れ最近歩いた人の気配無く早々に引き
返した。秋田の山ガイド登山の必要を感じる
一例だが、萩形～太平山登山道は、大丈夫。
かみこあにガイドは万灯火—春彼岸の迎え
火、送り火など、先祖の霊を供養するため、
墓前でワラを燃やしたことが由来。一日目は
万灯火で先祖を迎え、四日目はゆっくり休ん
でもらい、七日目は、冥途へ帰ってもらう。
今は、中日に各部落で温かい明かりを灯して
いる。その下は黒い山を背景に灯る上小阿仁
／小沢田／中日／万灯火の写真が上小阿仁の
小沢田地区の万灯火を物語る。—期日…春分

の日・場所…上小阿仁村内の15集落・時間…午後6時10分頃から集落毎に時間をずらして点火※各集落を巡回する無料観賞バスを運行します。道の駅隣の生涯学習センター前午後6時出発※道の駅※道の駅かみこあにで出店や花火の打ち上げなどのイベントも開催します。問い合わせ…上小阿仁村産業課☎77－2223。

右万灯火ができるまで現在参加している集落は15集落。幻想的な万灯火は集落によって様々な表情を魅せる。※昔は子供たち主体で作っていた。①ダンポを作る。（古布を丸め吊す為の針金を巻く）②ダンポに灯油を染み込ませ、文字の骨組に固定する。③骨組を起こして設置する。（せーのっ）④ダンポを付けた長い棒で点火する（あちっつっつ）⑤点火から10分～15分が見頃です。万灯火マップは国道285号線と小阿仁川中心に左から右へ（南から北へ至秋田市側から至大館市側へ）

小田瀬・大林・沖田面・大海・中五反沢・下

五反沢・福舘・小沢田・杉花・上仏社・下仏

社・堂川・大阿瀬・羽立・長信田。全集落の万灯火をご覧になるには無料の観賞バスをご利用ください。裏面上小阿仁村マップを見て（北が右）285左が五城目・秋田市方面、右は北秋田市合川方面と米内沢方面が分かる。それは、国道285号五城目街道は道の駅と上小阿仁村役場が東西に並ぶ地点の北東間もなくY字路右米内沢左合川が分かる私の記憶の確認であり米内沢浜辺の歌音楽館合川合川駅周辺と合川南小学校を思い出す。

ある時期の記録ノートメモは固有名詞が、一行に幾つか簡潔に並ぶ程度だが、成田為三出身地である、北秋田郡森吉町（米内沢村・現北秋田市）浜辺の歌音楽館訪れ暫し時間の中に浸った。表紙セノオ楽譜98「浜辺の歌」絵・竹久夢二の大正時代風絵と音楽館写真を開けば「浜辺の歌」成田為三が理解出来る。秋田の先覚（3）に①偉大なる新聞人安東和風⑨孤高独自の碩学狩野亨吉⑯「浜辺の歌」作曲者成田為三⑰南極探検の先人白瀬矗㉔秋田

民謡普及者佐藤貞子等の方々が目次に載り秋
田県の歴史が綴られている。「浜辺の歌」が
作曲されたのは大正五年彼が音楽学校在学中
の事である。林古溪の優雅な詩を曲譜にした
この歌は、広く天下の子女に歌われたが、こ
れは作曲してから一年以上もの間彼の部屋の
隅に仕舞われていた。東北人特有の引っ込み
思案な処もあり、麗々しく自己主張するには
彼は余りにも謙虚であった。大正七年九月、
「浜辺の歌」は竹久夢二装丁の元に、有力な
出版社であるセノオ楽譜から出版され絶賛を
浴びた。（以下略）音楽館2F「浜辺の歌」コーナー
出会いステージ「浜辺の歌」と為三との
歌曲の時代（1893～1918）教師生活
に別れを告げ上京した為三はドイツ留学から
帰国したばかりの新進気鋭の作曲家・山田耕
筰に師事。西洋の音楽を積極的に受け入れよ
うという時代の中で「浜辺の歌」等優れた歌
曲を作曲しその才能を花開かせていきます。
「浜辺の歌」は大正から戦中・戦後と歌い継

がれ昭和22年には「中等音楽3」に取り入れ
られ現在でも教材となっています。このコー
ナーでは「浜辺の歌」「望郷の歌」の自筆楽
譜を中心に紹介します。年譜は大正15年鈴木
文子と結婚。昭和3年川村女学院講師。後に
国立音楽学校教授。20年脳溢血のため急逝。
7月20日（木）自転車乗り四ツ小屋・新屋と
仁井田を回った。目的は四ツ小屋新田開発・
新屋図書館・仁井田新田開発である。メモを
取る習慣が無い為に記憶頼みはもう通用しな
い現実を知る今日この頃あれこれに、運動を
兼ね確認作業をするという名目で夏の暑い日
自転車漕ぎながら左右の小路は歩行者自転車
目に入らぬ車に注意して、秋田市の雄物川と
太平山を眺めて来た。仁井田堰土地改良区は
事前電話問合せ旧仁井田役場辺の事務所訪問
資料一枚（15km）受領後、仁井田神明社訪れ
梅津家彰徳碑（一千三百町歩）を仰ぎ見る。
JR四ツ小屋駅は向かって右手に電話ボック
スと道路前には標示板がある。いやしの空間

よつごや（四ツ小屋地区案内兼防災マップ）
①保量神社／川村新吉が末戸松本地区の開墾達成を機に神社を建立し開墾した折、青石が出土し、その下から田に水を引くための泉が湧出したところからこの石を御神体として祀ったといわれている。②川村新吉／享保5～安永4年（1720～1775）。松本新田（四五丁目（秋田市）に生まれる。久保田川反ツ小屋）の開墾を志し、和田・黒内地内の岩見川から水を引き入れ、30町歩を開田した。当時の水田（みずた）に対して乾田法を用いた。さらに地続きの小阿地・川添・豊島の一部50町歩を開墾した。③ヤブレ沼／安政元年（1854）雄物川・岩見川の大洪水の時、武左衛門堰の築土手の決壊により全国的に知られているヒラブナ釣りのメッカとして全国的に知られている。④神明社／四ツ小屋開発の時の守護神として、元和2年（1616）に伊勢内宮より勧請したものと伝えられている。現在の社殿は昭和2年雄物川の改修のため、鷹塚付

近から移建したもので、御野場開拓の功労者高橋武左衛門翁を合祀している。⑤高橋武左衛門／寛保元年～文政2年（1741～1819）平鹿郡境田村（横手市）に生まれる。24歳で肝煎役になり、村民救済や各地の荒地開拓に努めた。41歳の時、四ツ小屋一帯の広大な原野を眺望して開墾を思い立ち享和元年～文化11年（1801～14）全財産を費やして4百町歩の荒地を美田に変えた。藩主佐竹義和は功を称え「先農之神」として祭った。（写真は高橋君遺愛の碑）四ツ小屋村合併60周年振興会設立記念事業平成26年10月設置。

四ツ小屋駅は奥羽本線秋田駅一つ南の駅で無人駅だが小さな駅舎トイレは清潔に維持管理されている印象を受け通勤通学と一般客の往来がある。駅の南直ぐ左右（東西）横切る道路は自動遮断開閉機付き踏切が人と鉄道の安全を守る。奥羽本線小阿地踏切292K688M（踏切No.78）は秋田新幹線（幹線）と在来線（在来）が併走する。広軌と狭軌共に

上り下りの電車が行き交う様は一見に値する
とはいえ日常自動車生活が当り前の人々には
無縁の世界かも知れず鉄道に関心は向かない
だろうから多くを語る事はしないが右カーブ
下り線と左カーブ上り線秋田新幹線こまち＆
普通電車走行と踏切の仕組み成程と感じる。
新屋図書館は18日休館（定休日の月曜日は
海の日祝日で翌日火曜日休み）ブックポスト
本を4冊返して20日貸出を受ける。その後に
武士の家計簿いや武士の商法でもなく、藤沢
周平（1927－1997）蟬しぐれを観た
折りに町屋奥の戸を開け目の前の広い敷地内
建築現場を秋田公立美大生説明―昔は新政の
酒造所があった場所ガラス工房が出来る事を
覚えていたので17日新屋図書館窓口の確認は
15日オープンが分かり当日一度見学済み再訪
した。パンフレットは秋田市新屋ガラス工房
7月15日（土）OPEN！ものづくり、ひとづ
くり、まちづくりの創造拠点。GLASS・
STUDIOは、設置の経緯と施設概要下に

エントランス工房棟雁木ショップ＆カフェと
ホワイエ写真説明及びガラス工房について・
アトリエ＋ギャラリー全体平面図載り裏面の
設備使用料金と交通アクセス開館時間休館日
住所電話Ｆａｘ番号ホームページ開示は大体
理解する。バス停は新屋西線中表町になる。
前回出入口を入り廊下右手のギャラリーで
目に留まった作品を調べるのが主意であり、
幾つかの質問をして鑑賞した。鱗盃五個並び
赤色・青色（内は白）・緑色・黄色・青色は
セレンとかコバルトや銅金属の反応作用から
生じ各メーカーにより違いはある等の説明に
スカイブルー・オーシャンブルー・コバルト
ブルー多少重ねてみる。白磁に見える白色は
ガラスを積層し内側透明中間白色外側青色の
中の白と学ぶ。吉岡星技法…ホットワーク・
コールドワークは吹きガラス後に徐冷して常
温カット加工するという。売物ではなく手に
持ち云々は御法度目視限定は已むを得ない。
廊下側壁面作者標示板書き写しの許可を貰い

B5紙鉛筆メモは吉岡星工房スタッフ。プロフィール1982大阪府生まれ2004株式会社夢番地コンサートプロモーターとして関西の音楽業界に伝つく（2012）2015富山ガラス造形研究所造形科卒業現在秋田市新屋ガラス工房勤務。館内一回りして帰宅。

7月21日（金）昼食後一眠りして自転車漕ぎ県立図書館に行きCD3返却蔵書1貸出受け添川へ向かう。途中からみでん如斯亭は真新しい茅葺家屋・避雷針柱・木製小門等工事中横目見て秋田温泉さとみ前を通り、添川地区現地に着いた。熊が出そうな一画は笛を出し高く三度吹き鳴らし首にぶら下げ、準備を整え記念碑の碑文を読みメモを取る。（全文）

「昭和三十年六月二十四日から三日間にわたり旭川上流藤倉観測地点二百五十七・一粍におよぶ豪雨出水があり手形堰ならびに穴堰両土地改良区の堰堤が流出するとともに穴堰の用水路が決壊し両堰への引水は全て不能となったよつて水源を同じくする両堰連合して復旧をはかり秋田県営事業として恒久的な頭首工築造工事に着手したこれが総工費三千三百五十万円昭和三十三年三月完成し耕地七百七十余町歩の用水を確保したここに碑を建て再び災禍のないことを望むとともに関係者の労を記念するものである」昭和三十三年四月十一日秋田市旭川筋両堰土地改良区連合。

裏面左下に石工田畑徳三郎が刻まれている。

現地（添川字添川地内かな）秋田駅5・2km

中央交通バス（秋田市営バス廃止）添川線の境内川原バス停下車旭川添川橋手前右折徒歩5分程。（旭川左岸沿い進み右手「社会就労センター明成園SELP」の前方に見える）

3分水形式・水利権使用標識（添川頭首工）

秋田内陸線北方は米内沢・合川～小ヶ田を考え、小渕・前田南・阿仁前田・桂瀬・米内沢・上杉・合川・大野台・小ヶ田・西鷹巣・鷹巣。（問）秋田内陸縦貫鉄道は☎0186―82―3231（土・日・祝日を除く／現地駅へ）鷹巣駅☎63―0643阿仁合駅☎82―2

136角館駅☎0187-54-3758。詳しくは秋田内陸線HPをご覧下さい。角館～十二段トンネル阿仁合～小ヶ田から徒歩5分

伊勢堂岱遺跡縄文館平成28年4月24日復館。

トンネルの趣味は特にないが先人の仕事に関心は持ちたいと考えている。トンネルを穿つ行為にはどんな思いが詰まっているのだろうか。用水路を開削する橋を架ける等にみる私財投入艱難辛苦幾年月は尊く輝きは後世に伝わるかもしれない。また無償の、人知れず営々と継続して来た地区住民の努力は結果として残る。たとえ秋田県史や市町村の歴史に刻まれないとしても、その業績は高く子孫はご先祖様を祀る時に改めて想い、感謝する。

「米代川流域の縄文文化」縄文集落の変遷とストーンサークルの出現は秋田県埋蔵文化財センター平成29年度企画展第Ⅰ期パンフ写真

伊勢堂岱遺跡の環状列石Aを私は見たか判然としない。自転車小旅伊勢堂岱遺跡は米代川翔鷹大橋渡り小ヶ田駅経て現地見学大館雪沢

一泊。翌未明出発東能代入口経て秋田帰宅。

秋田内陸線合川米内沢或いは国道県道経由米内沢合川も何度か訪れた。今は記憶の中だが何時の日かその時を得て訪問したいと願う。

小ヶ田駅伊勢堂岱遺跡コース平成25年度～27年度は見学環境整備の為閉鎖しております。大変ご迷惑をおかけしますがご了承いただきます様宜しくお願い致します。お問合せ北秋田市教育委員会生涯学習課☎62-6618。

秋田内陸線駅からお出かけ時刻表平成28年度版発行秋田内陸地域公共交通連携協議会☎82-2114裏面左上小ヶ田駅から伊勢堂岱縄文館（写真）伊勢堂岱縄文館は遺跡からの出土品展示室や体験コーナートイレ等を備えた建物です。展示室では伊勢堂岱遺跡から出土した土器・石器とした市内の縄文遺跡を身近に感じる事の出来る映像コーナー等もあります。特に伊勢堂岱遺跡出土板状土偶や白坂遺跡出土「笑う岩偶」を始めとし

た土偶コーナーは圧巻です。①距離と時間は小ヶ田駅から徒歩5分②施設案内定休日毎週月曜日（祝日の場合は翌日）年末年始（12月29日～1月3日）入場料高校生以下無料大人200円③お問合せ4月23日まで北秋田市4月24日から伊勢堂岱縄文館☎84－8710。

伊勢堂岱遺跡の最寄り駅小ヶ田駅は急行が停車しないため28年度版時刻表を調べ予定を鷹巣―角館下り利用として秋田鷹ノ巣間奥羽本線特急津軽利用で乗換鷹巣秋田内陸鉄道は小ヶ田駅2時間余時間有り、角館行き乗車の十二段トンネル経由阿仁合駅乗換角館で秋田新幹線こまち秋田は利用は可能である。田園風景の中を走り森を通り渓谷は橋を渡る自然の美が其処此処に広がり阿仁鉱山阿仁マタギ伝承に森吉山と安の滝がある。また由利高原鉄道の鳥海山は法体の滝と森の木々湧水群が在る。

北秋田市埋蔵文化財パンフレット1はB4判二つ折り国指定史跡伊勢堂岱遺跡縄文の聖地今よみがえる。北秋田市教育委員会生涯学習課／伊勢堂岱遺跡祭りと祈りの舞台―平成13年1月国の史跡指定。国内を代表する環状列石―伊勢堂岱遺跡の大きな特徴は大規模な環状列石が幾つも造られている事です。これほど近接した範囲内に複数の環状列石が集中する遺跡は全国でも例がありません。環状列石掘立柱建物跡埋設土器土壙墓配石遺構出土遺物。交通案内／伊勢堂岱遺跡JR奥羽本線鷹ノ巣駅より車で15分・秋田内陸鉄道小ヶ田駅より徒歩5分・大館能代空港より車5分・北秋田市文化会館（出土品展示）JR奥羽本線鷹ノ巣駅より徒歩5分右案内図。世界遺産登録をめざす北海道・北東北の縄文遺跡群／縄文文化は自然と人間が共生し一万年以上もの長きに亘って営まれた世界史上稀有な先史文化であり、縄文文化の価値を今に伝える。

NHK秋田放送局公開収録観覧募集ラジオ深夜便のつどい平成28年10月1日（土）開場／午後1時／開演午後1時30分／終演予定午後4時北秋田市文化会館主催NHK秋田放送局

・北秋田市第1部「明日へのことば講演会」講師:渡辺博栄(気象予報士・秋田県出身)第2部「アンカーを囲むつどい」アンカーは二宮正博須磨佳津江アンカー放送予定「秋田発ラジオ深夜便」は10月28日(金)午後11時15分〜翌午前5時(ラジオ第1・全国&国際)10月29日(日)午前1時〜5時(FM・全国)問い合せNHK秋田放送局☎018|825|8111平日午前10時〜午後6時)ホームページ・北秋田市文化会館(1枚で2人可)。応募多数抽選入場整理券☎62|3311NHKラジオ深夜便2016年10月番組表10〜12月の深夜便のうた♪A「思い出の岬」歌:ペギー葉山作詞・作曲:弦哲也。秋田発28日(金)は福井茂アナ文化を育む豊穣の地。11・15豊かな秋田が育んだ民俗芸能(前)壇蜜(タレント)齋藤壽胤(秋田県民俗学会副会長)全国の天気・明日の日の出29日(土)0・00(N)豊かな秋田が育んだ民俗芸能(後)壇蜜(タレント)齋藤壽胤(秋田県民俗学会副会

長)列島きょうの動き世界の天気1・00(N)インタビュー「秋田に息づく「手仕事」の思想」塩野米松(作家)うたA2・00(N)おたよりとリクエスト私が感じた秋田の豊かさ―天気概況3・00(N)秋田の「昔っこ」アンカ―は10/1秋田県北秋田市の「つどい」より深夜便のうたB全国の天気4・00(N)明日へのことば講演会「いつも心はいい天気」渡辺博栄(気象予報士)誕生日の花と花ことば・明日の予告。(福井アナウンサーご苦労様)ここで、秋田県の近代史を一度振り返る。昭和58年①5/26日本海中部地震発生(マグニチュード7・7、震度5)本県沿岸を津波襲う。死者行方不明82人・全壊家屋783戸・半壊1598戸②6/12男鹿市加茂青砂で合川南小学校の津波犠牲者の慰霊祭執行③7/11能代市で地震殉難者44人の合同慰霊祭。④8/5秋田の竿灯まつり168本28万人の人出。初めて昼、大町・山王大通りを歩行者

天国にする。⑤8／28秋田公演のため来県中の東京・西六郷合唱団、合川南小13人霊安から男鹿市加茂青砂海岸で鎮魂の歌を合唱。⑥10／7秋田市立図書館「明徳館」貸し出しを開始⑦10／31日本海中部地震で津波の犠牲になった合川南小学校の子供の遺族が町を相手に損害賠償請求訴訟を秋田地裁に起こす。⑧11／1～7第106回県種苗交換会「先人に学び農業の未来をひらく」をテーマに大館市会場で開催。出品総数3433点。この年※県人口125万6013人（県まとめ）

昭和59年①1／4北秋田郡合川町で県内で初めて全員洋装の成人式開催②4／21県ツキノワグマの生息調査を太平山麓で一斉に実施③〔4／25県人口124万7640人全国で唯一減少県〕④5／1銭湯料金大人220円・中人100円・小人70円洗髪料50円に改訂⑤5／3は5年ぶり秋田犬保存会本部展復活⑥5／30旧秋田藩主佐竹家秋田市に千秋公園を寄贈⑦7／30皇太子ご夫妻、全国高校総体

開会式出席のため6年ぶりに来県31日開会式⑧8／28合川南小の津波訴訟事件で、秋田地裁は被害にあった男鹿市加茂青砂海岸を現場検証。また地元住民4人の証人尋問を行う。⑨9・―劇団文化座（鈴木光枝）県内各地で「おりき」公演⑩11／9モデル農村・大潟村創立20周年を迎え村民体育館で式典を行う⑪11／30第107回県種苗交換会横手市で開催⑫12／23男鹿市北浦の季節ハタハタ漁、事実上打ち切り終漁。250kg足らずの大不漁⑬12・―県内23日から8日間連続真冬日記録。

昭和60年①1／7秋田工業高校第64回全国高校ラグビー大会決勝で相模台工（神奈川）を9対4で下し16年ぶり14度目の優勝日本一となる②1／8北鹿酒類製造（大館市）経営困難のため地裁大館支部に会社更生法適用を申請③1・―鹿角郡小坂町の康楽館を管理費5千万円付で同和鉱業が無償譲渡④2／7第34回全国高校スキー大会、男子15km花輪高校の沢田峰春複合で同校の佐藤守優勝8日女

子リレー米内沢高校3連覇⑤3／30能代工業高校第15回全国高校バスケットボール大会決勝京北を102対61で破り2年ぶり8度目の優勝⑥3／31合川高校第9回全国高校フェンシング大会女子フルーレ団体戦初優勝⑦4／3鹿角市教育委員会大湯環状列石の周辺遺跡（第3の組石群）発掘調査文部省に「遺跡は墓地」と報告⑧7・―秋田市の明治期の洋風建築「赤れんが郷土館」通年開館⑨国内8／12日航ジャンボ機群馬県御巣鷹山墜落炎上。13日4人生存確認。520人死亡世界最大の惨事。昭60・9・26合川町畠山義郎町長日記ふるさと讃歌九月八日、町制三十周年の行事のなかのメインとなる式典の場で発表された

「ふるさと讃歌」―は石井歓先生の作曲によるもので、合唱とブラスによる楽曲である。第一楽章は、トランペットによる導入部から小学生の「まと火のうた」そして全員による大コーラス「ふるさと讃歌」が、ブラスバンドとともに聴衆の心をうって

大きな感銘を与え、第二楽章は小、中、高校の校歌がアレンジされて、それぞれの学校の思い出を呼び起こし、最後に「町民歌」が全員の合唱によって力強く盛り上がっていく。まさに、ふるさと合川町への愛情をこめて、二千人を集めた町民体育館は、興奮のるつぼとなった。アンコールに応えて二回の演奏と合唱は、共感の限りを尽くした。血のにじむような猛練習の成果に、誰よりも感動したのはブラバン奏者をはじめ、七百余の生徒児童だったと思う。このあと、町内外から好評の言葉をもらって泪が出てしようがなかった。⑩9／30国鉄矢島線、第三セクターになり半世紀の歴史に幕⑪10／1県水産振興センター開設⑫10／11運輸省、鉄道公団に対し、鷹角線未開通区間（比立内ー松葉間）の工事再開を指示し、10億円を配分⑬10／16秋田市四ツ小屋等で秋田市新都市開発整備事業の起工式が行われ、御所野地区周辺のニュータウン造り開始⑭10／23鷹角線の未開通区間、松葉ー

比立内間の工事が4年ぶりに再開⑮10/24東北電力能代石炭火力発電所、昭和66年運転をめざし同市大森山で起工式⑯10/30八郎潟干拓地の堤防、日本海中部地震から2年半ぶりに修復完工⑰11/1～7第108回県種苗交換会能代市で開催。会期中の人出56万5千人⑱11/11県、老人福祉総合エリア起工式を大森町で行う⑲11/18県、県内人口を125万3977人と発表⑳12/24国勢調査の結果、秋田県は全国唯一の人口減少県となる。この年※「いじめ」が横行し、社会問題となる。

昭和61年①1/14秋田市最大瞬間風速25・5mを記録する猛吹雪が終日続き交通網に大幅な乱れ②1/21土方巽没（秋田市出身・舞踏家・57歳）③1/27横手地方降雪累計7m突破（28日まで連続8日間県内真冬日続く）④1/28米国スペースシャトル「チャレンジャー」発射73秒爆発乗員7人全員死亡⑤2/5～7建設省主催により利雪・克雪に関する会議等総合イベントを秋田市で開催8千人参加⑥2/7米内沢高校第35回全国高校スキー大会（長野県）女子リレー4連覇。大館桂高校2位⑦4/11秋田市飯島のポンプ場通水式⑧7/18～8/24秋田市向浜で21世紀の秋田を展望する「秋田博86」開催⑨10/7石坂洋次郎没（作家・86歳）⑩11/21伊豆大島三原山約2百年ぶり大噴火全島民に避難命令⑪11/27日本最古三菱石炭鉱高島鉱業所閉山（105年の歴史に幕956人従業員全員解雇）⑫12/22国土計画森吉山スキー場開発許可県申請（62年12月森吉阿仁スキー場開設計画）

昭和62年①1/13県、国土開発が公園事業執行申請中の森吉山スキー場計画を条件付で認可②3/25～26県内に台風並み暴風（秋田市で最大瞬間風速31mを記録）③4/21フェーン現象県内気温上昇秋田市観測史上最高28℃を記録④5/6県内異常低温で霜の被害、果樹等に約5億円の被害⑤5/14故岡田謙三画伯の遺作94点が秋田市へ寄贈⑥7/9～10小坂町「康楽館」で市川団十郎一行が歌舞伎

公演⑦7／15北秋田郡鷹巣町の綴子神社の例大祭に世界一の大太鼓登場⑧8／2由利郡矢島町で第1回矢島町・由利高原サイクルロードレス大会開催⑨8／4国土計画⑩9／22高齢者の社会参加の方策を探る「日米高齢化セミナー阿仁会議」阿仁町開催⑪10／23日本海中部地震の津波による合川南小学校児童死亡事故訴訟町長が交渉の席に出席する事を条件に4年ぶりに和解成立。この年俵万智「サラダ記念日」ベストセラー流行語にもなる。特記○昭和57年10月5日小畑勇二郎没（田代町出身・県知事・76歳）について秋田不在の私は多く知る立場に無い。知識として覚えておきたいと考えたか不確かながら、明徳館の書棚「小畑勇二郎の生涯」一見貸出受け家に持ち帰り一通り読む。改めて、県立図書館蔵貸出拾い読みをする。昭和30年から54年まで6期24年県政等は傍らに置き第十八章終焉の記を再読した。ご子息伸一（長男）の文は悲痛な

心の吐露あり胸を打つ。救いを求めるならば功成り名を遂げた小畑さんが生を閉じる際に一家が枕辺に集い、その死を見届ける時間を持てたということ。死は許容の範囲を超えて何も為し得なかった悔恨は残るかもしれないけれど独り淋しくこの世を旅立ったのでなく病床に付き添って死と正対する一時に微かな光明があると私は思う。奥羽本線の早口駅は小畑青春時代彩り北方国道7号線沿い田代町「小畑勇二郎記念館」は二回自転車大館経由横を通っているが館内見学なし宿題になる。大館小坂鹿角は不思議な魅力があるのだろうか。司馬遼太郎街道をゆく秋田県散歩飛騨紀行05年ワイド版29は秋田の先覚が果たした役割、少し分かる。この巻で歩いた道秋田県散歩／大阪ー秋田空港ー象潟町（蚶満寺）ー秋田市ホテル泊。秋田市（菅江真澄の墓と旧奈良家住宅）～男鹿半島（寒風山）～大潟村～能代市～大館市狩野亨吉生家跡、十二所～鹿角市（毛馬内、内藤湖南郷宅）～十和田湖

帰路、道は暮れた。秋田市までは遠かった。

秋田の先覚1近代秋田を培った人びと編集
秋田県総務部秘書広報課25項。維新の風雲児
―初岡敬治/馬鈴薯の栽培普及―岡田藤九郎
/明治初期の経済通―山中新十郎/家を守り
歌に生きた―後藤逸(女)/洋式兵法を実践―
吉川忠安/秋田の夜明けを開く―佐竹義尭/戸
村義効/石油開発の先駆者―千浦善五郎柿岡
源十郎/日本画に新風―平福穂庵/私学振興
に執念―神沢繁西宮藤長/財政通医学に功労
―熊谷武五郎熊谷幸之助/激動期の母の鑑―
沼田香雪/刑余者を保護指導―川村養助/本
県初の文学博士―根本通明/秋田リンゴの始
祖―伊藤謙吉藤原利三郎佐藤要之助/養蚕業
に貢献―川村永之介御法川直三郎茂木亀六/
開拓で一郷つくる―二田是儀/「秋田商法」
の先駆者―菅礼治/船川築港に先鞭―大日向
作太郎/秋田農業の父―石川理紀之助/郷土
研究のさきがけ―真崎勇助/近代政治の先達
―成田直衛/画壇に大きな足跡―寺崎広業/

電気事業の開発―松浦千代松河原田次重/製
材業の近代化―井坂直幹/民間航空の草分け
―佐藤章。34名載り1968・10発行秋田県
住所秋田市山王4丁目1番1号(広報協会)
同2は1969・4鉱業開発の先達―池田
孫一池田謙三/十和田開発の父―和井内貞行
/印刷文化の草分け―松本譲/無線界の先駆
者―鳥右一/本県初の新聞人―狩野旭峰江
幡瀧園/「中央公論」の名編集者―滝田樗陰
/農村指導の巨星―斎藤宇一郎/秋田の老農
―森川源三郎/独創的な東洋学者―長井金風
/中京政財界の重鎮―上遠野富之助/俳壇の
巨星―石井露月/県人ただ一人の大将―大嶋
久直/清廉な政治家―榊田清兵衛/気骨ある
能吏―青木定謙/西洋美術史の紹介―沢木四
方吉/わが国女子体育の母―井口阿くり/士
族就産に献身―羽生氏熟/馬産改良に情熱―
畠山雄三須藤善一郎/本県初の剣道範士―上
遠野秀忠/交通発展に貢献―伊藤直純/近代
日本画の巨匠―平福百穂/砂丘地にナシ栽培

｜村井菊蔵海山徳治郎／米の中央進出を図る｜池田亀治／東洋史学の権威｜内藤湖南／郷土資料の記録保存｜深沢多市。29名が載る。

同3は1970・3偉大なる新聞人｜安藤和風／私立文庫を創設｜立山弟四郎／地方の三筆｜赤星藍城／明治初期の文壇で活躍｜後藤宙外／秋田の酒に尽した人々｜伊藤恭之助伊藤忠吉花岡正庸／枢密顧問官｜田中隆三／地方自治の功労者｜進藤作左衛門／土崎築港点灯の大恩人｜近江谷栄次／孤高独自の碩学｜狩野亨吉／多芸の文人｜田口掬汀／漁業開拓者｜北能喜一（市）郎佐々木平次郎／日本紡績育成の恩人｜正司乙吉／けだに研究の泰斗｜田中敬助寺邑政徳／貫いた自由思想｜青柳有美／デンマーク体操の権威｜斎藤由理男／「浜辺の歌」作曲者｜成田為三／南極探検の先人｜白瀬矗／民政党総裁｜町田忠治／野鳥の生態研究｜仁部富之助／求道の人｜古仲鳳洲／民間の大学者｜藤原相之助／ゲーテ研究の権威者｜木村謹治／内務の大御所｜水野錬

太郎／秋田民謡普及者｜佐藤貞子／講道館柔道の功労者｜伊達芳太郎桜庭武。30名載る。

同4は1970・5新潮社の創立者｜佐藤義亮／日本外科学界の泰斗｜鳥潟隆三／ゾライズムの移入者｜小杉天外／婦人解放運動の母｜和崎ハル／最後の東洋拓殖総裁｜佐々木駒之助／集落地理学のパイオニア｜小田内通敏／県出身の司法大臣｜川村竹治／廉潔偉大な市長｜井上広居／文様学の権威｜小場恒吉／労作教育の先駆者｜千葉源之助／行政学の開講｜田村徳治／進歩的農民作家｜伊藤永之介／模範村建設の父｜佐々木孝一郎／台湾実業界の重鎮｜木村泰治／世界的な舞踊家｜石井漠／第三代の国鉄総裁｜長崎惣之助／内務行政の達人｜横山助成／近代国語の権威｜湯沢幸吉郎／女子教育に尽す｜園部ピア／文人市長｜武塙・（祐）吉／民権運動と通信工学｜山本庄司山本勇／わが国音楽教育の父｜小松耕輔／医学界の巨星｜二木謙三／チベットの研究家｜多田等観／アラビア石油の開拓｜山

下太郎。秋田の先覚第4集収載人物計26名。同5は1971・5地域の殖産につくす―岩沢太治兵衛高橋正作／教育産業振興の恩人―坂本理一郎／初の新聞人市長―大久保鉄作（鐵作）／馬産改良に尽くす―堀川清兵衛／武道の父―児玉高慶／植物分類学の泰斗―工藤・（祐）舜―白水社の創立者―福岡易之助／偉大な教育者―和田喜八郎／選挙制度改革に貢献―添田飛雄太郎／ピューリタンな詩人―堀井梁歩／わが国土木工学の権威―物部長穂／異色の新聞人―中村千代松／県南財政界の大立者―土田万助塩田団平／大衆愛の人―水平三治／法隆寺壁画を伝える―鈴木空如／型破りの事業家―栗原源蔵／県民俗学の草分け―武藤鉄城／洋画界の旗手たち―小西正太郎田口省吾広幡憲／土の哲人―金作之助／農村教育の父―児玉庄太郎／傑出した美術収集家―奈良磐松／絶対平和主義の哲学者―大山幸太郎／士魂商才をつらぬく―木内トモ／装飾美術の父―齋藤（斎藤）佳三。没年順28名。

刊行にあたって秋田県知事小畑勇二郎／執筆者26名（執筆順）あとがき編集スタッフ12名（順不同）編さん委員（順不同）8名／巻末付録秋田県略年表・人名索引。第1集収載人物第2集同人物第3集同人物第4集同人物。美の国あきた①写真家・木村伊兵衛と秋田「秋田おばこ」②画家・藤田嗣治と平野政吉「秋田の行事」③秋田犬（あきたいぬ）この秋田犬が秋田の主役なのかもしれない。県の総合観光パンフレット表紙秋田犬登場Re‥あきた／ふるさとからの手紙―平成25年3月発行秋田県問合せ秋田県観光連盟秋田市山王三丁目1―1☎018―860―2267。6頁あきた今昔物語あきた着。まんずきいたんせ語りべ秋田県地図は東の田沢湖中心に南から北へ小野小町の里雄勝マタギの里阿仁・森吉、秋田犬の里大館三つが載っている。JR秋田駅青春18きっぷ購入の際入手した秋田「夏」マニュアル保存版P12秋田犬そのルーツはマタギ犬1931（昭和6）年には

日本犬初となる国の天然記念物に指定。P2
土崎港祭り角館のお祭り。P3花輪ばやし。
秋田の三つの祭礼「山・鉾・屋台行事」のユ
ネスコ無形文化遺産登録／ユネスコについて
2016年12月に「山・鉾・屋台行事」がユ
ネスコ無形文化遺産に登録されました。ユネ
スコ無形文化遺産は世界遺産が建築物や遺跡
など有形の文化財の保護と継承を目的として
いるのに対し民俗文化財など無形の文化財を
保護対象としています。日本には既に能楽・
歌舞伎・和食など七つの無形文化遺産があり
今回の「山・鉾・屋台行事」が八つ目の登録
となります。山・鉾・屋台行事はコミュニテ
ィー全ての人達が集って平和や災厄防除を願
う文化・社会慣習、儀式及び祭礼行事として
評価されました。十和田八幡平・大館エリア
きりたんぽ・比内地鶏の親子丼・康楽館・小
坂鉄道レールパーク・曲げわっぱ。P4秋田
竿燈まつり秋田の夜空に揺れる光の稲穂秋田
・男鹿エリア鳥海山・ねぶり流し館・ババヘ

ライス・なまはげ館。P5能代七夕「天空
の不夜城」百年の時を経て蘇る幻想的な城郭
燈籠・「綴子神社例大祭」迫力の大太鼓が心
に響く伝統の妙技を披露。P6とP7の見開
きは花火一色／全国花火競技大会大曲の花火
―花火の打ち上げ量・質・観客数など何もか
もが桁違い！圧倒的スケールで日本中が注目
する花火の祭典。P8西馬音内盆踊り母から
子へと受け継がれた艶やかな衣装が夜の街並
みに妖しく揺れる。P9横手送り盆まつり／
ぶつかり合う屋形舟熱い夏を彩る勇壮な七夕
まつり。湯沢七夕絵どうろうまつり／郷愁か
ら始まった優美な七夕。P10秋田県ガイドマ
ップ／大館市小坂町鹿角市は秋田県の北東部
十和田八幡平国立公園十和田湖が目に入る。
秋田市内公立図書館フリー小冊子表題森の
恵みに生かされる一見手に取り持ち帰った。
表紙潮風に吹かれて、山の森は、特に関連は
無いけれども、平和を創りだす女性月刊ハー
ストーリー2017年7月号開くと写真作品

‥花芸安達流初代主宰・安達瞳子花/イロハ
モミジ、クレマチス器/ガラスに、5月号の
ヤマブキ、クレマチス連想は時代に咲いた花
イザベラ・バード（上）を多少記憶していたか
どうも良く分からない。昭和18年生まれ分か
らないことはそのままに次へ進みP3インタ
ビュー会いたいこの人大好きな日本の自然を
後世に残したいC・W・ニコルさん（作家・
「アファンの森財団」理事長）―イギリス・
ウェールズの森で育ったニコルさんは、日本
の自然を愛し日本の森の荒廃を見て、その再
生と自然保護活動に取り組む専門家の養成や
教育への自然体験の導入などに情熱を注ぐ。
ウェールズの再生した森にちなんで名付けた
「アファンの森」のスタート。アファンとは
「風の通るところ」という意味です。レンジ
ャーの学校を開校教育に自然との触れ合いを
アファンの森では最近、馬を使っています。
昨年6月天皇皇后両陛下が森に来られたので
散策のご案内をしました。「いいお仕事をさ

れていますね」などと声をかけられ、とても
嬉しかったです。天皇陛下は森の植物やタヌ
キやテン、キツネなどの動物にとても詳しく
て感心しました。馬の雪丸が丸太を出してい
るのを見た天皇陛下は、美智子皇后様の手を
取って馬のそばに行き、「道産子ですね」と
言われたので、驚きました。写真「アファン
の森」でC・W・ニコルさんから説明を受け
られる天皇皇后両陛下。（提供共同通信社）
山林を管理する専門家を養成する為レンジ
ャーの学校を開いています。2年から3年の
コースでハンティングや動物の管理について
も学べます。自然の中で友達と一緒に遊んで
いると自然から多くを学びます。子供時代に
自然との触れ合いを、教育プログラムにもっ
と取り入れるべきだと思います。東日本大震
災で被災した宮城県東松島市の学校の生徒達
と一緒に5年前から学校の近くに森づくりを
しています。子供達は学校に来ると直ぐに森
の方に走って行きます。そして森で遊んで、

ものすごく元気になっていきますよ。（談）

P2座標軸はHerStory7月巻頭言
いのちなりけり向野幾世（奈良大学元講師）

文を考える。一年前の7月末、相模原の障害者施設で19人の命が奪われる事件があった。逮捕された男は言った。「障害者なんていなくなればいい」と。また言った、「その親たちも死んだ方がいいと思っている」と。「障害者は不幸を作ることしかできない」とも。ふざけるんじゃない。ふざけるんじゃない。ふざけるんじゃない。忘れもしない。その親たちのよんだ歌。長生きは更に願わず／この子より一日ながく／生きておりたし―生まれてきた長男の両足に障害があると分かった歌人・島田修二はこう詠んでいる。誰よりも永生きをせん／病める子に語らねばならぬこと／多く持てば―親の思いは深い。親ならずとも、彼らに関わったものは、ままならない身体の奥から聞こえて来るかすかな生命のサインを見逃すまいと思うもの。その指先に、ふるえるまぶたに生命のぬくもりを感じるもの。男は元職員だと聞いた。誰をあざむくこともなく、誰をおとしめることはない彼らに関わりながら、何故に刃を向けていったのか。重症心身障害児親の会の綱領は謳っている。「最も弱いものをひとりももれなく守る」と。「人は誰しも生病老死から逃れられない宿命を負いかてて加えて自然の前に無力なのに刃とは。生きたくて生きられなかった無念さを思う。年たけてまた越ゆべしと思いきや／いのちなりけり小夜の中山―西行。野口シカ野口英世博士母物語。

秋田おんど秋田県の観光イベントガイドは2010Winter33巻／発行秋田県観光連盟表紙からP14大日堂舞楽（鹿角市）期間2011年1月2日（日）場所鹿角市八幡平大日霊貴神社アクセスJR花輪線八幡平駅徒歩1分（問）鹿角市観光交流課☎30−0248。

幽玄の古代へと誘う荘厳な舞／大日堂舞楽は「大日霊貴神社」通称・大日堂に伝わる古典舞楽でその歴史は遙か奈良時代にまで遡る。

正月2日に行われる神社の礼祭で奉納される舞は稀に見る貴重な伝統芸能。2009年に世界無形文化遺産に登録された。養老2年は西暦718年大日堂が再建された際に都から舞楽が伝えられたとされており約千三百年もの歴史を誇っている。舞楽を奉納するのは、八幡平大里、谷内、小豆沢、長嶺の四地区の能衆約30人。本舞は七種類あるが舞いの演目は集落毎に分担が決まっている。最初に修祓の儀や花舞が境内、堂前で行われ堂内儀式の後二間四方の舞台で本舞へと移る。そして、権現舞、駒舞、烏遍舞、鳥舞、五大尊舞等が奉納される。※国指定重要無形民俗文化財。

特集①こころもあったまる冬の秋田路冬まつり・観光体験・雪見の温泉・あったか鍋物・新しい秋田の酒。特集②建築家白井晟一（せいいち）と秋田「この地方の人々は郷土出身の建築家の様に親しみ遇してくれた」「言葉も風俗もかけ離れたこの様な陸奥の奥まった所に故郷の様な懐かしさを感じるのはこの国の人々の細

かい人情によるのだと思う」この様に語ったのは、戦後日本を代表する建築家である白井晟一だ。彼ほどカリスマ性のある建築家はないだろう。その独特の作風は「哲学的」と評され今なお人気が高い。（旧雄勝町役場）

大館市ガイドマップ見所秋田犬忠犬ハチ公

日本犬で最初の国指定天然記念物秋田犬は、大館が主な原産地となっています。古くは闘犬でしたが品位と威厳がっしりとした骨格は愛犬家も魅了します。また、渋谷のトレードマーク「忠犬ハチ公」大館市生まれ。飼い主亡き後も毎日駅前で帰りを待ち続けた従順な姿は今でも語り継がれています。大館駅前と秋田犬会館前にハチ公銅像が鎮座、秋田犬やハチ公が描かれたものが犬都大館を象徴しています。16年12月2万刷鳥潟会館田代岳大館樹海ドームが載り、大館市有浦北鹿生酛特別純米「北秋田」一升瓶は、安価で美味しい。大館市から小坂町へ。鉱山が遺した近代化産業遺産小坂まちづくり（株）15年2月発行／

近代化産業遺産って何・・・—歴史の生きた
証人。(1)近代化産業遺産とは(2)小坂鉱山が残
した近代化産業遺産(3)小坂鉱山近代化の歴史
(4)現役稼働の近代化産業遺産（未公開）四題
記載。リーフレットは横59・2㎝×縦32㎝を
三つに折り畳んだ形。表紙を左に開き近代化
産業遺産って何歴史の生きた証人右に開くと
近代化産業遺産全体図が方位北を90度右回転
させた横長地図に入り、写真説明合わせ理解
出来る様に設計されて分かり易い。A4紙面
縦29・7㎝×横21㎝基準としてリーフ横長は
A4の約二枚分それを三つ折りはA4縦より
長く横は少し短い。A4資料の収納に於ては
縦長部分がはみ出るが一読概要分かれば成程
そうかで、下辺を折り込み、小坂町収める。
一度現地を訪れ予備知識が有る為そう出来
るのであって諄いの声は横置き項目を記して
みる。鉄道遺産「小坂鉄道レールパーク」①
11号蒸気機関車大正15年製造貴賓客車同5年
②レールセンター旧小坂駅（小坂鉄道）明治

42年③機関車庫昭和37年。上④旧工藤家中小
路の館明治18年建築⑤郷土館⑥旧止滝とまり
だき発電所1号発電機械明治35年設置が明治
百年通り地図の左に該当。県道2号線（樹海
ライン）上（西）△大館市下（東）十和田湖▽。
右に小坂町主要施設が並ぶ。上⑦メモリアル
ウォール中央公園芝生広場⑧右端あきたエコ
タウンセンター金属鉱業研修技術センター内
その下⑨小坂町消防団第三分団屯所。⑩明治
の水道栓共用栓（模造）明治38年1905設置
⑪康楽園43年造園⑫康楽館同年建築⑬赤煉瓦
倶楽部（旧原動室／配電所）37年⑭旧電錬場
妻壁大正初期建築。⑮旧小坂鉱山病院記念棟
41年⑯明治小坂のシンボル小坂鉱山事務所は
38年⑰旧聖園（みその）マリア園天使館昭和7年。写真
Ⅰ花園町停留所Ⅱ勧進帳Ⅲ明治百年通りライ
トアップⅣとおりゃんせⅤアカシア並木。Ⅵ
鉱山事務所を眺める夫妻Ⅶポケットパーク。
小坂鉱山を支えた人々は1大島高任（18
26—1901）日本鉱業界の父2クルト・

アドルフ・ネット—（1847—1909）近代鉱業発展指導者3藤田伝三郎（1841—1912）藤田財閥の創始者（藤田美術館・美術品蒐集大阪）4久原房之助（1869—1965）黒鉱製錬の立役者日立鉱山を創業5小平浪平（1874—1951）日立製作所の初代社長6武田恭作（1867—1945）小坂鉱山事務所を建設。7久留島秀三郎（1888—1970）小坂鉱山の戦後復興に貢献。同和鉱業破壊・創造・スピード著者渡辺行02年7月東洋経済新報社巻末同和鉱業（株）／沿革①1841年天保12年5・15藤田伝三郎長州萩に生まれる②69年（明治2）11・24小坂鉱山官営になる③84年（明治17）9・18藤田組工部省から小坂鉱山の払い下げを受ける～2002年4・1まで。秋田県近代年表①明治2年12月26日（旧暦11・24）小坂鉱山新政府民部省直営となる。②明治6年小坂鉱山ドイツ人技師C・ネット—月俸450円・イギリス人坑夫T・

トレロール来山同120円③大葛金山にイギリス人技師R・フレシウィル来山同370円載り明治5年の物価は米一升4銭・酒一升30銭・うどん1杯5厘・牛鍋3銭5厘。④明治17年8月19日小坂鉱山を久原庄三郎に払い下げる⑤9月18日小坂・十輪田両鉱山を藤田伝三郎に払い下げる⑥12月23日院内鉱山を古河市兵衛に払い下げるが載る。秋田県の変遷は明治4年1月13日（新3・3）久保田藩秋田藩改称久保田の地名を秋田と改称。7月14日（新8・29）秋田藩を廃し、秋田県を置く。11月2日（新12・13）秋田県に矢島・本荘・亀田・岩崎の各県と鹿角郡（江刺県）合併。これにより現在の秋田県の行政区画となる。花輪線陸中花輪が鹿角花輪と変り鹿角市は旧南部藩からの移籍を経て秋田県と同化した様に思う。十和田湖玄関口十和田南駅・湯瀬温泉・大日堂舞楽。鹿角市恋する鹿角新聞は1巻花輪ねぷた大湯の大太鼓まつり毛馬内の盆踊花輪ばやしアパート温泉白山荘2巻桃が

ある街。3巻きりたんぽ（平成28年発行）。では、近代化産業遺産認定史跡尾去沢鉱山1300年の歴史国内最大級の採掘跡を17・6を開いてみる。A4を横に三つ折りリーフレット表紙下に住所電話FAX番号を記しイベント情報はホームページか携帯QRコードでご確認下さい。周辺案内①康楽館②国立公園十和田湖③国立公園八幡平④道の駅かづの（あんとらあ）。交通案内（お車で）秋田県の主力産業であった鉱山鉱石黄鉄鉱と黄銅鉱・尾去沢の鉱脈のできた鹿角市鉱山歴史館。裏返しは日本最大規模の銅鉱脈群採掘跡が残る鉱山尾去沢鉱山の800kmに及ぶ坑道の内、1・7kmを整備した観光坑道では壁面に露出した約900万年前の地殻断層や再現された採掘の作業風景をご覧になりながら産業発展の歴史に触れることが出来ます。尾去沢鉱山の歴史①和銅元年708尾去沢鉱山が発見される。（伝説）②平安後期1100～奥州藤原氏が平泉の黄金文化を築く。

中尊寺金色堂の建設に産金が使われたと言われる③天正18年1590盛岡南部氏の所領となる④明治22年1889岩崎家の稼業となる⑤26年三菱合資会社の経営となる⑥29年水力発電所建設に伴い全山電化となる⑦昭和18年月産10万トン従業員4486名と最高を記録⑧53年銅価格の低迷と鉱量の枯渇により閉山⑨57年観光坑道として生まれ変わる。⑩平成19年近代化産業遺産認定され、今日に至る。写真は往時の鉱山全景（昭和39年）バッテリー電車（昭和時代）大規模採掘跡と続き、金山奉行所（江戸時代）からめ場（同）南部藩制時代の手掘り坑道。体験と施設の案内。鉱山終え、森林セラピー基地～十和田八幡平の恵みに抱かれた～森と水の癒し里かづの癒しの森・・・かづのの森へ／秋田県鹿角市リーフレットA2八つ折り（問）（1）特定非営利活動法人かづのふるさと学舎〒018－5421秋田県鹿角市十和田大湯字白沢45番地1☎0186304021。FAX258068。

（2）かづの八幡平森林セラピーステーション〒018-5141秋田県鹿角市八幡平熊沢国有林（ふれあいやすらぎ温泉センターゆらら内）☎0186-31-2288（4月～11月）緑色地に白色文字。上に交通案内。交流体験拠点施設中滝ふるさと学舎─懐かしい時間をとっておきのふるさとライフを／秋田県鹿角市A4二折りパンフ住所☎FAX前掲の（1）と同じ。☎0186-30-4021FAX25-8068共通はNPOかづのふるさと学舎そうかとランプが灯り「中滝ふるさと学舎」。湖畔の駅十和田ふるさとセンター思い出の学校カフェは小坂町へと回帰する。十和田湖の湖畔思い出の「学校カフェ」に特別な思い入れはない。それは行って見てというまでには至らなかっただけのことを言い田沢湖「思い出の潟分校」十和田湖近く「中滝ふるさと学舎」と少し異なるの意であるが先ず小坂町十和田湖字大川岱55-2。かつて湖畔にあった小中学校が廃校に。こども達の

思い出がいっぱいつまった木製の机やイスを活用して、思い出の「学校カフェ」として生まれかわりました。ほら、耳をすますと子供たちの声が聞こえてきませんか・・？献立①乙女ランチ②十和田湖ランチ③樹海ランチ④学校カフェスペシャルランチ手作りピザと手作りお楽しみケーキ飲み物コーヒー・紅茶・ビール・リンゴジュース・オレンジジュース等＋手作り！お姫さまんど。下欄は暖炉と和井内貞行資料展示自由教室広場敷地内広場パークゴルフ等が楽しめます（用具はご持参下さい）売店。地図を眺めて場所は十和田湖西湖国道454号和井内から北北西向かう。鹿角小坂十和田・八幡平おらほのまちの案内人十和田八幡平の自然を存分に漫喫できる森や滝鉱山や歴史ミステリースポット食など地域の魅力を余す所なく「まちの案内人」がご案内します。A2紙面を二つ折りA3更に二つ折りA4大の表紙リーフレットは分かり易い組合せ。歴史の案内人R─1「鹿角」の

観光と歴史3時間コース鹿角観光ふるさと館
↓史跡尾去沢鉱山（尾去沢鉱山跡）↓大日霊
貴神社↓大湯環状列石（ストーンサークル）
料金5千円お客様のお車に案内人が同乗させ
ていただきます。※施設の入館料は別途頂戴
いたします。ガイド申込書※必要事項を記入
の上希望のコースに○をつけて下さい。予約
一週間前FAX0186－23－7715（社）
十和田八幡平観光物産協会☎23－2019。
かづの歳時記―カレンダー&MAP□鹿角
花輪駅前案内所（営）9時～17時30分☎22
01まちの案内人協議会HPhttp：/
/annai18.jugem.jp/ブログ
とわの里かづの～感じたままのかづの路～。
十和田ホテルのあゆみ／十和田ホテルは、
国際情勢の緊迫などで幻となった昭和15年の
東京オリンピックを前に日本を訪れる外国人
観光客のための宿として、政府の要請で建て
られたホテルのひとつであり、秋田県が昭和
11年に着工、13年に完成し、14年にオープン

しました。当時秋田・青森・岩手の三県から
宮大工八十名を集めて技術を競わせたと伝え
られている本館は、日本三大美林の天然秋田
杉の巨木を巧みに配した木造三階建で外壁は
杉の半丸太を張りつめています。また各部屋
の床の間、天井、格子戸などの意匠も一つ一
つ異なり、それぞれが違った趣と表情を見せ
ています。さらにどの客室からも十和田湖を
眺望することができ、あたかもホテルの庭で
あるかのようなたたずまいとなっています。
設計は日本大学工学部土木建築科教授であっ
た長倉謙介氏により行われました。長倉氏は
十和田ホテル建設のためヨーロッパ視察にも
出かけたといわれ、その成果が北欧の山荘を
思わせる外観によく現れています。様々な工
夫を凝らした「木」の趣はいまなお学ぶべき
ものがあり文化財的価値も高いといえます。
「本館（木造3階建）」、別館（鉄筋コンクリ
ート4階建）」十和田八幡平国立公園十和田
ホテル〒番号018－5511秋田県鹿角郡

小坂町十和田湖西湖畔☎75－1122神秘の
湖へ。十和田湖の神秘の輝き、八幡平、八甲
田山の／風格あるシルエット、奥入瀬の緩や
かな流れ。繊細な自然が織りなす／さまざま
な情景が、こころを和ませる。自分に還る極
上の時を、愉しむ。忘れかけていた、幼い頃
の憧憬が／いまここで蘇る。写真十和田湖と
左に十和田ホテル。極上の自然。彩り繊細。
贅沢な時間。和みの空間。地図と交通案内。
「日本の滝百選」に選ばれている名瀑を臨む
道の駅こさか七滝Ａ４三つ折りリーフ秋田県
小坂町ハートランドこさか七滝伝説載せる。
「鉱山最中」「アカシアクッキー」「アカシ
アせんべい」等、町の特徴やアカシアをアレ
ンジしたデザインで好評です。山葡萄交配種
を使って仕上げたワイン。味・こく・香りの
三拍子揃った素晴らしい一品です。深い味わ
いが人気です。滝の茶屋孫左衛門。（株）エコ
サカ菜種油のさく油施設。ハートランドマー
ケット（産直センター）。（営）／9時〜17時

（11月中旬〜4月中旬除く毎日営業）。収容
人数／レストラン36人お座敷40人団体予約可
駐車可能台数／大型バス4台、普通車35台。
秋田県民歌1番で謳われる秀麗無比なる／
鳥海山よ／狂瀾吼え立つ／男鹿半島よ／神秘
の十和田は／田沢と共に／世界に名を得し／
誇りの湖水／山水皆これ／詩の国秋田―湖は
十和田湖と田沢湖その十和田湖を今少し語る
必要があると思う。鹿角市の十和田南駅から
十和田湖へ小坂町から十和田湖へ行く場合に
前者は国道103号を後者は県道20号の樹海
ラインを利用して発荷峠に至り十和田湖と正
対する。鹿角市は旧南部藩領地、毛馬内が小
坂町と近く、国道282号で結ばれている。
毛馬内は鹿角市役所がある鹿角花輪駅の北部
市街地。先人顕彰館には日本を代表する東洋
史家内藤湖南とヒメマス養殖に成功し十和田
開発に貢献した和井内貞行を中心に、鹿角に
縁りの深い先人の足跡を紹介。両氏の出身地
である毛馬内の和井内貞行生誕の地に建って

います。秋田県鹿角市・小坂町十和田八幡平国立公園総合パンフレット◎発行秋田県鹿角地域振興局。秋田の先覚2に御両人が載る。

和井内貞行は、安政五年二月十五日（1858年3月29日）、父は毛馬内代官桜庭家用人治郎右衛門貞明と母はエツ子の長子として鹿角郡十和田町毛馬内柏崎に生まれ、幼名を吉弥といった。謹厳一徹な父と優しい中にも躾の厳しい母の影響を受け一見温和しそうで中々の闘志を秘めていた様であり孝心に厚く「和井内の吉弥さんを見習え」と言われる程着実な模範的少年であった。慶応二年（1866）数え9歳、南部藩儒者泉沢恭助の塾に入門主として漢学を修めた。明治7年（1874）毛馬内小学校創設17歳で教員手伝いを拝命以来7年郷土の教職を勤める。14年12月職を辞し工部省小坂鉱山寮吏員十和田鉱山詰となった。貞行は既に同町鎌田カツ子と結婚していた。両親は貞行に厳しかったばかりでなく嫁カツ子にも厳格であった。結婚後4年

初めて二人きりの生活を迎える24歳の貞行と20歳のカツ子には、雪に閉ざされた7里の峠道も新婚の旅の様に楽しかったに違いない。峠を登り詰めると雪空の下に忽然として開かれた荘厳な湖の美しさに二人は茫然と立ち尽くした事だろう。四周の山々は白雪に覆われ中山御倉の半島は黒々と静もる湖にくっきりと突き出し遠く八甲田の連峯は雪煙に霞んでいる。この時から神秘の湖は二人の心を確り掴んでしまった。十和田鉱山での生活は、二人にとって最も楽しい満ち足りた時代であった。厳しいとはいえ根が優しい母エツ子は魚や野菜を馬に積んで孫貞時の顔を見たさにやって来た。夕陽に映える湖畔に立って「これで生の魚が食べられたら・・・」という母の呟きに貞行の脳裏には、この大湖に魚を飼う事が閃いた。四面楚歌の中にあって貞行の企てに四人の良き理解者が現れた。父の治郎右衛門と湖畔宇樽部の三浦専八・鉱山長飯岡政徳・小田島由義鹿角郡長である。17年鯉の

稚魚六百尾の放流に踏み切り18年19年乏しい俸給を割いて鯉鮒岩魚の放流を続けたが湖底には一匹の魚影も見えなかった。紆余曲折があり、十和田鉱山が廃山小坂に転勤となっていた貞行は29年鉱山を退職し湖畔に戻って養魚に専念する事になった。試行錯誤と失敗の連鎖が長く続き一家の困窮は日増しに募り、妻カツ子の経営する旅館観湖楼の僅かばかりの収入で糊口を凌ぐ有様となった。そして八甲田の山々が白い雪に覆われたある日のこと失望と焦燥に痩れ果てた貞行が「青森の試験場に行って来る。私達のやり方が何か間違っていたのかも知れないからな」と蒲はばきと船形ボッチに旅装を整え漂然と峠道を越えて行った。それから一週間ばかり経った。囲炉裏を囲んで父の旅先を案じている家族の許へ貞行は勢い込んで帰って来た。興奮して語る彼の話というのは、次の様なものであった。青森の試験場へ行った時の帰り道東北漁業会社の頭取と会い話していたところ神の導きか

信州の寒天製造業、中島庸三に巡り逢った。その人の語るには北海道の阿寒湖にカパチェッポという鱒がおってこの鱒は陸封によって完全回帰性を持っており支笏湖など多くの湖水に移殖され成功している、という事を聞いた事であった。「お父さん、その鱒を移殖しましょう」これに要する資金百円を急いで毛馬内に戻り道具の櫛・笄等を売り払った。最後の資金百円を持った貞行はやっとの事で調達し残りの30円は、カツ子が嫁入り資金百円の内70円を、その鱒を移殖し（明治35年）12月15日雪を衝いて卵を受け取りに青森へ行った。25日夕刻二尺をこえる峠の雪を掻き分ける様にして観湖楼に辿り着いた貞行は腹痛の為立つ事も出来ない。「俺よりもその卵が大切なのだ。貞時早く卵を孵化槽に移せ」。貞行親子は流れる汗を拭おうともせず次々と孵化盆を水槽に移した。翌36年の春無事稚魚となったカパチェッポ5万尾は初めて内地の湖に放流された。この度は日光鱒の時と違って少しの不安も無かった。必ず

— 320 —

帰って来ると信ずる外、救いの道は無かったのである。それから一家の貧窮ぶりは言語を絶するものがあったがその間37年は孵化場を生出に移している。38年秋「我、幻の魚を見たり」と結ばれ飢饉の救済へ繋がる。その年東北地方は凶作に悩まされ十和田湖畔は米は勿論のこと粟稗の様な雑穀もとれなかった。40戸に余る農家は草の根を食い尽くし松の皮まで食うという惨状であった。「鱒は孵化さえすれば、三年後には何十倍となって帰って来ます。明日の生命も危ぶまれる人もいるのです。助けてやりましょう」というカツ子の提案に親子は即座に賛成した。罰当たり気違いと罵った村人は最初はこれを信ずる事が出来なかった。やがてそれが夢ではない事が分かると喜び勇んで和井内家に駆付けた。飛沫を浴び住民の誰もが漁獲に当たった。当時の記録によると、総漁獲数は一万二千四百四十五尾、採卵並びに自家用が六百七十四尾、売却数一万一千七百七十一尾、以上の売上金が

千六百二十円とある。この金は全て湖畔民の救済に当てられた。それから二年後の40年多年の過労が祟ってカツ子は湖畔に病没した。湖畔民は我が事の様に泣き悲しみ後に一祠を建て、勝漁神・と名付けた。5月12日カツ子夫人の十日祭の日、貞行の多年の功績が上聞に達し、緑綬褒章が授与される事になった。5月下旬褒章が郡役所に到着した。フロックコートに威儀を正した貞行は郡長から伝達を受けると直ちに馬を飛ばして大川岱に走り、湖畔に眠る夫人の墓前にその喜びを告げた。

その後東宮殿下が県下にお出でになった時お目にかかり特に思し召しを賜るなど数々の栄誉に輝いた。（終焉へ）貞行の功績は養魚だけではなかった。科学者や文化人を次々と十和田湖に招きその科学的解明と観光開発に務めた。その後事業を貞時に委せ、毛馬内に隠棲してからも東奔西走席の温まる事がなかった。大正11年3月北海道旅行後健康を害し5月15日、数え65歳の生涯を閉じた。遺骸は

毛馬内仁叟寺に葬られ、一部はカツ子夫人の墓に分葬された。湖畔民はその徳を称え、勝漁神社に合祀し、名も和井内神社と改めた。

内藤湖南の湖南は、十和田湖の南に当たる毛馬内で生まれ育ったことに由来と考えるが鹿角郡十和田町毛馬内の先人顕彰館を訪れるのは宿題として秋田県道路地図P9右鹿角市十和田・鹿角市花輪は、左の北秋田中心部・男鹿中心部と共に、秋田県を代表する地域で興味深い。毛馬内仁叟寺は内藤湖南の遺髪が境内の墓地に葬られている。十和田湖開発の先人和井内貞行と、東洋学の泰斗内藤湖南の顕彰碑を見学に訪れる県内外の人々がいる。

十和田湖に関してその仕様を述べよと問われ幾つかをすらすら答える人は少ないのではないか、と言うのはガイドならそれなりして覚える、そらで解説するのは当り前だが県外の観光客或いは海外のお客に対してどう説明するかは難しい。世界基準は経緯度線の表示になるけれども十和田湖はどうだろうか

分からない調べてみる。最新日本地図一枚を広げてみると、これは昭和45年8月版／発行所塔文社―経緯度線が一度刻み載っている。北緯40度東経140度秋田県が分かり、東経135度明石標準線と北方に北緯35度との交会点兵庫県西脇市が分かる。縮尺百万分の一図に本州・北海道・九州が収まっている。

次に2005年昭文社発行の日本地図（縮尺二百二十万分の一）は沖縄が入り経緯度線は2度刻み秋田セーフ、兵庫県経緯度線交会点表記無しになる。なるほど知図帳日本は20度15昭文社発行の分県地図秋田県を開くと、漸く十和田湖が見えて来る。巻末に日本世界遺産ダイジェストMAP自然遺産記載秋田県関連は十和田湖八幡平国立公園と白神山地世界遺産（自然遺産）日本ジオパーク八峰白神と男鹿半島・大潟＋ゆざわ。地名は十和田湖・入道崎・八郎潟・鳥海山の四つが代表として記され、川の青線は雄物川・子吉川・米代川の三川が分かる。秋田県地図は都道府県別の

日本地図欄に含まれる。日本全図6百万分の1図は、経緯度線2度刻みで北緯は24度から46度弱東経は122度から148度余までが表示されて日本の地勢がほぼ理解出来ると思われる。秋田県地図を繙き青森県と照合して十和田湖は、日本の中での位置が確定する。経度の密度は15分即ち1度60分の1／4で緯度は12分即ち1度60分の1／5か15分併用となり最も近い経緯度線で位置決めを行えば緯度は北緯40度24分と30分の間に在り経度は東経140度45分と141度0分の間に在ると言える。（余談を一つ）ちなみに携帯電話ガラケーと呼ぶガラパゴス諸島の生物に喩えた言葉あり由来のガラパゴス諸島位置を世界全図（発行＝2003年1月昭文社）で探すなら答えの緯度は0度赤道で経度は西経90度英国ロンドン基準西方90度時差6時間が索引自然地名欄T8求められる。場所南米北部エクアドル西1100km余の太平洋上になる。鉱山が残した町小坂町へようこそ。A2判

12折りのリーフレットは制作年不明だがその後は形を改めた様で後編手元なく十和田湖／周囲44・6km・湖岸延長53km・面積約60㎢・水深327m・標高400m。十和田湖は、約20万年前に火山の陥没により出来た二重カルデラ湖。東西約10km・南北約8km・水深は327m、清澄な水で高い透明度を誇っている。白一色の中で氷結しない青が印象的な冬、5月上旬の新緑、そして周囲の山々が色づく10月中旬〜11月上旬の紅葉は必見。訪れる毎に四季の表情を変えている。（十和田湖説明）青森県と秋田県との十和田湖境界線はどうなっているだろうか。これは両県の道路地図発行＝昭文社2009年版と2014年版を確かめる。北は御鼻部山1010m山頂から北岸線と南は休屋湖岸休平間の、湖上を結ぶ両県の境界線は、中山半島と十和田ホテルの中間を一つの分岐点として「くの字」形を湖面上描き面積比凡そ6対4、40％は秋田県に属する。十和田湖配分は東方青森県6割西方

秋田県4割は覚えておきたい。江戸時代幕藩体制下の事は明治初期の都道府県成立までの経緯共に良く分からない部分はあるが、それ以後の現代に至る歴史は先覚と先達に学ぶ。2011年7月5日（火）自転車走行メモ／秋田6時ー国道7号ー天王こ線橋7時ー8時三倉鼻ー道の駅ことおかー県道217号ー檜山ー国道7号ー道の駅ふたついー道の駅たかのす（昼食）12時ー大館駅（駅弁）13時30分ー県道2号（大館十和田線）ー東北道下ー小坂ゴールドパレス0186ー29ー3833（朝食付）一泊。小坂町内を散策と買物等。6日（水）小坂8時ー県道2号樹海ラインー七滝ー笹森展望所（標高840m）ー発荷峠展望台（610m）。当初予定は十和田湖の湖畔周回と考えたが、湖岸間標高差2百mを下り上るは無理と大湯へ下る。国道103号発荷峠その後は下り坂沿いに中滝を通り同和鉱業発電所横に見て十和田道大湯温泉案内所確認キッチンVESTA昼食・大湯環状列石

見学・大圓杉を見て、YH一泊。（2食付）7日（木）大湯ストーンサークル野中堂往復YH朝食8時ー国道103号ー十和田南駅ー14時秋田峠トンネルー追分ー17時秋田帰宅。大湯環状列石・大湯ストーンサークル館の資料（B4四つ折り）平均30kg最大200kgもの石をこの地に運び様々な形に造られた縄文からの「メッセージ」。その石の数は代表的な二つの環状列石だけでも約7200個に上ります。4000年余りの時空を超えても私達に人としての本質を語りかけています。環状列石の傍らに立ち耳を澄ませ、その語りかけを聞いてみませんか。特別史跡大湯環状列石は野中堂、万座に所在する2つの環状列石を主体とする大規模な縄文時代後期（約4000年前）の遺跡です。環状列石の周辺についてはこれまでの調査により建物跡貯蔵穴等が規則的に分布する事が分かっています。史跡内からは様々な祭りや祈りに関わる遺構と遺物が発見されており縄文時代の精神文化

や社会構造を総合的に理解出来る史跡として重要視されています。大湯環状列石案内図は万座環状列石を上に野中堂環状列石を下に置いて両者を結ぶ中心線が夏至（日の入）及び冬至（日の出）の方向を通る事実一つを語り展示ホール①環状列石の四季と景観②環状列石の遺構と規模③環状列石の謎に迫るとして考古学の展示では初の天体ドームを使用し環状列石と太陽の関係を説明します④環状列石を支えた精神文化⑤世界の巨石文化と続く。

緑色の聖なる石―何の目的の為環状列石は作られたのか謎に迫ります。使われている石は遺跡から約6km離れた安久谷川から運んでいます。然も青緑の石に拘って！環状列石とは十数個の川原石を円形や楕円形に並べた「組石（配石）遺構」が二重のサークルに並べられたものです。絵図上部左は柱列・万座右に5本柱建物跡が在り右方は出土文化財管理センター（発掘調査管理室）と縄文広場に大湯ストーンサークル館を描き、方形配石遺構・建物群・森・丘・広場等が場内に点在する。

特別史跡大湯環状列石ガイドブック（秋田県立図書館）平易解説書目次（1）遺跡を知る①大湯環状列石とは②環状列石の石（2）遺跡を歩く①縄文の森②蓄えの丘③狩の沢④万座・野中堂環状列石⑤万座環状列石⑥日時計状組石⑦環状列石⑧オキナ草翁草⑨環状列石復元建物⑩5本柱建物⑪柱列⑫毛馬内市街地展望スポット⑬万座・野中堂環状列石群⑭一本木後口配石遺構群。大湯ストーンサークル館①展示ホール②大湯式土器③不思議な土版④縄文体験。案内板や解説板がない理由「4千年前からここにある環状列石をその目で見て空気を感じてもらいたい」からです。

明治11年（1878年）139年前の7月英国婦人満46歳イザベラ・バードは秋田県の旅程二週間（14日13泊）無事故で過ごし31日矢立峠越え豪雨の中を青森県碇ヶ関へ向かい平川渡り辛うじて辿り着いた。「どの波も黄褐色の泡を吹きながら波頭を立てていた―。

— 325 —

栗毛の馬のたて髪にも似て」印象的な詩句は第28信に相応しい。第28信（続き）〜第29信黒石にて8月5日第30信同日と第31信黒石。第32信北海道函館にて8月12日／黒石6日青森行程を経て夕方出帆函館へ。風の津軽海峡を渡る汽船を想像は難しいが冷静な船長と船員行動があり翌朝北海道函館到着。教会伝道館での感想にイザベラ・バードの人となり考え方が表れている。しかし私は、あらゆる困難を克服したという勝利感を当然味わってもよい気がする。私が東京を出発するときには考えたことのないほどの多くのことをなしとげたのだから。北の海の轟く音はなんと音楽的に聞こえることか！吹きすさぶ風は唸り吼える音はなんと私の心を励ましてくれることだろう！烈しく雨が吹きつけてくるのさえわが家にいるような気がする。震えるような寒さが私を奮い立たせる。ドアに鍵をかけられる部屋にいることがどんなに嬉しいことか担架式ベッドではなく、ほんものベッドに

横になり、良い便りをのせた二十三通の手紙が来ているのを発見し、英国人の家の屋根の下の暖かく静かな所でそれらを読むことができるのはどんなに嬉しいものか、とてもあなたには想像できないでしょう！次に新潟から青森までの路程表を土地名戸数里町順に記載。北海道は―第32信函館にて8月12日の後に

33信同13日・34信同。35蓴菜沼（小沼）にて17日森（噴火湾）月曜日〜湧別（勇払）室蘭幌別白老佐瑠太（富川）にて。36信アイヌ小屋（平取）にて23日（続き）37同24日（続き）1・2）。38佐瑠太27日39旧室蘭（噴火湾）にて9月2日（続き）40礼文華（噴火湾）にて6日有珠岳有珠湾の情景「空には万の星光り海にも万の星映る波は靨（えくぼ）を湛えつつ跳びはね星を胸に抱く震えて光る星の影」（続き）第41信函館12日礼文華長万部森峠下函館。第42信函館9月14日までが北海道の旅として綴られ、第43信東京英国公使館21日で「日本奥地紀行」東京〜新潟〜山形〜秋田〜

青森〜北海道は終わる。9月21日（土）記事／
だいぶ荒れた海も風が静まり微風となり平穏
な海となっていた。晴雨計も高く安定し横浜
まで50時間で航海できそうであった。ヘボン
博士夫妻と私は14日の月明かりの晩に函館を
去ったが私達だけが兵庫丸の船客であった。
ムーア船長は親切で快活な人でこれから速く
て楽しい航海ができてよろしいですねと言っ
てくれた。私達は北緯38度0分東経141度
30分の所で台風に出会った。船長が台風図を
見せて船が予定通り進めば台風の渦巻きの中
に捲込まれるのでそれを避けようと努力した
ことを説明した。濃霧が襲い72時間の航海と
なって横浜上陸は17日真夜中近くであった。
イザベラ・バードの東北から北海道の旅は
幾つもの難関を突破して横浜に帰港出来たが
それは地球の自然と人間の共生という命題に
関わる物語なのかも知れない。北海道新幹線
開業に伴い青函トンネルは在来線が無くなり
青春18きっぷ旅はどうなるか、青春18きっぷ

ポスター新幹線奥津軽いまべつ木古内間立席
道南いさりび鉄道木古内五稜郭間通しの場合
2300円（片道）利用可とある。江差線の
五稜郭・木古内間37.8km道南いさりび鉄道
移行は3年前2014年4月1日〜5月11日
さようなら江差線の旅を以て木古内〜江差が
廃止されている。北海道＆東日本パスは20
17年春と夏を見比べてみた時、内容に特別
の変化はなく、道南いさりび鉄道は北陸新幹
線同様在来線第3セクター使用不可はどうに
もならない。おとなおひとり様10850円
で7日間乗り放題は、新青森〜新函館北斗間
内相互発着の場合に限り、別に特定特急券を
お買い求めいただくと北海道新幹線の空いて
いる席（立席）のご利用OK！（参考：新幹
線特定特急料金3930円）北海道観光情報
＆ガイドマップ2016年6月現在眺めどう
するか考える。2017.7.1〜9.30の
青森県・函館観光キャンペーンガイドブック
ひと旅ふた旅めぐる旅青森函館津軽海峡でつ

ながる物語特集P09奥入瀬渓流・十和田湖11
白神山地13種差海岸・大沼公園エリアガイド
15青森・八甲田・十和田エリア21津軽・西海
岸エリア29県南・下北エリア37函館・道南エ
リア。43青森・道南温泉めぐり47イベントカ
レンダー51観光・交通・お問い合わせ53JR
情報54青森県・函館エリアマップ。表紙写真
夏祭り花火（イメージ）裏表紙リゾート列車
で絶景に出会う旅①リゾートしらかみ全車指
定席白神山地の山々と日本海が車窓に広がる
2017年4月1日リゾートしらかみは運行
開始20周年を迎えました。リゾートあすなろ
の旅6と情報満載駅たび検索ホームページ。
リゾートうみねこが載り下欄にイベント列車
津軽海峡を青函連絡船で渡っていた時代を
考えてみる、と言って経験にない事を想像は
難しく、急行はまなす（夜行）函館～青森と
蟹田～木古内間を特急白鳥自由席乗車函館は
利用して分かる。函館～札幌・札幌～函館間
何を利用は自ずと選択範囲は限定され其処を

如何するかその都度時刻表見て決めたが今は
昔のことになる。北海道は、全線乗車を入れ
車窓風景は多少覚えている。北海道新幹線の
旅は、暫しの間傍らに置き当時を回想する。
イザベラ・バードは平取でアイヌと生活を
共にして其処に至る旅程含め記録保存したが
私は富川ー平取ー振内ー日高町ー占冠をバス
等で通り、少しは理解出来るかも知れない。
1996年（平成8年）7月19日（金）札幌
苫小牧富川バス平取ー振内（送車）登山口ー
幌尻山荘20日幌尻岳ー振内ー日高町ー占冠ー
新得ー富良野21日稚内（船）鴛泊往復利尻山
（野宿）22日稚内斜里に深田久弥日本百名山
完登一回目の53歳年を重ね21年前を顧みた。
近代史に登場する北海道を年表に求めると
万延元年1860年4・8ー61・2・9オラ
ンダ築城法による函館五稜郭完成。明治元年
12月15日1869・1・27旧幕府軍榎本武揚
ら五稜郭を本営とし蝦夷地（北海道）を支配
明治2年5月18日（1869・6・27）榎本

武揚以下降伏、五稜郭開城（戊辰戦争終戦）8月15日（9・20）蝦夷地を北海道と改称。明治7年6月23日北海道屯田兵制度制定8年5月7日ロシアと千島・樺太交換条約調印―全権榎本武揚11月10日布告9年7月31日クラーク博士札幌学校に着任8月14日開校・札幌農学校の前身9月開拓使麦酒醸造所を札幌に設立。11年6月2日内村鑑三・新渡戸稲造・宮部金吾ら札幌農学校生徒6人メソジスト教会宣教師ハリスより受洗12年※北海道開拓使七重試験場でチーズの製造開始14年7月21日参議兼開拓使長官黒田清隆開拓使官有物の払下げを太政大臣に申請―払下げに決定。30日天皇東北・北海道巡幸出発（10月11日帰京）クラーク博士の言葉BOYS’BE AM BITIOUS青年よ、大志を抱け!!／金のためまたは利己的栄達の為にでもなく、ましてや人よんで名誉と称する空しきもののためでもない。知識に対して、正義に対して、かつ国民の向上のために大志をいだけ。人とし

てまさにとかくあらねばならぬ全ての事を達成せんとするために大志を抱け。ウィリアム・スミス・クラーク。教育者の鑑とされるクラーク博士の言葉は往時の北海道を象徴する。英国婦人イザベラ・バード不屈の旅日記は有る事を無い様に思い込む幻想また無い事を有る様に想う幻想を排した独自の詩人を思わせる文章により確固たる地歩を築き上げた。2017年8月1日（火）秋田魁新報を再読する。一面は「住みたい町」知恵絞る―県内自治体、連携も―それでも前へ―人口減―考①2006年と16年の県内市町村別人口（人）市町村・2006年・2016年秋田市～東成瀬村13市9町3村全市町村人口減と県計人口は113万4036人から100万9659人。出典：県年齢別人口流動調査―どちらも10月1日時点―県計は市町村間の転入転出を除いているため市町村合計と一致しない。ユネスコ世界文化遺産大阪の古墳群推薦へ縄文遺跡群また見送り／大阪は4度目の挑戦

決まる。「北海道・北東北の縄文遺跡群」は
5年連続見送りとなった。縄文遺跡群（秋田
北海道青森岩手）と「金を中心とする佐渡鉱
山の遺産群」（新潟）も選考対象とされたが
審議会は世界的価値の説明方法や推薦内容に
なお課題があると判断した。世界文化遺産の
審査を受けられるのは一つの国につき年1件
のため20年以降の登録を目指すことになる。
全日本吹奏楽コンクール10月に全国大会は
8月4日新聞記事（朝日）第65回は10月21日
中学校の部22日高校の部が名古屋国際会議場
28日大学の部29日職場・一般の部が倉敷市民
会館で開かれる。「まわりを聴く」恩師の教
え俳優吉岡里帆さん自分一人の力じゃない今
も心に―右全被爆者への抱擁だったオバマ氏
広島訪問1年森重昭さんに聞く―調査の原点
となった自身の被爆から71年。森さんは平和
記念公園でオバマ氏のスピーチを目の前で聞
いていた。ここで殺された米国人達の家族を
捜し出した男性がいました。何故なら彼は彼

らの喪失は自分達の喪失と等しいと信じてい
たからです。被爆死した米兵捕虜の情報を制
限してきた米国の「トップ」に功績を称えら
れた。そしてスピーチの後オバマ氏が言葉に
詰まる森さんを抱き締めた。涙を浮かべなが
らその瞬間を振り返りこう語った。「あの抱
擁は私だけでなく、国籍を超えた被爆者全員
への抱擁だったと思います」（久保田侑暉）
吹奏楽コン県大会開幕高校文化会館の部秋田南
など県代表に―7月29日湯沢文化会館審査の
結果秋田南・秋田中央・明桜・秋田・秋田大
計5団体が金賞に選ばれ東北大会への出場を
決めた。高校の部銀賞花輪・秋田西・横手・
新屋・湯沢銅賞大曲・大館鳳鳴大学の部銀賞
秋田高専。下欄秋田新幹線全線で再開（同）
東北大会に4団体中学の部23団体競う8月
2日県民会館最終日を迎え金賞を受賞した団
体の内「管弦楽のための協奏曲より」を演奏
した山王始め湯沢北・横手南・桜が県代表に
選ばれ昨年と同じ顔ぶれとなった。4団体は

27日郡山市市民文化センター東北大会へ出場する。右欄今年の竿燈過去最高282本74団体参加きょう開幕。東北も梅雨明け夏の暑さ本番写真秋田市浜田桂浜（8月3日朝日）。

竿燈の人出は1万人減—3〜6日秋田竿燈まつり来場者数は約131万人で好天に恵まれながら昨年より約1万人減った。実行委員会は7月22・23日に記録的豪雨があり、予定通り開催するのかという問合せが多かった。下に仙北でクマに襲われ山菜採りの男性けが—8日午前7時10分頃仙北市田沢湖田沢の林道脇で山菜採りをしていた大仙市清水の無職伊藤七郎さん（74）がクマに襲われ顔や両腕等に怪我をした。仙北署によると伊藤さんは1人で山菜採りをしていてクマと遭遇し顔を引っ掻かれて後ろに倒れた。持っていた鉈でクマの顔を叩くとクマは伊藤さんの右腕に噛み付き居なくなったという。予定していたのに来なかった人や自宅や近隣が被災して来られなかった人がいたのではないかとみている。

クマについて有効な対抗策は熊撃退スプレーの持参と使用以外これといって推奨は困難かも知れない。本州のツキノワグマと北海道のヒグマ対応に正解は無いと思う。それは、「クマを追う」米田一彦著／1996年発行どうぶつ社（新屋図書館蔵）と「クマにあったらどうするか」アイヌ民族最後の狩人姉崎等—姉崎等・片山龍峯著／2014年発行筑摩書房を読み、人食い熊は別として私の感想になるけれども自然と人の共存という課題を負う現代にあって、熊と遭遇その瞬間の咄嗟の判断は非常に難しいのではないか。自分の命を左右する事柄を予め明確に意識するといっても熊と遭わない事を祈り笛を吹く程度しか山林歩きは思い付かない。防具というのか斧や鉈と鋸等は小学6年時台所の煮炊き竈と冬ストーブ用に丸太を切り割りする薪作業をしたので使えるが護身用に持ち歩く事は習慣にない。槍刀は御法度物の役に立つ場はなし熊対策用七つ道具あるかも不明確はさてどう

する、名答は恐らく無いだろうに落着ではないかなと横へ置く。平成20〜22年度クマによる人身被害マップH20 4件4名・H21 8件9名・H22 10件10名平成24〜27年度クマによる人身被害マップはH24 6件6名・H25 5件5名・H26 10件10名・H27 8件8名。平成28年①5月21日(土)鹿角市死亡山菜採り②22日死亡同③29日(日)鹿角市軽傷同④29日五城目町重傷農作業中⑤30日鹿角市死亡山菜採り⑥6月10日鹿角市死亡山菜採り⑦10日羽後町重傷同⑧30日鹿角市重傷同。⑨8月9日鹿角市軽傷農作業中⑩9日鹿角市重傷同⑪10日仙北市重傷農作業中⑫10日藤里町軽傷散策中⑬12日能代市重傷農作業中⑭14日(日)鹿角市軽傷

新聞配達中まで。クマに注意クマが出没する恐れがあります！秋田県生活環境部自然保護課ちらし平成23年27年28年後29年内容は「クマ出没警報発令中！クマが大量に出没しています。クマが出没したエリアには近づかないでください」山菜・キノコ採りや登山レジャ

ーなど山や農作業等でクマによる被害を防止するにはクマと出会わないクマを引き寄せない方法を心がけることがとても重要です！クマ被害の防止方法①山や野外での活動では予めクマの出没情報を確認して必ず2人以上で行動し単独行動は慎みましょう。②鈴や笛ラジオ等を身に付け周りに音を出しながら行動しましょう。③子グマを見掛けても側には必ず母グマが居ると考え決して近寄らないで下さい。④もし、クマに出会ってしまったら、慌てず、ゆっくり後ろに下がり静かにその場から立ち去りましょう。⑤クマの足跡やフン等を見付けた場合はその先には進まずに引き返しましょう。⑥生ゴミや残飯廃棄果樹等は山や野外に捨てたり放置しないで下さい。クマを引き寄せる原因になります。クマに関する情報美の国あきたツキノワグマ情報検索。「生かして防ぐクマの害」米田一彦著農文協発行1998年（秋田県立図書館蔵書）野生動物との共存をめざす鳥獣害防除シリーズ①

強くて弱いクマの生態―強力な前足と爪で高さ30mもの木に登り板壁を突き破り発達した犬歯は檻の径6mmの鉄棒をも噛み切る。然し性格は臆病で繊細、人目を避けて行動し、餌不足の年には受精した胚が流れてしまう（着床遅延）②本来の無害なクマに戻す「奥山放獣」―人がクマの巨体を支える山の幸を奪ったため里の餌に依存する里グマを増やしてきた。有害駆除で頭数をむやみに減らしても被害は減らず無害な山グマを減らし人に敵愾心を持つ手負いグマを増やす。里グマを山グマに戻す「条件付け奥山放獣」は人とクマの共存を目指すための基本戦略。③生かして防ぐ様々な防御戦略―捕獲調査法テレメトリー調査法等のモニタリングの実態から、電気柵の設置法、撃退スプレー、センサー爆竹、超音波撃退ゴム弾等、様々な有効防御策を提示し地域全体でクマを管理する基本構想を提唱。クマ撃退スプレー―効果は絶大だが有効距離は4～5mで噴射時間は4～5秒

程しかない。クマが有効射程距離に入るまで見極め顔面に正確に命中させる。クマスプレーを持ち、気持ちを大きくして、普段入らない様な険しい山に入って行くのであればこのスプレーは勧められない。（その通りです）

熊と羆のヒグマは一度北海道羅臼岳登山後のバス車窓遠くに見た事がある。姉崎等（語り手）片山龍峯（聞き書き）クマに会ったらどうするか姉崎さんのすすめる10カ条「まず予防のために」①ペットボトルを歩きながら押してペコペコ鳴らす。②または木を細い棒で縦に叩いて音を立てる。「もしもクマに出会ったら」③背中を見せて走って逃げない。④大声を出す。⑤じっと立っているだけでもよい。その場合身体を大きく揺り動かさない。⑥腰を抜かしてもよいから動かない。⑦にらめっこで根くらべ。⑧子連れグマに出会ったら子グマを見ないで親だけを見ながら静かに後ずさり（その前に、母グマからのバーンと地面を叩く警戒音に気をつけていて、もしも

その音を聞いたら、その場をすみやかに立ち去る）⑨ベルトをヘビのように揺らしたり、釣り竿をヒューヒュー音を立てるようにした

り、柴を振りまわす。⑩柴を引きずって静かに離れる（尖った棒で突かない）エピローグ

クマに組み伏せられても、生きのびるには何か助かる方法は残っているんでしょうか。

私はあると思います。クマは人間をかじろうとして口をあけるから、手を握って、こぶしを作って、腕をクマの口の中に突っ込んで、ベロ（舌）をつかんで、押したり引っ張ったりする。そうやって喉を塞がれると、クマのほうも嫌だから逃げて行ったというハンターの話はあります。やっぱり、食われるという場合になったら無抵抗でいて食われるか、何とかするかといったら抵抗したほうがいいでしょう。ものを持っている場合、ナタだとかノコギリだとかを持っていけばうんと効果があるんですよ。—何も持っていない場合には腕だけでもいいんですね。そう。腕を突っ込

めば舌を握れるから。—でも腕くらいクマは噛み切ってしまうんじゃないですか。いや、噛み切れないと思います。喉を塞がれると噛む力が出てこないんです。—じゃあ、できるだけ奥まで腕を突っ込む。はい。腕の付け根まで入れる勢いで。少しかじられても腕がもげるほどのかじりではないから、生きようとする信念があれば腕を突っ込めると思う。喉を塞がれたら噛まないと思います。そして舌をつかまえて引っ張るなり押すなりすれば。

有効なんですね。そう。ある庭師が小さなノコギリを持って山に木を取りに行ったんです。そのときクマに襲われて被さってこられた。それで、その小さなノコをクマの口の中に突っ込んだら、ノコの刃がたとえ短くても口に入ったものだからクマは何もしないで逃げて行ったそうです。クマは人間を恐ろしい動物だと思っていながら、襲ってみたら案外簡単に倒れた。ところがノコやナタで反撃をくらったらクマは驚くんですよ。クマは被さ

ってきたときは手を使わないんです。かじる
気になっているから口を開けて迫ってくる。
今まで襲われた人の話をきいてみると、被さ
ってきた後ベロを出して口からよだれをポタ
ポタ垂らして顔中にかかったというんです。
そういう話をきけば、いきなりガバッとかじ
るということはないんです。でも相手は人間
をかじる気で口を開けているんだから、抵抗
できるのなら、持っているものを口の中に突
っ込む。ナタを持っているんだったらナタを
突っ込む。それは有効性があると思う。——ハ
イカーや釣り人などが持っているもので有効
性があるものというと何がいいんですかね。
やっぱり小刀、ナイフなんかがいいんじゃな
いかな。または棒でもいいと思う。それを口
の中に突っ込んでやる。——素手より棒の方が
いいんですね。でもそうすることでクマが逆
上してくるということはないですか。いや、
ないです。口の中に突っ込まれたら逆上する
元気がなくなります。——クマは退散する方向

に向かうんですか。はい、そう思います。——
じゃ被さってこられてももう終りだなという
ときでも諦めちゃいけないわけですね。そう
だね。倒されてもかじられようとするとき諦
めていれば食われるだけです。もしクマの口
に手が入るくらいのスキがあれば、何も持っ
ていなくてもいいから手を突っ込めばいい。
できるだけ押す。浅くすると相手の口が閉ま
ってかじられちゃうから、自分の腕の根本ま
で入れるくらいの気持ちでこぶしを、ぐい!
と突っ込めばいい。——もし、クマの口に腕を
突っ込むことができない気の弱い人なんかの
場合には、どうしたらいいんですかね。被さ
ってこられたとき、もうそれ以上は無理です
かね。彼らは肉食動物ではないから、人の肉
を食ってやろうという気はないんです。です
から被さってきたときに動かない方がいい。
クマは動くところを攻撃するんです。——その
とき自分の首の後ろの部分を両腕で覆って、
頸動脈をかじられるのを防ぐようにしてうつ

ぶせになったほうがいいと欧米のレンジャー
なんかはすすめるんですが、それは、どうで
すか。やっぱりクマはかじれるところをかじ
るんだから、自分でかばえるところはかばっ
たほうがいい。腕は少々かじられても命に別
状ないから。クマは、クマ同士で闘うとき、
うなじ（首の後ろの部分）を噛むんですよ。
人間がそこを噛まれたら、ひと噛みでやられ
てしまいます。クマ同士で喧嘩するときは必
ずそこを狙うんです。――じゃ、クマの口に腕
を突っ込む勇気がない場合には両腕でがっち
り首の後ろを覆って伏せて動かないでいるの
もいいんですね。はい。じっとして動かない
でいると、クマは、これは大丈夫だな自分を
攻撃してこないな、と思うとたいていは置い
て行くと思う。彼らは肉食動物じゃないんだ
から。――しかし一度人間を食べてその味を覚
えてしまったクマだったら駄目ですか。人を
殺して食った経験のあるクマに会ったときは
諦める以外にないね。手の打ちようがない。

昔支笏湖の近くで人を五人襲ったクマがいた
んだけれどそのクマを撃ちに入った私の友人
のハンターが言うには、クマの方がその人に
何もひるまずに向かって来たと言うんだ。そ
れは人間を食ったクマだからなんです。だか
ら人間を食ったクマは駄目だと言うんです。
そういうクマは口の中に腕を突っ込むなん
ていうことも効かない。いや、スキがあれば
やった方がいいんです。できるだけ抵抗は。
しかし、向こうは人間のことをいいご馳走が
来たと思っているんだから、すぐに食べ始め
るでしょう。でも、スキがあれば抵抗したほ
うがいい。――阿仁又鬼（アニマタギ）の頭領（シリ）について米田は
春グマ狩り参加の次第を比立内又鬼鈴木松治
さんを通し語る。またアイヌ最後の狩人姉崎
等本の解説遠藤ケイは阿仁マタギのシカリで
猟刀フクロナガサを作る鍛冶屋の恩師故西根
稔さんの猟に同行し教えを受けた。西根さん
はクマと一対一で対峙した事が何度かある。
だが「クマと徒に人間を襲う動物ではない」

と言う。西根さんのクマと出会った時の対処法は先ず絶対に慌てて逃げないことクマの真正面に立って目を逸らさない。たとえクマが立ち上がっても手の長さを見切っていれば攻撃を避けられる。そうして自分の立ち位置を変えていく。その内に、こちらに敵意がない事が分かればクマの方が自分の逃げ道を見つけて去って行く。後は「恐怖心に打ち勝つ胆力次第」だと言われた。遠藤ケイのもう一つの備えは常に猟刀フクロナガサを手近に置いていること。師匠の西根さんと一緒に作ったものだ。フクロナガサは切っ先鋭く柄の部分がフクロ（筒）状になっている。そこに長い棒を嵌めると長ヤリになる。秋田マタギは鉄砲が発達する以前はそれでクマを仕留めた。刺したら、手を引かずにそのまま突っ込んで行く。刃の向きや角度構え方狙う急所はしっかり頭に入っている。刃物を自在に扱える様日頃の鍛錬も怠っていない。山に入る時には必ずフクロナガサを腰に着け先を削った枝を

杖代わりに持って行く。——新潟の寒村で暮らす遠藤ケイが野生のクマと至近距離で遭遇は数年前の秋の底冷えする早朝愛犬を連れて山に散歩に出た際の出来事その時私は全くの無警戒で犬の後を追い鼻歌混じり尾根の上に辿り着いた時その足元にクマがいた。体長2m位で丸々と肥えた大きなクマが下から見上げている。クマが立ち上がったら手が届く距離だった。真っ直ぐ目が合った「アッ！」と思ったが声が出ず体が硬直して動けなかった。フクロナガサは身に帯びていなかったが、あっても抜く事が出来たかどうか自信がない。動かないまま随分長い時間が経った様な気がした。やがてクマはフーフーと鼻息を鳴らし頭を下げると、足元の尾根筋に沿ってドッサドッサと音を立てながら駆け出していった。黒毛に覆われた逞しい背中が躍動していた。その後ろ姿が小さくなった時突然我に帰った様に恐怖心が込み上げて来た。急にクマの気が変わって戻ってきたらどうしようという思

いが頭を過ぎった。私はその場からゆっくり後ずさりをしてクマが見えなくなったとたん一気に斜面を駆け下った。今にもクマが追いついてきそうで背筋がゾクゾクした。私が無事だったのは騒ぎ立てずに動かなかったからかもしれない。また、私が尾根の上に立ち、クマが下から仰ぎ見る形だったので、朝日を背中に浴びて、下からは異様に大きい影に見えたかもしれない。いずれにしても、度胸より、偶然の幸運が勝った。―クマを追う米田一彦の調査結果では一年間の行動圏は普通の成獣雄は4千ヘクタール、若い雄と成獣雌は3千ヘクタール、若い雌は2千ヘクタール。とりわけ逞しい雄の場合、6千ヘクタールになる。米田は1948年青森県出生。秋田大教育学部卒業。広島在住。理科の先生になりたかったがクマの調査保護対策に奮闘する。

姉崎さんが語るヒグマの生きている意味／昔から地球上に、お前たち生きろと神様から言われて分布して生きているものは、生きて

いてほしいと思うね。虫一匹だっていなければ人間には困ることだってあると思う。たとえば花粉を運ぶ虫なんかね。畑を作って青虫が増えたからって、みな殺してしまう。そうすると、チョウがいなければ花粉を運んでもらえない。人間に悪い面はあっても花粉でも木が育つのが遅いからって育つのが速い針葉樹ばかり植林してもそこには小鳥も何も住めない。そうするとバランスが崩れる。だから生きているものにはそれぞれの働きがあるんです。〈アイヌ語この世に無駄なものは一つもない〉―平成29年宝暦7月13日（旧暦五月廿日）お盆迎え火16日お盆送り火。8月13日月遅れお盆迎え火15日終戦の日・全国戦没者追悼式16日月遅れお盆送り火。7日立秋8日望月―秋田市日出4時45分月入18時45分月出19時03分月入4時53分月齢15・7大潮干潮と満潮。謎解き！日本一秋田県シニア生き生き職場の「宝物」70歳以上まで働ける企業の割

合（2016年）①秋田県32・9%②島根県29・7%③富山県29・1%④千葉県28・0%⑤岐阜県27・0%全国平均21・2%。厚生労働省の「高年齢者の雇用状況」の集計結果による（従業員31人以上の企業）。全国最速のペースで人口が減り、今年4月の人口が87年振りに100万人を割り込んだ秋田県。65歳以上の割合（高齢化率）も全国で最も高く、住民基本台帳（今年1月1日時点）に基づく総務省の人口調査で34・1%に上る。ただ、暗い話ばかりではない。秋田県は経験豊富なシニア世代が生き生きと働き続けられる先進地でもある。3年続けて全国1位その記事と写真（朝日・本田直人）に少しく安堵した。右欄列島を歩くは島に生きる北海道奥尻高校海や町全部生きた教材奥尻島唯一の高校町立で活路「島留学生」を全国から歓迎／島の海は透明度が高い。晴れた日には太陽の光を吸い込みキラキラと輝く。1993年7月12日北海道南西沖地震、ご訪問天皇皇后両陛下を

思い出す。津波や火災で島内198人の死者行方不明者が出た。痛ましい被害を乗り越え子供達が逞しく成長して行く事を願い始まった「スクーバダイビング」の授業は7月20日思わず笑みがこぼれる写真「民宿かさい」の「島おや」と高校生達写真・文（吉沢龍彦）老若男女が共生出来る社会は、アナログとディジタルの組合せにより成立する。また、レコードとCD、モノクロとカラーの歴史的変遷を学べばそれは現代を生きる鑑になる。多様性と向き合いそれらを許容する度量は自ずと形成されるわけはなく、生活を通して多くの辛く苦い経験と反省を積み重ねながら会得したものである。世間周囲との折り合いから始まり旅に出れば居眠りしつつ人間観察視野と幅広まる。8月15日ラジオ深夜便宮川泰夫アンカー1時台のど自慢旅日記茨城県奥久慈地方の旅2時台ロマンチックコンサート3時台にっぽんの歌聴く。私は「月遅れ盆」墓参り済み林檎浜茄子の仏間で話を終える。

あとがき

秋田の善し悪しは難しい。秋田県の自然と人々の生活等をイザベラ・バード「日本奥地紀行」1878年の訪問当時に重ねれば何か見えてくるのではと意識しながらどうこうは無いけれども秋田に移り住み秋田復習作業の過程で秋田を改めて見直す事柄が幾つか浮び上がって来た様にも感じる。私は言うならば時代遅れの一中高年、秋田県の旅は宿題含み明日へ紡がれる。今日という24時間兎も角も生きて翌朝へ繋いで行く仕事はそれなり意義有ると考え軌道修正しつつ歩んで行きたい。

江戸期菅江真澄明治イザベラ・バード秋田図書を比較すれば天地の開きあり29年対14日結果必然と思う。二人共通津軽海峡旅は青春18きっぷ北海道新幹線オプション券利用秋田青森函館森8月27日28日実施。往路いまべつ木古内新幹線復路青函海峡渡り青函連絡線貨物列車運行に一安心。

2017年平成29年8月28日(月)著者

著者略歴

伊藤信隆（いとう・のぶたか）

1943年昭和18年12月秋田市亀ノ町出生46年8月満州鞍山〜舞鶴帰国秋田県由利郡道川村道川駅。50年道川小入学52年秋田市保戸野小転校。56年山王中入学59年秋田高入学62年秋田大学鉱山学部入学剣道部本田重遠先生八段・範士に学ぶ。64年主務翌年留年67年卒業転職二回体験。09年4月帰郷2年後実家を継ぐ。秋田市在住10年。

「青春の旅—日本百名山」6月出版

美の国秋田とイザベラ・バード

2019年7月22日　初版発行

著　者　　伊　藤　信　隆
編　集　　伊　藤　信　隆
発行者　　熊　谷　正　司
発行所　　くまがい書房
　　　　　〒010-0001
　　　　　秋田市中通六丁目4番21号
　　　　　電話 018-833-2220
印刷所　　株式会社くまがい印刷

ISBN 978-4-908673-08-5